法　学　阶　梯
INSTITUTIONES
普通高等教育**法学规划教材**

法理学初阶

An Elementary Course in Jurisprudence

第六版

主　编　付子堂

副主编　胡兴建

撰稿人（以撰写章节先后为序）
付子堂　李为颖　胡兴建
张永和　郭　忠　周祖成
周尚君　庄晓华　刘文会
赵树坤　刘　颖　朱　颖
卢东凌

法律出版社
——北京——
始创于1954年

好书，同好老师和好学生分享

图书在版编目(CIP)数据

法理学初阶 / 付子堂主编. -- 6 版. -- 北京 : 法律出版社, 2021(2024.3 重印)
ISBN 978-7-5197-5866-0

Ⅰ. ①法… Ⅱ. ①付… Ⅲ. ①法理学-高等学校-教材 Ⅳ. ①D90

中国版本图书馆 CIP 数据核字(2021)第 171702 号

法理学初阶(第六版)
FALIXUE CHUJIE(DI-LIU BAN)

付子堂 主编

责任编辑 丁小宣 陆帅文
装帧设计 乔智炜

出版发行 法律出版社
编辑统筹 法律教育出版分社
责任校对 郑怡萍
责任印制 胡晓雅
经　　销 新华书店

开本 787 毫米×1092 毫米 1/16
印张 21.75 **字数** 450 千
版本 2021 年 9 月第 6 版
印次 2024 年 3 月第 5 次印刷
印刷 天津嘉恒印务有限公司

地址:北京市丰台区莲花池西里 7 号(100073)
网址:www.lawpress.com.cn
投稿邮箱:info@lawpress.com.cn
举报盗版邮箱:jbwq@lawpress.com.cn
销售电话:010-83938349
客服电话:010-83938350
咨询电话:010-63939796

书号:ISBN 978-7-5197-5866-0　　**定价**:48.00 元
凡购买本社图书,如有印装错误,我社负责退换。电话:010-83938349

出版说明

法律出版社在其奋进发展的六十年光辉历程中，秉精诚之心，集全社之力，服务于我国法学教育事业，致力于法学教材出版。尤其在改革开放三十余年间，本社以“传播法律信息，推进法制进程，积累法律文化，弘扬法治精神”为宗旨，协同司法部法学教材编辑部，规划并组织出版了国家“八五”、“九五”期间的法学规划教材，为我国改革开放之初的法学教育和法治建设做出了开创性贡献；进入21世纪之后，法律出版社又根据教育部的部署和指导，相继规划并组织出版了“十五”、“十一五”和“十二五”法学规划教材，为我国法学教育事业的发展与改革付出了艰辛努力。

承蒙法学教育领域专家作者的信任，以及广大法律院校师生的支持，法律出版社经过三十年的发展与积累，相继出版各类法学教材达四百余种。在学科范围方面，完成以法学核心课程为重心，涉及法学诸学科的“全品种”横向结构；在培养层次方面，健全以本科教育为根本，兼顾职业教育和研究生教育的“多层次”纵向结构，进而打造“法律版”法学教科书体系，以期更好地为法学教育服务，为法治建设贡献绵薄之力。

近年来，法律出版社因应法学教育的发展变化，在教材编写体例及系列安排方面做出相应调整。在教材编写体例方面，结合当前教学实际与培养方案，将系统、全面的理论知识讲授与灵活、丰富的法律实践和能力训练相结合，倡导教材内容差异化，增加教材可读性，以期更好地培养法科学生的思维能力和法学素养。在教材系列安排方面，全力推进新品教材编写与注重既有教材修订相结合，根据教材风格与特色进行适当的套系整合，集中现有的国家级规划教材和在编的规划教材，形成以“普通高等教育法学规划教材”为名的全新教材系列。

本系列教材多为出版多年并广受好评的经典教科书。此次全新推出，既是向长期以来关心支持法学教育出版事业的专家作者的崇高致敬，也是法律出版社为中国当代法学教育事业发展拳拳努力之情的真诚表达。法律出版社将以高度的精品意识和质量标准，不断丰富、完善本系列教材的结构和内容；除教材文本之外，还将配有多层次、多形式的教辅材料，更好地为广大师生服务。

“好书，同好老师和好学生分享”，法律出版社愿与法律共同体诸同仁，分享好书，分享智识，分享法治进程中的点点滴滴！

法律出版社　谨识

2014年10月

作者简介

（以撰写章节先后为序）

付子堂 法学博士，西南政法大学教授、博士研究生导师，西南政法大学校长、党委副书记，第六届“全国十大杰出青年法学家”，中国法学会法理学研究会副会长，中国法学会法学教育研究会副会长，教育部高等学校法学学科教学指导委员会副主任委员。

李为颖 法学博士，西南政法大学行政法学院讲师。

胡兴建 法学博士，西南政法大学行政法学院副教授、硕士研究生导师，西南政法大学行政法学院副院长。

张永和 法学博士，西南政法大学人权研究院教授、博士研究生导师，西南政法大学人权研究院执行院长、人权法学学科带头人，中国人权研究会常务理事，中国立法学研究会常务理事，中国法学会法理学研究会理事。

郭　忠 法学博士，西南政法大学行政法学院教授、博士研究生导师。

周祖成 法学博士，西南政法大学行政法学院教授、博士研究生导师，西南政法大学法学理论学科带头人，重庆市地方立法研究协同创新中心执行主任，西南政法大学地方立法研究院执行院长。

周尚君 法学博士，西南政法大学教授、博士研究生导师，西南政法大学科研处处长、期刊社社长、全面依法治国研究院执行院长，国家“万人计划”青年拔尖人才，中国社会学会法律社会学委员会副会长，中国法学会法理学研究会常务理事，重庆市学术技术带头人。

庄晓华 法学博士，西南政法大学行政法学院副教授、硕士研究生导师。

刘文会 法学博士，西南政法大学行政法学院讲师、硕士研究生导师。

赵树坤 法学博士，西南政法大学行政法学院教授、博士研究生导师。

刘　颖 法学博士，西南政法大学行政法学院副教授、硕士研究生导师。

朱　颖 法学博士，西南政法大学行政法学院教授、博士研究生导师。

卢东凌 法学博士，西南政法大学图书馆副研究馆员。

编 写 说 明

《法理学初阶》与《法理学进阶》是西南政法大学法学理论学科组编写的一套供大学本科法学专业核心课程——“法理学”使用的教学用书，连同由高等教育出版社出版的研究生教材《法理学高阶》，构成西政特色的“法理学三部曲”。《法理学初阶》适用于大学本科低年级学生，着重讲授关于法学、法律和法治的基本知识，使学生打好法学理论基础而“知其然”；《法理学进阶》适用于大学本科高年级学生，着重在法学基本原理上进行比较深入的分析探究，使学生在掌握法学基础理论的同时，进而“知其所以然”；《法理学高阶》则着重跟踪研究法学学术前沿问题，拓展学生视野，启发学生思维，主要供法律硕士专业学位研究生及法学各专业硕士和博士研究生选用参考。

《法理学初阶》着眼于法学、法律和法治基本知识的介绍与传授，因此本书的上、中、下三编分别安排为：法学基本知识、法律基本知识和法治基本知识。基于此定位，在教材内容的编写上，一方面，充分介绍和论述通说，力求吸收近年来国内外法理学界已经成熟的最新成果，使其能够尽快转化为教学内容；另一方面，在保持传统法学理论基本知识结构的前提下，适当增加了一些探索性的新内容，试图通过教材的知识增量推动学科发展。在编写体例方面，我们力求在各章的“一头一尾”设计上有所创新。在各章之始以“知识结构图”展示该章的整体内容和逻辑结构，在各章之后有“课后作业”“课后参阅论文”以及“延伸阅读”。在“课后作业”中，“选择题”的设计注意与国家统一法律职业资格考试相衔接；“材料论述题”则是将教材中的理论问题置于现实案例中。“课后参阅论文”连同教材最后所附的根据章节编排的“推荐阅读书目”，用以扩展读者视域。“延伸阅读”则关注法理学问题的来龙去脉，引导有志于法理学研究的同学循着提示进行更深的阅读和思考。

目　　录

CONTENTS

导论　法学和法理学

知识结构图

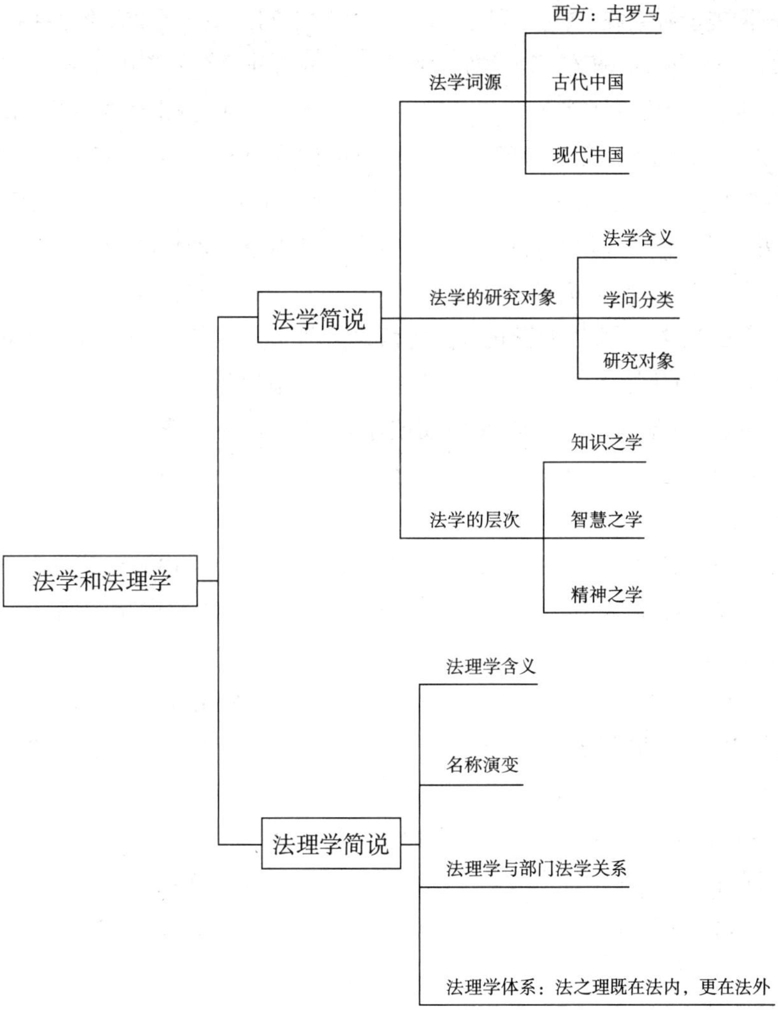

一、法学简说

有关法学的基本知识,本来并不属于法理学这门课程所要研究的对象。有的学者曾主张单独建立“法学学”,专门从宏观上和整体上研究有关法学的基本理论,包括法学研究对象、法学历史、法学性质、法学方法、法学功能、法学体系、法学教育,以及“法律人”究竟应具备什么样的知识结构,等等。然而,“法学学”至今并未真正建立起来,所以,一般把这些属于法学基本知识的内容置于法理学课程中做简略论述。

(一)法学词源

“法学”这一用语的拉丁文“Jurisprudentia”,至少在公元前3世纪末罗马共和国时代就已经出现,该词表示有系统、有组织的法律知识、法律学问。公元前254年,平民出身的柯隆加尼乌斯(T. Coruncanius)担任了大神官(或译大祭司),开始在公开场合讲授法律条文。公元前198年,执政官阿埃利乌斯(Aelius)进一步以世俗官吏的身份讲授法律,著书立说,从而使法律知识成为一门世俗的学问。这门学问被称为Jurisprudentia;而讲授者就被称为Jurisconsultus(法学家)。至公元2世纪罗马帝国前期,这两个词已被广泛使用。古罗马法学家曾给“法学”下过一个经典性的定义:“法学是关于神和人的事物的知识;是关于正义和非正义的科学。”〔1〕后来,随着罗马法的复兴,拉丁文“Jurisprudentia”这一用语在欧洲各国广泛传播。德文、法文、英文以及西班牙文等西语语种,都是在Jurisprudentia的基础上,发展出各自指称“法学”的词汇,并且内容不断丰富,含义日渐深刻。〔2〕

关于法律问题的学问,在我国先秦时期被称为“刑名法术之学”或者“刑名之学”,其内涵主要是讲究名辩,强调定分正名,着重对“刑”“名”进行辨析。据考证,虽然“律学”一词的正式出现,是在魏明帝时期国家设立“律博士”以后,但是,自秦代开始就有了“律学”这门学问,主要是对现行律例进行注释。我国古代“法学”一词最早出现于南北朝时代,《南齐书》中即有“寻古之名流,多有法学”之语;〔3〕至唐代,白居易也曾向皇帝建议“悬法学为上科”“升法直为清列”。〔4〕然而,那时所用的“法学”一词,其含义仍接近于“律学”。“法学”一词出现后,很少为人所用。用以表示法律学问时,一般仍使用“律学”一词。自宋以后,人们就不再使用“法学”和“刑名之学”等术语,而只用“律学”一词。当然,中国古代的“法学”一词与来自近现代西方的“法学”概念有着很大区别。

汉语中现代意义上的“法学”一词最早由日本传入我国,然而古代日本亦无现代意义上的“法学”一词,直到1868年日本法学家津田真道才首次用日文汉字“法学”二字来对应翻译英文Jurisprudence,Science of Law以及德文Rechtswissenschaft等西文中现代意义上的“法学”一词。随后,在维新变法时期该词汇传入我国。1896年,梁启超在其《论中国宜讲求法律之学》一文中呼吁:“今日非发明法律之学,不足以自存。”至清末大规模法制改革之时,此词此意已被广泛使用。

---

〔1〕［古罗马］查士丁尼:《法学总论——法学阶梯》,张企泰译,商务印书馆1989年版,第5页。

〔2〕相关内容可以参见本书第十七章“法律职业”。

〔3〕《南齐书》。

〔4〕《白居易集》卷六五《策林四·论刑法之弊》。

（二）法学的研究对象

法学，又称法律学或法律科学，是研究法律现象及其发展规律的一门社会科学。社会科学是在科学的逐渐细分中出现的。关于科学，有两种划分方法。

一种是传统划分方法，把科学分为自然科学和人文科学。自然科学（Natural Science）即研究自然现象的科学；人文科学（Humanities）是研究社会现象和文化艺术的科学，其中又包括哲学和社会科学。哲学既不属于自然科学，也不属于社会科学，而是对自然科学和社会科学的抽象概括。

对科学的另一种划分，是由钱学森先生提出来的。他认为，由于研究的角度和方法不一样，可以把现代科学分为九个部分，即自然科学、社会科学、数学科学、系统科学、思维科学、人体科学、文艺理论、军事科学和行为科学。这些科学都要以哲学为指导，由哲学来统率。

当然，这些问题有待进一步讨论。但无论是哪一种划分方法，其中都少不了社会科学这一门类。所谓社会科学，就是研究社会现象、社会历史发展和社会关系及其发展规律的科学。简言之，社会科学的研究对象就是社会现象以及人与人之间的关系或者称社会关系。社会科学有许多部门，每一门社会科学都有其自己特定的研究对象，如经济学研究的对象，传统上认为是社会物质资料的生产、交换、分配与消费的活动规律及其运用等方面的经济现象，现在也有人认为是选择（choice）和交易（exchange）；政治学的研究对象是社会的政治关系及其历史发展规律，等等。

法学同其他社会科学的区别，主要在于它有特定的研究对象。法学以法律现象及其发展规律为研究对象。

法律现象是人类社会发展到一定阶段所产生的一种特殊的社会现象，包括法律条文、法律行为、法律职业、法律关系等。往往有人误认为，学习法学专业就是背诵法律条文。其实，法律条文只是法律现象之一种，学习法学专业绝非仅是背诵法律条文，更为重要的是应当掌握各种法律现象及其彼此之间的关系和发展规律。法律现象是社会现象的一种，它同其他社会现象既有联系又有区别。有些社会现象是人类出现以来就有的，同人类社会同生存、共命运。但这并非意味着这些社会现象都无一例外地具有法律意义需要法律调整。因此，在学习和研究中要避免将法律现象和其他社会现象绝对地等同起来。当然，法学不仅要研究法律现象本身，而且还要通过对法律现象进行综合分析，研究其发展规律。

因此，不能简单地说，法学就是研究法律的科学。法学研究的对象不仅包括静态的法律，而且还包括动态的法律。其他社会科学虽然也会不同程度地涉及法律现象，但它们对法律现象的研究只不过是辅助性和边缘性的，一般并不研究法律规律问题。同时，法学围绕法律现象这一中心，还要研究法律与经济、政治、道德、宗教等其他社会现象的关系。

作为一门社会科学，法学还有其特定的概念、判断、推理等工具系统，在此基础上形成了较为严密的逻辑理论体系；在一定的法学理论指导下形成的法律规范、行为准则和法律程序，其效能在一定程度上也是可以衡量的，能够作为社会的调整器。同时，法学也是研究人与人之间的社会关系的科学，因而有学者认为，法学是一种“人学”，即“以人为本的学问”，法学应当有利于增进人类的福祉。

(三)法学的层次

根据有的学者研究,法学有三个层次:知识之学、智慧之学、精神之学。[5]

1. 法学作为一门科学,表现为一种知识系统。这是法学最基本的层次。在这一层次上,法学一方面包括各种有关法律的专门的概念、术语、命题和判断等;另一方面又包括由前者按照一定方式组合而成的法律条文与法律原则、法律理论。这些构成了法学教育中各门专业课程的核心内容。

2. 法学还是一种智慧之学,即是关于法律的能力、方法、技巧和思维的学问。其中包含两个层次:初级的法律智慧即人们善于运用法律和法律知识来分析和处理各种事务;高级的法律智慧即能够创造法律知识或者能够深刻地洞察并自觉地推动法律的历史发展。

3. 法学还应当是精神之学,它应当全面展现并传播法律的精神。法学是时代精神的体现。法学的本质就是一种精神,就是一种既促进法律也捍卫法律从而造福社会的追求;作为精神之学,法学的极致乃是一种信仰,一种对法律、对正义的信仰,一种对真、善、美的信仰,法学代表着人类进化的光明正道和美好前景。在中央全面依法治国委员会第三次会议上,习近平总书记指出:“法治的根基在人民。要加大全民普法工作力度,弘扬社会主义法治精神,增强全民法治观念,完善公共法律服务体系,夯实依法治国社会基础。”[6]这可以说是中国当代法学所应该有的精神担当。

二、法理学简说

法理学是以作为整体的法律的共同性问题和一般性问题为研究对象的理论法学,着重揭示法律的基本原理。在法学界,其研究方向涉及有关法哲学、法律社会学、法律经济学、法政治学、立法学、比较法学、法律解释学和行为法学等基本理论或总论性问题。

“法理学”一词本为日文汉字,是由日本近代法律文化的主要奠基人穗积陈重[7]创造的。一般认为,穗积陈重为中国人引入西方法理学开辟了道路;现代中国最早的法理学的名称和内容,也来自穗积陈重等日本学者的研究成果。[8] 我国台湾地区学者洪逊欣先生所著的《法理学》指出:“法理学之名辞,系指示社会哲学中,以研究关于法及与法有关事项之

---

〔5〕 胡旭晟:《“法学”的层次分析——知识、智慧与精神》,载《法学》1999 年第 7 期。

〔6〕 习近平:《推进全面依法治国,发挥法治在国家治理体系和治理能力现代化中的积极作用》,载《求是》2020 年第 22 期。

〔7〕 穗积陈重(ほづみ のぶしげ),出生于日本四国伊予的宇和岛藩。先入藩校名伦馆学习,内容涉及汉学、国学(日本文化)、英语、算术和柔道等。1870 年,他作为大学南校贡进生被选入东京,次年 1 月入学。1874 年,开成学校开设了英吉利法学科,穗积陈重等 9 人作为法科学生入学。1876 年 8 月,穗积陈重转道美国赴英国留学,10 月进入伦敦大学。1879 年毕业后,转入德国柏林大学学习,其领域涉及法理学、民法和立法论等。1881 年 6 月,穗积陈重回国,入东京大学法学部担任讲师,并在日本历史上第一次开设了“法理学”的课程。次年 2 月,穗积陈重升任教授兼法学部长。在此期间,他作为延期派成员参加了“民法典论证”,旧民法被否定后,他又参加了明治民法的制定,并发表了众多的研究成果。1912 年,穗积陈重辞去了东京大学法学部教授的职务,成为东京大学的名誉教授,回归故乡。1915 年被授予男爵称号。1916 年成为枢密院顾问官。1917 年任在日本学术界享有最高地位的学士院院长。1925 年出任枢密院议长。1926 年 4 月去世。

〔8〕 何勤华:《穗积陈重和他的著作》,载[日]穗积陈重:《法律进化论》,黄尊三等译,中国政法大学出版社 1997 年版,“前言”第 2 页。

根本问题,尤其以研究法之全体的存在原理及法学方法,为其任务之特殊学问。"[9]李肇伟博士也认为:"法理学,乃研究法律原理原则之科学也。法理学之范围,原有一般法理学与特别法理学之分……兹所谓法理学,乃指一般法理学而言。""所谓原理,乃所以然之道理。所谓原则,乃所以然之程式。法律之原理原则,乃法律所以然之体制。则法理学,乃探求人类之正义观念。不仅为探求法律之已然,并须探求法律之所以然也。"[10]美国当代著名法官、法学家波斯纳(Richard A. Posner)认为:"所谓'法理学',我指的是对所谓法律的社会现象进行的最基本、最一般、最理论化层面的分析。就其总体而言,法理学所涉及的问题,其运用的视角,都与法律实务者的日常关心的事相去甚远……通常,我们把对根本问题的分析称为'哲学';因此,传统上将法理学界定为法律哲学或界定为哲学在法律中的运用,这显然很恰当。"[11]

我们认为,法理学就是研究法律为什么是这样的道理。世上万物都讲究个"理"字,物变而理不变;掌握了"理",也就抓住了事物之根本。其实,法也是如此。法律现象千变万化,而法之"理"在一定意义上乃是具有恒久性的。法变而理不变。法科专业的学生不仅应当对法律知其然,而且还必须知其所以然,即要看到法背后更深层次的东西。正是这一点,决定了法理学较之部门法学具有更强的抽象性。法理学与部门法学乃是一般与个别、普遍与特殊的关系。部门法学的任务在于研究和阐明各自领域中的特殊概念和特殊规律;法理学则是从总体上综合研究一切法律现象的基本概念和共同规律,它是一门总论性的法律学科。当然,由于人的认识水平不一,加之时代在不断发展,所以,不同的人在不同的时期,对于法之理的揭示程度肯定存在差异。法理学的任务,就是尽可能准确、全面地把法之"理"揭示出来,以指导法律实践。法律落后,可以依法理加以改进;而法理学落后,则法律必有实质性的缺陷。

从法理学的名称演变,我们可以窥见法理学的历史发展与研究概况。这门学科的名称在国内外并不统一,在西方一般称为法律哲学(Philosophy of Law, Legal Philosophy),如德国哲学家黑格尔(Georg Wilhelm Friedrich Hegel)著有《法哲学原理》一书。自英国法学家奥斯丁(John Austin)于1832年出版《法理学的范围》以后,一般又称法理学,取英文中的Jurisprudence之狭义。现在,西方学者一般同时使用"法哲学"和"法理学"这两个名称,如美国哈佛大学出版社出版的埃德加·博登海默(Edgar Bodenheimer)的一部著作,就叫作《法理学:法律哲学与法律方法》(Jurisprudence: The Philosophy and Method of the Law);另两位美国学者Jeffrie G. Murphy和Jules Coleman的一本著作名为《法哲学:法理学导论》(The Philosophy of Law: An Introduction to Jurisprudence),如此等等。

苏联过去一直把法理学称为《国家与法的理论》。这一名称自20世纪50年代传入我国,一直影响到20世纪80年代初期。后来,苏联又称这门课程为《法的一般理论》,如列宁格勒大学教授雅维茨博士出版过一本《法的一般理论——社会和哲学问题》的专著。

---

〔9〕 洪逊欣:《法理学》,台北,三民书局1998年版,第39页。

〔10〕 李肇伟:《法理学》,台中,中兴大学1980年版,第45页。

〔11〕 [美]波斯纳:《法理学问题》,苏力译,中国政法大学出版社2002年版,"原文序"第1页。

苏联解体以后,俄罗斯社会发生了很大变化,无论是在经济基础方面还是在上层建筑领域,各个方面与过去都有着质的不同。由俄罗斯自然科学院院士 B. B. 拉扎列夫主编的《法与国家的一般理论》,以及 2008 年俄罗斯联邦教育部推荐高等院校法学专业学生专用教材——莫斯科大学法律系 M. H. 马尔琴柯教授所著《国家与法的理论》〔12〕,比较全面地反映了近年来俄罗斯法理学的变化,具有一定的典型性和权威性。

我国自 1949 年以后长期使用苏联教科书,特别是维辛斯基的《国家与法的理论》。20 世纪 80 年代初期,北京大学法律系出版了全国第一本《法学基础理论》教科书,标志着在中国学术界法学与政治学的分立。在整个 20 世纪 80 年代至 90 年代初期,各大学一般都把这门课程叫作《法学基础理论》,以后又陆续改用《法理学》这一名称。改革开放以来,我国法理学领域的研究取得了很大进展,提出和论证了不少富有时代气息和法治精神的法学观点,在许多理论问题上都有重大突破。

现在,也有学者正致力于将"法理学"与"法哲学"相互分开,作为各自独立的学科进行研究。〔13〕 关于法理学与法哲学的关系问题,我们将在《法理学进阶》和《法理学高阶》中做详细而深入的研究。

对于法理学与法学其他分支学科的关系,一方面应当认识到,法理学不仅是法学中的基础性学科,也是对古今中外各种法律现象及其发展规律的概括和抽象,主要承载着解决人们法治理念层面的功能,由此指导各个部门法学的发展;另一方面更要看到,法理学的研究同时也离不开部门法学。部门法学所承载的是对各种具体法律制度的分析功能,法理学的基本原理需要广泛地得到部门法学原理和具体法律规范、法律事例(包括案例)的支持与佐证,法理学中的法理同部门法中的法理应当互相贯通和依托。只有充分重视这一法学研究的基本方法,才能够使法理学既对其他法学分支学科起到全面的统率作用,又使法理观点在法律实践中得到进一步的认可与说明。正如美国当代著名法理学家德沃金(Ronald Dworkin)所说:"在法理学与判案或法律实践的任何其他方面之间,不能划出一条固定不变的界线……任何实际的法律论证,不论其内容多么具体和有限,都采用法理学所提供的一种抽象基础。"〔14〕法理学从来都不仅是法理学家自己的事业,而是整个法学界的事业。实际上,我们完全可以找到法理学与法律实践的结合点。具有抽象性特征的法理学,虽不能如部门法学那样以立竿见影的功效直接服务于法律实际,但法理学的抽象性并非空想性,而是具有源自丰富法律实践的坚实基础,对于社会法律实践具有很强的指导作用。

---

〔12〕 作者米哈伊尔·尼古拉耶维奇·马尔琴柯,莫斯科大学法律系国家与法及政治学教研室主任,俄罗斯法科高校联合会主席,俄罗斯联邦委员会联邦议会法律委员会成员。曾经担任莫斯科大学副校长、莫斯科大学学术委员会副主席、莫斯科大学法律系主任;发表过 200 多部(篇)论著,主要有:个人专著《国家与法的理论》教科书(1997 年);主编两卷集高校教材《国家与法的一般理论》(1998 年)(这两部著作成为俄罗斯及独联体各高校的法学本科生和研究生的通用教材);教科书《比较法学》(2000 年);专著《当今世界法律体系》(2001 年);主编三卷集高校教材《国家与法的一般理论》(第 2 版)(2001 年);《比较法学教程》(2002 年)及《国家与法的理论》(第 2 版)(2002 年)及其 2008 年的修改和增补版。

〔13〕 文正邦:《当代法哲学研究与探索》,法律出版社 1999 年版。

〔14〕 [美]R. 德沃金:《法律帝国》,李常青译,中国大百科全书出版社 1996 年版,第 83 页。

关于法理学体系问题，学界认识不完全相同。我们认为，法之理既在法内，更在法外。揭示法理，既需要抽象思辨以分析静态之法理，更需要深入实践去把握动态之法理。从课程学习的角度，我们把法理学分为《法理学初阶》与《法理学进阶》两个部分。《法理学初阶》主要阐述法学、法律及法治的基本知识，具体安排为三编：上编“法学基本知识”主要从梳理法学历史入手，通过辨析法学学科性质，展示法学体系构成，过渡到介绍法学教育现状及当代中国法学教育时代主题为止；中编“法律基本知识”始于对法和法律的概念辨析，涵盖了彼此有逻辑联系的法律起源、法律发展、法律渊源、法律分类、法律结构、法律效力、法律意识、法律行为、法律关系、法律责任以及法系等法律基本范畴；下编“法治基本知识”重点从“纸上”的法律转化为“行动”的法律这一视角，宏观阐述“从法制到法治”的观念转变，微观展示法律程序、法律制定、法律实施与法律监督的制度运行，最后以构建中国法律职业共同体为归结。《法理学进阶》则主要涉及关于法律问题的基本原理，具体由“法律本体论”、“法律价值论”、“法律方法论”和“法律社会论”四编构成。这样，我们力图在不同的理论范式下，通过从宏观上对法律现象整体进行多视角、多层面的反思和研究，对法律问题做出不同的事实分析和价值判断，由此达到深入、全面认识法律现象的目的。

课后作业

一、关键词解释

1. 法学

2. 法理学

二、选择题

1. 提出法学是“关于正义和非正义的科学”的是(　　)。

A. 古希腊思想家　　B. 古罗马法学家　　C. 马克思　　D. 孔子

2. 关于法律问题的学问，在我国先秦时期被称为(　　)。

A. 刑名法术之学　　B. 律学　　C. 法学　　D. 刑名之学

3. 法学的研究对象是(　　)。

A. 社会现象　　B. 政治现象　　C. 法律现象　　D. 自然现象

4. 法学是(　　)。

A. 知识之学　　B. 智慧之学　　C. 精神之学　　D. 社会科学

5. 下列哪种说法是正确的？(　　)

A. 法理学指导各个部门法学的发展

B. 法理学的基本原理需要广泛地得到部门法学的支持与佐证

C. 法理学中的法理同部门法中的法理互相依托

D. 法理观点应当在法律实践中得到说明

三、材料论述题

(一)

“道理”二字,在中国社会,已变成一句最普通的话。我们可以说,中国思想之主要论题,即在探讨道理。我们也可说,中国文化,乃是一个特别尊重道理的文化。中国历史,乃是一部向往于道理而前进的历史。中国社会,乃一极端重视道理的社会。中国民族,乃一极端重视道理的民族。因此中国人常用道理两字来批判一切,如说这是什么道理?道理何在?又如问,你讲不讲道理?这一句质问,在中国人讲来是很严重的。又如说大逆不道,岂有此理,那都是极严重的话。道理二字,岂不是普遍存在于中国现社会人人之心中与口中,而为中国人所极端重视吗?但中国人如此极端重视的所谓道理,究竟是什么一种道理呢?这不值得我们注意来作一番探讨吗?依照常俗用法,“道理”二字,已混成为一词,语义似乎像是指一种规矩准绳言。在中国人一般思想里,似乎均认为宇宙(此指自然界)乃至世界(此指人生界),形上及于形下,一切运行活动,均该有一个规矩准绳,而且也确乎有一个规矩准绳,在遵循着。但此项规矩准绳的具体内容是什么呢?我们人类的知识能力,又何从而认识此项规矩准绳呢?这正是中国思想史上所郑重提出而又继续不断讨论的一个大问题。若我们进一步仔细分析,则“道”与“理”二字,本属两义,该分别研讨,分别认识。

[**材料来源**]钱穆:《中国思想通俗讲话》,三联书店2002年版,第1页。

[**要求**]根据以上材料,讨论对“法之理”与“法之道”的初步认识。

(二)法理学的“水彩画”——劳埃德《法理学》述评

周尚君

与其他画种相比,水彩画的外表风貌与创作技法极为独特,表现为:其一,画面具有通透的视觉感;其二,绘画过程中极尽考究水的流动性。颜料的透明性使水彩画产生一种明澈的表面效果,而水的流动性会生成淋漓酣畅、自然洒脱的意趣。

近期笔者捧来英国法学家丹尼斯·劳埃德先生的 *Lloyd's Introduction to Jurisprudence*(中译《法理学》),即如欣赏一幅大自然的水彩画,其笔其意,浑然天成,使从古希腊到边沁、凯尔森甚至女权主义的日益繁复而又令人备感兴味索然的法理学重新焕发出了通体透明和深远悠长的理论生机。

著者以拉德克利夫勋爵的名言开篇:“诸位谅必不致误解我的意思,或者倘若我说我们无法经由学习法律而学到法律,就认定我是在贬损一门伟大的人类学科。如果说它不只是一门技艺,那么,其必远超于其自身:它是历史的一部分,经济学和社会学的一部分,伦理学和人生哲学的一部分。”法理学的开窗明镜就是,它必定要超越自我结构的智识藩篱,在“默而无声的大前提”(霍姆斯法官语)之下,不仅洞悉法学理论的过去与现在,还需懂得规则治理的“心理疗法”(如法治观念的培育)、社会经验效果(如司法的纠纷解决机制)以及所有那些各不买账的法学派别之间的理论预设(如批判法学运动所提出的“法律的政治意义”)。

劳埃德告诉我们,对法理学进行定性描述是困难的,这一大厦之内厅堂林立。在这里,我们可以看到那些被称为法律科学家(Jurists)的学者对法律的规范结构方面所作出的自然科学式分析;我们也可以发现那些将法律不仅界定在法律体系内部的睿智的法哲学家(Legal Philosopher)对法律的哲学性质、自然权利甚至法的意识形态所作出的精妙努力。

如果我们能够将法律科学家的规范分析看作是水彩画家对水质(法学分析工具)使用的苛刻考究,那么我们也可以把法哲学家的知识考古看作是让水彩画更加通透清澈(法学本质)的卓越努力。

劳埃德在他的著作中不仅很好地把握了上述两种志趣上扞格难通的法理学传统,例如该书不仅对边沁、奥斯丁和英国古典法律实证主义、纯粹法理论、分析法学的现代趋向以及刻下当红主题司法裁判理论等进行了分析与诊断;而且将自然法思想、正义论甚至马克思主义法与国家理论、批判法学研究、种族批判理论以及后现代法学等加以评介与反思;而且精细刻画了这些传统的个性特征与精神品格。下面谨举三例加以说明:

其一,对法律与道德的分析。通常认为,法律与道德在于外在行为与内在理想之间的区分(康德),法律只是针对外在行为,而不追究人的思维领域。因为后者是道德规制的对象。"人的思想是不可审判的,连魔鬼自己也不懂人的思想。"劳埃德不仅停留于对此区分的描述,而且将这种区分的哲学与社会科学背景进行了梳理,指出完全无视道德的单纯法律活动是不可想象的。我们绝不可将道德视作主观判断而非科学实证,就如驱魔一般将它剔除殆尽。

其二,关于自然法的魔力。劳埃德不仅把自然法2500年的历史"写意地"加以描绘,而且将此中诸种主题的变迁进行了刻画。例如,古罗马人虽然有关于自然法的全面知识,但却没有自然权利观念;亚里士多德关于民主的观念与杰斐逊的民主观念之间几乎没有任何相同之处。但是,自然法的魔力就在于,它始终秉守一种客观道德原理,并坚信该原理相对人间之法的优越性,无论这种道德原理的根基是否发生了变化。

其三,对马克思主义法与国家理论的开放立场。作为多个国家的思想准则与政治"道统"的马克思主义,在劳埃德的《法理学》中占有了较大篇幅。之所以如此,是因为劳氏认为,将社会视作一个系统,是马克思永恒而卓越的贡献。尽管对马克思的社会分析与革命预测有相对立的观点,劳氏仍旧把马克思主义法与国家理论中的几个极为重要的问题进行了细致入微的分析,它包括:辩证法、黑格尔与马克思;马克思与黑格尔的政治哲学;历史唯物主义观念;基础与上层建筑;阶级问题;马克思与意识形态;国家与法;马克思与正义、道德和人权;国家的消亡等。劳氏将马克思的法律理论喻为一种道德,它是一种有关人类的基本善好以及如何实现它们的教谕。

波斯纳法官曾将法理学家区分为"批发商"和"零售商"。对于法律是否客观以及在什么意义上客观,法律是否自足,法律正义的含义是什么,法律是如何起源的等问题的回答,是法理学"批发商"的"事业"(富勒语),因为这些问题将成为社会学法学和分析实证主义的货源;而对诸如人工流产、废除死刑等问题的论争,则是法理学"零售商"的工作,且后者并不比前者更不重要。对于劳埃德,可以说,他既不属于"批发商",更不属于"零售商",而是法理学的知识"生产者",在当下思想贫瘠的法理学领域,劳埃德的知识生产更是显得难能可贵。

[**材料来源**]《法制日报》2008年7月27日。

[**要求**]根据以上材料,讨论法理学的含义以及学习法理学的意义。

课后参阅论文

1. 何勤华:《汉语"法学"一词的起源及其流变》,载《中国社会科学》1996 年第 6 期。
2. 刘作翔:《法理学的定位——关于法理学学科性质、特点、功能、名称等的思考》,载《环球法律评论》2008 年第 4 期。
3. 黄文艺:《中国法理学 30 年发展与反思》,载《法制与社会发展》2009 年第 1 期。
4. 雷磊:《如何学习法理学?》,载《研究生法学》2011 年第 4 期。
5. 焦宝乾:《"法理学"及相关用语辨析》,载《华东政法大学学报》2012 年第 2 期。
6. 张文显:《法理:法理学的中心主题和法学的共同关注》,载《清华法学》2017 年第 4 期。
7. 陈景辉:《部门法学的教义化及其限度》,载《中国法律评论》2018 年第 3 期。
8. 雷磊:《法哲学在何种意义上有助于部门法学》,载《中外法学》2018 年第 5 期。
9. 瞿郑龙:《如何理解"法理"?》,载《法制与社会发展》2018 年第 6 期。
10. 杜宴林:《法理学实验研究的兴起与中国法理学观念的更新》,载《法制与社会发展》2020 年第 1 期。

延伸阅读

对"法理学"的进一步理解,可以阅读雷蒙德 · 瓦克斯(Raymond Wacks)的《读懂法理学》(杨天江译,广西师范大学出版社 2016 年版),该书将"法理学"(jurisprudence)、"法律理论"(legal theory)、"法律哲学"(legal philosophy)所指向的对象较好地融为一个体系,把"正义"、"权利"、"守法"和"惩罚"这样的主题与法律思想史进行无缝对接,把法律理论和法律思想史融合起来。特别是该书的"导论"与"被理解的法理学"可以解决大家有关"法理学"这门课程的一些普遍疑问,如"法理学令人头痛""法理学文献浩如烟海""法理学与其他学科的关系"等。

上编　法学基本知识

第一章　法学历史

知识结构图

- 法学历史
  - 中国法学历史
    - 先秦
      - 夏商周
        - 王权神授、法由天定
      - 春秋战国
        - 儒家的法律思想
        - 道家的法律思想
        - 墨家的法律思想
        - 法家的法律思想
    - 秦汉至清末
      - 儒家化律学
    - 近代中国
      - 近代资产阶级改良派法律思想
      - 近代资产阶级革命派法律思想
      - 清末的改旧律、创新法
    - 新中国至今
      - 废除国民党的“六法全书”
      - 中国特色马克思主义法学体系
  - 西方法学历史
    - 古希腊法律思想
      - 苏格拉底、柏拉图
      - 亚里士多德的法治理论
    - 古罗马法学发展
      - 西塞罗
      - 五大法学家
      - 《国法大全》
      - 奥古斯丁
    - 中世纪法学发展
      - 教会法
      - 注释法学
      - 阿奎那
    - 西方近代法学发展
      - 古典自然法学派
      - 历史法学派
      - 分析法学派
      - 哲理法学派
    - 西方现代法学发展
      - 新自然法学派
      - 新分析法学派
      - 社会学法学派
      - 经济分析法学
      - 后现代法学思潮
  - 马克思主义法学历史
    - 马克思主义法学的创立
      - 马克思
      - 恩格斯
      - 马克思主义法学形成
      - 马克思主义法学的历史意义
    - 列宁对马克思主义法学的新贡献
      - 列宁对马克思主义法学的发展
      - 列宁关于法制问题的时代局限性
    - 马克思主义法学中国化
      - 毛泽东思想对马克思主义法学中国化的贡献
      - 中国特色社会主义理论体系对马克思主义法学中国化的贡献
      - 习近平法治思想对马克思主义法学中国化的新发展
      - 马克思主义法学中国化的成功经验

第一节 中国法学历史

法学的产生,是社会发展到一定阶段的产物。法学以法律现象及其发展规律为研究对象,其产生必须以法律现象的出现为前提,并且有两个基础性条件:一是法律发展到一定程度;二是出现了一批专门研究法律的人。因此,法律起源不等于法学产生,法律起源在前,法学产生在后。

中国历史拥有深厚的法律文化。习近平总书记指出:“我们的先人们早就开始探索如何驾驭人类自身这个重大课题,春秋战国时期就有了自成体系的成文法典,汉唐时期形成了比较完备的法典。我国古代法制蕴含着十分丰富的智慧和资源,中华法系在世界几大法系中独树一帜。”〔1〕在传统法律文化熏陶下,中国法学历史发展大致经历了四个阶段:第一阶段是先秦时期;第二阶段是秦汉至清末;第三阶段是清末至中华民国;第四阶段是自中华人民共和国成立以后。

一、先秦时期法律思想概述

早在夏商周时代,中国古籍就出现了有关政治法律思想的论述,其核心是体现君王统治的神圣性,主要包括两点:王权神授、法由天定。如《尚书》中说:“有夏服天命”;〔2〕《诗经》中说:“有夏多罪,天命殛之”;〔3〕《左传》中说“以德配天”;《尚书》中反思夏朝灭亡时指出:“惟乃丕显考文王,克明德慎刑。不敢侮鳏寡,庸庸,祗祗,威威,显民,用肇造我区夏,越我一、二邦以修我西土。”〔4〕这一阶段的政治法律思想主要目的在于宣扬君王及其所颁布法律的神圣性,借之调和统治者和被统治者之间的矛盾并镇压被统治者的反抗,以维护当时社会的等级秩序和高压统治。但由于这一时期的社会关系相对单一,人们对社会现象和法律现象认识也有较大局限性,因此不可能出现系统的法学理论知识。

春秋战国时期是中国文化酝酿与确立的时期,文化呈现“百花齐放、百家争鸣”的局面,对后世影响深远的儒、道、墨、法等思想流派也在这一时期形成,各派对其政治和法律观念的阐释与实践为极具特色的中国传统法政思想奠定了基础。

(一)儒家的法律思想

儒家的代表人物是孔丘、孟轲和荀况。儒家法学观最重要的特点体现在“礼治”。“礼”包括夏礼、殷礼、周礼,三代之礼发展到周朝,形成了一整套完善的典章制度和礼仪规范,从

---

〔1〕 习近平:《加快建设社会主义法治国家》,载《论坚持全面依法治国》,中央文献出版社2020年版,第110~111页。

〔2〕《尚书·召诰》。

〔3〕《尚书·汤誓》。

〔4〕《尚书·康诰》。

国家的基本制度到具体的生活细节无所不包。儒家坚持和发展“礼治”思想，视“礼”为国家的主要规范手段，希望在此基础上牢固建立起以尊卑等级和宗法伦理为基础的社会秩序。“礼”的基本原则为“尊尊”“亲亲”，前者维护王权，所谓“国无二君”；后者维护父权，所谓“家无二尊”。先秦儒家学者认为“礼崩乐坏”的社会混乱状况的根源，在于人们对礼乐传统的丢弃，他们希望重新恢复三代礼乐文化和礼乐秩序，以“复礼”为己任。至汉武帝时，董仲舒提出“罢黜百家，独尊儒术”，将礼的精神贯彻到社会制度的各个层面，“引礼入法”“礼法合一”，儒家的礼治思想被正式确定为中国传统社会政治法律的基础，并由此发展出了独具中国特色的礼法制度和礼法文化。

（二）道家的法律思想

道家的代表人物是老聃和庄周。道家崇尚“道法自然”。道，是以自然为本源，是宇宙万物的运行规律，天、地、人、道均受自然支配，均须取法自然，与“礼”“法”相比，道是最高原则，“人法地，地法天、天法道，道法自然”。[5] 这就是道家的“法自然”的思想。道家强调顺应自然、顺应客观现实，这一观念在法律思想上的表现便在于倡导“无为”，“法令滋彰，盗贼多有”“民不畏死，奈何以死惧之”。道家倡导在法律实践上的无为，在一定程度上是对调控社会的礼法抱有消极的态度，在这一点上与儒家和法家的立场有很大区别。

（三）墨家的法律思想

墨家的代表人物是墨翟，墨家主要代表了社会中有知识的中下层民众的政治和法律观念。墨家的核心思想是主张“兼相爱”“交相利”的社会秩序，主张“壹同天下之义”，即用“兼相爱”“交相利”来统一人们的思想，并将其上升为国家的法律。墨家把法比作“规矩方圆”之器，而法又应该具有最大限度的现实性，强调法必须符合客观规律的要求，主张“法天而遵天法”；同时，法律的实施离不开刑罚，“功之以赏誉，威之以刑罚”。墨家追求一种大同世界的理想国家，表达了对人人互爱互利和消灭战争的理想社会的追求，但支持诛杀暴君的行为和以制止暴虐为目的的战争。

（四）法家的法律思想

法家是春秋战国时期颇为显著的一个思想流派，代表人物是商鞅和韩非。与儒家的“礼治、德治”相对立，“法治”是法家法律思想的核心。法家“法治”思想主要包括：法是国家的规矩、准绳，是一种普遍遵守的行为规则；国家制定的法律应该以特定形式向社会大众公开，“法者，编著之图籍，设之于官府，而布之于百姓也”，[6] 并借助国家的暴力工具保障其实施。法家思想在战国受到统治者的重视，法家学说被较为广泛地运用到这一时期的法制改革中，商鞅在秦国的变法是法家“法治”理论成功运用的一个范例。春秋战国时代，儒家主张的“礼治”和法家主张的“法治”一直是对立的两个理论体系，到秦朝时，统治者更多的是利用法家思想来维持专制统治，但到了西汉以后，引礼入法、礼法合一，道德教化与法律强制相结合，“礼”和“法”通过统治方法上的相互补充，最终从对立走向统一，其目的都在

---

〔5〕《道德经》第二十五章。

〔6〕《韩非子·难三》。

于维护专制的宗法伦理秩序。总体来说,法家的"法治"思想从根本上说只是维护君权的工具,公开、严苛的法律只是君王驾驭百姓的"刑赏二柄",与后世的法治思想之间有着本质的区别。

二、从秦朝到清末的法律思想概述

从公元前3世纪到19世纪中叶,两千多年的历史,中国法学走过了一个以儒家学说为主导,融合法家、道家等诸家学说的发展过程,形成了以儒家礼法思想为核心的法律文化系统,其典型表现就是儒家化律学的兴起与发展。

自秦代开始,法学领域出现了律学,也称"刑名律学",又称"刑名法术之学",是根据儒学原则对以律为主的成文法进行讲习、注释的学问。律学滥觞于秦,发展于两汉,昌盛于魏晋,至唐达到顶峰,唐以后逐渐衰落。律学不仅从文字上、逻辑上对法律条文进行阐释,还对包括礼与法律例之间的关系、刑名的变迁以及听讼、理狱等在内的法理问题进行阐述,使儒家经典与法律融为一体,最终完成了法律儒家化的过程。

秦统一后继续推行法家理论,知法行法的官吏地位得到了提高。秦奉行"以法为教,以吏为师"的国策,为律学的诞生和发展提供了有力的国家支持,产生了以《法律问答》为代表的法律注释书,为两汉时期律学的开创性发展奠定了基础。汉武帝时期,董仲舒提出"罢黜百家,独尊儒术"后,以"三纲五常"为前提的儒学思想被统治阶级所吸收,一批以儒家学说为原则进行"引经注律"的律学家开始出现。西汉的于定国、杜延年,东汉的郭躬、陈宠等人传习法令,收徒教法,学生多至数百人。东汉经学大师马融、郑玄等都曾对汉律做过章句注解,晋代张斐和杜预等人对晋律作过注解,并对立法原理和法律适用问题均有说明。东晋以后,私人注释逐渐被官方注释所取代。公元652年的《唐律疏议》是官方注释的范本,它集中唐代以前的法律思想,主要引述儒家经义对律文进行疏解,宣扬封建等级制度和君权至上等宗法思想,是中国历史上保存最完整、最系统的注释法学著作。魏晋时期魏明帝曾设律博士,专门传授律学,在一定范围内出现了律学昌明的景象。至宋代王安石变法,大力提倡律学,但遭到保守势力反对,从此律学衰落下去。

律学是封建社会正统的法学代表,但并非唯一存在的法学。长期的历史发展过程中,还有各种不同风格的法学研究方法和不同价值取向的法律思想对律学产生了影响。尤其是明末以后,进步的法律思想和法学研究对传统的律学产生了巨大的冲击,如黄宗羲指出,专制王朝的法是帝王一家的法,非天下之法,"……然则其所谓法者,一家之法,而非天下之法也。是故秦变封建而为郡县,以郡县得私于我也;汉建庶孽,以其可以藩屏于我也;宋解方镇之兵,以方镇之不利于我也。此其法何曾有一毫为天下之心哉!而亦可谓之法乎"?[7]故要求以"天下之法"取代"一家之法",表达了明末进步思想家批判封建专制主义法制,要求进步的呼声。

---

〔7〕《明夷待访录·原法》。

三、近代中国法学发展概述

1840年鸦片战争以后，包括法学思想在内的异域文化对传统的中国文化产生了极大冲击。在民族危难和国力凋敝的形势下，思想界中无论是改良派还是革命派，他们或从传统法文化自身内部去寻求济世救民的良方，或完全接受西方文化的洗礼，都纷纷提出自己的主张，中国思想界出现了大量前所未有的新观念和新理论，中国法学步入了历史上的一个转型时期。

（一）近代资产阶级改良派的法律思想

1895年，中国在甲午战争失败后，为挽救民族危机，以康有为、梁启超、严复等人为代表的改良派提出维新改良的政治法律主张。他们指出中国社会迫切需要变革，而社会变革的主要内容，是改君主专制政体为君主立宪政体，改革封建礼教的法律制度，提倡西方近代的法治主义。康有为在《孔子改制考》里“托古改制”，借孔子的名义为社会变革寻找正当性依据；梁启超则指出：“法治主义为今日救时之唯一主义”“法者天下之公器也，变者天下之公理也”。[8] 改良派人士援引孟德斯鸠“三权分立”学说，主张仿照英国或日本的君主立宪政体来改革清朝的君主专制。维新改良派在向西方寻求救亡真理的同时，并没有放弃传统儒家文化的内在资源，这使他们的主张呈现二元性：一方面积极引进西方法治文化，支持洋务改革运动；另一方面主张保留君主，反对革命派的共和制。

（二）近代资产阶级革命派的法律思想

康有为等改良派所领导的维新变法运动被清政府顽固势力绞杀以后，以孙中山等为代表的近代革命派取而代之进行旧民主主义革命，推翻了清朝帝制。革命派大胆吸收了西方近代政治法律话语系统，主张宪政，要求共和。孙中山的法律思想是革命派法律思想的集大成者，其主要内容为：抨击封建专制的政治制度和法律制度，主张宪政，提出军政、训政、宪政三阶段说，主张人民享有集会自由、言论自由、宗教自由等近代公民权利；结合东西方文化与法律传统系统阐述了“五权宪法”的学说，所谓“五权”，指立法、行政、司法、罢免、考试五项权力，前三项权力仿照西方三权分立学说，后两项权力分别解决监督官员和选拔官员的问题；推行三民主义，即“民族、民权、民生”之三民主义。民族主义反对满族统治以解决国内民族问题；民权主义就是坚持人民主权思想，主张人民享有选举官吏、罢免官吏、创制法案、复决法案的权力；民生主义不仅要求解决农民的土地问题，还要通过“劳动法”为工人谋救济之道。无论从哪个方面看，孙中山的法律思想都达到了中国近代资产阶级法律思想的顶峰，是可供后世借鉴的宝贵法律思想遗产。

（三）清末的改旧律、创新法

20世纪初，迫于内忧外患的国际国内形势，清政府被迫进行了一次大规模的“修律”活动，清末法学家沈家本作为主要的修律大臣在修律运动中起了重要作用。经过艰苦的工作，沈家本主持草拟了《大清新刑律》《大清商律草案》《大清民律草案》《民事诉讼法》《刑事诉讼法》等重要法典，后来的国民党政府在清末修律的基础上逐渐完成了“六法全书”的立

---

[8] 《变法通议·论不变法之害》。

法工作。沈家本的法律思想代表了清末修律派的法律主张,既汲取了西方先进的立法经验和法律思想,"折中各国大同之良规,兼采近世最新学说",又顾及了中国本身的现实国情和传统法律文化,"修订各律,凡各省习惯有应实地调查者,得随时调员派员前往调查"。[9]清末修律在联系实际的同时,还注重立法技术问题,"法必定于一,而后人可以道之信之,未有两歧可为法者"。沈家本还倡导守法与法律并重的理论,倡导人人守法、法律面前人人平等的原则。总之,清末的修律工作,借鉴了大量大陆法系国家的立法精神和立法技术,标志着传统中华法系的瓦解。

四、中华人民共和国成立以后的法学发展概述

中华人民共和国成立前夕,中共中央于 1949 年 2 月 22 日发布了《关于废除国民党的六法全书与确定解放区的司法原则的指示》,该指示正式废除了国民党的"六法全书",由此开始了新中国的法学发展历史。

1949 年以后中国法学在曲折中发展。直到 1978 年 12 月党的十一届三中全会的召开,改变了中国法学的命运。国家的政治经济秩序得到了稳定的发展,公民的各项法律权利得到了切实的保障;法学教育得到前所未有的重视,公民的法律观念和法律意识也得到前所未有的改观。从此以后,中国的法学发展走过了一个辉煌的历程:不仅建立起了包括宪法学、民法学、刑法学、诉讼法学等部门法学在内的门类齐全的法学体系,还通过借鉴外来的法律文化和法学思想,基本形成了中国特色马克思主义法学体系。

关于这一阶段法学发展的具体情况,可同时参见本章第三节"马克思主义法学历史"和第四章第二节"新中国高等法学教育"的相关内容。

第二节　西方法学历史

一、古希腊法律思想概述

古希腊位于欧洲东南部、地中海东北部,包括今巴尔干半岛南部、小亚细亚半岛西岸和爱琴海中部的许多小岛。古希腊文化是人类文化的重要遗产之一,对全世界文化尤其是对欧洲文化的发展有着极为深刻的影响。但古希腊并没有形成专业和系统的法学学科,也没有出现以研究法律为职业的法学家阶层,和其他众多学科一样,希腊人对"法"及其现象的思考被裹挟在希腊思想家对城邦所进行的哲学思考中,其中影响最大的是苏格拉底(Socrates)、柏拉图(Plato 或 Platon)、亚里士多德(Aristotle)的学说。例如,柏拉图在他的代表作《理想国》[10]中,就对正义问题和城邦秩序进行了探讨,而集中体现柏拉图法律思想的著作是其

---

〔9〕 转引自李贵连:《沈家本年谱长编》,台北,成文出版社 1992 年版,第 277 页。

〔10〕 [古希腊]柏拉图:《理想国》,郭斌和、张竹明译,商务印书馆 1986 年版。

晚年所著的《法律篇》。[11] 古希腊法律思想的成就主要体现在亚里士多德的法治理论中，其代表作是《政治学》。

在《政治学》一书中，亚里士多德指出达到美好生活乃是政治组织的主要目标，而要实现这一目标的唯一可行的手段就是建立起以法律为基础的国家（城邦）。亚里士多德将法律界定为“不受欲望影响的智慧”，明确提出“法治优于一人之治”，[12] 这里的“法治”包含两层含义：已制定的法律获得普遍的服从；所服从的法律本身又应该是制定良好的法律。亚里士多德给“法治”确定了三个基本要素：其一，法治指向公共利益，它不同于为了单一阶级或个人利益的宗派统治或暴君专制；其二，在依据普遍规则而不是依靠专断命令进行统治的意义上，法治意味着守法的统治；其三，法治意味着对法律的认同，它不同于仅依靠暴力支持的专制统治，也即法律得以真正贯彻的文化心理保障在于臣民对于法律的基本信念。[13] 亚里士多德的法治理论为西方后世的法学思想及法治理论奠定了基础。

二、古罗马法学发展概述

法学在古罗马成为一门专业化的学科，一批以研究和实践法律知识为职业的法学家阶层也出现了。古罗马法学以其务实性而闻名于后世，其中对私法的研究达到了极高的水准，成为后世大陆法系私法研究的开端。

西塞罗（Marcus Tullius Cicero）是古罗马著名的演说家、政治家和杰出的法学家，他的法律思想集中体现在其著作《论共和国》和《论法律》中。他首次较为系统地提出了自然法与人定法之分，将自然法置于“最高的法”的地位，而自然法的本质就是神和人所共同拥有的理性，理性具有能区分善恶对错的能力，理性是普世的，因此，根源于理性的自然法超越了时间和地域的限制，成为一种永恒的、不变的法，适用于所有的民族和所有的时代。

公元1世纪到公元3世纪，是罗马法学的繁荣阶段，出现了五大法学家：盖尤斯（Gaius）、保罗（Paulus）、乌尔比安（Ulpianus）、帕比尼安（Papinionus）、莫蒂斯蒂努斯（Modestinus）。他们协助皇帝立法、解答法律问题、撰写法学著作、从事法学教育，对罗马法学做出了杰出贡献。

公元4世纪到公元5世纪，罗马皇帝的命令逐渐取代了众多流派的法学家学说，罗马法学的创造性精神被扼杀，法学研究出现衰落。

查士丁尼皇帝在位时期，对西方后世法学发展影响深远的《国法大全》得以制定，《国法大全》由《查士丁尼法典》、《学说汇纂》、《法学阶梯》和《查士丁尼新律》（在查士丁尼死后编订）四个部分组成。从法学史的角度来看，《国法大全》是古代西方最庞大的一部法典，是罗马帝国法学理论的集结和精华荟萃，其中的《学说汇纂》和《法学阶梯》对世界法学，尤其是对近代大陆法系私法理论的发展以及民法典的制定具有直接而深远的影响。

基督教思想家奥古斯丁（Augustinus）生活于西罗马帝国晚期，其思想开创了中世纪基

---

〔11〕［古希腊］柏拉图：《法律篇》，张智仁、何勤华译，上海人民出版社2001年版。

〔12〕［古希腊］亚里士多德：《政治学》，吴寿彭译，商务印书馆1983年版，第167～168页。

〔13〕［美］乔治·霍兰·萨拜因：《政治学说史》（第4版·上），邓正来译，上海人民出版社2008年版，第133页。

督教哲学先河,因而被认为是欧洲中世纪教会法学的奠基人物,其代表作是《上帝之城》。[14]

三、中世纪法学发展概述

公元476年,罗马城被日耳曼人攻破,西罗马帝国宣告灭亡,欧洲自此进入了长达一千余年的中世纪历程。中世纪基督教的广泛传播在西方人的精神生活中产生了深远影响,中世纪的法学发展也由此打上了基督教的烙印。

在基督教的背景下,中世纪法学发展的特点主要表现在:

1. 教会法在中世纪得以系统发展。教会法的拉丁文名称为 Ius Canonicum,英文名称是 Canon Law,本义为工匠所用规尺,引申为规范、规矩。该词既可指"正典"(正式认可的《圣经》卷册),也可用作指基督教徒应该遵循的符合信仰的宗教道德规范,故教会法泛指整个基督教会在不同历史时期所制定和编纂的、有关教会本身的组织制度和教徒个人的品德、生活守则的各种宗教章程、命令和规则的总和。

2. 注释法学的发展。随着11世纪罗马法的复兴,注释法学派也在中世纪出现,注释法学派通过在罗马法典籍的旁侧或字里行间进行注释而得名。注释的方式有两种:一是对各种法律名词进行解释;二是对各项法律条文和原则进行解释。注释法学派分为前期注释法学派和后期注释法学派(又称评论法学派)。前期注释法学派对《国法大全》进行了甄别和整理,在研究上着眼于罗马法条文原有的意义,目的是恢复罗马法本来的面目;其采用的方法是对罗马法文献进行文字注释,包括列举注释者之间的分歧意见、罗马法学家的各方观点以及文献作者本人的观点。此种研究方法以机械的注释取代科学的推理,因而在一定程度上会不可避免地曲解或脱离罗马法典的文义。评论法学派改变了前期注释法学派机械注释的方式,将罗马法与中世纪地方封建习惯法以及各城市条例结合起来做了比较研究,以评论和评议为主,也就是在罗马法的基础上重新提出一些法律原则和法律根据,建立法律的分析结构,并通过类推适用赋予罗马法以灵活性,力图把罗马法的一些原理、原则应用到当时现实的政治法律生活中。评论法学派对后期的判例法发展产生了较大影响。

3. 托马斯·阿奎那(Thomas Aquinas)的神学—法学思想。托马斯·阿奎那是经院哲学的代表人物,也是以神学—法学思想为特征的中世纪自然法思想的集大成者,《神学大全》是其代表作。他将整个宇宙中存在的法律分为四种:永恒法,是上帝的终极计划,是上帝用来统治整个宇宙的规则,在所有类型的法中具有最高的效力;自然法,是上帝依据永恒法引导和统治人类的法律,在永恒法和人定法之间起着类似承上启下的作用,是人类借以知晓和体验永恒法,并由此认识到人类内在本性及需要,从而给自己所发出的具有合理性和约束力的命令;人定法,是人类利用自然法的原则为人类的具体生活制定的法律,人定法必须服从于自然法;神法,通过神的启示得以阐述,是从《圣经》中归纳出来的,它包括《旧约》中上帝通过先知所作的启示以及《新约》中的耶稣基督所宣讲的道理,即"旧约时代的启示法"

---

〔14〕[古罗马]奥古斯丁:《上帝之城》,王晓朝译,人民出版社2006年版。

和“新约时代的启示法和福音法”。阿奎那之所以在永恒法、自然法、人定法之外还将神法列为人类的指导性原则，是因为神法作为神的启示，具有绝对的正确性并不受时空限制，因而可以帮助人类克服人性的局限并在特殊事件和极端状况下仍能保持正确的方向，并赋予信徒内心以自觉的约束力，是永恒法、自然法、人定法必不可少的补充。

四、西方近代法学发展概述

文艺复兴和宗教改革以后，西方社会步入了近代时期。文艺复兴和宗教改革，对西方近代的社会生活和法律思想产生了深远的影响，他们奠定了现代世界诞生和存在的决定性基础：公共生活的世俗化。西方近代世俗文化宣扬人的自主性和独立性，充分肯定个体的尊严和价值，充分相信人的理性在构建法律规范和社会制度时的决定性作用，凡此种种文化特质，最终促成了西方近代法学思想的转折性发展。“个体权利论”取代基督教的神学宇宙观成为近代西方法学思想关注与解决的核心问题，并在此基础上形成了影响深远的众多法学流派。

（一）古典自然法学派

此派又称经典自然法学派，是近代西方影响最大的一个法学流派，也是近代资产阶级反封建和反天主教会的有力思想武器。该学派的代表人物和代表著作有：荷兰法学家格劳秀斯（Hugo Grotius），其所著的《战争与和平法》[15]是近代国际法的先驱；英国的霍布斯（Thomas Hobbes），其代表作《利维坦》[16]表达了强烈的反天主教会和建立世俗主权国家的要求；英国的约翰·洛克（John Locke），《政府论》[17]是其最有名的政治学著作，在上篇中洛克批驳了君权神授论和王位世袭论，下篇中则提出了一套自由主义法哲学，并主张政府通过分权以确保公民的自然权利；法国的孟德斯鸠（Baron de Montesquieu），其代表作《论法的精神》[18]在通过对众多不同类型的政治法律制度进行研究的基础上探讨了法与社会的关系，并继承了洛克的分权理论以确保政府对公民权利的保障；法国的卢梭（J. J. Rousseau），是古典自然法学派的集大成者，《论人类不平等的起源和基础》[19]、《社会契约论》[20]是其主要著作。卢梭的法律政治思想最突出的特征就是激进的民主主义，强调共同体中的法律应是“公意”的表现，任何人不得违反公意，服从公意就是服从自己的意志，卢梭的学说后来成为法国大革命直接的思想来源。

古典自然法学派的出现标志着一种与中世纪神权世界观相对立的法权世界观的确立，

---

〔15〕［荷］格劳秀斯：《战争与和平法》，［美］A. C. 坎贝尔英译、何勤华等译，上海人民出版社 2005 年版。

〔16〕［英］霍布斯：《利维坦》，黎思复、黎廷弼译，商务印书馆 1985 年版。

〔17〕［英］约翰·洛克：《政府论》（下篇），叶启芳、瞿菊农译，商务印书馆 1996 年版；《政府论》（上篇），瞿菊农、叶启芳译，商务印书馆 1982 年版。

〔18〕［法］孟德斯鸠：《论法的精神》（上册），张雁深译，商务印书馆 1961 年版；《论法的精神》（下册），张雁深译，商务印书馆 1963 年版；另推荐一个版本，《论法的精神》（上、下册），许明龙译，商务印书馆 2012 年版。

〔19〕［法］卢梭：《论人类不平等的起源和基础》，李常山译，商务印书馆 1962 年版；另推荐一个译本，《论人类不平等的起源和基础》，李平沤译，商务印书馆 2007 年版。

〔20〕［法］卢梭：《社会契约论》，何兆武译，商务印书馆 2003 年版；另推荐一个译本，《社会契约论》，李平沤译，商务印书馆 2011 年版。

这一世界观的核心内容是人权和法治。古典自然法学派反对神权宣扬人权、反对专制宣扬自由、反对等级特权宣扬法律人格的平等。该学派在十七八世纪的发展不仅直接鼓励和推动了近代资产阶级革命的成功,对于现代资产阶级民主和法治国家的建立和维系也起到了论证和促进作用。

(二)历史法学派

1814 年,德国法学家萨维尼(Fredrich Karl von Savigny)发表了《论立法与法学的当代使命》,由此宣告了历史法学派的诞生。历史法学派的研究方法是历史比较的方法,历史法学派否定存在普遍的理性,因而,反对古典自然法学派对自然法和自然权利的假设。历史法学派认为法律应该力图体现各民族特有的精神,法律是"民族精神的产物"。历史法学派认为,法律的发展是一个历史演变的渐进过程,且这种发展离不开一定民族的共同生活经验。各个民族的法律,与该民族的语言、习惯、制度设计一样,是与该民族经年累月的民族生活融为一个整体的,而决定这种融合的是该民族人民特有的共同信念和内心意识,一个民族的法律只有符合该民族人民的共同信念和内心意识,才能适宜于该民族的生存和发展。

(三)分析法学派

1832 年,英国法学家奥斯丁(John Austin)的《法理学的范围》一书,标志着分析法学派的诞生。但分析法学派的理论渊源却出自英国功利主义法学家边沁(Jeremy Bentham)的法学思想。边沁在其所著的《道德与立法原理导论》[21]中,对法律概念进行了细致的实证分析,这成为奥斯丁《法理学的范围》[22]一书的出发点。1970 年,边沁生前未能发表的《论一般法律》[23]由哈特整理出版,该书被认为是《道德与立法原理导论》一书的续篇,被誉为分析法学乃至 20 世纪法学学术史上的重大事件。边沁在其理论中区分了对法律的解释和对法律的评论,前者是对历史存在过的法进行揭示,以说明立法者做了什么,并对正在运行的法律状况进行阐述;后者是对"法律应当是什么"这一问题的探讨。边沁对法律解释和法律评论的区分实际上揭开了奥斯丁法理学理论的帷幕:区分"实际存在的法"和"理想中的法"。在《法理学的范围》一书中,奥斯丁认为,法理学的研究对象是实在法,即"法律实际上是什么",由此将法理学从伦理学、政治学、哲学等学科中剥离出来,使法理学成为研究实在法的工具性学科,近代独立的"法律科学"至此得以建立。奥斯丁认为,实在法是主权者依据主权发布的、以强制制裁为保障的命令。主权是政治优势者对劣势者的关系,主权具有至高无上性,在主权者依据其理性所发出,并由文字或符号所表达出来的"命令"中,包含被命令者由此去做某事或禁止做某事的期望,并在此期望落空之际,主权者可以依据主权对其实施制裁。但主权者在制定法律的时候,应遵循独立的政治社会中习惯上应遵循的原则或法则,这些原则或法则对主权者具有道德上的约束力。继奥斯丁以后,英国的法理学者沿袭他所开创的路径将法学研究与道德、伦理、政治等其他研究领域相分离,主张区分"实

---

〔21〕[英]边沁:《道德与立法原理导论》,时殷弘译,商务印书馆 2012 年版。

〔22〕[英]约翰·奥斯丁:《法理学的范围》,刘星译,中国法制出版社 2003 年版。

〔23〕[英]杰里米·边沁:《论一般法律》,毛国权译,上海三联书店 2008 年版。

然的法”和“应然的法”，认为只要是基于国家的立法程序制定出来的法，就是有效的法律，分析法学派反对自然法学派“恶法非法”的观点。

（四）哲理法学派

此派代表人物是德国古典哲学家康德（Immanuel Kant）和黑格尔（G. W. F. Hegel），代表作是康德的《法的形而上学原理》〔24〕和黑格尔的《法哲学原理》〔25〕。哲理法学派在学理上与德国古典哲学和古典自然法学派存在较为密切的相承关系，前者的思想渊源使哲理法学派从纯粹哲学的角度去研究法的一般原理；后者的思想渊源使哲理法学派以古典自然法学为研究的出发点，重点研究理想中的法而不是实际存在的法，并通过抽象的思维方式和推理方式探讨法律和理性之间的关系，同时又对实在法进行了系统的抽象分析。例如，康德认为，作为权利科学的法哲学是从权利角度研究人与人之间权利与义务的关系；“权利科学的研究对象是一切可由外在立法颁布的法律原则……有关原则方面的权利和法律的理论性知识，不同于实在法和经验的案件，属于纯粹的权利科学”。人所拥有的唯一的天赋权利就是自由，法律则是根据自由产生的一般法权体系，“法是能使各个人的意志依据自由的普遍法则与他人意志相协调的条件之总和”，国家的目的就是在强制性的法律之下实现人的权利。黑格尔认为，法哲学是哲学的一个部门，是研究客观精神运动的科学，作为科学的法哲学，其研究要求从总体上把握客观精神的运动，揭示法的概念及其现实化过程，从而引导人们自觉地按照客观的法的要求规制自己的行为从而推动历史发展，在此基础上，黑格尔指出法的发展要经过三个阶段：抽象法—道德—伦理（国家），国家就是伦理精神的实现，是法的理念的完美体现。

五、西方现代法学发展概述

进入20世纪，西方社会各种矛盾现象出现了加剧的趋势，旧的利益结构被打破，新的利益结构开始形成，包括福利、教育、劳资关系、经济在内的诸多领域的社会立法相继出现，西方法学的发展也出现了一个多元化的格局，众多新的法学流派相继出现。

（一）新自然法学派

新自然法学派以美国法学家富勒（Lon Fuller）、罗尔斯（John Rawls）、德沃金（Ronald Dworkin）为代表。富勒的代表作是《法律的道德性》。〔26〕该书认为，真正的法律制度必须符合一定的内在道德（程序自然法）和外在道德（实体自然法），法律的内在道德事关调整人们行为的规则制度制定和执行的方式，法律的外在道德事关法律所要达到的实质目标。其中法律的内在道德必须符合八个条件：普遍性、公开性、非溯及力、明确性、一致性、可行性、稳定性以及官方行为与已颁布的法律之间的一致性。20世纪70年代初，罗尔斯的著作《正义论》〔27〕面世，在该书中，罗尔斯以洛克、卢梭、康德的社会契约论为基础，反对英国传统的

---

〔24〕［德］康德：《法的形而上学原理——权利的科学》，沈叔平译，商务印书馆1991年版。

〔25〕［德］黑格尔：《法哲学原理》，范扬、张企泰译，商务印书馆1961年版。

〔26〕［美］富勒：《法律的道德性》，郑戈译，商务印书馆2005年版。

〔27〕［美］约翰·罗尔斯：《正义论》，何怀宏、何包钢、廖申白译，中国社会科学出版社2001年版。

功利主义,论证西方民主社会的道德价值,认为正义是社会制度的主要美德。罗尔斯认为,应该区别对待制度的正义原则和个人的正义原则,并着重探讨了制度的正义原则。罗尔斯提出制度的正义原则有两条:一是平等自由原则,即每个人在社会中都拥有与他人的自由体系并存的同样的自由体系,包括公民的各种政治权利和财产权利。二是机会平等原则和差别原则,前者要求社会地位、社会职务等对所有的人平等开放;后者要求在进行分配的时候,如果不得不产生某种不公平,那么这种不公平应该有利于境遇最差的人们的利益改善。《正义论》被誉为20世纪70年代西方探讨正义问题的集大成者,为自由主义政治、法律思想的复兴提供了理论武器。德沃金是西方20世纪70年代末以后杰出的法哲学家,在其代表作《认真对待权利》[28]《法律帝国》[29]等著作中,德沃金系统阐述了他的权利论法哲学思想,标志着一个新的法哲学时代的开始。总体而言,结合20世纪法学理论与实践的发展,新自然法学派的主张呈现出以下两个特征:其一,不同程度地继承了古典自然法学派的基本信条,反对法律实证主义和功利主义,强调回归以个人权利为中心的自由主义,强调道德与法律的联系;其二,将正义问题的研究重点转移到程序上,因此尤为强调社会在总体上的制度建构和司法实践中的程序正义。

(二)新分析法学派

新分析法学派泛指20世纪对于奥斯丁分析法学的最新发展,主要包括凯尔森的法律规范理论和哈特的法律规则理论。凯尔森在《纯粹法理论》[30]《法与国家的一般理论》[31]等著作中,区分了法律的静态理论和法律的动态理论。在法律的静态理论部分,他界定了法律的一系列专门概念;在法律的动态理论部分,凯尔森认为法律是由强制性的规范构成、以法律规范效力等级为标准的体系,凯尔森法学理论的核心便是从结构上分析法律。哈特于1961年出版的《法律的概念》[32]一书,被视为新分析法学产生的标志。哈特反对奥斯丁的法律命令说,认为法律是第一性规则和第二性规则的结合,第一性规则是设定义务的规则,是原始的小型社会的法律规则;第二性规则是授予权利的规则,由承认规则、改变规则和审判规则构成。哈特认为,法律与道德有一定的联系,提出了著名的"最低限度内容的自然法"的观念。

(三)社会学法学派

19世纪末20世纪初,西方法学逐步转向了以重视社会利益为特征的社会法学。奥地利法学家欧根·埃利希(Eugen Ehrlich)反对传统的法学研究方法,即法学家习惯于将国

---

〔28〕[美]罗纳德·德沃金:《认真对待权利》,信春鹰、吴玉章译,中国大百科全书出版社1998年版,该译本2008年在上海三联书店重新出版。

〔29〕[美]R.德沃金:《法律帝国》,李常青译,中国大百科全书出版社1996年版。

〔30〕[奥]凯尔森:《纯粹法理论》,张书友译,中国法制出版社2008年版,该译本2013年在黑龙江大学出版社重新出版。

〔31〕[奥]凯尔森:《法与国家的一般理论》,沈宗灵译,中国大百科全书出版社1996年版,该译本2013年在商务印书馆"汉译世界学术名著丛书"中重新出版。

〔32〕[英]哈特:《法律的概念》,张文显等译,中国大百科全书出版社1996年版;另一译本,《法律的概念》(第2版),许家馨、李冠宜译,法律出版社2011年版。

家制定的法律条文当作自己的主要研究对象,因为他们推定全部法律就在这种条文中。他不赞成成文法是唯一的法的渊源,而主张研究法律首先就是要收集各种成文法材料,并以自己的解释来确定这些材料的内容,然后在自己著作或判决中利用这种解释。他重视社会现实中的“活法”和“自由法”的作用;主张扩大法官的自由裁量权,允许法官可以根据正义原则和习惯自由地创制法律规则。其主要著作有《法社会学原理》〔33〕等。美国法学家庞德(Roscoe Pound)在其所著的《通过法律的社会控制》〔34〕及五卷本《法理学》〔35〕中所创立的社会学法学,就是这一类型法理学的代表。庞德社会学法学的基本主张包括:法律是一种实施社会控制的工具,通过法律对社会进行控制是社会文明的标志,庞德将法律对社会的控制类比为一项社会工程,法理学也就成为一门社会工程学科,社会学法学因此更多地关注法律的运行机制而不是其抽象内容;强调法律所促进的各种社会目的而不是制裁;将法律更多地看作能带来社会公正的手段或指南,而不是一成不变的模式。在此基础上,庞德将法律的发展分成了五个阶段:原始法阶段、严格法阶段、衡平法和自然法阶段、法律的成熟阶段以及法律社会化阶段,以此来说明法律的不同目的和作用。

(四)经济分析法学

20 世纪下半叶,西方法学的一个显著特征就是法学与其他社会科学的交叉与融合,经济分析法学就是其中之一。经济分析法学的代表人物是美国法学家波斯纳(Richard A. Posner),《法律的经济分析》〔36〕是他的代表作。经济分析法学通过运用经济学上的定量分析方法评判某项法律制度的优劣,该学派认为法律制度的正义与否取决于立法者的意图,善与恶的评价则是由伦理学解决的问题,任何法律制度只要能促进效益,减少交易成本,就是可适用的,否则就应该改革。由此,一个理性的法律制度应该最大限度地利用人们的本性,促进社会资源和社会财富的最有效利用。

此外,20 世纪西方社会还出现女性主义法学、法律与文学运动、批判种族主义法学等,一般被称为后现代法学思潮,分别从不同的视角重新审视西方法律制度,提出了很多极富启发性的理论,在一定程度上影响了现代西方社会的发展。〔37〕

---

〔33〕 [奥]欧根·埃利希:《法社会学原理》,舒国滢译,中国大百科全书出版社 2009 年版;另一译本,尤根·埃利希:《法律社会学基本原理》(全新译本),叶名怡、袁震译,中国社会科学出版社 2009 年版。

〔34〕 [美]罗斯科·庞德:《通过法律的社会控制》,沈宗灵译,商务印书馆 2010 年版。

〔35〕 [美]罗斯科·庞德:《法理学》(第 1 卷),邓正来译,中国政法大学出版社 2004 年版;[美]罗斯科·庞德:《法理学》(第 2 卷),邓正来译,中国政法大学出版社 2007 年版;另一译本,《法理学》(第 1、2、3、4 卷),余履雪、封丽霞、廖德宇、王保民等译,法律出版社 2007 年版。

〔36〕 [美]波斯纳:《法律的经济分析》(第 7 版)(中文第 2 版),蒋兆康译,法律出版社 2012 年版。

〔37〕 朱景文:《当代西方后现代法学》,法律出版社 2002 年版。

第三节 马克思主义法学历史

一、马克思主义法学的创立

马克思于1818年5月5日出生于德意志普鲁士邦莱茵省特利尔城的一个法律世家,早在其中学毕业作文《青年在选择职业时的考虑》中就"树立了为人类幸福而工作的志向"。[38] 1835年10月,马克思进入波恩大学法律系学习,在大学一年级曾经学习过《法学全书》《法学纲要》《罗马法史》《德意志法学史》《欧洲国际法》《自然法》等课程。1836年10月,马克思转学入柏林大学法律系;1841年3月,获得柏林大学毕业证书。在柏林大学期间,他选修过历史法学派的代表人物、著名法学家萨维尼所讲授的《学说汇纂》以及黑格尔法学的代表人物甘斯所讲授的《刑法学》等课程,还阅读了由费希特、康德、黑格尔等思想家所撰写的许多法哲学著作。1842年2月,马克思开始写作《评普鲁士最近的书报检查令》,这是马克思的第一篇政论性文章,也是一篇法学专论,标志着他的政治活动的开始。自1842年4月起,马克思任科隆《莱茵报》编辑,后任该报主编,一直到1843年3月17日退出该报编辑部。在这一年中,马克思积极地参与了当时社会生活中的一些重大法律问题的讨论,陆续发表了许多激进言论。这也是马克思撰写法学论文最多、最集中的一段时期,包括《关于林木盗窃法的辩论》《评普鲁士最近的书报检查令》《历史法学派的哲学宣言》《论离婚法草案》等。1843年10月底,马克思到巴黎创办《德法年鉴》。1844年年初,马克思在《德法年鉴》创刊号上发表《论犹太人问题》和《〈黑格尔法哲学批判〉导言》两篇论文,标志着马克思的思想开始由民主主义转向共产主义。

恩格斯于1820年11月28日出生于德意志普鲁士邦莱茵省巴门市。他的家庭背景与马克思有很大差异。1837年9月,即恩格斯高中毕业的前一年,他的父亲就命其退学,参与经营纺织业。但是,恩格斯的理想、抱负、志向其实并不是经商。他在中学时代,就产生了朴素的人道主义情感,他像马克思早期一样,十分崇尚自由。1841年9月,恩格斯去柏林服兵役。在此期间,他经常以旁听生的身份到柏林大学听哲学课程,还参加了青年黑格尔派,开始信仰和崇拜黑格尔主义。恩格斯在这一时期写了很多文章,如1842年四五月的《时事评论》、1842年6月25日的《〈刑法报〉停刊》、1842年8月的《普鲁士出版法批判》、1842年9月的《集权与自由》、1842年10月的《普鲁士国王弗里德里希—威廉四世》等。这些文章反映了他的唯心主义和民主主义倾向,其中包含了一些早期的唯心主义法律思想。

1844年9~11月,马克思和恩格斯着手合写第一部著作:《神圣家族,或对批判的批判所做的批判》。该书于1845年2月出版以后,在德国舆论界引起了强烈反响。1845年3月,恩格斯又出版了《英国工人阶级状况》一书。

---

〔38〕 习近平:《在纪念马克思诞辰200周年大会上的讲话(2018年5月4日)》,载《求是》2018年第10期。

1845 年 9 月至 1846 年 7 月，马克思和恩格斯合作完成了《德意志意识形态》，可惜未能出版。他们于 1847 年 4 月又合作完成了《哲学的贫困》。

1848 年 1 月，马克思和恩格斯完成写作《共产党宣言》，该书很快于 2 月在伦敦以德文出版。于是，30 岁的卡尔·马克思和年仅 28 岁的弗里德里希·恩格斯奉献出了“目前为止人类世界独有的一部开创历史的著作”。《共产党宣言》是国际共产主义运动史上第一个纲领性文献，它的发表宣告了科学社会主义的问世，也标志着马克思主义法学的正式诞生。《共产党宣言》迄今已以 200 多种语言出版，是全球公认的“传播最广的社会政治文献”。

1848～1871 年，是马克思主义法律观的发展阶段。马克思和恩格斯通过对 19 世纪中叶西方阶级斗争和资产阶级民主革命历史经验的总结，论证了法律对社会经济条件的依赖关系，全面揭示了经济基础与法律上层建筑之间的关系。

1871～1883 年，马克思通过对巴黎公社经验的总结，论述了无产阶级专政国家的新型民主和新型法制，深化了马克思主义法律观。

1883～1895 年，恩格斯在晚年对马克思主义法学基本观点又进行了补充和完善。

马克思与恩格斯不断探索，共同创立了一个与过去一切法学根本不同的、崭新的、完整的法律思想体系，即马克思主义法学。这个新的法律思想体系包括三个层次：第一个层次是与形形色色的唯心主义法律观相对立的历史唯物主义法律观，其核心是经济基础决定法律，法律又反作用于经济基础，法律与上层建筑其他部分交互作用的根本原理，这是马克思主义法学的理论基础。第二个层次是与一切剥削阶级法学根本不同的、代表工人阶级和劳动群众利益的马克思主义法学一般理论，即建立在历史唯物主义的基础上的法律客观基础观、法律阶级意志观、法的历史发展观和人的自由发展观等，形成了法律起源论、法律本质论、法律职能论、法律价值论和法的运动规律论等，这是马克思主义法学的主干。第三个层次是马克思主义的部门法思想，包括马克思主义的宪法学、行政法学、刑法学、民法学、婚姻法学、诉讼法学和国际法学等。这些理论散见于浩如烟海的马克思与恩格斯的著作之中，有待于我们去探索，使之系统化。

马克思主义法学反映了被压迫和被剥削群众的法权要求，是一个开放的、永不停滞的学说体系。马克思主义法学的这一特点决定了它必须站在时代的前列，必须不断吸收时代的新成就，必须回答和解决时代提出的实际问题。同时，马克思主义法学作为一种崭新学说，需要形成自己的学术群体，勇于探索，不断大胆创新，把它不断推向前进。这个伟大的历史责任，不仅落在人民领袖的身上，也落在马克思主义法学后继者的身上。

二、列宁对马克思主义法学的新贡献

列宁，原名弗拉基米尔·伊里奇·乌里扬诺夫，于 1870 年 4 月 22 日（俄历 4 月 10 日）诞生于辛比尔斯克城。同马克思一样，列宁青年时代曾接受过系统的法学教育。1887 年秋，他开始进入喀山帝国大学攻读法律专业，但同年年底，俄国爆发了反抗沙皇政府迫害进步学生的抗议运动，作为一年级新生的列宁也积极参加了这一运动。列宁起草了一份致校长的呈文，认为在目前大学生活条件下，无法继续在本校学习，主动要求将本人从喀山帝国大学除名。年仅17岁的列宁不久就被捕入狱,随后被流放到喀山省莱舍夫县科库什基诺。在亲友的帮助下,他借来许多书籍,手不释卷地刻苦攻读。

1888年10月,在结束了将近一年的流放生活之后,列宁回到了喀山。他的复学申请遭到拒绝,出国求学未被批准,经过列宁母亲的多方努力,教育大臣准许他以校外生的资格参加彼得堡大学举办的法学系课程毕业考试,列宁开始进行紧张的自学。终于,在1891年春秋两季的考试中,他出色地通过了法律系全部课程的国家考试;1892年1月,他以全部科目优秀的成绩毕业于俄国当时最著名的彼得堡大学法律系。他所获得的一级毕业证书中这样记载着:“呈交的论文和书面答题公认优异。在后来的口试中,下列各种成绩亦均为优异:罗马法原理、罗马法史、民法与诉讼程序、商法与诉讼程序、刑法与诉讼程序、俄国法史、宗教法、国家法、国际法、警察法、政治经济学与统计学、财政法、法学通论和法哲学史。”〔39〕

从1891年春天起,列宁注册为律师助理,承办刑事和民事案件。1893年9月,他前往当时俄国最发达的城市——彼得堡,继续从事律师业务,其间广泛地接触马克思主义小组,并且曾经成为彼得堡工艺学院马克思主义小组的核心。他在彼得堡还结识了一批有觉悟的工人积极分子,在莫斯科会晤成立不久的莫斯科第一个马克思主义小组,同民粹派分子展开激烈的思想斗争,发表了关于“人民之友”问题的三篇长文,在彼得堡的各马克思主义小组中流传,尤其对青年马克思主义者有很大影响。列宁的学识和才能受到了普列汉诺夫等人的关注和赞扬。在此期间,列宁还到法国、德国了解欧洲先进国家工人运动的现状,先后结识和拜访了国际工人运动的著名活动家拉法格、李卜克内西等人,拓宽了革命的视野,加深了对马克思主义与时代精神与俄国国情相结合的理性感知力。青年列宁由此逐步登上了国际共产主义运动的舞台。

总体来看,在十月革命前,列宁坚决捍卫和发展了马克思、恩格斯关于民主与法制的法律思想;他在领导俄国的三次革命中,特别是在十月革命后头七年,把马克思主义关于民主与法制的理论变成了光辉的现实。列宁的法学专门著作不少,涉及法制建设问题的著作、文章更是数量庞大。列宁在十月革命前对马克思主义法律学说的捍卫和发展,一方面表现为对旧时代沙皇俄国落后法律制度的批判,另一方面还表现为对民主革命法制的基本构想。

列宁是无产阶级革命时代的伟大导师,既有渊博的法律知识,又有丰富的司法实务经验。他对马克思主义法学发展的最主要的贡献,就是在俄国这样一个经济和文化落后的封建军事帝国主义国家中,发动十月革命,领导人民推翻旧制度,创立起前所未有的社会主义法制,构建起社会主义法律体系和社会主义法学体系的基本框架。列宁之所以能在法律学说方面做出辉煌的新贡献,得益于他良好的法学素养,尤其是对马克思主义法律观的深刻理解和创造性运用。

十月革命后,列宁领导俄国无产阶级和劳动人民首次创立的社会主义法制的伟大实践,一方面验证了马克思、恩格斯所创立的历史唯物主义法律观的正确性,深化了马克思主

〔39〕 陶文昭等:《列宁传》,当代世界出版社1988年版,第25页。

义法学的基本原理;另一方面创造性地提出了关于社会主义的立法、守法、执法、司法和法律监督等一系列的崭新理论,极大地丰富了马克思主义法学理论宝库。如果说马克思、恩格斯是无产阶级革命法学的创始人,那么应当说,列宁无愧是马克思主义法学的卓越继承人和发展者,是20世纪伟大的无产阶级法学家。

也必须看到,列宁关于法制问题有些论述是在特殊年代针对具体问题所做出的具体结论,既有其创造性,也有其时代局限性。在列宁的法学论著中,就其研究法律现象的立场、方法和他所阐明的法学基本原理而言,无疑具有普遍的指导意义;但有些论述则是在特殊年代针对具体问题所做出的具体结论,在俄国当时是正确的,现在已经过时了。因此,我们对于列宁的法学著作,如《论工业法庭》《三种宪法或三种国家制度》《论民族自决权》《国家与革命》《苏维埃政权的当前任务》等,不仅要认真学习他所阐明的基本原理,而且要结合我国法制建设的实际,勇于探索,敢于创新,实现马克思主义法学的中国化。

三、马克思主义法学的中国化

坚持和发展马克思主义法学,是中国法学研究、法学教育和法制建设的一个全局性的根本问题。马克思主义法学自创立以来,经受了实践的检验,证明它是最科学、最先进的法学理论体系,马克思主义中国化是一个不断推进的历史进程。同样,马克思主义法学的中国化也是如此,它在中国革命、建设、改革的过程中,实现了不断创新。

新民主主义革命时期及新中国成立后,包含于毛泽东思想中的法律观,是对马克思主义法律观中国化的第一次创新。

在中国共产党第一代领导集体中,在法学理论方面最有代表性的是毛泽东和董必武。

早在1910年,毛泽东就曾阅读过梁启超所编的《新民丛报》合订本,在其中第四号上的《新民说》第六节"论国家思想"处,旁批写道:"正式而成立者,立宪之国家,宪法为人民所制定,君主为人民所拥戴;不以正式而成立者,专制之国家,法令为君主所制定,君主非人民所心悦诚服者。前者,如现今之英、日诸国;后者,如中国数千年来盗窃得国之列朝也。"〔40〕这段批注表明了毛泽东当时对君主立宪和封建专制两种国家体制的理解。这是迄今为止发现的毛泽东最早的政论文字。毛泽东留下的第一篇完整的文章《商鞅徙木立信论》〔41〕写于1912年上半年,主题是关于法律问题的。全文600多字,文字简练,极具文采,从中可以明显地看到毛泽东政治意识的早熟。文中从"良法"论及法的作用,还讨论了民与法的关系。毛泽东青年时期就崇尚法家的变革思想,这为他后来的法律思想和法律实践埋下了深深的伏笔。

---

〔40〕 戊戌变法失败后,梁启超在日本刊印《新民丛报》,广泛介绍西方资产阶级的学术和政治思想,曾在国内风靡一时。《新民丛报》在1907年停刊。毛泽东在东山小学堂时,表哥文咏昌曾借给他一套自己保存的合订本。他读了又读,上面的一些文章差不多能背出来,还写了一些批注。从相信孔孟到崇拜康梁,从赞同郑观应的《盛世危言》到主张以英、日为楷模进行立宪变法,是毛泽东早期思想发展的第一个梯阶。参见金冲及:《毛泽东传》,中央文献出版社2004年版,第9~11页。

〔41〕《毛泽东早期文稿》,湖南出版社1990年版,第1页。

董必武在青年时代曾两次东渡日本,考入东京私立日本大学攻读法律。1917 年毕业返回祖国后,又在武昌与人合办过律师事务所。这段特殊的经历,使他成为了中国共产党的第一代领导人中少有的几个法律专家之一,为毛泽东思想体系中的“法律篇”贡献了极其珍贵的篇章。

毛泽东思想法学理论在新民主主义时期已初具雏形,这一时期的法学观点散见于毛泽东为黄克功案致雷经天信,以及《新民主主义论》《论政策》《论联合政府》《论人民民主专政》《关于废除国民党的六法全书与确定解放区的司法原则的指示》《关于废除伪法统》等文献中。

1949 年 10 月中华人民共和国成立后,新中国第一代领导集体有关法律问题的主要著作主要包括:毛泽东的《关于中华人民共和国宪法草案》《论十大关系》《关于正确处理人民内部矛盾的问题》,周恩来的《专政要继续,民主要扩大》,刘少奇的《第八次全国代表大会的政治报告》,董必武的《关于党在政治法律方面的思想工作》《进一步加强人民民主法制,保障社会主义建设事业》《在军事检察院检察长、军事法院院长会议的讲话》等。从理论上来看,新中国第一代领导集体的法律思想可以总结为:关于旧司法工作人员的改造问题;要重视司法工作;加强人民代表会议的工作;开创性提出建立死缓制度;“搞宪法是搞科学”;不能废除死刑;处理国际法律关系的和平共处五项原则;专政要继续,民主要扩大;依法办事是进一步加强法制的中心环节;正确区分两类不同性质的矛盾,做好审判工作等。

1978 年 12 月党的十一届三中全会以后形成的邓小平理论法律观,是对马克思主义法律观中国化的第二次创新。邓小平理论法律观包括:法制建设要从初级阶段的基本国情出发;社会主义法制建设的“十六字方针”;用法律措施维护安定团结的政治局面;党和国家领导制度的改革;坚决打击经济犯罪活动;“死刑不能废除”;“一手抓建设和改革,一手抓法制”;把“一国两制”的构想法律化;市场经济是法制经济等。

1989 年 6 月党的十三届四中全会以后,以江泽民为核心的第三代领导集体在邓小平理论法律观的基础上,确定了“依法治国,建设社会主义法治国家”的治国方略,是对马克思主义法律观中国化的又一次伟大创新。

2002 年党的十六大以后,以胡锦涛为总书记的中央领导集体,从我国社会主义现代化建设事业全局出发,坚持以马克思主义法学理论为指导,以科学发展观为统领,以构建社会主义和谐社会为目标,在认真总结中国法治建设实践经验、借鉴世界法治文明优秀成果的基础上,提出牢固树立社会主义法治理念,使马克思主义法治思想更加全面、更加具体、更加深化,形成了人本法律观以及在其指导下的和谐法治观、依法执政观、法治理念观、民生法治观。

2012 年党的十八大以来,以习近平同志为核心的党中央从坚持和发展中国特色社会主义的全局和战略高度定位法治、布局法治、厉行法治,把全面依法治国纳入“四个全面”战略布局,创造性地提出了全面依法治国的一系列新理念新思想新战略,领导和推动我国社会主义法治建设发生历史性变革、取得历史性成就。在这一过程中,习近平总书记领导全党开展的一系列工作实践、理论创新,应运而生形成了习近平法治思想。习近平法治思想集中体现于2020年11月16日至17日中央全面依法治国工作会议上习近平总书记论述的“十一个坚持”：坚持党对全面依法治国的领导；坚持以人民为中心；坚持中国特色社会主义法治道路；坚持依宪治国、依宪执政；坚持在法治轨道上推进国家治理体系和治理能力现代化；坚持建设中国特色社会主义法治体系；坚持依法治国、依法执政、依法行政共同推进，法治国家、法治政府、法治社会一体建设；坚持全面推进科学立法、严格执法、公正司法、全民守法；坚持统筹推进国内法治和涉外法治；坚持建设德才兼备的高素质法治工作队伍；坚持抓住领导干部这个“关键少数”。

习近平法治思想内涵丰富、论述深刻、逻辑严密、系统完备，从历史和现实相贯通、国际和国内相关联、理论和实际相结合上深刻回答了新时代为什么实行全面依法治国、怎样实行全面依法治国等一系列重大问题。习近平法治思想是顺应实现中华民族伟大复兴时代要求应运而生的重大理论创新成果，是马克思主义法治理论中国化的最新成果，是习近平新时代中国特色社会主义思想的重要组成部分，是新时代全面依法治国的根本遵循和行动指南。要认真学习领会习近平法治思想，吃透基本精神、把握核心要义、明确工作要求，切实把习近平法治思想贯彻落实到全面依法治国全过程。

在我国法治建设的理论和实践中，至少可以总结出马克思主义法学中国化的三大成功经验：其一，必须坚持马克思主义法学基本原理，进一步提高马克思主义理论水平，坚定不移地做中国特色社会主义事业的捍卫者和建设者；其二，必须赋予马克思主义法学以民族性，科学、合理地批判、借鉴和吸收中国传统法律文化中的精华，充分发挥中国特色社会主义法治建设理论的优越性；其三，必须赋予马克思主义法学以时代性，立足中国国情、从实际出发，力求使马克思主义法学中国化与中国法治建设经验的马克思主义化相统一。可见，中国特色社会主义理论体系是与时俱进的，这个“进”，主要就体现在不断提出了一系列新思想、新观点，从而丰富和发展了马克思主义，包括丰富和发展了马克思主义法学。

也要看到，新时代正在向马克思主义法学提出新的课题。我们既必须旗帜鲜明地坚持马克思主义法学，又必须大胆地不断发展传统的法学理论，逐步实现马克思主义法学的中国化。这是历史赋予新时代中国法学职业者的双重任务。这就需要通过研读一定数量的马克思主义法学经典著作，把握马克思主义法学创立和发展的基本脉络，以期比较准确地厘清马克思主义法学的根本原理及其思想体系，进而把马克思主义基本原理同中国具体实际和时代特征结合起来，在习近平新时代中国特色社会主义思想，尤其是习近平法治思想的指导下，逐步形成和完善具有中国特色、中国风格、中国气派的马克思主义法学理论体系。

课后作业

一、关键词解释

1. 法家

2. 罗马法学家集团

3. 自然法学派

4. 社会学法学派

5. 马克思主义法学

二、选择题

1. 关于百家争鸣,下列叙述正确的是(　　)。

A. 儒:正名乃为政之始,克己复礼　　B. 墨:一同天下之义;兼相爱,交相利

C. 道:道为天下式,无为而无不为　　D. 法:以刑去刑,法势术结合

2. 在中国古代,强调"德刑并用","德主刑辅"的学派是(　　)。

A. 法家　　B. 道家　　C. 儒家　　D. 墨家

3. 将法的本质归结为理性与正义的西方法学流派是(　　)。

A. 古典自然法学派　　B. 历史法学派　　C. 纯粹法学派　　D. 分析法学派

4. 1804 年的《法国民法典》和 1900 年的《德国民法典》均是以罗马法为基础编纂而成的。从《法国民法典》、《德国民法典》和罗马法的本质和渊源上看,下列选项中哪些表述是正确的?(　　)

A. 三者都归属于同一法的历史类型　　B. 法的发展过程具有历史延续性

C. 法律概念、技术和原则具有继承性　　D. 他们之间存在相互移植的关系

5. 原始社会的氏族习惯之所以不能称之为"法",原因在于哪些方面?(　　)

A. 它与道德规范、宗教规范浑然一体

B. 它不是由国家制定或认可的

C. 它不是用语言或文字表述的

D. 它不是依靠法院、警察、监狱等机关来保证实施的

6. 西汉以后,哪两个思想流派的结合成为了中国封建社会政治法律制度的理论基础?(　　)

A. 道家　　B. 儒家　　C. 墨家　　D. 法家

7. 古希腊亚里士多德论述"法治"内涵的著作是(　　)。

A.《政治学》　　B.《法律篇》　　C.《论法的精神》　　D.《理想国》

8. 古罗马《国法大全》由下列哪几部分组成?(　　)

A.《查士丁尼法典》　　B.《学说汇纂》　　C.《法学阶梯》　　D.《查士丁尼新律》

9. 古典自然法学派的代表著作有(　　)。

A.《论法的精神》　　B.《社会契约论》　　C.《利维坦》　　D.《战争与和平法》

10. 现今的很多法律格言都是在古罗马时期形成的,"法律仅仅适用于将来"就是一例。这一思想后来被古典自然法学派所推崇,并体现在法国人权宣言和美国宪法之中,形成了"法不溯及既往原则"。根据此引文以及相关法学知识,下列正确的表述是(　　)。

A. 古罗马时期的法律是用法律格言的形式表现的

B. "法律仅仅适用于将来"已经成为现代社会的法律效力原则

C. 只有古典自然法学派强调法不溯及既往的原则

D. 法不溯及既往仅是人权宣言和宪法通行的效力原则

三、材料论述题

卡尔·马克思,1818 年诞生在德意志普鲁士特利尔镇,父亲是律师。马克思 17 岁时进入波恩大学攻读法律,随后又转入柏林大学法律系,最后在耶拿大学获得哲学博士学位。

列宁,原名弗拉基米尔·伊里奇·乌里扬诺夫,1870 年出生在俄国伏尔加河畔的辛比尔斯克,1887 年秋进入喀山大学法律系学习,不久就因为参加学生运动而被学校开除,遭到逮捕和流放。后经刻苦自学,以各科优秀成绩取得彼得堡大学法律系毕业文凭。大学毕业后,曾从事过一段律师工作。1892 年,开始筹建马克思主义小组,并将《共产党宣言》译成了俄文。他是第一个社会主义国家的缔造者。

董必武,1886 年生,湖北黄安(今红安)人。1903 年考取秀才。1911 年参加了辛亥革命,同年加入中国同盟会。1914 年考入日本东京私立日本大学学习法律。1915 年 6 月回国从事反袁活动,两次被捕入狱。1916 年出狱后再度赴日本,1918 年回国参加护法运动。1921 年 7 月,出席中国共产党第一次全国代表大会。1928 年赴莫斯科中山大学、列宁学院学习。1932 年回国,在江西中央革命根据地,历任中共中央党校校长、最高人民法院院长、工农检察委员会副主任等。1934 年 10 月参加长征。1945 年代表解放区参加旧金山联合国制宪会议。1949 年新中国成立后,历任中央财经委员会主任,政务院副总理,政务院政法委员会主任,最高人民法院院长,全国政协副主席,中共中央监察委员会书记,中华人民共和国副主席、代主席。1975 年 1 月任第四届全国人大常委会副委员长。

弗拉基米尔·普京,1952 年生,1975 年毕业于国立列宁格勒大学法律系。1990 年以后,先后担任列宁格勒大学校长外事助理、列宁格勒市苏维埃主席顾问、圣彼得堡市对外联络委员会主席。1994 年任圣彼得堡市第一副市长。1996 年 8 月,普京开始担任俄联邦总统事务管理局副局长,1997 年任总统办公厅副主任兼总统办公厅监察总局局长,1998 年 5 月任总统办公厅第一副主任,同年 7 月起任俄联邦安全局局长。1999 年 8 月被任命为俄联邦总理;同年 12 月 31 日,叶利钦总统宣布辞去总统职务,普京出任代总统。2000 年 3 月 26 日,普京当选为俄联邦总统。

托尼·布莱尔,1953 年生,毕业于牛津大学圣约翰学院法律系。1984 年成为大律师,1994 年被女王封为枢密院成员。1997 年 5 月任首相;2001 年 6 月和 2005 年 5 月在大选中再次获得胜利,成为工党历史上第一位三次蝉联首相职务的领导人。

威廉·克林顿,1947 年生,1964 年考入乔治敦大学,主修外交专业。1970 年入耶鲁大学法学院,1973 年获法学博士学位,同年担任阿肯色州州立大学教授。1976 年出任阿肯色州司法部长,1978 年至 1980 年任阿肯色州州长,1982 年至 1992 年又连续五次担任州长。1993 年 1 月 20 日至 2001 年 1 月 20 日任美国总统。

巴拉克·侯赛因·奥巴马,1961 年 8 月 4 日出生于美国夏威夷檀香山,1983 年获哥伦比亚大学文学学士学位,1991 年获哈佛大学法律博士学位,1993～2004 年在芝加哥大学法学院任教;2004 年首次当选为国会参议员。2009 年 1 月 20 日,美国首位非洲裔总统奥巴马在华盛顿宣誓就职,成为第44任美国总统(第56－57届),2017年1月20日卸任。

[**要求**]结合法学的历史及以上材料,讨论学习法学的意义以及法学学习与政治实践之间的关系。

课后参阅论文

1. 黄宗智:《中国法律的实践历史研究》,载《开放时代》2008年第4期。
2. 张善根:《西方法学流派的逻辑起点及其局限》,载《求是学刊》2011年第6期。
3. 周尚君:《中国法学的话语流变考略》,载《法制与社会发展》2012年第5期。
4. 何勤华:《新中国法学发展规律考》,载《中国法学》2013年第3期。
5. 付子堂、朱林方:《中国特色社会主义法治理论的基本构成》,载《法制与社会发展》2015年第3期。
6. 舒国滢:《中国法学之问题》,载《清华法学》2018年第3期。
7. 付子堂、郭小东:《认真对待法学翻译》,载《法治社会》2020年第2期。
8. 付子堂等:《学习领会习近平法治思想笔谈》,载《现代法学》2021年第1期。
9. 张文显:《习近平法治思想的实践逻辑、理论逻辑和历史逻辑》,载《中国社会科学》2021年第3期。
10. 张文显:《马克思主义法学中国化的百年历程》,载《吉林大学社会科学学报》2021年第4期。

延伸阅读

如何整体把握中国传统法律文化,可以阅读蔡枢衡所著《中国刑法史》(中国法制出版社2005年版),特别是第一章到第四章:“从血缘到地缘 从诸夏到中华国和家”“婚姻、姓氏、宗族和亲属”“所有制及社会阶级的产生和变化”“风习、制令和法令神权、君权和民权”。探讨中国社会从一开始到中华人民共和国建立前在不同的生产关系之下各种“法律规范”的具体状况。

西方法学史上的重要人物、重要著作、重要流派以及他们所具体关注的主题,可以参考雷蒙德·瓦克斯(Raymond Wacks)的《读懂法理学》(杨天江译,广西师范大学出版社2016年版),特别是该书的第二至十四章,将法律理论和法律思想史融合起来,有利于大家对西方法学史的深入理解。

对马克思主义法学历史的深入理解可以参看付子堂著《马克思主义法律思想研究》(高等教育出版社2008年版),本书以时间为线索,以马克思主义经典作家有关法律的经典著作为研究对象,凝练出相关的经典命题,第一章到第七章以马克思恩格斯及其经典法学文献为研究对象，第八、九章以列宁的经典法学文献为研究对象，第十章以斯大林的经典法学文献为研究对象，第十一章探讨新中国成立前中国共产党的法律探索，第十二章探讨新中国第一代领导集体的法律思想，第十三章探讨改革开放时期邓小平理论中的法律思想。

第二章　法 学 性 质

知识结构图

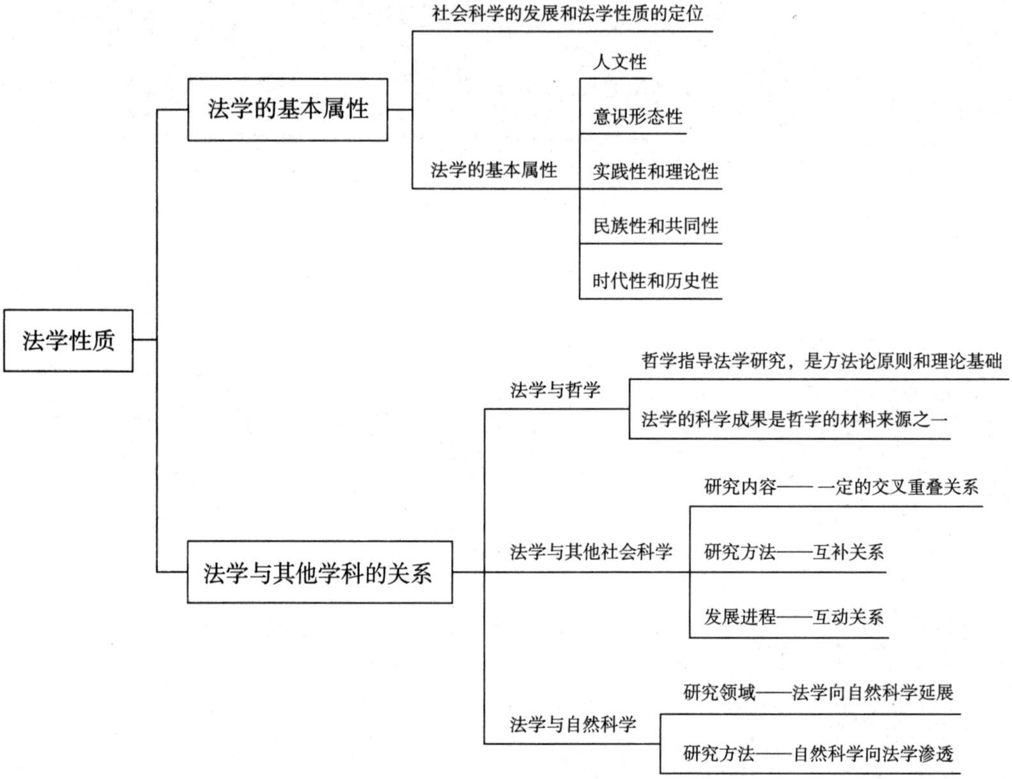

第一节　法学基本属性

法学基本属性是伴随西方的知识体系划分所产生的一个问题，因为西方的知识体系划分是一个历史进程，至今尚无定论，所以关于法学基本属性的争论也就长期存在。作为研究这个问题的前提，需要回溯前人对法学性质的认识，然后在此基础上做出判断。

一、社会科学的发展和法学性质的定位

法学属于一个什么学科？在导论中我们提出了法学的概念，“法学是研究法律现象及其发展规律的一门社会科学”。需要指出的是，作为“社会科学”的法学本身有一个历史产生发展过程。

古希腊时代，没有近现代意义上的社会科学，也没有专门的法学学科，但正如第一章所描述的那样，古希腊有极其丰富的有关法律的思想。当时的一些著名思想家对城邦社会、社会现象、社会制度乃至自然现象作了深刻的、哲理上的阐述和分析，由此产生了古希腊特有的哲学和神学思想，这其中就包括法哲学思想和法律神学观。公元前 5 世纪，古希腊思想史上发生了一次重大变革：哲学与宗教开始分离。人们再也不把法律看作虚幻的神授的命令，而是认为它完全是现实中人的意志的产物和人为创造的东西，法学的社会性也由此日渐突出。古希腊法学思想中有关立法、法律的性质、法律的作用、法治的本质以及法律与正义、法律与城邦、法律与政治、法律与宗教、法律与自然等都是法学思想史上的瑰宝。不过，在客观唯心主义的哲学和神学的指导下，古希腊的法学带有浓厚的思辨性、神秘性和理想性。

古罗马时期，由于简单商品经济发达，有许多具体经济活动需要法律来解决。所以，产生了一批职业法律人，他们于具体的司法实践中处理法律纠纷，总结法律实务经验，并上升到立法和法律学说层面。古罗马法学家把古希腊抽象的正义观和理念性的自然法普遍原则通过具体的法律问题解答和立法活动变为世俗化的规则。因此，古罗马法学在古希腊的哲学精神和法治观念影响下，紧密结合现实的立法、司法和执法实践活动，体现了较完整的技术性和规范性，以及理论性和实践性的统一。

在中世纪，神学和基督教教义成了一切思想和观点的统领。而且，像其他理论和学科一样，法学也为教会和基督教教徒所支配，法学成了经院神学的分支并体现出极强的神学色彩。不过，这期间柏拉图、亚里士多德和斯多葛派等的法学思想一直被传承并对基督教法学产生了很大的影响。从中世纪后期开始到 18 世纪，随着罗马法的复兴、启蒙运动的发展和人本主义思潮的出现，法学逐步摆脱了神学的控制，成为彰显人的理性、承载人文性理念的有关权利、自由、公平和正义的学科。

从 19 世纪上半叶开始，由于工业革命所带来的物质繁荣和生活方式的改变以及人口的

激增,西方近代国家面临着前所未遇的社会问题。在自然科学飞跃发展的影响下,人们也试图创建一种"社会物理学"(社会科学),其表现就是套用自然科学的研究方法去研究社会。为了满足国家管理社会的需要,同时也受到自然科学研究方法的启发,社会科学应运而生。与自然科学试图通过认识自然来控制自然的动机一样,社会科学发展的主要动力是一种根据科学规律来控制社会的欲望。

19 世纪的社会科学基本上只关心社会现实及其所面临的问题。从方法论上,早期的社会科学主要是模仿牛顿力学和达尔文进化论的模式,试图通过观察和实验收集基本经验素材,然后用数学这样的形式语言对这些素材进行因果性的逻辑分析,从而得出一些一般性的公理式命题。借助这些揭示客观规律的命题,作为"社会工程师"的决策者、国家发展计划制定者和管理者就可以制定出相应的法律和规则,从而对社会实施"科学化"管理。[1]但是,19 世纪社会科学观念的最大问题是忽视人类的精神世界。社会科学既不应当仅局限于人的可观察到的外部表现,也不应当完全回到人的主观世界进行"思辨式"研究。

按照当代社会科学的观念,人们应当既研究人的外部世界,也研究其精神世界。具体到法学领域,一方面要求法学的研究对象是在社会上客观存在的,法学家应尽量做到客观、实事求是,而不用自己的想象代替实证性的观察和研究;另一方面因为法学与人的精神世界密切相关,法学的有些观点的确无法像自然科学那样通过实验进行验证。

中国在近代以前,没有西方和现代意义上的社会科学与法学理论,法学、律学与刑名之学基本上是混同在一起的,这是因为中国古代的法律思想强调法的义务色彩和刑罚功能,这是与中国的自然经济条件、宗法家族结构和专制政治体制相适应的。但是,中国古代法律思想在特有的天道和人道观指导下,其重人伦道德、血缘亲情的价值内涵和劝人向善的人文功能是西方法学所不具备的,这是中国法律文化的民族性特色。

二、法学的基本属性

法学之所以能够成为一门独立的学科,在于它有自己特定的研究对象和范围,我们认为,除了过去讨论较多的"法学的科学性",法学还具有以下几个基本属性:

(一)法学的人文性

虽然我们把法学定义为一门社会科学,但是不可否认,法学也具有人文科学的某些特征。王伯琦先生在《法学:科学乎? 艺术乎?》[2]一文中提出,学问大体可以分为科学与艺术两类,科学又有自然科学、社会科学之分,前者也称纯粹科学,后者称应用科学。而所谓艺术,就是指人文科学(现在所谓文史哲学科)。

法学离不开"人"的因素,这是因为:自然科学因为完全受因果律支配,所以没有善恶的价值判断。而法学追求社会事物的真理——正义,这本身就是一个是非善恶的判断标准,这种标准和人的行为及目的相关。

---

[1] 郑戈:《法学是一门社会科学吗? ——试论"法律科学"的属性及其研究方法》,载《北大法律评论》(第1卷第1辑),法律出版社 1998 年版。

[2] 王伯琦:《近代法律思潮与中国固有文化》,清华大学出版社 2005 年版,第 133 ~ 143 页。

公元2世纪,作为古罗马“五大法学家”之一的乌尔比安给法学下的定义为:“法学是关于神和人的事物的知识;是关于正义和非正义的科学。”[3]也就是说,法学是有关人和神的知识,也是判断正义与非正义的学问。从这一定义看,其研究对象包含神学和今天所说的法学以及伦理学。这种认识反映了法学在当时的现实状况:当时的法律与宗教、道德规范本无实质差别,宗教、道德上的规则也是法律上的规则,所以当时的法学与神学、伦理学并未截然分离。乌尔比安关于法学的定义,如实地反映了当时法律规范与宗教戒律、道德规则融为一体的现实。

在近代,不少西方思想家、法学家对法学的定义都是在乌尔比安对法学的定义基础上做出取舍的,最有代表性的是以“正义”或“权利”作为法学的特定内涵给法学下定义。荷兰思想家、法学家、近代国际法学奠基人格劳秀斯(Hugo Grotius)认为,法学者,从正义而生活之学科也。该定义认为法学是研究人们如何依据正义而生活的学科。格劳秀斯的法学定义进步性表现在:(1)从概念这一角度确立了法学的独立地位。冲破了中世纪神学对法学的垄断,使法学从神学分支学科变成一门真正独立的学科。(2)把法学的基础奠定在正义之上。虽然这一定义中的“正义”对乌尔比安法学定义中的“正与不正”有一定的继承性,但他更多地将正义归结为自由、平等和人权。西方近代法学史上,另一个具有典型性的法学定义是德国著名哲学家、法学家莱布尼茨(Gottfried Wilhelm Leibniz)所下的定义:“法学者,权利之学也”,即法学是研究权利的学科。法学发展到能以权利为研究对象,这本身标志着法学发展的新阶段、新水准。另外,法学涉及社会秩序,当然也会涉及人的问题,因此,法学中存在主观因素不可避免,这和自然科学纯粹的客观性是不同的。

强调法学的人文性,现实意义在于重申法学中的人本主义精神与社会正义感。以人为本,把人作为目的而非手段,尊重人类,关爱生命。同时,弘扬正义精神也有利于强调法律人自我意识的苏醒。

(二)法学的意识形态性

一门学科的意识形态性是指这门学科所具有的意识形态倾向性和为一定的意识形态服务的目的性。在一定意识形态倾向下,法学作为一个整体来说,具有一定的意识形态性。一定的意识形态是一定的社会存在的反映,并随着社会存在的变化而变化。从历史发展的角度看,人类社会已经出现了体现不同意识形态的法学。世界上没有超越社会存在的法学,也就是说,不存在无意识形态倾向的法学。

法学的意识形态性主要表现为:首先,从法学研究的对象来看,法律总是反映和维护一定的社会价值,并代表其愿望和利益,这就决定了法学为一定的意识形态服务,具有一定的意识形态性;其次,从法学研究的主体来看,研究者总是生活在一定意识形态性中,这就决定了他们不同的意识形态倾向,而不同的意识形态倾向必将对法学研究产生一定的影响。因此,任何法学总体现一定社会的价值观。

---

[3] [古罗马]查士丁尼:《法学总论——法学阶梯》,张企泰译,商务印书馆1989年版,第5页。

(三)法学的实践性和理论性

任何时代的法学都反映了一定时代的要求,都是一定时代社会法律生活在理论上的反映,不同社会的法学都与该社会的法律实践紧密联系在一起。法律实践离不开法学对其活动的解释、论证和评价,离不开法学的具体指导。法律总是为一定的国家政权机关所利用,无论哪一个时代莫不如此。习近平总书记指出,法学学科是一个实践性很强的学科,法学教育要处理好知识教学和实践教学的关系。要打破高校和社会之间的体制壁垒,将实际工作部门的优质实践教学资源引进高校,加强法学教育、法学研究工作者和法治实际工作者之间的交流。[4]

法学的实践性还体现在它的实用性,但这并不影响其中所存在的理论价值。如果从上述法律以及以法律为研究对象的法学与社会生活各方面的密切联系来看,法学确实是一门实用性很强的学科。不过,要据此认为,法学研究的主要任务是对现行法律的阐释,是对立法、司法制度及其他法律活动的考察、论证则是完全错误的。这种认识势必导致重视法学实用价值而忽视法学理论价值的后果。首先,从法学自身来说,无论它是理论科学还是实用科学,都必须有一套自身最基本的概念范畴和理论原则,都必须依靠基本理论的不断深入发展来带动自身的发展,因此理论性不仅是法学固有的属性,也是推动自身进步的动因。其次,从法学与法律实践的联系来看,法学源于法律实践,又指导法律实践。但它并不完全受法律实践的约束,并且处处表现出对法律实践的超越。它不仅表征法的现象,也指导法的规律;不仅反映法的现实,还预见法的将来。

由此可见,法学的实践性总是与理论性不可分离,因此法学应该是实践科学和理论科学的统一。这就要求当代法学不仅关注法律作为阶级社会特有现象而存在的哲学基础、社会需求和文化背景,重视对本国和他国法律文化发展史的考察和比较,研究人类认识法律和对待法律的共同点,而且还应该加强对具体法律部门的研究,努力完善现行的各项法律制度,通过对具体个案的剖析直接指导司法实践。

(四)法学的民族性和共同性

法律从根本上来说来自社会生活,是对现实的实践经验的总结。法律人面对的真实的社会现象和社会问题都有一定的地域性和地方性,这也决定了一个国家的法律制度和法律规范的特殊性和民族性。而由社会关系转化过来的法律关系一定与一个国家和民族的政治和经济关系紧密相连,甚至与其地理环境、风土人情、生活习惯和文化传统也是息息相关的。因此,对法律制度、法律规范和法律关系进行理论上总结、思想上提升和文化上定型的法学社会科学一定不可避免地带有独特的民族性。

但是,法学的民族性不代表法学是封闭的,更不说明法学只具有绝对的特殊性。首先,作为法律永恒主体的人类必然生活在一定的共同规律之下,这势必体现在法学所包含的理性基础和价值原则之中。其次,法学作为知识之学、智慧之学和精神之学,必然表现为一定

[4] 习近平:《全面做好法治人才培养工作(二〇一七年五月三日)》,载《论坚持全面依法治国》,中央文献出版社2020年版,第177页。

的脱离具体环境的抽象性。所以，法学在一定程度上是全人类的共同精神财富，代表着人类社会共有的智慧结晶。最后，法律的一些外在表现形式、法律技术和方法具有共通性，这也决定了法学的共同性。

（五）法学的时代性和历史性

法学的时代性和历史性是从静态和动态两个方面来分析法学的社会性。

法学的时代性是指法学总是要反映特定时空中的社会问题和社会现象，是固定的、时代的产物，在特殊的历史时期表现出一定的稳定性，带有时代的烙印和局限。法学的时代性由特定历史时期的物质生产关系和政治、经济、文化基础决定，并记载着一定时代的法学家特有的法律智慧和法律分析方法、分析视角。

法学的历史性是指具有时代性的法学不是一成不变的，法学也是随着人类社会的发展而不断地变化和发展的，任何社会的政治、经济和文化状态的前进或倒退都会反映到法律制度中，从而影响到法学理论和法学思想，所以，旧的法理念的消退和新的法理念的涌现永远是法学发展变化的历史规律性；此外，法学作为社会文化性产物，其在发展过程中总表现出较大的传承和继承关系，这也是法学历史性的重要表现。

综上所述，法学从总体上应该属于社会科学，因为社会科学是以社会现象为研究对象的科学，法学的特定对象之一法律现象本身就属于社会现象。但是，随着法律的调整范围的扩大，由过去只调整人与人之间的关系和人与社会之间的关系，已发展到今天通过调整人与人之间的关系来调整人与自然的关系。特别是在后者地位日益显露的时候，法学也不得不向自然领域渗透，关注与人类的生存和发展息息相关的自然现象，如生态现象、生命现象以及一些科学技术的规范等。此时，一方面，不少由法律调整的自然现象也在法学研究的视域之内；另一方面，自然科学的某些研究方法也大量被法学利用。从这种意义上讲，法学已经不再是一门纯粹的社会科学，而兼有自然科学的某些属性。同时，当代法学人文性的特点也不能被忽视。虽然一般在学科分类时把法学归入社会科学大类，但这仅是为了学科管理的方便。准确地说，随着社会发展，法学日益成为一门既体现社会科学属性，也体现某些自然科学、人文科学属性的综合学科。

第二节　法学与其他学科的关系

一、法学与哲学

哲学是关于自然、社会和人类思维知识的概括与总结，它作为理论化、系统化的世界观，处于人类知识的最高层次。从严格意义上讲，哲学既不属于自然科学，也不完全属于社会科学，它以整个自然、人类社会、人类思维现象及其一般规律作为研究对象。

在人类社会的早期，人类并没有对知识进行具体划分，而是将所有追寻知识的行动都称为“哲学”，因而在当时哲学曾作为“科学之母”，囊括一切科学，形成了一个包罗万象的知识体系,此时的法学也自然成为这个知识体系中的一个单元。难怪德国古典哲学大师黑格尔认为,“法学是哲学的一个部门”。[5] 19世纪中期以后,法学虽然从哲学中分离出来,成为一门独立的学科,但这并未改变法学与哲学的密切关系。相反,哲学对法学的影响处处可见,而且二者的联系还有新的发展。

1. 哲学指导着法学的研究,成为法学的方法论原则和理论基础。

社会法律现象是一个错综复杂而又千变万化的动态系统,比其他社会现象复杂得多,也广泛得多。因此,对法律现象的研究总要以一定的哲学作为思想基础,并从中找到世界观和方法论,找到科学认识和研究法律现象的钥匙。正像哲学与任何一门具体科学的关系一样,哲学与法学是一般与特殊的关系。哲学以对思维与存在之间的关系的根本原理的研究,为法学提供理论前提,对法学起着指导作用。在不同的哲学思想指导下,有着不同的法学。哲学有一元论与多元论的哲学,法学也有一元论与多元论的法学。哲学有唯物论和唯心论的哲学,法学也有唯物论和唯心论的法学。当然,哲学可以指导法学,但不能代替法学,因为哲学的目的既不是描述具体的法律现象,也不是说明和解释具体的法律规范和法律过程,更不是对诸如法律关系、法律意识和法律行为等问题进行具体的研究。同样,法学也不能代替哲学,因为法学与其他学科一样都无法站在最为宏观的角度,揭示自然、人类社会和思维发展的根本动因和基本规律。只有哲学才能从具体的社会现象、自然现象中概括、抽象出最普遍的规律,揭示出研究自然、社会历史现象所应遵循的基本原则。

哲学对法学理论的指导还突出表现在哲学变革对法学变革的推动。哲学上的每一次更新,每一种新型的、较有影响力的哲学流派的出现,往往会引起法学方法论的更新或法学价值定向的改变,并推动新的法学流派的出现、分化、变异或消失,催生新型的法学理论的诞生。例如,实证主义哲学的产生导致了实证主义法学的出现;马克思主义哲学的产生引起了法学发展史上一次重大的变革——辩证唯物主义法学的诞生。马克思主义哲学把辩证唯物主义的理论应用到社会历史中去,形成了唯物史观,科学地说明了经济基础与上层建筑的关系,创立了马克思主义法学,从而使法学的一般理论和方法得到了科学的说明。马克思主义一元论的唯物史观法学把法律置于社会物质生活条件之中,认为法律是上层建筑,经济是基础,经济关系决定法律。

2. 法学的科学成果是哲学的材料来源之一。

哲学是对包括法学在内的所有社会科学的概括和总结,因此,哲学必须依赖于社会科学所提供的科学成果,当然也包括法学所提供的科学成果。它表现在法学以自己全部的理论知识,作为哲学概括的前提,为哲学提供丰富的材料,推动哲学随着社会实践的发展而发展。

二、法学与其他社会科学

法学与其他社会科学的关系是一个非常复杂的问题。由于法学和其他社会科学都致

---

〔5〕［德］黑格尔:《法哲学原理》,范扬、张企泰译,商务印书馆1961年版,第2页。

力于对人类社会的研究,并且随着科学的发展和知识的进步,各个社会科学的研究范围和方向也在不断地发生变化,因此,要对法学和其他社会学科的界限进行截然的划分,是不可能的,也是不必要的。但为了说明法学在整个社会科学中的地位和作用,不妨对它们的关系进行大致的描述。

法学和其他社会科学都有一定的联系,但联系最紧密的是政治学、经济学、社会学和伦理学等。它们之间的密切联系并不掩盖它们之间的区别,如法学与政治学、经济学、历史学、伦理学都是对社会生活的某一侧面、某一领域进行具体、特别的研究,其对象是整个社会生活的个别领域,而社会学则是对社会整体的研究,其对象是整个社会。法学与其他社会科学都以具有矛盾特殊性的特定现象作为研究对象。各门学科以其研究对象的特殊性而互相区别,各自成为一门独立的学科,同时也由于研究对象的共性而相互联系,并一起构成学科体系或学科群。法学吸收其他社会科学的认识成果来说明法的现象,并且能够解答法的外部作用问题(如法对政治、经济、文化和社会生活的影响)。同时,法学也以自己的认识成果推动其他学科的发展和新学科的产生,特别是有关法律现象的许多问题属于法学与其他社会科学的双边问题或多边问题,这就使法学与其他社会科学更加密不可分。法学与其他社会科学的关系具体而言有以下几个方面:

1. 两者研究内容存在一定的交叉重叠关系。

法学与其他社会科学在研究内容上之所以会存在一些相互交叉重叠的现象,一方面是由于科学发展导致科学研究的高度集中趋势,特别是研究者研究视野的扩大和研究本身向多方位、多角度、多侧面的发展变化;另一方面也是更重要的,是由于法学和其他社会科学在其学科性质上具有同一性,而且所研究的特定社会现象本身是交错重叠的。在法学研究中,不可避免地要对和法律现象联系最紧密的政治现象、经济现象、道德现象和社会生活现象进行分析研究。而在政治学、经济学、社会学和伦理学研究中,也会不同程度地涉及对法律现象的研究。

政治学是以政治现象及其发展规律为研究对象的一门学科,它的研究范围十分广泛,包括政治性质、政治结构、政治权利、政治权力、政治决策、政治规范、政治运作、政治组织、政治文化和政治秩序等。由于法是政治活动和实现政治目标的一种重要形式,特别是在现代社会,民主政治就是法治政治,即必须法治化,一切政治活动应该有规则、有秩序地进行,因而,政治和法具有内在的统一性。法与政治这种密切的关系决定了法学与政治学必然在研究内容上有共同的领域,如民主法制问题、国体政体问题等,这些既是法学研究必然要涉及的问题,又是政治学研究的基本理论问题。

经济学是研究人类社会物质资料生产、分配、交换和消费等经济关系和经济活动及其规律的科学。法学是以法为研究对象的,而法是社会上层建筑的组成部分,它是由社会经济基础、经济生活所决定的,同时又反作用于经济基础和经济生活。经济与法律的关系就决定了法学与经济学在研究内容上必然也存在交叉重叠,如经济法律关系、经济法律手段等既是经济学研究的内容,又是法学研究的内容。法经济学这门新学科就是法学与经济学内容交叉重叠的产物。

社会学是一门对人类社会进行总体性综合研究的社会科学。具体地说,社会学是将社会作为一个整体,来研究各个组成部分及其相互的关系,探讨社会的产生、发展及其规律的一门综合性的社会科学。社会学涉及社会生活的许多领域,并常常对某一方面的社会问题进行综合性研究,从社会的各个领域提出综合治理的办法和措施。法学与社会学存在相互交错的关系。一方面,法学要研究社会中的法律,把法律作为社会现象的一部分来研究;另一方面,社会学也要研究一定的法律现象,以社会现象总体为视角研究某些社会法律现象。因而,法学与社会学有不少交叉重叠的内容,如法律的社会根源、法律的社会功能、对社会秩序有巨大危害的违法和犯罪行为等。正是由于法学与社会学存在广泛的共同研究的领域,于是,产生了专门研究这一领域的学科——法社会学。

历史学是研究人类社会产生和发展变化规律的社会科学。法学与其他社会现象和社会制度紧密联系,探究法律的起源和变革以及法律产生的社会基础都要借助于历史学。一方面,判断一个法律制度的优劣,必须在一定的社会历史语境中完成,从这个意义上讲,法学和历史学也是不可分离的;另一方面,人们所从事的法律实践活动又是人类社会实践活动的重要内容之一,因此,法学和历史学也经常有共同的领地。

伦理学亦称"道德哲学",它是关于道德及其起源和发展、人们的行为准则、人们相互间和人们对社会国家义务的学科。不少道德现象也是法律现象,这就决定了伦理学与法学有广阔的交叉重叠领域,特别是法律行为往往也是一定的道德行为,常常同时成为法学和伦理学共同研究的内容。

2. 两者研究方法具有互补关系。

研究方法对一切科学都具有重要的意义。所有的科学如果不掌握科学的研究方法就不可能有效地认识和研究,也不能客观和科学地揭示研究客体的内在规律。每一具体科学都有适合自己领域的研究方法,法学和其他社会科学都是对特定的社会现象及其规律进行研究的科学,因此,它们必定有共同的研究方法(如哲学方法)。但是,由于每门社会科学有各自的特点,所以每一门社会科学在研究方法上都有一定的差异,这种差异并不是指每一门社会科学的研究方法完全不同,而是指每一门社会科学都有一套与众不同的方法体系,其方法体系的机制和构成因素不同。一般来说,在一门社会科学的方法体系中,总有几种方法是该学科的主要研究方法或特有方法,而其他方法则是大多社会科学的综合方法或一般方法。

在研究方法上,法学与其他社会科学存在互补关系,如法学的基本研究方法之一价值分析方法常常被其他社会科学所借鉴;而其他社会科学的具体研究方法也往往被法学研究利用,如经济学中的经济分析方法被法学研究吸收后,创立了法律经济分析方法。又如,社会学研究的具体方法之一收集资料的方法——问卷、观察法,也常常被法学研究采纳;社会学研究的另一具体方法——统计分析法,也往往成为法学研究中必不可少的方法。

3. 两者在发展进程中的互动关系。

法学与其他社会科学都是以人类社会现象作为研究对象的学科。它们虽然有各自的研究领域,以特定的社会现象作为自己的研究对象,但这些社会现象之间存在纵横交错的关系，这就决定了法学与其他社会科学之间也存在千丝万缕的联系，共同处于社会科学这一统一体中。因此，法学与其他社会科学在发展进程中并不是彼此决定和制约或一定的因果关系，而是互助互动的关系。一方面，法学的发展或更新，在一定程度上促进了其他社会科学的进步和发展，如法学在"法治理论"方面的重大突破，就大大地促进了政治学关于民主政治的理论研究；又如，法学对市场经济的法律调控的研究，在一定程度上推动了经济学关于市场经济模式的研究。另一方面，其他社会科学的发展或更新，也在一定程度上推动了法学研究的深入和发展，如政治学的许多新成果会促使法学研究的变革；如果将社会学、经济学的许多新的理论模式和研究方法引入法学领域，不仅会引起法学思维的改变、观念的更新，而且还会在一定程度上引起法学研究目标的转移和视野的扩大，把法学研究提高到一个新的水准。

三、法学与自然科学

法学不仅同哲学、其他社会科学有密切的联系，也不仅利用这些科学研究的成果考察法律现象，揭示法的规律，而且还同自然科学有紧密的联系。特别是随着法学研究视域的增大和研究方法的翻新，法学同自然科学的关系就越来越密切，它们相互交流，相互促进。

1. 法学的研究领域向自然科学领域延展。

随着法律调整范围的扩大，法律不仅调整人和人之间的关系，而且在一定范围内也调整人和自然的关系（如法律技术性规范）。以法为研究对象的法学和以自然现象为研究对象的自然科学，正是由于法律对人与自然关系的调整的事实出现而紧密联系起来。这种联系主要表现在法学研究视角正逐步向自然科学领域渗透的趋势：原来仅仅属于自然科学研究的诸多问题，现在也出现在法学的视野之内，如环境、海洋、太空、生态、生命等问题，不仅仅是自然科学关注的问题，也成为法学密切关注的问题。对一些自然现象进行确认、保护的新兴法律学科大量出现，如环境法学、海洋法学、太空法学、生态法学和生命法学等应运而生。

2. 自然科学方法向法学研究渗透。

自然科学与法学的关系还表现在自然科学的方法向法学研究中渗透。20 世纪 80 年代，系统论方法、控制论方法和信息论方法在我国法学研究中的广泛应用就是最好的例证。系统论方法着重以整体性为对象，揭示了系统、要素、协调、功能等原理，追求整体效果的最优化。它在法学中的应用主要表现为对法制环节的系统分析、对法律原因的系统分析和对法律对策的系统分析，等等。控制论方法以系统的控制功能为对象，通过系统信息的传递、交换、加工过程，对系统功能进行预见（调节、操作、管理、指挥系统行为达到预期目的）。在当代法学研究中，人们常常运用控制论方法把法律当成社会控制的手段，研究其目的、方式、效果，等等。信息论方法侧重以信息的流向为对象，从控制的功能角度研究信息的流向和信息的传递、反馈。信息论方法在法学中的应用，极大地改变了人们长期忽视法制环节或法律现象之间的信息交流的现象。上述科学方法渗透到法学研究中，在很大程度上促进了法学跨入精确科学的领域，分析实证的方法也成为了法学的基本研究方法之一。近年来,人工智能法学、计算法学、网络法学等已成为法学界关注的热点,必将推动法学体系的进一步丰富和发展。

课后作业

一、关键词解释

1. 法学的人文性
2. 法学的意识形态性
3. 法学的历史性
4. 法学的民族性

二、选择题

1. 法学的学科定位是(　　)。

A. 自然科学

B. 人文科学

C. 社会科学

D. 一门既主要体现社会科学属性,也同时体现某些自然科学、人文科学属性的综合学科

2. 关于法学的性质,以下说法正确的是(　　)。

A. 从总体上说,法学属于社会科学

B. 既具有理论性,也具有实践性

C. 具有意识形态性

D. 具有人文性

3. 关于法学与其他社会科学的关系,以下说法正确的是(　　)。

A. 两者的研究内容存在一定的交叉重叠关系

B. 法学指导着其他社会科学,其他社会科学成为法学的方法论原则和理论基础

C. 两者研究方法具有互补关系

D. 两者在发展进程中具有互动关系

4. 关于法学与自然科学的关系,以下说法正确的是(　　)。

A. 法学的研究领域向自然科学领域延展

B. 自然科学方法向法学研究渗透

C. 相互交流,相互促进

D. 自然科学促使了法学中分析实证研究方法的发展

5. 哲学与法学的关系是(　　)。

A. 19世纪中期以后,法学从哲学中分离出来,成为一门独立的学科,与哲学的关系越来越远

B. 黑格尔认为"法学是哲学的一个部门"

C. 哲学指导着法学的研究,成为法学的方法论原则和理论基础

D. 法学的科学成果是哲学的材料来源之一

6. 与法学联系最紧密的社会科学包括(　　)。

A. 政治学　　B. 经济学　　C. 社会学　　D. 伦理学

7. 法学的意识形态性主要表现在(　　)。

A. 就法学研究的对象而言,法律总是反映和维护一定的社会存在价值,并代表其愿望和利益

B. 就法学研究的主体来看,研究者总是生活在一定意识形态性中,这就决定了他们不同的意识形态倾向,而不同的意识形态倾向必将对法学研究产生一定的影响

C. 法学研究的具体内容由掌握政权的阶层所决定

D. 法律是统治阶级意志的表达,因而对法律进行研究的法学必然与统治阶级意志有关

8. 法学与社会学的密切关系体现在(　　)。

A. 法学与社会学有不少交叉重叠的内容

B. 可以用社会学的方法对法律现象进行研究

C. 法学与社会学的结合产生了法社会学

D. 法学与社会学在历史上同时产生

9. 美国法学家博登海默曾指出:研读法律的学生如果对其本国历史相当陌生,那么他就不可能理解该国法律制度的演变过程,也不可能理解该国法律制度对其周边的历史条件的依赖关系。如果他对世界历史和文明的文化贡献不了解,那么他也就很难理解那些可能对法律产生影响的重大国际事件。如果他不精通一般政治理论、不能洞察政府的结构与作用,那么他在领悟和处理宪法与公法等问题时就会遇到障碍。如果他缺乏经济学方面的训练,那么他就无法认识在许多法律领域中都存在的法律问题与经济问题之间的紧密关系。如果他没有受过哲学方面的基础训练,那么他在解决法理学和法学理论一般问题时就会感到棘手,而这些问题往往会对司法和其他法律过程产生决定性影响。

下列哪一选项对此的理解是不正确的?(　　)

A. 法学与哲学、政治学、经济学、社会学、历史学、逻辑学等密不可分

B. 把握法学与哲学、政治学、经济学等学科的关系,对于有效地学习法律知识,掌握法律理念和技术,从事法学研究和法律实践是十分必要的

C. 在现代社会,越来越多的社会问题都可能转化为法律问题并提交给法律机关处理,这就要求法律工作者具有比较广泛的知识,以致要求法律人才是知识复合型人才

D. 从事律师等法律职业需要广博的社会科学知识基础,而不需要自然科学基础

10. 关于法学人文性的说法,正确的是(　　)。

A. 法学离不开“人”的因素

B. 法学所关注的正义乃是人的终极追求之一

C. 强调法学的人文性实质在于重申法学中的人本主义精神与社会正义感

D. 强调法学的人文性有利于唤醒法律人本身的自我意识

三、材料论述题

罗斯科·庞德:植物学家出身的法学家

王　婧

罗斯科·庞德(Roscoe Pound),20世纪美国社会法学派的奠基人。作为哈佛法学院历史上履职时间最长的院长之一,庞德只接受了一年正式的法律教育且没有获得法学学位。同时,庞德又是内布拉斯加大学植物学博士,一位颇有作为的植物学家。

庞德学术上的这种跨界与他的家庭背景不无关联。1870年10月27日,庞德出生于美国内布拉斯加州的首府林肯市。父亲斯蒂芬·庞德(Stephen B. Pound)早年曾做过律师和法官,这种职业经历给了儿子最早的法律启蒙。母亲劳拉·庞德(Laura B. Pound)天资聪颖,对于公共和文化事务富于热情和能力。继承了母亲出众天赋的庞德精通法文、德文、意大利文、西班牙文、梵文、希腊文、拉丁文和希伯来文,对中文和俄文也有研究。他在演讲或者著述时旁征博引,被称为"两脚书橱"。此外,庞德对于自然科学尤其是植物学的巨大兴趣也源于母亲。庞德曾言,"我母亲是位优秀的植物学家,我从小就会采集植物和昆虫。孩提时,我就有了丰富的收藏"。

天赋异禀加上良好的启蒙教育使庞德14岁就进入了内布拉斯加大学学习。在这里,庞德遇到了其植物学研究的领路人——查尔斯·贝西(Charles E. Bessey)教授。在贝西教授的指导下,庞德很快在全美顶级的生物学期刊 *American Nationalist* 上发表论文《1888年的桦树溴病》。

1889年,庞德连续在 *American Nationalist* 上发表了7篇文章并且获得了植物学硕士学位。这一年的夏天,庞德遵从父亲的安排来到了哈佛法学院学习。当时的哈佛法学院在院长兰德尔(Christopher C. Langdell)的领导下已然是人才济济,囊括美国分析法学的代表人物格雷(John C. Gray)、证据法和宪法学家塞耶(James B. Thayer)以及艾姆斯(James B. Ames)等。这段求学经历让沉浸在自然科学中的庞德对法律产生了兴趣,并在此后拥有了一段穿梭于法学和植物学之间的职业生涯。

一年之后,庞德回到林肯市。在作为律师执业的同时,庞德接受了贝西教授的任命,担任内布拉斯加州植物科学调查团的负责人。这次调查的成果是《内布拉斯加州的植物地理学》。这篇论文将生态学与植物形态学和分类学结合,以此评价植物的功能及其与周围环境的相互作用,树立了美国新植物学研究的典范。1897年他获得了内布拉斯加大学植物学博士学位。

博士学位是庞德科学家生涯的顶点,也是终点。此后,庞德的职业重心转向了法学领域:1899年起担任内布拉斯加大学法理学与国际法学教授,1903年成为该校法学院的院长。1906年在美国律师协会年会上发表演讲《对司法部门普遍不满的原因》后,庞德开始在美国法学界崭露头角。在西北大学和芝加哥大学短暂执教之后,庞德于1910年出任哈佛大学法学院斯托里法律教授——20年之后,庞德重返哈佛大学,翻开了他人生最为精彩的篇章。

1911~1912年,庞德在《哈佛法律评论》上发表《社会学法理学的范围和目的》,总结了19世纪的三大法学流派——哲理法学、分析法学和历史法学及继起相关流派的理论,提出了社会学法理学的六大纲领，标志着社会学法理学作为一个独立学派的诞生。此后，庞德在《法律史解释》《通过法律的社会控制》《法理学》等著作中完善了其学说。社会学和法理学适应了19世纪末20世纪初美国社会化大工业的发展趋势，突破了19世纪法学囿于法律本身构建法律科学的局限，实现了社会科学、美国实用主义哲学与普通法传统的融合，取代了从法律原则出发追求法律逻辑完美的法律形式主义，成为20世纪初美国法理学的主流学说，为后来的美国法律现实主义提供了理论资源。

1915年，庞德成为哈佛大学法学院第四任院长，创造了没有法学学位就任该职的先例。庞德从全国招收最为优秀的学生，提升教授团队的阵容与水准，扩建法学院的教学设施，增加图书馆的藏书量，实行严格的教学甄选和淘汰机制，培养学生坚忍而朴素的生活作风。哈佛大学法学院逐渐在世界范围内获得了很高的声誉，庞德也被誉为“院长中的院长”（Dean of Deans）。1936年，庞德卸任院长。1946年7月，庞德受聘担任了中国南京国民政府的司法行政部顾问和教育部顾问，成为近代来华的最后一位外国法律顾问。由于当时中国国内战局紧张，1948年11月庞德离开中国，他的改革建议也未能得到真正的实施。此后，庞德先后担任加州大学洛杉矶分校法学教授和印度加尔各答大学泰戈尔讲座法学教授。1955年，庞德回到哈佛大学继续其研究生涯。1964年6月30日，庞德在哈佛医院与世长辞，享年93岁。为了纪念庞德，哈佛大学法学院在1970年修建了庞德堂。今天，这座建筑成为哈佛大学法学院的行政与教学大楼。

［**材料来源**］《中国社会科学报》2012年1月16日第A08版。

［**要求**］根据以上材料，谈谈法学与其他科学之间的相通性。

课后参阅论文

1. 郑戈：《法学是一门社会科学吗？——试论“法律科学”的属性及其研究方法》，载《北大法律评论》（第1卷第1辑），法律出版社1998年版。
2. 胡玉鸿：《法学是一门科学吗？》，载《江苏社会科学》2003年第4期。
3. 王伯琦：《法学：科学乎？艺术乎？》，载王伯琦：《近代法律思潮与中国固有文化》，清华大学出版社2005年版。
4. 周永坤：《“部门法哲学”还是“部门法理学”？》，载《法律科学》2008年第1期。
5. 刘泽刚：《康德论法学与哲学之关系》，载《社科纵横》2010年第3期。
6. 陈柏峰：《社科法学及其功用》，载《法商研究》2014年第5期。
7. 黄宗智、高原：《社会科学和法学应该模仿自然科学吗？》，载《开放时代》2015年第2期。
8. 王凌皞：《走向认知科学的法学研究》，载《法学家》2015年第5期。
9. 张文显：《迈向科学化现代化的中国法学》，载《法制与社会发展》2018年第6期。
10. 陈景辉：《法学性质争议的历史》，载《中国法律评论》2021年第2期。

延伸阅读

法学到底是否是社会科学,为什么将法学划归社会科学存在争议,可以阅读华勒斯坦等著的《开放社会科学——重建社会科学报告书》(刘锋译,三联书店 1997 年版),该书提出了许多富有挑战性的观点,在回顾并分析社会科学形成与分化之历史的基础上,对西方社会科学现有的学科建制、组织模式持明显的否定立场,在国际社会科学界反响热烈,特别是第一章和第二章可以帮助我们理解有关社会科学内部的争论。

第三章　法学体系

知识结构图

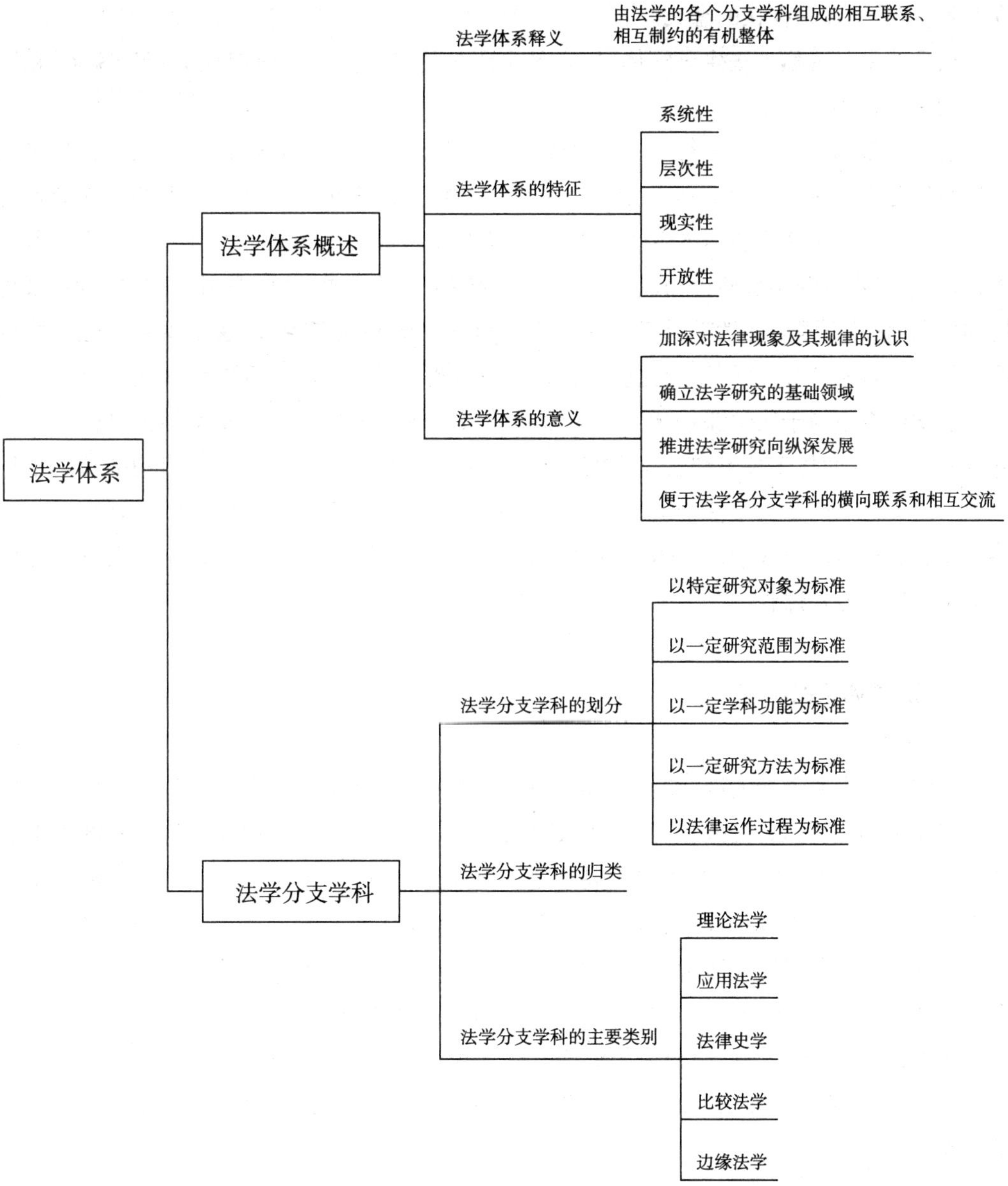

第一节 法学体系概述

一、法学体系释义

体系是事物之间相互联系、相互制约而形成的一个整体。体系总是由构成体系的各个部分组成,各组成部分之间呈相互联系和相互制约的状态。各组成部分之间具有的这种内在联系,赋予了体系存在的意义。

法学体系又可称为法律科学体系,它是由法学的各个分支学科组成的相互联系、相互制约的有机整体。

法学体系不同于法学学科。法学学科是科学体系中一个组成部分,是对法学这种知识的属性划分和表达。法学学科和法学体系有密切联系,法学体系的建立离不开法学学科的建立。法学学科是建构法学体系的基本要素,法学学科和法学体系的内部都由分支学科构成,法学学科本身的层次性也构成了法学体系的层次性。但是,法学学科并非整体性、系统性的概念,它并不强调法学学科下的各分支学科内在的必然联系;而法学体系则强调构成法学体系的各法学分支学科是有机联系的整体,因此,它是整体性、系统性的概念。

法学体系不同于法学课程体系。虽然构成法学体系的各法学分支学科也可作为法学课程开设,但法学体系并不和法学课程体系完全重合。这主要是因为二者建构的目的不尽一致。法学体系的建构是基于法学学术研究的目的,为确立不同的法学研究领域而形成了各法学分支学科。而法学课程体系的建构是基于法学教育目的,为更好地培养法学人才而形成了各法学专业课程。

二、法学体系的特征

(一)系统性

系统论的主要创始人贝塔朗菲(Ludwig von Bertalanffy)认为:系统是相互联系、相互作用的诸元素的综合体。我国著名科学家钱学森则认为:“系统是由相互制约的各部分组成的具有一定功能的整体。”[1]系统的特点是各组成部分相互依赖、共同构成一个整体,整体的性质不同于任何组成部分,也不同于各部分的简单相加。简言之,整体多于部分之和。各法学分支学科组成了法学体系这个整体,法学体系的性质和功能并不体现在各分支学科的简单相加,而是法学各分支学科的相互配合和相互支撑构成了法学体系的整体性质和功能。比如,法学体系可以最简单地划分为理论法学和应用法学,理论法学和应用法学是相互联系的,法学体系是在二者的相互联系和依赖中形成的,而且使自身体现出一种更优越的功能。

---

〔1〕 转引自苗东升编著:《系统科学精要》,中国人民大学出版社1999年版,第26页。

（二）层次性

组成法学体系的各法学分支学科就如同系统中的各子系统一样，其内部结构又可划分为若干组成部分，即各下位的分支学科，而各下位的分支学科往往还可进一步划分为更具体的分支学科或学科方向。法学体系一层又一层的结构，显示出法学研究范围的明晰化和专深化。以法学体系第一层次的分支学科法律史学为例，法律史学可划分为法学史学、法律思想史学、法律制度史学等第二层次的分支学科，第二层次的分支学科还可进一步划分为第三层次的分支学科，如作为第二层次的分支学科法律制度史来说，又可划分为中国法律制度史、外国法律制度史等第三层次分支学科。

（三）现实性

法学体系是对作为人类社会现象之一的法律现象内在规律的直接反映。法律现象并非同自然现象一样是纯客观的、不变的普遍现象，而是既会随着社会的发展变化体现出从简单到复杂的发展过程，也可能会随着各地各民族的历史、文化、地理和风俗等因素的不同，在形式和内容上都体现出较大的差别。所以，法律现象是适应社会现实的产物，建立在法律现象之上的法学体系也就只能是社会现实的产物。

（四）开放性

法学体系的建立具有现实性，并不意味着法学体系内在的封闭性。法学体系的建立既依赖于客观的法律现象，也依赖于法学家主观的理论建构。任何地方的法律现象都不可能永远处于一种封闭状态，社会交往的逐渐扩大和文化交流的逐渐加深，都会带来法律文化的相互交流和法律制度上的相互借鉴。这既形成了法律现象的开放状态，也形成了法学理论本身的开放状态，同时使建立在二者之上的法学体系具有了开放性。法学体系的开放性还体现在法学体系针对其他学科体系的开放性。由于法律现象和其他社会以及自然现象之间具有内在的联系，因此，法学学科和其他学科也有密切联系。从现代科学发展的趋势来看，不仅学科的分化是发展趋势，而且学科之间的交叉和融合同样也是发展趋势。在这种发展趋势下，法学体系和其他学科体系之间的联系必然会加强，法学体系也会不断地从其他学科体系的知识中汲取自身需要的营养，来发展和完善自己的体系结构。

三、法学体系的意义

1. 加深对法律现象及其规律的认识。

法学体系的建立是人类不断探索法律现象及其规律的产物，而法学体系也促使人们进一步加深对法律现象及其规律的认识。通过法学各分支学科的逐步建立，各种不同的法律现象被明确而清楚地加以区分和界定，使人们能清晰地了解各种不同的法律现象的实质区别，并以此找到解决各种法律问题的具体办法。同时，人们也通过法学各个分支学科的建立和研究，逐渐发现了各种不同法律现象之间的内在联系。此外，法学体系的建立也成为人们探索新的法学研究领域的基础，法学体系内在的生机和开放性，将不断促使人们探索和发现法律领域的新现象、解决法律领域出现的新问题。

2. 确立法学研究的基础领域。

法学体系不仅能够加深人们的法律认识,而且有确立法律研究领域的功能。法学分支学科的建立开辟了各种不同的法学研究领域,既使法学研究的“面”得以扩展,也使法学研究的“点”得以确立。点和面的结合,奠定了法学研究的基石。这就使人们既可以从宏观上把握法学学科的整体,也可以从微观上研究法学学科的局部。法学体系对法学研究基础领域的划分,极大地便利了人们学习和研究法律现象及其规律,也为法学研究的发展和创新奠定了基础。

3. 推进法学研究向纵深发展。

人类法学知识的增长,促进了法学体系的建立。而法学体系的建立,又会进一步推进法学研究的发展。在法学各分支学科的科学划分基础上,不仅法学的基础研究领域得以确立,而且法学研究的纵深发展也有了起始点。法学体系本身层次性的出现,也是法学研究向纵深方向发展的结果。对于法学研究者来说,法学的各分支学科以及各下位分支学科的出现,有利于确定研究方向,并集中有限的精力在某研究领域获得进展和突破。所以,法学体系的各分支学科的划分更有利于法学研究的深入发展。

4. 便于法学各分支学科的横向联系和相互交流。

法学体系的建立,使法学各分支学科的联系得以清晰地展现在人们面前。同时,法学体系内部的内在联系和体系的系统性能够更好地被人们认识。这样,法学各分支学科的横向交流更为容易,各法学分支学科之间的相互促进作用更容易体现。如从事应用法学研究的学者通过对本学科在法学体系中地位的认识,能更好地了解理论法学或其他学科研究成果的价值,而从事理论法学研究的学者也能够重视应用法学研究成果的价值,使理论和实践相结合。

第二节　法学分支学科

一、法学分支学科的划分和归类

(一)法学分支学科的划分

法学分支学科是构成法学体系的基本单元,是在人们从事法学研究的过程中逐步建构起来的。由于人们研究法律现象的目的、视角和方法等差异,法学分支学科可以按照不同的标准进行划分,所以,法学分支学科的划分并无一种固定标准的划分方法。当代法学界对法学分支学科的划分标准主要有:

1. 以特定的研究对象为标准,可将法学分支学科划分为法理学、法律史学、宪法学、民法学、刑法学、诉讼法学、行政法学、经济法学、军事法学和国际法学等学科。

2. 以一定的研究范围为标准,将法学分支学科划分为国内法学和国外法学。

3. 以一定的学科功能为标准,将法学分支学科划分为理论法学和应用法学。

4. 以一定的研究方法为标准，将法学分支学科划分为比较法学、注释法学、实证法学（含分析法学和社会学法学）和哲理法学等学科。

5. 以法律运作过程为标准，将法学分支学科划分为立法学、司法学、法律解释学、法律社会学和法律人类学等学科。

法学分支学科划分的非固定化，一方面是学术自由在开创学科发展方面的体现；另一方面也有助于人们以更开阔的视野对待法学现象，从而促进法学研究的自由发展和创新。

（二）法学分支学科的归类

由于法学各分支学科的划分无固定标准和划分方法，法学分支学科的划分显得纷繁复杂。所以，法学界也试图从法学各分支学科的归类角度，将具有相同性质倾向的分支学科归为一类，以使法学体系的种类划分显得更加清晰。英国《牛津法律指南》把法学分为理论法学与应用法学两大类。日本《万有百科大辞典》将法学分为公法、私法、刑事学和基础法学四大部类。目前，中国学术界并没有统一法学体系的归类标准，不同的学者仍有不同见解。

我们主张将法学体系分为理论法学、应用法学、法律史学、比较法学和边缘法学五大类别的划分方法。将法学分支学科归为五大类别，并不意味着各类别之间是完全独立并且和其他类别无交融关系。法学体系内在组成部分的紧密联系，决定了各类别之间不可能进行完全清晰的划分。比如，根本不存在和应用法学不相联系的纯粹理论法学，也不存在毫无理论性的应用法学；法律史学和理论法学也常常交互使用对方的研究成果；理论法学和比较法学、边缘法学之间的某些学科也常常难分彼此。而各法学分支学科怎样才能纳入各大类，应看其主要性质倾向，如以法学基本理论研究为主的学科划归理论法学，以法律现实应用为主的学科划入应用法学，以历史材料为基础的研究学科划归法律史学，以比较研究方法为突出特点的学科划入比较法学，法学和其他学科结合形成的交叉学科划入边缘法学。由于法学体系的内在联系，所以，不排除有些法学分支学科既可归入这一类也可归入另一类的现象，如立法学、法律解释学既可归入理论法学，也可归入应用法学；法律社会学既可归入边缘法学，也可归入理论法学，甚至还可归入应用法学。这种可以双向或多向归类现象不是错误归类的结果，而是法学学科自身生命力的体现，没有学科界限的束缚才能使法学研究有更广阔的发展空间。

二、法学分支学科的主要类别简介

（一）理论法学

理论法学是以法律现象的共同问题和一般规律为研究对象的法学学科。

任何理论都来自实践，并服务于实践。从法学体系整体来看，其本身就是相对于实践的一个理论体系。从相对于实践的角度看，法学本身就是人类超越感性认识之上的理性认识的体现，它从理论角度指导人类的法律实践。但从整个法学体系的内部来看，理论有抽象和具体、整体和局部、一般和特殊的区分。被我们称为理论法学的法学学科是将法律现象上升到一般的、抽象的、整体的高度上研究的那种法学理论学科。其他一些法学分支学科相对于法律实践来说,也是法学理论的体现,但由于研究范围的局限性和研究问题的具体性,不能称之为理论法学。

理论法学一般包括法理学和法哲学。〔2〕另外,法社会学、法人类学、法经济学、法律解释学、立法学等的部分内容也具有理论法学的性质。

理论法学的基本特征是:

1. 高度抽象性。理论法学是对法律现象中各种具体问题的整体性把握和抽象概括。它从各种具体的法律问题中抽象出普遍性问题,从俯瞰全局的角度提供法学的最一般性知识。这种知识既体现法学中最基础性的问题,也探求法学中最深刻的道理。它不仅要在总体上解答“法律现象是什么”的问题,也要探求“法律现象为什么”的问题。它从现象中抽象出本质,并使人们深刻地认识和理解法律现象的普遍规律。所以,从理论法学的形成来看,它来自其他法学分支学科的总体抽象,是对各种具体法律问题的一般化解答。这种抽象性使理论法学往往难以直接地运用于实践之中,而需要通过各种涉及具体法律现象的法学学科的转化才能直接运用于实践。

2. 高度概括性。理论法学超越各种具体法律问题之上的特点使理论法学具备了高度的概括性。由于理论法学的视角与其他法学学科不同,它总是从全局的角度来看待问题,所以,它的理论较之其他法学学科更具有概括性。具体的、特殊的法律问题在理论法学那里会被转化为一般的、普遍的法律问题而被提出和解答,如其他法学分支学科倾向于回答各种各样的权利是什么以及如何实现的问题,而理论法学更倾向于解答权利是什么以及如何实现的问题。以具有高度涵盖性和抽象性的概念来统摄各种具体的法律概念,并以此概念为基础进行逻辑推理是理论法学的特征。

3. 理论的基础性。理论法学的一般性法学范畴和命题能够成为其他法学学科研究具体法律问题的基础。理论法学研究涉及的法学概念往往是一般性或普遍性的法学概念,这些概念往往是其他法学学科不需要研究却必须运用的概念,如法、权利与义务、法律效力、法律关系、法律责任、法律行为、法律程序及法律意识等法律基本概念是法学分支学科中随处可见的概念,但由于其他法学学科研究方向的特殊性,它们并不会对这些一般性概念进行研究。而理论法学的任务就是基于对这些概念的研究,如对这些概念的含义进行分析甚至提出新的理解以及运用这些概念进行逻辑的推理,形成法学中的一般性命题。所以,理论法学是其他法学分支学科的基础,这种基础就是指它构成了其他法学学科研究的出发点。

4. 普遍适用性和指导性。理论法学高度的抽象性和概括性决定了理论法学针对其他法学分支学科以及法律实践都具有普遍的适用性和指导意义。从其他法学分支学科的研究角度来看,由于其往往局限于具体法律问题,缺乏对基本法律概念的深入研究,也容易在研究方面迷失宏观的方向。理论法学是把握法学和法律的一般规律的学科,任何法学分支学科都不能脱离正确的理论指导。

---

〔2〕 关于法理学与法哲学的关系,参见付子堂主编:《法理学高阶》(第三版),高等教育出版社 2020 年版,第二章“法哲学研究导论”(文正邦撰)。

从法律实践来看,理论法学虽然不是针对某一个具体法律问题进行解答的学科,但并不意味着它对特殊的、具体的法律问题就没有指导意义。没有对法学理论的透彻把握,对具有应用性质的法学就不能有正确的运用,任何一个从事法律实务的人都不能没有理论法学的素养。

从上述理论法学的特点来看,理论法学和其他法学学科在法学体系中的地位并不能划归为同一层次,理论法学的地位更高。理论法学针对其他法学学科来说,具有基础的地位和学科上的指导意义。但这并不意味着理论法学可以独立于其他法学学科而单独存在,理论法学也依赖于其他法学学科,后者可以从不同的角度为理论法学的研究提供营养,如应用法学可以提供法律实践中的现实素材,法律史学提供法律的历史材料和经验,比较法学提供不同国家和地区法律的对比事实,边缘法学提供从非法学学科知识而来的新鲜营养。所以,理论法学和其他法学学科有互动的关系,理论法学可以指导和推动其他法学学科的发展,而其他法学学科同时也赋予了理论法学生长的土壤和营养,并促使理论法学获得新的发展。

由于理论法学的重要意义,《中共中央关于全面推进依法治国若干重大问题的决定》特别指出:"加强法学基础理论研究,形成完善的中国特色社会主义法学理论体系、学科体系、课程体系,组织编写和全面采用国家统一的法律类专业核心教材,纳入司法考试必考范围。"对理论法学的重视正是来自理论法学相对于其他法学的指导意义。

(二)应用法学

应用法学是以直接服务于法律实践为目的,并具有较强现实针对性的法学分支学科的总称。应用法学不同于理论法学并不是说应用法学中没有理论的成分,而是指应用法学以现实应用为主,它虽有理论部分,但它的理论适用范围不具有法学领域内的普遍适用性,而只能在局部范围内适用。这主要是由应用法学自身的功能和目的决定的,该领域内的一切学术研究成果直接为现实应用服务。

从应用法学的学科范围看,一类是以具体法律规范以及由此形成的法律关系为研究对象而形成的法学分支学科,包括国内部门法学(宪法学、民法学、商法学、刑法学、行政法学、经济法学、诉讼法学、军事法学等和法律部门相对应的法学分支学科),也包括研究国际交往中原则、规则及其制度的法学(国际公法、国际私法、国际经济法、国际刑法、国际环境法学等分支学科),还包括研究具体法律制度的外国法学(各国的宪法学、刑法学、民法学、诉讼法学等)。另一类是以法律制度的运作及其相关问题为研究对象的分支学科,包括立法学、司法学和法律解释学等。

应用法学的价值在于它能够迅速地、直接地将法学理论成果转化为现实运用,直接实现法学的内在功能。虽然它的理论层次不高,但现实意义重大。它为理论到实践的运用建起了一道桥梁。

应用法学的基本特征是:

1. 实用性。应用法学直接为法律实践服务,以实用为目的。从研究的问题来看,涉及各种法律制度的建构、具体法律规范的设定、现实法律制度的运作、各种法律纠纷的解决等具体法律问题。它总是从现实层面思考问题,从法律的现实运行状况中发现问题,并提出解决问题的方法,如应用法学中的刑法学,它需要研究刑法的原则、规范的拟订、刑法的具体适用,以及刑法规范的遵守等诸多现实问题,这种研究必然具有较强的实用性。

2. 针对性。应用法学以局部的、具体的法律现象为研究对象。它的视角不是全局性的,但却能以"具体问题具体分析"的方法,开辟法学领域中各种特殊的、局部的领域。由于这种研究对象具有较高的针对性,它的成果不会流于空泛,而总是能够解决具体问题。研究对象的针对性强并不是指研究视野的狭小,而恰恰是以广阔的视野研究具体问题,能够使问题获得更好的解决。比如,应用法学的研究不仅要了解理论法学等其他法学分支学科的成果,也要看到世界各国法律实践中的具体经验,还要从历史和现实的比较角度吸收历史经验和教训。

3. 广泛性。应用法学的学科和人们的法律实践紧密地联系在一起,只要有人类法律活动的领域,就一定有应用法学的存在。所以,应用法学的分支学科是十分广泛的,如根据法律关系的不同,可划分各种部门法学,而各部门法学又进一步划分其分支学科。这种划分并无限制,而且,随着人类对法律现象认识的加深和法律应用研究领域的日益专门化,应用法学的学科门类还会不断增加。所以,应用法学的学科特性有广泛性。

(三)法律史学

法律史学是研究法律现象和法律思想的历史及其发展规律的法学分支学科。任何一门学科、知识或文化都是一种历史中的存在,都有产生、演变和发展的过程。认识这种历史,就是认识现在,也是认识未来。法律史学的意义就在于,法律的历史研究不仅可以使我们正确地认识过去的法律现象和法律思想,也能使我们对今天的法律制度及其思想的来源和根基有深刻的理解,从而对未来的法律及法学的发展道路产生一定的把握和预见。研究法律史学不仅是要揭示历史上的法律现象和思想的真实面貌,更要总结出历史的规律,以指导现实的法律实践。所以,法律史学的研究不仅有学术意义,同样也有现实意义。法律史学内含法律制度史学、法律思想史学和法学史学等分支学科。而这三个分支学科又可按地域的不同划分为中国法律制度史学和外国法律制度史学、中国法律思想史学和外国法律思想史学、中国法学史学和外国法学史学等分支学科。

法律史学的基本特征是:

1. 真实性。真实性一方面是指法律史的研究对象是法律现象和思想的历史状况,它的着眼点是过去而不是现在。其他法学分支学科的研究都可能会涉及该学科有关问题的历史,但它们的着眼点主要不是历史问题,而是涉及现实的理论和实践问题,如理论法学研究也会涉及历史上的法学家的法律思想,但不是以此为主要研究对象,而主要是以现实状况为出发点进行理论研究。真实性另一方面是指法律史学不仅要研究历史,而且要揭示历史的真实面貌。研究历史不是要美化历史,也不是要丑化历史,而是要以历史事实为依据,以实事求是的态度对待历史。只有揭示真实的历史,才能使法律史学科有存在的价值和意义。

2. 规律性。在把握真实历史的基础上探求法律发展的历史规律,是法律史研究的必然归途。任何历史研究如果不能告诉人们它的现实意义在何处,那么,它就没有发展前途。揭示历史真实必须和探求历史规律相结合。探求历史规律的现实意义就在于,历史的规律可以作为现实的借鉴。从制度史研究角度来看,探求成功的法律制度之所以成功、失败的法律制度之所以失败的原因,可以使人们吸收人类制度文明的精华,总结失败的经验和教训,防止重蹈覆辙。从法律思想史学的角度来看,人类法律文明中的法律思想,虽然有历史的局限性,但也有不少内容依旧散发着不朽的光芒,研究这些思想以及思想的发展规律,可以使今天的法学研究获得新的启发。法律史学的历史规律性不是说法律史学的所有研究内容都具有历史规律性,从研究内容来看,有的研究侧重于历史真实性和文献资料性,而有的研究则侧重于历史规律性。

3. 文献性。文献性作为法律史学的基本特征,一方面是指法律史的研究主要是依据历史上的文献资料而进行的研究。文明的传承主要靠文献资料保存。口头传播虽然也是传承文明的方法,但难以保证真实;实物的传承如无文献资料的佐证,也难以明白究竟。研究法律史学也就是研究法律文明的历史,要了解历史的真实只能主要针对历史文献资料而进行研究。另一方面是指法律史学的研究成果和其他学科比较更具有资料性。由于法律史学的研究建立在真实历史的基础上,由此形成的研究成果可以作为事实材料供其他法学分支学科采用,如理论法学中常常会运用法律史学的研究成果作为论证的事实和根据,以此增强研究结论的说服力。

(四)比较法学

比较法学通常又称为比较法。“比较法”一词是从西文中引进的,在西文中相应的词是:英文 Comparative Law;法文 Droit Comparé;德文 Rechtsvergleichung;俄文 сравнит ельное право。该词只有在德文中才被称为法的比较,而在其他文字中比较法的“法”是作为行为规则的法,这就容易使人误解“比较法”为某一类具体的法律。但在中文中,“法”的含义既可以解释为一种“行为规则”,也可以解释为“方法”。所以,从中文角度更容易使人把握比较法的内涵。比较法首先代表了一种“比较”的研究方法;其次,这种研究方法针对的对象是“法”。因此,对于比较法或比较法学的概念,我们可以理解为采用比较方法研究不同国家和地区的法律现象的一门法学分支学科。

人们进行比较法学研究的最初目的是建立一种“人类的共同法”或世界法。1900 年巴黎举行的比较法国际会议中,郎贝尔、萨利伊等学者主张通过对各个国家的法律制度的比较研究,找到一种文明社会的共同法。他们认为这是文明社会发展的总体趋势。[3] 虽然这一目标并没有通过比较法的研究获得实现,但法的比较研究在各个国家都受到了重视,这主要是因为各个国家和地区的文化交流日益扩大和深入。通过比较法研究,可以了解本国法律和他国法律之异同,有利于各国政治和经济文化的深入交流。同时,了解他国的法律文明有利于改进本国法律制度的不足之处,通过学习借鉴,取长补短。

比较法学不能简单地等同于采用比较方法进行法学研究。采用比较方法进行法学研

---

〔3〕［德］K. 茨威格特、H. 克茨:《比较法总论》,潘汉典等译,法律出版社 2003 年版,第 3～5 页。

究十分多见,如刑法中抢劫罪和抢夺罪的比较、强奸罪和流氓罪的比较等,这些比较在法学研究和法学教育中比比皆是,但这种比较未能超出一国的法律体系,所以其不属于比较法学。另外,如果只是对国内法律制度进行时代的纵向比较研究,也不属于比较法学,如古今法律制度比较、不同朝代法律制度比较等,侧重点在历史,属于法律史学。如果比较研究是针对一国的不同地区,而这些地区因高度自治的原因,法律制度有较大差异,则可归属于比较法学的范畴,如联邦制国家不同成员国的法律制度的比较,中国内地和香港、澳门特别行政区的法律制度的比较。

比较法学的基本特征是:

1. 研究方法的独特性。比较法学能够成为一门法学学科不是因为研究对象本身的性质和特征,而是因为研究方法的独特性。比较的研究方法是比较法学主要的研究方法。虽然其他法学学科也要采用比较的方法进行研究,但研究方法总体上是多样化的,并不构成研究方法上的独特性。而比较法学虽然也不排除其他研究方法,但以比较方法为主,这就构成了比较法学研究方法的独特性。

2. 学科领域的广泛性。比较法学由于只是因为比较方法的独特而形成的一门法学学科,所以该学科对所有法学学科领域都可能涉猎一些内容归属于理论法学,而另一些内容归属于应用法学或某一具体的部门法学,还有些内容归属于法律史学。比如,比较法总论可归属于理论法学,比较法各论可归属于应用法学,比较民法学、比较刑法学等可归属于部门法学,历史上某一时期不同法律制度的比较可归属于法律史学。

3. 研究内容的层次性。比较法学是基于不同国家或地区的法律现象的比较研究,法律现象本身的多样性和层次性使比较法学中的比较研究也具有了层次性。比较只能是同一层次的法律现象之间的比较,如法系之间的比较、法律体系之间的比较、法律制度之间的比较、法律部门之间的比较、法律规范之间的比较。

4. 研究对象的跨国(区)性。比较法学的研究对象是两个以上国家或地区的法律现象。如果研究对象不具备这个特征,则不能称为比较法学。仅仅具有比较的研究方法并不能构成比较法学,不能显示比较法学的独特价值和意义。比较法学的价值和意义就在于,它适应了社会发展和法律演进的需要,带来了各国法律文明的交流和融合。

(五)边缘法学

边缘法学,又称交叉法学,是法学和其他学科因部分研究对象的交叉重合而形成的法学分支学科的总称。现代科学发展的趋势一方面是高度的专门化,即随着学科知识的不断增加,在学科领域内出现了越来越多的分支学科;另一方面是高度的综合化,即各种知识之间相互渗透、交叉融合的现象越来越多。这种趋势在法学学科的发展上也不断体现,如法学研究领域内出现的各分支学科,正是科学发展专门化的体现,即使是法学专家也不能达到通晓所有法学分支学科,而往往只能熟知某一领域内的法学知识。如果法学仅向知识专门化的方向发展,不注意法学和其他科学之间的内在联系,就会使法学学科成为自我封闭的僵化体系,不能获得真正的创新和发展。所以,法学与其他自然科学和社会科学知识相结合而形成的交叉学科(或称边缘法学)是法学学科发展的新趋势。

边缘法学并不是指该学科属法学知识的边缘化地带，和核心地带的法学知识相比，是不受重视的法学学科。边缘法学的“边缘”二字是指从学科特性上，该学科与其他学科知识交叉重合，使该学科领域不再是完全纯粹的法学知识，而是掺杂了其他学科知识。正是因为这个特性，它同样也可以被认为是其他某一学科的边缘学科。从法学学科中的地位来看，边缘法学不仅不边缘，甚至还起着相当重要的作用。

边缘法学既可能是因为与某一自然科学相结合而形成的，也可能是由于与某一社会科学相结合而形成的，还可能是与某一人文科学相结合而形成的。与自然科学相结合所形成的边缘法学，如法医学、司法精神病学、司法鉴定学等。与社会科学相结合所形成的边缘法学，如法律经济学、法律社会学、法律人类学、法律心理学、法律统计学和法律教育学等。与人文科学相结合所形成的边缘法学，如法律语言学、法律文化学、法律伦理学和法律宗教学等。

边缘法学的主要特征有：

1. 学科领域的交叉性。边缘法学最重要的特征就是它是一门交叉学科，是法学和其他学科因部分重合而形成的一门新学科。该学科既可以从属于法学，也可以从属于其他某一门非法学学科。所以，它既具有法学的学科属性，也具有其他某一非法学学科的学科属性。虽然法学学科和其他非法学学科在研究中可能出现借用对方研究成果的现象，但并不一定会形成交叉学科或边缘学科，只有在两学科领域出现了较大范围的重叠研究现象时，才可能构成边缘学科。

2. 学科属性的多样性。边缘法学学科属性的多样性可以从两个层次来认识。在科学知识体系这一层次，由于法学可以与多种性质的学科结合，并形成边缘法学，所以，边缘法学具有学科属性的多样性，如法学与某一自然科学学科结合形成的边缘法学具有自然科学属性；法学与某一社会科学学科结合形成的边缘法学具备社会科学属性；法学与人文科学结合形成的边缘法学具备人文科学属性。在法学体系内部这一层次，边缘法学的学科属性既可能是理论法学，也可能是应用法学或可能是二者兼有，如法律经济学、法律文化学、法律伦理学和法律宗教学等属于理论法学，法医学、司法精神病学、犯罪心理学、司法鉴定学和法律统计学等属于应用法学，而法律社会学、法律人类学、法律心理学、法律教育学和法律语言学等学科则兼有理论法学与应用法学的属性。

3. 研究内容的针对性。由于边缘法学是和其他非法学学科交叉重合而形成的，学科领域比较狭窄，它的研究对象与内容也显得比较具体而富有针对性。它要么是针对某一局部的法学理论问题进行研究，要么是针对某一领域的现实的具体问题进行研究，如法律社会学、法律经济学、法律语言学和犯罪心理学等学科总是关注法学现象的某一方面。

课后作业

一、关键词解释

1. 法学体系

2. 理论法学

3. 应用法学

4. 比较法学

二、选择题

1. 法学体系的特征具有(　　)。

A. 系统性　　B. 纯粹的客观性　　C. 层次性　　D. 开放性

2. 研究成果可以普遍适用于所有法学领域,并对其他法学分支学科有指导意义的学科是(　　)。

A. 法律史学　　B. 理论法学　　C. 应用法学　　D. 比较法学

3. 以下哪些学科既有属于理论法学,又有属于应用法学的内容?(　　)

A. 法医学　　B. 立法学　　C. 比较法学　　D. 法律社会学

4. 比较法学的研究内容包括(　　)。

A. 一国法律制度在不同时代纵向比较的民事诉讼法、刑事诉讼法

B. 比较不同国家和地区的法律现象的比较宪法学、行政法学

C. 环境法与资源保护法、劳动法与社会保障法不同法系的法律制度的比较

D. 知识产权法、商法对法学中不同名词的比较

5. 对边缘法学的正确认识包括(　　)。

A. 边缘法学是现代法学发展的新趋势

B. 边缘法学在法学学科中处于边缘地位

C. 边缘法学就是法学和其他学科之间形成的交叉学科

D. 边缘法学的研究内容具有较强的针对性

6. 比较法学研究的内容包括(　　)。

A. 一国法律制度在不同时代的纵向比较

B. 不同国家和地区的法律现象的比较

C. 不同法系的法律制度的比较

D. 法学中不同名词的比较

7. 下列关于法律史学的说法,正确的是(　　)。

A. 法律的历史研究有助于正确地认识过去的法律现象和法律思想

B. 法律的历史研究有助于深刻理解当下法律制度的来源

C. 法律的历史研究有助于把握法律制度未来的发展方向

D. 法律史学具有真实性、规律性及文献性

8. 从研究方法的角度,可以将法学分支学科划分为(　　)。

A. 比较法学　　B. 注释法学　　C. 实证法学　　D. 哲理法学

9. 法学体系的意义在于(　　)。

A. 加深对法律现象及其规律的认识

B. 确立法学研究的基础领域

C. 推进法学研究向纵深发展

D. 便于法学各分支学科的横向联系和相互交流

10. 法学体系与法学课程体系的关系是(　　)。

A. 法学体系并不和法学课程体系完全重合

B. 二者建构目的不尽一致

C. 法学体系的变动可以在很大程度上影响法学课程体系的开设

D. 法学课程体系的分支与法学体系的分支一一对应

三、材料论述题

走出"法学的托勒密体系"

喻　中

公元2世纪,天文学家托勒密在《天文学大成》一书中,阐述了宇宙的地心体系,这就是世人所称的"托勒密体系"。

公元20世纪,历史学家斯宾格勒在《西方的没落》一书中,批评了历史的托勒密体系,他说:"这种使各大文化都把我们当作全世界事变的假定中心,绕着我们旋转的流行的西欧历史体系的最恰当的名称可以叫作历史的托勒密体系。这本书用来代替它的体系,我认为可以叫作历史领域中的哥白尼发现,因为它不承认古典文化或西方文化比印度文化、巴比伦文化、中国文化、埃及文化、墨西哥文化等占有任何优越地位。"

在这段文字中,斯宾格勒提出了两个关键词:"历史的托勒密体系"与"历史的哥白尼发现"。何谓"历史的托勒密体系"? 就是关于世界历史的西欧中心论。何谓"历史的哥白尼发现"? 就是关于世界历史的文化形态学。在斯宾格勒看来,"历史的哥白尼发现"显然优于、高于"历史的托勒密体系"。斯宾格勒的这个判断,以及他论证这个判断的方法与路径,尽管遭到了各个方面的批评,但它依然是一种洞见,有助于反思当代中国、当代世界的法学状况。

因为,在当代世界的法学领域,恰好存在一个伸手即可触及的"托勒密体系"。这个体系的中心,是北美与西欧的法学,更具体地说,主要就是英美法学。其他国家和地区的法学,几乎都是围绕英美诸国的法学而旋转的。

哈佛、耶鲁、牛津、剑桥等学术机构,代表了当代世界法学理论的原产地或主产地。似乎只要是出自这些学术机构的法学理论,都属于免检的极品,至少也是世界人民"信得过"的精品——对于其他国家的法学从业者来说,只管放心消费就行了。这些出身高贵的优质法学产品的学术价值、理论意义不仅得到了全面的诠释,甚至已经受到了"过度的诠释"。事实上,其他国家的法学理论,尤其是"法学理论前沿",几乎就是在推介、评价、比较、解说英美诸国的法学理论,指望找到这些理论背后的微言大义。

记得是在2006年11月,我到韩国首尔做过一次短期的学术访问。其间,有幸见到首尔大学的一名法学教授,他在美国获得博士学位,不会汉语,不知道中国本土的法学理论;我也不会韩语,也不晓得韩国本土的法学理论,但是,当我以磕磕巴巴的英语跟他攀谈美国法学主流现状的时候,居然也能达到会心一笑的结果。一个中国的法学教授与一个韩国的法学教授,为什么只有依赖英语、只有讨论美国法学才能达到交流的目的? 根本的原因就在于:无论是中国的法学前沿还是韩国的法学前沿,都在摘抄、综述美国的法学前沿。这就是我们所面对的当代法学状况:一个以英美法学为轴心,其他国家的法学跟着旋转的"法学的托勒密体系"。

按照黑格尔在《法哲学原理》中的说法,"凡是合乎理性的东西都是现实的;凡是现实的东西都是合乎理性的"。那么,"法学的托勒密体系"就确有它存在的理由。事实上,英美法学受人仰慕、被人追捧的轴心地位,表面上看仅仅是一种话语权力;实质上看则是以强大的经济、军事、科技力量作为支撑的。

不过,根据辩证法的原理,黑格尔的名言还可以根据恩格斯的观点另作解释。在《费尔巴哈与德国古典哲学的终结》中,恩格斯写道:"按照黑格尔的思维方法的一切规则,凡是现实的都是合乎理性的这个命题,就变为另一个命题:凡是现存的,都一定要灭亡。"这就意味着,现实格局总是会被打破的。盛极而衰、月满而缺、否极泰来之类的中国老话,讲述的其实也是这个道理。斯宾格勒的文化形态学旨在解释的也是这个寻常的道理。

文化形态学强调不同文化之间的相互独立与彼此平等,相对于"西欧中心论""历史的托勒密体系"来说,确实是一种"历史的哥白尼发现"。这一发现对于当代法学的启示在于:有必要针对法学领域中的"托勒密体系",予以反思与质疑。

一方面,在"法学的托勒密体系"中,只有作为轴心的英美法学,才是生动活泼、独立自主的法学形态;其他国家的法学多为亦步亦趋的追随者,少有独立的意志。以至于众多国家的法学主流常常止步于"在自己的家里,数别人的家珍"。这样的"法学的托勒密体系"本质上就是法学的殖民地体系。

另一方面,如果总是把英美法学当作万国法学环绕的地心,其他国家的法律文明就会被遮蔽,人类将难以充分地领略到一个丰富多彩的法律世界。当前,由于世界法学的多样化、多极化受到威胁,法学生态也正陷入某种值得警惕的境地:某一种法学,肆无忌惮地疯狂生长,恣意蔓延,粗暴地挤占了其他法学的生存空间、发展空间。这样的学术生态,对于整个法学世界而言,很难说是福祉,很可能就是灾难。

因此,有必要正视"托勒密体系"的负面效应,重估"文化形态学"的积极意义。在此基础之上,逐步走出"法学的托勒密体系",并尝试着换一双眼睛,以法学形态学的视角与框架,平等地看待不同文化个性之下的法学智慧,以期形成相互尊重、相互交流的世界法学新格局。

[**材料来源**]《读书》2009 年第 1 期

[**要求**]结合以上材料,讨论应当如何理解"法学体系"的概念,并分析应当建立怎样的有中国特色的法学体系。

课后参阅论文

1. 侯猛:《当代中国法学理论学科的知识变迁》,载《法商研究》2006 年第 5 期。

2. 王利明、常鹏翱:《从学科分立到知识融合——我国法学学科30年之回顾与展望》,载《法学》2008年第12期。
3. 陈景良:《中国法学知识体系的建构必须重视从中华法制文明中寻求资源》,载《法学研究》2011年第6期。
4. 姚建宗、黄文艺:《中国特色社会主义法学理论体系研究》,载《法制与社会发展》2012年第2期。
5. 郑永流:《重识法学:学科矩阵的建构》,载《清华法学》2014年第6期。
6. 马怀德:《构建中国特色法学学科体系》,载《中国高校社会科学》2017年第4期。
7. 付子堂:《构建具有中国特色的法学学科体系》,载《中国高等教育》2017年第10期。
8. 周佑勇:《新时代中国法学研究及学科发展的新任务》,载《武汉大学学报(哲学社会科学版)》2019年第2期。
9. 解志勇:《法学学科结构的重塑研究》,载《政法论坛》2019年第2期。
10. 张文显:《在新的历史起点上推进中国特色法学体系构建》,载《中国社会科学》2019年第10期。

延伸阅读

法学分支学科的建立是随着法学研究的开展而建立起来的,而法学研究的方向却有着时代的背景和自身的变迁。苏力教授在《也许正在发生》一文中将当代中国法学的发展分了三个阶段:一是1978年起贯穿了整个80年代的政法法学,二是20世纪80年代中期开始贯穿了整个90年代的诠释法学,三是20世纪90年代中期开始出现的社科法学。苏力教授对社科法学的前景持一种更为乐观的态度。可参阅苏力《也许正在发生:转型中国的法学》,(法律出版社2004年版,引论部分。)

第四章　法 学 教 育

知识结构图

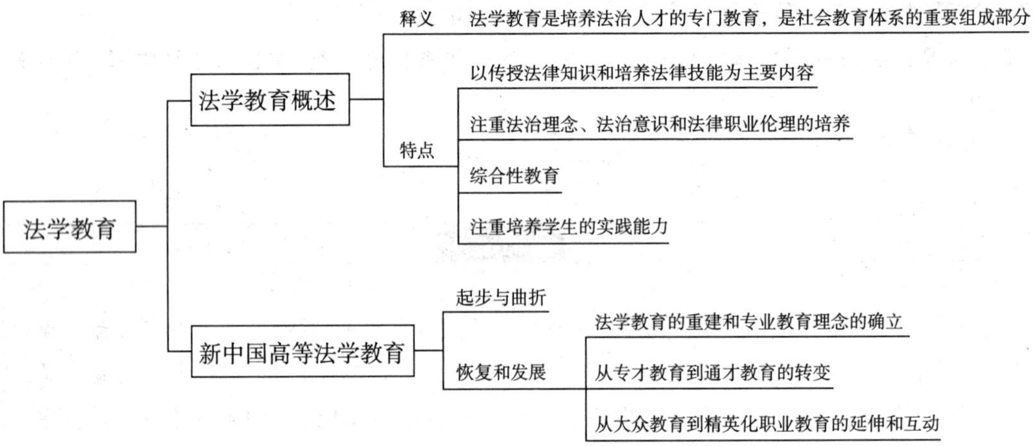

第一节　法学教育概述

一、法学教育释义

法学教育是培养法律人才的专门教育,是社会教育体系的重要组成部分。法学教育不同于一般的法律教育。以各种形式普及法律知识的教育是法律教育,但不是法学教育,法学教育特指以培养法律人才为目的而进行的系统化、理论化的专门教育,是一种特殊形式的法律教育。教育部编写的《普通高等学校本科专业目录和专业介绍》规定,法学专业的培养目标是“培养系统掌握法学知识,熟悉我国法律和党的相关政策,能在国家机关、企事业单位和社会团体,特别是能在立法机关、行政机关、检察机关、审判机关、仲裁机构和法律服务机构从事法律专业工作的高级专门人才”。培养的要求是“本专业学生主要学习法学的基础理论和基础知识,受到法学思维和法律实务的基本训练,具有运用法学理论和方法分析问题和运用法律管理事务与解决问题的基本能力”。在我国,承担法学教育的机构主要是普通高等院校和政法管理干部学院,部分科研机构承担培养法学研究生的任务。

法律知识系统化和理论化的特点,决定了法律职业专业化特质。接受高等法学教育是当今绝大多数国家和地区从事法律职业的必备条件。法学教育的目标,就是培养合乎社会需要的法治人才,只有培养出法律职业所需要的人才,才能在社会上树立国家形象和权威性地位,并对有志于从事法律职业的人产生强大的吸引力。从我国的实际情况看,社会所需要的法治人才主要有两大类:一是应用型法治人才;二是学术型法治人才。前者包括法官、检察官、律师等;后者涵盖专业立法者、法学教育者、法学研究者等。大学本科和法律硕士教育定位于应用型法治人才的培养,法学硕士和博士研究生教育则以培养学术型人才为主。其中,法学本科教育是法学的基础教育,是法学教育的核心和重点。

二、法学教育的特点

法学本科教育的价值目标定位于应用型法治人才的培养,应用型法治人才所应当具备的基本素质与技能,使法学教育呈现出与其他教育不同的特点。

1. 法学教育以传授法律知识和培养法律技能为主要内容。

法律是具有国家强制力的行为规范,是解决社会矛盾与利益冲突的重要手段,对维持社会秩序和推进社会发展有不可替代的作用。在社会生活中,人们不只是消极地遵守法律,更主要的是要通过法律来保障自己的合法权益,人们对法律有相当程度的依赖性。由于法律知识博大精深、极为复杂,一般民众在日常生活中很难对法律问题做出正确的判断,很难有效地运用法律来维护自己的利益,他们需要专业人士的帮助和指点,这是社会需要法治人才的一个重要原因。所以,法治人才必须具有比较全面的法律知识,这是从事法治工作的基础和最起码的条件。但仅有法律知识是不够的,掌握法律知识和运用法律知识解决社会问题是两个不同的过程，掌握了法律知识，不等于能够把法律知识应用于具体的案例中，社会是复杂的，社会实际与书本有相当大的差距，法治人才关键不在于法律知识的多少，而在于运用法律处理社会问题的能力。培养学生的法律技能是学校教育的重要内容，具有极为重要的位置。

2. 法学教育注重法治理念、法治意识和法律职业伦理的培养。

法律作用的实现与法治人才有密切的关联，法治人才运用法律解决实际问题，是法律产生实际效用必不可少的环节，法治人才是否有正确的法治理念和强烈的法治意识、是否有忠于法律的职业情操，对法律作用的实现关系重大。法官如何看待法律，将影响其对案件的判断和裁决，使法律对当事人产生完全不同的效果。法律是社会行为规则，法治意识中最重要的是规则意识，从事法律职业的人尤其应当有强烈的规则意识，养成尊崇法律的思想观念和行为方式。同时，法律职业主要是贯彻和执行法律，实现法律的价值和目的。在这一过程中维护当事人的合法权益，严格忠诚于法律，不屈服于权势的压制，不受利益的诱惑，不以个人情感为转移，是社会的期望，是法律的要求，也是法律人最起码的职业操守。不具有正确的法治理念，就有可能歪曲法律的价值；一个不尊崇法律的人，一个没有强烈的规则意识的人，不可能尊重和忠于法律。法治的根本在于公正，一个不严格遵守和忠于法律的人，又怎么可能通过自己的行为去实现法律的正义？法学教育不只是知识的传授，更在于法律技能的训练，而法律技能主要就是实现法律价值的技能，它依赖于人的法治理念、法治意识和法律职业伦理，法学教育对此有不可推卸的责任。法学教育应该是法律及相关知识教育、法律技能训练和法律职业伦理的三位一体。

3. 法学教育是综合性教育。

法律存在于社会，法律问题往往同时也是社会问题。法律问题的解决，不能脱离时代和具体的环境，并对其他科学与技术存在相当程度的依赖。正如美国法学家波斯纳所言："法律是一个独立的学科，却不是一个自给自足的学科，为了满足社会发展的需要，它必须不断从其他学科中汲取知识来充实法律学科的发展。"〔1〕中国学者梁治平也认为："在中国，法律问题一开始就明显不仅是法律问题，而同时是政治问题、社会问题、历史问题和文化问题，因此，要了解和解决中国的法律问题，必须先了解和解决法律以外的其他问题。"〔2〕合格的法治人才不应当只具备法律方面的知识，他必须熟悉法律运作期间的社会、政治、经济和商业环境等方面的知识以及当时被广泛应用的科学技术。我们虽然不能要求法治人才是通才，但具备其他方面的知识背景，尤其是对当时社会特点及其发展要求有相当程度的把握，将有利于正确认识问题和解决问题。法学教育必须是法律知识和其他专业知识相结合的教育，是国内法知识和国际法知识相结合的教育，尤其是对法学专业的学生，不能没有政治与社会学方面知识的普及教育，为使学生以后能解决国际投资、国际贸易、知识产权、环境保护和医疗等方面的法律问题，就不能没有相关专业知识的教育，不能没有高科技

〔1〕［美］理查德·A. 波斯纳：《法理学问题》，苏力译，中国政法大学出版社 2002 年版，第 532 页。

〔2〕梁治平：《法律的文化解释》，生活·读书·新知三联书店 1994 年版，第 6 页。

知识的教育。法学教育绝对不仅是法律知识的教育。早在1935年,法学家孙晓楼先生就指出,法律人才必须具备法律学问、法律道德和社会常识三要件。[3] 有学者认为,现代的法律人才必须具备汉语和英语两种语言能力和中国法、国际法及其他专业知识三个方面的知识。[4] 法之理既在法内,更在法外。法学教育不能脱离其他知识的教育,法学教育必须而且应当是综合性教育。

4. 法学教育注重培养学生的实践能力。

实践能力是知识教育和职业训练的统一,教学实习在法学教育中占有极其重要的地位。法学是一门应用型学科,法治人才大多数从事实践工作,这是任何国家和地区的法学教育必须承认和面对的事实。法学教育的目的不只是知识的掌握,更在于知识的应用,接受法学教育的结果;不只是让学生取得相应的文凭或学位,更主要的是让其具备能够从事法治工作的实际能力。正因如此,许多国家非常重视培养学生的实践能力。英国法学院的毕业生要经过律师组织进行的职业训练才能取得律师资格。德国的法学教育分为两个阶段:第一阶段是大学课程学习阶段,是法律知识教育阶段,学习期满通过国家考试后就进入第二阶段——毕业生就业前训练阶段。在第二阶段,学生必须到各种法律机构实习,期限为二年半至三年半,期满通过第二次国家统考,就可以申请从事任何一种法律职业。法国设有法官学院,完成大学法学教育的毕业生欲从事法官、检察官职业者必须考入法官学院接受职业训练,期限为二至三年,主要学习司法方法论、生理学、心理学和法医学等实际应用知识课程,并进行相当时间的实习。

法律诊所教育,更以培养学生的实践能力为主要目的。这是一种借鉴医院培养实习医生的方式,通过相关的法律活动来提高学生实践能力的法学教育方法。在教师的指导下,学生在法律诊所可以接待相关当事人、从事法律咨询,也可以实际办案,作为律师出庭,还为处于不利境地的委托人提供法律服务。传统法律教育建立在已知案件或虚拟想象的基础之上,"法律诊所教育"则以真实案件和当事人为背景,学生通过办理真实案件和对案件全过程的实际参与,训练解决问题的方法和技巧,能培养法律判断能力和职业责任心,深刻领会和理解法律、律师的社会作用。法律诊所不仅给学生技能方面的训练,而且培养了学生的职业道德。诊所教育既提高了学生的综合素质,又促进了法学教育与社会发展的结合,现已成为影响当今世界法学教育模式改革的一种趋势。

第二节 新中国高等法学教育

新中国的法学教育以1977年为界分为前后两个时期。1977年前的法学教育,随着政

---

〔3〕 孙晓楼:《法律教育》,中国政法大学出版社1997年版,第11~12页。

〔4〕 王宏林:《国际一流法律人才培养论纲》,商务印书馆2003年版,第16页。

治运动的变化而起伏,缺乏完备的学科体系和专业教育理念,但这一时期形成的法学教育格局奠定了新中国法学教育的基础。1977 年后的法学教育的逐渐恢复,以这种法学教育格局为起点,表现为一个有逻辑关联的演变过程。

一、新中国高等法学教育的起步与曲折

新中国成立时,基于政权法制建设的需要,法学教育受到重视。1949 年 6 月,担任中共中央法律委员会副主任的谢觉哉同志提出了创办中国政法大学,培养新中国司法干部的建议。中共中央批准了这一建议,并于 1949 年 8 月成立了以培训司法干部为主的中国政法大学。此后,新中国的高等法学教育主要通过三条途径建立起来:一是传承老解放区政法教育传统,建立政法干部教育;二是接收和改造旧大学法律及政治等专业;三是以苏联模式创建自己的高等法学教育。新中国的高等法学教育,基本上是循着在职政法干部法律教育和普通高等法学教育两个路径创立和发展起来的。1949 年 12 月 16 日,政务院第十一次会议通过了《关于成立中国人民大学的决定》,使政法干部教育与普通高等法学教育开始分流,但 1952 年后逐步建立起来的政法学院实际上仍然承担培养专门人才和培训在职干部的双重任务。1954 年 4 月 26 日至 5 月 8 日召开的政法教育会议明确高等政法教育的任务是"掌握先进政法科学、熟悉专门政法业务的干部和法学家"。通过 1952 年的院系调整,实际上形成了以北京政法学院、西南政法学院、华东政法学院和中南政法学院为主体的法学教育体系。到 1954 年,中国人民大学、东北人民大学、武汉大学和当年恢复的北京大学、复旦大学、西北大学 6 所大学中设立了法律系,形成 4 院 6 系的格局,奠定了新中国法学教育的基础。

1957 年的反"右"扩大化,导致在政法院系中学术问题被当成政治问题而遭到批判,不少教师因"右"派身份而被赶出法学教育战线,专业教学内容被政治理论、政治运动和劳动所代替。1958 年至 1960 年,全国掀起教育大革命的高潮,政法学院有的被撤销,有的被合并。〔5〕 政法院校贯彻"办成党校性质的学校"的指示,修订教学计划,加大政治课比例,专业必修课从 1955 年的 21 门减少到 1960 年的 7 门。把政法院系定位于培养"无产阶级专政干部",以阶级斗争为纲的指导思想影响了高等法学教育的正常发展。1965 年 11 月 5 日,教育部和最高人民法院召开了全国政法教育工作会议,提出政法学院要"逐步过渡到半工半读",强调革命化办学。

从 1966 年到 1972 年,政法院系停止招生;1969 年,以战备疏散为由,各政法学院和部分高校被迫从大城市外迁,大批师生员工下放到农村;1971 年全国教育工作会议确定的《关于高等学校调整方案》撤销了 106 所高校,中国人民大学、湖北大学和 4 所政法学院皆在撤销之列,原有综合性大学法律系仅保留北京大学法律系和吉林大学法律系,被撤销院系教师下放到农村、转行或调作他用,校舍被占,图书资料和档案材料散失。

---

〔5〕 如西南政法学院与四川公安学院合并,于 1962 年改为四川行政学院;中南政法学院与财经学院及武汉大学法律系合并,成立湖北大学;华东政法学院被撤销。

从1973年到1976年，只有北京大学和吉林大学法律系招收工农兵学员。1973年招生36人，在校生占全国高校在校生的0.01%；1974年招生132人；1975年招生100人；1976年招生109人。1977年，招收法学专业的学校增加到北京大学、吉林大学、湖北财经学院和郑州大学4所，共招生223人，在校生人数431人，占全国高校在校生人数的0.07%。[6] 教学目标仍然是培养无产阶级专政人才。由于当时几乎没有法律，实际上处于无法可教无法可学的状态；阶级斗争理论占主导地位，法学教育转化为意识形态化的阶级斗争教育。新中国成立后，在苏联法学教育的影响下，以阶级斗争为主线的国家与法的理论极大地冲击了法学教育中的其他内容，"苏联法对1949年后的中国法学理论基本立场的影响，主要体现在法律工具论、过分强调法的阶级性及法律虚无主义等方面"。[7] 可以说这一时期的法学教育完全被权力本位所占据，甚至"清末以来中国法学为实现中国法律现代化而吸收和积累的西方法学研究成果在法律原则方面达成的共识，也已受到彻底的颠覆"。[8]

二、新中国高等法学教育的恢复和发展

1978年党的十一届三中全会为法学教育的恢复和发展带来契机。1977年，中国法学教育几乎从零开始，经过改革开放40多年的建设，其发展之迅速令世人瞩目。从"文化大革命"后仅存的几所法律系一跃而扩展为当前的650多所法学院系；从当时区区几百名在校法律学生激增到当前近80万人的学生规模；从当时以"阶级斗争"理论为主的政治与意识形态化教学发展到当前课程内容门类齐全的专业教学；从立足于满足政法部门人才需求转化为立足于社会需要。可以说，中国的法学教育是在社会与政治的价值冲突中慢慢演化和成长，在品性与使命的坚守中不断根据社会的需要进行调适和矫正，逐渐步入科学发展的轨道。经过40多年的发展，中国法学教育取得了长足的进步，在为法律实务部门和其他各种行业培养了大量专门人才的同时，完成了自身专业化、学科化的知识逻辑建构和配套的建制体系，形成了富有特色的法学教育体制。到2017年，"我国已累计培养法学类博士三万多人、硕士四十六万多人，目前每年授予法学类博士学位约二千六百人、硕士学位约四万三千人，为法治领域输送了数以百万计的专门人才。"[9] 40多年的法学教育发展历程是一个在社会中寻求自身使命的成长过程，是一个寻求与社会其他方面相协调以共同致力于社会发展的结构性调整过程。人类要在历史的逻辑中铸就自己的未来，法学教育也不例外。

（一）法学教育的重建和专业教育理念的确立

改革开放和社会建设需要法律和法治人才的支持，在摆脱"阶级斗争为纲"的指导思想后，通过法学教育培养法治人才成为社会发展的内在必然。改革开放初期，由于法学教育

---

〔6〕 数据来源：《1953年至1976年全国政法院系法律本科招生毕业生在校学生统计表》《1977年至1988年全国普通高等教育法律专业本专科招生在校生统计表》。参见霍宪丹：《中国法学教育的发展与转型（1978～1998）》，法律出版社2004年版，第324～326页。

〔7〕 杨昌宇：《中国法律体系苏联渊源的当代反省》，载《法治现代化研究》2017年第5期。

〔8〕 李贵连等：《百年法学：北京大学法学院院史（1904～2004）》，北京大学出版社2004年版，第219～220页。

〔9〕 习近平：《全面做好法治人才培养工作（二〇一七年五月三日）》，载《论坚持全面依法治国》，中央文献出版社2020年版，第174页。

曾一度被废止,导致政法部门法治人才奇缺,我国政法队伍具有法律专业知识的人很少。"检、法、司三机关50万名业务干部中,法学大专以上毕业生不足3%,加上其他专业的大专毕业生也仅有8%。"〔10〕

1977年,高等教育法学专业开始恢复招生。1978年,中共中央批转了《第八次全国人民司法会议纪要》,以文件的形式明确了"恢复法律系,培养司法人才"的法学教育指导方针。随后,中共中央又进一步用文件的形式确定了司法部作为具体主管法学教育工作的国家机构。1979年9月9日发布的中共中央《关于坚决保证刑法、刑事诉讼法切实实施的指示》(中发〔1979〕64号)中指出,"过去撤销的政法学院和政法公安院校应尽快恢复起来。有条件的文科大学应设置法律系或法律专业。各省、市、自治区可以根据需要,逐步建立各类政法院校和司法公安干警学校,举办各种形式的训练班,培养各种专门人才,轮训现有司法、公安干部"。并强调,"国务院已经成立的司法部除主管司法行政工作外,要把培养司法干部的工作统一抓起来"。〔11〕 1981年7月,司法部召开的政法学院教育工作座谈会明确了政法学院的性质是,"单科性的高等法律学校,其培养目标为德智体全面发展的审判员、检察员、律师、司法行政人员和法学教育、法学研究专门人才"。〔12〕 1983年12月31日至1984年1月5日,司法部、教育部联合召开了"全国高等法学教育座谈会",做出"政法战线各部门人员量少、质弱,专门人才奇缺,急需从培养、提高和使用三个方面进行研究和改革","政法教育应该实行多种层次、多种形式办学。除了继续巩固、提高和发展大学本科外,应大力发展大专、中专这两个层次"的判断,提出要把政法战线干部作为专业人员对待。〔13〕 至此,法学专业教育理念基本成型。

1978年2月28日,国务院高教部决定将西南政法学院列入全国首批重点高等院校;同年8月31日,最高人民法院以〔1978〕法司字第95号文件,重新规定了西南政法学院的学制与规模,正式开始向全国招生;随后,北京政法学院、华东政法学院、西北政法学院和中国人民大学法律系也相继恢复。从1979年到1983年,教育部又先后批准南京大学、武汉大学等30所综合性大学设置法律专业,成立了法律系。1983年,以北京政法学院为基础建立中国政法大学;1984年12月,又以湖北大学法律系为基础,恢复中南政法学院。1982年,制定了《政法学院法学专业学时制教学方案》,明确规定"政法学院应突出、加强法律专业课,目前应不低于必修课总学时的55%"。与此同时,单一的法学专业开始分化,个别综合性大学法律系除法律专业外,开始试办国际法专业、经济法专业。

从1977年开始,法学教育不同学历、学位层次相继招生。1977年10月12日,国务院批转教育部《关于1977年高等学校招生工作的意见》,从此恢复了高等学校招生统一考试的

---

〔10〕 汤能松等:《探索的轨迹——中国法学教育发展史略》,法律出版社1995年版,第414页。于是,大力发展法学教育的问题被提上议事日程。"我们从新中国成立以来,就对办法律学校注意不够……建设一个社会主义法制国家,没有大批法律院校怎么行呢?所以要大力发展法律院校。""对立法工作干部培训班学员的讲话",彭真:《论新中国的政法工作》,中央文献出版社1992年版,第386~387页。

〔11〕 汤能松等:《探索的轨迹——中国法学教育发展史略》,法律出版社1995年版,第410页。

〔12〕 汤能松等:《探索的轨迹——中国法学教育发展史略》,法律出版社1995年版,第412页。

〔13〕 郝克明:《法学教育的层次结构应当适应我国法制建设的实际需要》,载《法制建设》1984年第2期。

制度。11 月 3 日，教育部、中国科学院联合发出《关于 1977 年招收研究生的通知》，“文化大革命”期间长期中断的研究生培养工作从此开始。1980 年 2 月 12 日，第五届全国人大常委会第十三次会议审议通过《中华人民共和国学位条例》，于 1981 年 1 月 1 日起实施，标志着我国学位制度正式建立。

法学专业教育在中专、专科、本科、硕士和博士这种多层次学历教育的基础上，又开展了干部培训和自学考试等专业教育学习形式。1980 年国务院批转了《司法部关于加强和建立地方政法干部学校的请示报告》，建立了由中央、省级政法干部学校组成的政法干部培训机构，开始大规模地组织轮训政法干部和军队专业干部。1981 年 1 月 13 日，国务院批转教育部《关于高等教育自学考试试行办法的报告》。1981 年司法部会同最高人民法院、最高人民检察院联合发出《关于积极办好法律函授教育的通知》，1983 年司法部制定了《关于发展法律函授教育的若干意见》《法律专科函授教学方案》等一批规章性文件。

专业教育培养社会需要的专业人才，随着社会需求的扩展，必然形成招生规模不断扩大的局面。1977 年，招收法学专业的学校只有北京大学、吉林大学、湖北财经学院和郑州大学 4 所法律院系，共招生 223 人；1978 年，全国普通高等法科共招在校生 729 人，其中，西南政法学院招收政法专业 364 人，占 1/2；〔14〕到 1980 年暑期，招生的政法院系也只有 14 所，招生 2557 名，仅相当于 1956 年的水平，而且所占比例远远低于 20 世纪 50 年代。到 1983 年 8 月，全国已有高等政法院系 34 所，在校生达到 11000 人，比 1957 年增长 85%。1982 年、1983 年全国各政法院系已向国家输送了本科毕业生 2700 人，并且已有了第一批新中国自己培养的法学硕士。〔15〕这在一定程度上满足了社会对法律人才的需求。

党的十一届三中全会以后，“统治阶级意志”的权力本位观依然比较明显，〔16〕我国法学教育依然深受苏联法学教育模式的影响。直到 21 世纪初，法学教育中权利本位观的问题依然在学界存在重大争议。可以说，这一时期我国法学教育从权力本位观向权利本位观的转变经历了艰辛探索和争鸣的过程。改革开放初期，为了适应国家迅速发展的需要，吸收和借鉴先行国家的法律制度、法治观念、法律文化的主张成为共识。一方面，通过翻译和引进西方法学名著，诸如“世界法学汉译名著”“外国法律文库”“公法名著译丛”“美国法律文库”等，将大量欧美国家的法学理论介绍到国内，掀起了学习西方法律文化的热潮；另一方面，将欧美发达国家的法学教育理念及相关制度引进到国内，从而在法学研究和法治实践上开启了学习和借鉴大陆法系和英美法系的征程。

（二）从专才教育到通才教育的转变

法学教育的专业化发展，引发了专才和通才两种不同价值取向的争论。尽管早在 1981 年，司法部召开的政法学院教育工作座谈会上已经提出和明确了“专才”教育理念，但是伴随着社会政治、经济等各方面的发展，“专才”们已经不能满足社会的需求，“通才”教育理念应运而生。我国的法学教育实现了从专才教育到通才教育的转变。

---

〔14〕　霍宪丹：《中国法学教育的发展与转型（1978～1998）》，法律出版社 2004 年版，第 326 页。

〔15〕　汤能松等：《探索的轨迹——中国法学教育发展史略》，法律出版社 1995 年版，第 413～414 页。

〔16〕　童之伟：《权利本位说再评议》，载《中国法学》2000 年第 6 期。

在1949年以前,中国法学教育的培养目标是通才教育。1949年以后,在学习苏联的浪潮中,法学教育引入了苏联的专才教育模式。[17] 1954年4月16日至5月8日,高等教育部主持召开了全国政法教育会议,对法学教育学习苏联经验与中国实际相结合作了肯定,明确了高等政法教育的任务是:"要适应政法工作的需要,有计划地培养热爱祖国、忠实社会主义建设事业、具有坚定的工人阶级立场、掌握先进政法科学、熟悉专门政法业务的干部和专家。"1961年教育部制定的《教育部直属高等学校暂行工作条例》第1条明确规定:"高等学校的基本任务,是贯彻执行教育为无产阶级的政治服务、教育与生产劳动相结合的方针,培养为社会主义建设所需要的各种专门人才。"最终确立了普通教育的"专才"教育模式。

1978年法学教育复办后,基本上按二级学科设置专业。1981年以后,个别综合大学法律系除法律专业外试办了国际法专业和经济法专业,1985年后又开办了国际经济法专业。1987年国家教委《普通高等学校本科专业目录》载法学专业为:法学、国际法、经济法、国际经济法、劳动改造法、侦查学、环境法及知识产权法等9种专业。1991年以后,国家教委再次修订专业目录,本着"拓宽专业口径,减少专业个数"的精神对法学类专业再次进行调整,保留法学、经济法学、国际法学、国际经济法学和劳动改造学等专业。1993年国家教委颁布的《普通高等学校本科专业目录》法学类下设:法学、经济法、国际法、国际经济法、劳动改造学、商法和刑事司法等专业。专业目录还规定,在专业下还可根据现实需要设专业方向。

狭隘的专业教育不能适应社会对人才的需求。从1985年起,法学教育出现了培养复合型人才的探索,增加了第二学位的学历类型。此后,法学教育在人才规格设置方面不断扩大非法学专业知识的范围。1995年召开的全国法学教育工作会议是法学教育从专才教育转向通才教育的重要标志。会议提出,为了加快法学教育现代化,必须把法学教育的高层次办好,以社会需要为导向[18],立足政法,面向社会,培养德、智、体、美全面发展,有正确的政治方向,具有广博的知识结构和文化素养,具有系统的法律理论知识和专业知识,能从事法律、行政管理、经济管理、工商管理、国际贸易等各项工作的高层次、复合型、应用型、外向型的通用人才。

1997年设立的第一届教育部高等学校法学学科教育指导委员会,着手对法学专业人才培养模式进行调研,并在调研的基础上,指出了法学本科专业学生目前的培养目标与知识

---

〔17〕 在1949年12月30日召开的第一次全国教育工作会议上,时任教育部副部长钱俊瑞在其总结报告中明确提出,"借助苏联教育经验的意见,并把学习苏联教育经验作为建设新教育的方向"。参见杨志坚:《中国本科教育培养目标研究(之三)——中国本科教育培养目标的形成(1949~1961)》,载《辽宁教育研究》2004年第7期。

〔18〕 过去,我国法学教育的培养对象主要是司法行政机关工作人员。1951年教育部颁布的《法学院、法律系课程草案》规定法律系的任务是培养"为人民服务的法律工作干部"。1954年全国政法教育会议将法学教育定位于培养政法业务干部和法学家。1978年6月8日教育部在武汉召开全国高等学校文科教学工作座谈会,会议制定的《法学专业学时制教学方案(草案)》把法学教育的培养目标定位于"德、智、体全面发展的法学研究,教学和政法工作的专门人才"。1981年又将1978年的方案调整为"培养德、智、体全面发展的司法工作以及法学教育和理论研究的专门人才",突出司法工作者的重要性。中国的法学教育长期面向公、检、法培养法律人才,这次会议提出面向社会培养复合型人才,是对传统观念的变革,标志着从专才教育到通才教育的转变。具体参见汤能松等:《探索的轨迹——中国法学教育发展史略》,法律出版社1995年版,第477~483页。

结构存在专业划分过细，难以适应社会需求的问题；强调要厚基础、宽口径，淡化专业的改革方向，提出按照一级学科招生的建议；同时提出规范法科学生的专业素质教育，划定出14门课程为法学专业核心课程，由核心课、专业选修课、共同必修课与跨专业选修课构成课程体系。该方案于1998年开始试行。1999年，全国的大学都按照一级学科招收法学本科学生，法学教育在实践中转向通才教育。法科学生知识的复合型要求超出法学范围，增加对于现代科技、信息技术、经济学、社会学、政治学、管理学和教育方法等知识的积累，这也是要应对就业多项选择的需要。

（三）从大众教育到精英化职业教育的延伸和互动

自1999年扩大招生规模以来，普通高校法律专业的本科生人数增长了几倍。[19] 除本科教育外，法律专科、第二学士学位、函授、电大、自考、夜大、业大、职大等多种形式的法律教育，在招生数量上也有了飞速的发展，法学教育呈大众化发展趋势。但法律职业的专业化和精英化是世界发达国家重要的法律传统，也是一些发展中国家法律职业的发展趋势，这决定了大部分法科毕业生有可能被挡在法律职业的门槛之外，无法从事理想中的法律职业。法学教育和法律职业之间存在不协调的一面，我国试图通过法律硕士教育解决法律职业和法学教育的连接问题，在法律界，甚至还有关于法学本科教育的存废之争。虽然争论并无定论，但法学教育与法律职业的关联越来越受到人们的重视。

随着改革开放的深入，法律职业专业资格的设置逐渐受到重视。1982年开始实施的《中华人民共和国律师暂行条例》对担任律师的资格条件没有强制性的规定，没有受过法学专业教育的人员也可以出任律师，而且取得律师资格不必经过统一的司法考试，仅"须经省、自治区、直辖市司法厅（局）考核批准，发给律师证书，并报中华人民共和国司法部备案"。1986年，国家实施律师资格全国统一考试制度，具有大专以上学历证书并具有选举权和被选举权的公民都可以报考。1995年颁行的《法官法》和《检察官法》，对初任法官和检察官者的学历提出了大专以上的要求，但和第二年通过的《律师法》一样，没有对进入这一职业群体的人员作出强制性的有关教育背景的规定，即没有接受过法律专业教育的人员也可以担任法官、检察官或者律师。尽管律师行业相对来说一直维持着较高的职业门槛，但法官和检察官一直没有实行统一的资格考试与准许制度。直到2002年推出统一司法考试，才结束了不同法律职业各自为政的局面，这为建立法学教育与法律职业的联系提供了基础，使法学教育逐步成为法律职业的必经之路。2018年，国家司法考试正式更名为"国家统一法律职业资格考试"。

法律职业要求运用法律解决社会问题和社会纠纷，既能满足社会的秩序要求，又能实现不同当事人的利益诉求，在利益冲突中实现公平的协调与平衡，这不是凭借权力就能实现的，它不但倚重法律人对社会、法律、人性、案件细节的理解和把握，而且存在一个运用法律规则与事实以及人性来解决问题的技能和技巧问题，它是一个实践的过程，是知识的应

〔19〕 中国高等教育从精英阶段快速向大众化阶段发展，1999年，高等教育毛入学率为9%，根据教育部发布的《2011年全国教育事业发展统计公报》，全国各类高等教育总规模达到3167万人，高等教育毛入学率已达到26.9%。《国家中长期教育改革和发展规划纲要（2010～2020年）》规定，到2020年，高等教育毛入学率要达到40%。

用过程,是职业技能形成的过程,永无止境。对法官和律师而言,这种技能尤其重要。对于一个将要从事法官和律师职业的人,具备一定的职业技能、职业伦理和职业素养是非常重要的,由于这些职业关联他人和社会的利益,有必要通过社会控制,实行严格的资格许可制度,强化其职业伦理和职业技能的一面。[20] 不具备一定的实践技能,不能直接从事这类职业,职业教育和培训便成为就业的先决条件。资格许可不只是知识许可,应重在技能和职业伦理许可,类似传统的师傅带徒弟。所谓出师,是指其技能和思想状态足以独立胜任将要从事的工作。

法律职业的特殊性决定了法学教育必须与法律职业相连接,必须在一定阶段以一定形式实现二者的连接和互动。将法学教育与法律职业相分离,视法学教育为纯粹的专业学历教育,一方面会使法学教育偏离应有的方向,不能造就满足社会需要的法治人才;另一方面也会使法律职业因缺乏法学教育的支持而呈现非法律化色彩,法律性和职业性不足。正如有论者所认为的:"五十多年来,正是因为法律职业与法学教育之间长期缺乏制度联系,处于脱节的状态,其结果:一方面,法学教育走上一条自我办学、自我完善、自成一体,以知识传授、理论研究为主的学科化、学院化的发展道路,使不少人长期以来在观念认识上习惯于将法学教育视为一次性的学校教育,将法学教育的概念等同于高等院校法学专业的学历教育;另一方面,法律职业离开法学教育的支持和涵养,加上受社会历史条件的制约,不仅偏离了分工专业化、队伍职业化的健康发展轨道,而且还形成了司法模式行政化、司法活动功利化、司法机构地方化和司法队伍大众化的弊端。"[21]法学教育不能与法律职业形成有机的连接和互动,对教育、法律和社会发展都将产生极为不利的影响。通过与法律职业相连接,法学教育才可以实现自己的社会功能和作用,通过法律职业推进社会发展。

1995 年,国务院学位委员会和教育部及司法部批准,从 1996 年起招收和培养"法律硕士学位研究生"(JM),1998 年开展在职攻读法律硕士学位教育。法律硕士学位教育是一种以法律职业为背景的法律专业教育,主要培养立法、司法、行政执法、法律服务与法律监督以及经济管理、社会管理等方面需要的高层次法律专业人才和管理人才,其教学注重法律实务。

2008 年 6 月,中央十一部委(院)联合制定出台的《2008 年政法院校招录培养体制改革试点工作实施方案》,开始以定向培养的方式实现法学教育与法律职业的衔接,提出了"以造就政治业务素质高、实战能力强的应用型、复合型政法人才为目标"的法学教育新理念,所分设的专科班、本科班和研究生班,主要面向西部和经济不发达地区的司法系统。首批研究生班只有中国政法大学和西南政法大学招生,共 80 人。根据上述《方案》要求,所有试点班在专业和课程设置上,突出政法实务方面的教学、训练内容。在培养模式上,以政法业务综合素质培养为基础,以职业精神、基本技能和专业能力教育为培养核心,要求到基层政

---

〔20〕 有学者认为,我国的法律职业者应当具备的基本职业技能有:沟通协商的技能、谈判妥协的技能、辩论的技能、起草法律文书的技能、获取运用信息的能力、制定规则的能力、起草合同的能力、证据审核和有效运用的能力等。参见霍宪丹主编:《当代法律人才培养模式研究》,中国政法大学出版社 2005 年版,第 13 页。

〔21〕 霍宪丹:《法学教育的一个基本前提——试析法律职业的特殊性》,载《华东政法学院学报》2006 年第 1 期。

法机关实习的时间不少于半年,研究生要在实务部门实习 1 年,探索教、学、练、战一体化的教学模式。这实际上预示着法学教育发展的基本方向。

2011 年 12 月,基于法学教育在应用型、复合型法律人才培养方面的不足,教育部、中央政法委联合出台了《关于实施卓越法律人才教育培养计划的若干意见》,重点探索“高校—实务部门联合培养”机制,加强高校与实务部门在法律人才培养方面的合作,培养应用型、复合型法律人才和涉外法律人才。卓越法律人才教育培养计划的总目标是,经过 10 年左右的努力,形成科学先进、具有中国特色的法学教育理念,形成开放多样、符合中国国情的法律人才培养体制,培养造就一批信念执着、品德优良、知识丰富、本领过硬的高素质法律人才。2012 年 11 月 23 日,教育部办公厅、中央政法委员会办公室正式公布首批卓越法律人才教育培养基地名单,批准了 58 所高校为应用型、复合型法律职业人才教育培养基地、22 所高校为涉外法律人才教育培养基地、12 所高校为西部基层法律人才教育培养基地。

2014 年 10 月,党的十八届四中全会通过了《中共中央关于全面推进依法治国若干重大问题的决定》,根据法治建设需要提出创新法治人才培养机制。其重心是要求法治人才培养加强中国特色社会主义法治理论教育,坚持“立德树人,德育为先”的导向,培养造就熟悉和坚持中国特色社会主义法治体系的法治人才及后备力量。建设通晓国际法律规则、善于处理涉外法律事务的涉外法治人才队伍。同时强调实务能力培养,要求“健全政法部门和法学院校、法学研究机构人员双向交流机制,实施高校和法治工作部门人员互聘计划,重点打造一支政治立场坚定、理论功底深厚、熟悉中国国情的高水平法学家和专家团队,建设高素质学术带头人、骨干教师、专兼职教师队伍”。

(四)从通专并举到培养社会主义卓越法治人才的跨越

我国法学教育发展至今,已经基本上消除了“苏联模式”以及计划经济时代“阶级工具”、“统治阶级意志”的权力文本和思维定式,同时在吸收借鉴世界先进国家法治教育和法治实践经验的过程中,逐渐形成了中国特色的法律体系、法治体系和法治教育模式。“从整体来看,法学教育的中国模式已经初步形成并逐渐得到承认,在世界范围内与法学教育的美国模式、欧洲模式渐呈三足鼎立态势”。[22]

习近平总书记指出,“建设法治国家、法治政府、法治社会,实现科学立法、严格执法、公正司法、全民守法,都离不开一支高素质的法治工作队伍。法治人才培养上不去,法治领域不能人才辈出,全面依法治国就不可能做好”。[23] 习近平总书记强调,没有正确的法治理论引领,就不可能有正确的法治实践。高校作为法治人才培养的第一阵地,要充分利用学科齐全、人才密集的优势,加强法治及其相关领域基础性问题的研究,对复杂现实进行深入分析、作出科学总结,提炼规律性认识,为完善中国特色社会主义法治体系、建设社会主义法治国家提供理论支撑。随后,教育部、中央政法委联合印发的《关于坚持德法兼修实施卓越法治人才教育培养计划 2.0 的意见》,进一步强调了德法兼修、实践教学、协同育人机制、构

〔22〕 胡明:《改革开放以来法学教育的成就与展望》,载《中国高等教育》2018 年第 24 期。

〔23〕 习近平:《全面做好法治人才培养工作(二〇一七年五月三日)》,载《论坚持全面依法治国》,中央文献出版社 2020 年版,第 174 页。

建培养共同体等法治人才培养理念与要求,同时深刻阐明了卓越法治人才培养在全面推进依法治国进程中的基础性、先导性、战略性地位,以及加强卓越法治人才实践能力培养的重要意义。目前,以习近平法治思想为指导,以探索新时代法学教育的中国路径为导向,已初步形成了比较系统化的思路和行之有效的方案,强调培养应用型、复合型法律职业人才,要求促进法学教育与法律职业的深度衔接,侧重卓越法治人才的培养,这标志着法学教育观念的更新。

总体来看,我国法学教育进入全面提升和跨越式发展的新时期,不再仅仅停留在对西方法治话语体系的简单借鉴和移植,而是走向我国法治教育自主发展的道路上来。习近平总书记指出,法学学科体系建设对于法治人才培养至关重要。我们有我们的历史文化,有我们的体制机制,有我们的国情,我们的国家治理有其他国家不可比拟的特殊性和复杂性,也有我们自己长期积累的经验和优势,在法学学科体系建设上要有底气、有自信。要以我为主、兼收并蓄、突出特色,深入研究和解决好为谁教、教什么、教给谁、怎样教的问题,努力以中国智慧、中国实践为世界法治文明建设作出贡献。对世界上的优秀法治文明成果,要积极吸收借鉴,也要加以甄别,有选择地吸收和转化,不能囫囵吞枣、照搬照抄。[24] 我国法治教育应植根本国法治土壤,并将其放在世界法治思想话语之中领会学习,推进我国社会主义法治话语体系的建构,逐步建立起符合中国精神、中国气质和中国风格的具有我国特色的法治理论体系和话语体系,为世界贡献中国法治智慧。高校将立足推进教学模式改革和研究模式转换,从教育思想、教材编写、教学方案,到教育方式技巧进行提档升级,不再囿于西方法治话语体系,而要立足中国实际、中国文化、中国问题,外为中用。不仅在法治轨道内解决中国问题,更在中西方话语体系中贡献中国力量和智慧。

习近平总书记强调,法学学科是实践性很强的学科,法学教育要处理好知识教学和实践教学的关系。要打破高校和社会之间的体制壁垒,将实际工作部门的优质实践教学资源引进高校,加强法学教育、法学研究工作者和法治实际工作者之间的交流。[25] 法学教育要进一步发挥理论对实践的提炼和引领作用,一方面,推进国家法治建设从宏观层面向微观层面转换,在法治领域推进世界法治话语的中国落地和我国法治话语的专业表达,向全世界贡献为世界所认可推崇的中国法治话语和中国法治智慧;另一方面,为我国社会主义法律体系向社会主义法治体系的转变发挥积极作用,要在形成完备的法律规范体系、高效的法治实施体系、严密的法治监督体系、有力的法治保障体系,形成完善的党内法规体系上下功夫;加快推进我国法律体系背后的法治原则、法治精神、法治思维方式在全社会的现实落地,特别是在维护权威、具备法治思维、化解社会矛盾和推进社会发展之间实现平衡,为地方政府提供法律风险防控和符合法治思维要求的实践指导,实现法治和德治的相辅相成、相得益彰,完成我国形式法治向实质法治的深刻转型;高等法学院校应当在推进地方法治建设、地方立法、地方政府法律风险防控等方面发挥作用,不仅在推进教学模式和人才培养

[24] 《习近平在中国政法大学考察》,载《人民日报》2017年5月4日,第1版。
[25] 《习近平在中国政法大学考察》,载《人民日报》2017年5月4日,第1版。

模式上实现深度转型，培养政治素质、道德素质和法治素质深度融合的高端人才和基层法治中坚。同时，在法律实践中加强同地方公检法司政等机关的深度合作和融合。随着法学教育培养认知水平与目标定位的渐次提升，各高校也相继开始积极探索与创新多元化法治人才培养模式，如体现学科交叉特点的“2+2”“3+1”法学本科培养模式、以突出学术研究特色的本硕连读、硕博连读培养模式、以适应国际化背景的国内国外“学位叠加”型培养模式等法治人才培养机制；有些高校着眼于法治人才培养的实践能力提升，实施法学本科的通识性教育与法律硕士的应用性培养的贯通模式，例如，中国政法大学的“本科法学人才培养模式改革实验班”，实行对本科与专业学位研究生6年两阶段贯通培养模式，将基础学习阶段与应用学习阶段有机结合，突出了对学生法律职业能力的训练；西南政法大学积极探索并实施的《涉外法律人才实验班实施方案》、《东盟法律人才实验班实施方案》和《基层卓越法治人才实验班实施方案》，为新时代卓越法治人才培养模式提供了创新平台和载体。[26]新时代卓越法治人才的培养是一项包括多层次复杂问题的系统工程，如“培养一批具有国际视野、通晓国际规则，能够参与国际法律事务和维护国家利益的涉外法律人才”，“培养一批具有奉献精神、较强实践能力，能够下得去、用得上、留得住的基层法律人才”，培养应对互联网、区块链、大数据、人工智能及交叉学科、新兴学科的多元化卓越法治人才。

课后作业

一、关键词解释

1. 法学教育
2. 法律诊所教育
3. 卓越法律人才教育
4. 卓越法治人才

二、选择题

1. 法学教育的内容包括（　　）。

A. 相关社会科学知识教育和法律知识教育　　B. 相关自然科学知识教育

C. 法律职业技能训练　　D. 法律职业伦理教育

2. 法学教育的方法有（　　）。

A. 课堂理论教学　　B. 案例分析　　C. 诊所教育　　D. 模拟训练

3. 我国承担法学教育的机构主要有（　　）。

A. 司法机关　　B. 律师事务所　　C. 高等院校　　D. 成人院校

4. 法学教育应当是（　　）。

---

〔26〕刘同君：《新时代卓越法治人才培养的三个基本问题》，载《法学》2019年第10期。

A. 通才教育　　B. 专才教育　　C. 素质教育　　D. 职业教育

5. 下列说法哪些是正确的?(　　)

A. 法治人才应当以社会公正为目标,而不是机械地忠于法律

B. 法治人才的品德比能力更重要

C. 法治人才应当有超越现有法律制度的批判精神

D. 法律职业与其他职业一样,都是一种谋生的手段

6. 卓越法治人才主要指的是哪几种法治人才?(　　)

A. 应用型法治人才　　B. 复合型法治人才

C. 涉外法治人才　　D. 法律实务人才

7. 法学教育的特点包括(　　)。

A. 以传授法律知识和培养法律技能为主要内容

B. 注重法律理念、法律意识和法律职业道德的培养

C. 是包括其他知识在内的综合性教育

D. 注重培养学生的实践能力,是知识教育和职业训练的统一

8. 下列关于法律诊所教育的说法,正确的有(　　)。

A. 法律诊所教育起源于英国

B. 法律诊所教育是通过相关的法律活动来提高学生实践能力的法学教育方法

C. 与传统法律教育依赖已知案件或虚拟想象的模式不同,法律诊所教育依赖真实案件与当事人进行教育

D. 法律诊所教育在培养学生实践能力的同时也培养他们的职业道德

9. "在中国,法律问题一开始就明显不仅是法律问题,同时也是政治问题、社会问题、历史问题和文化问题,因此,要了解和解决中国的法律问题,必须先了解和解决法律以外的其他问题。"对此的理解,正确的是(　　)。

A. 法律存在于社会,法律的问题总是与其他问题彼此相关

B. 与西方国家相比,中国传统中的法律更不独立,与政治等问题联系更深

C. 要切实解决当下中国的法律问题,不是仅仅知晓法条就可以的

D. 因为中国社会中的法律问题不纯粹,中国根本不可能有什么法学教育

10. 下列关于法学教育的说法,正确的是(　　)。

A. 法学教育就是法律教育

B. 普法教育是法学教育的一种

C. 法学教育特指以培养法治人才为目的而进行的系统化、理论化的专门教育

D. 法学教育的对象是未来从事法律职业的人

三、材料论述题

"西南联大"时期的法学轶事

许家华

在今天看来,民国时期的法学教育成果及其在国际学界上的地位,无疑是未被超越的。

民国时期法学家的学养之深厚、见识之宽宏，与当下的法学术圈及其学人相比，也仍是不可比拟的。从进入近现代中国的短短数十年间，法学科从无到有、从弱到强、从散到精，产生了诸如吴经熊、蔡枢衡、史尚宽、谢怀栻、潘汉典、王名扬等有着广泛国际影响力的一批饱学硕儒，更是当下学者不能望其项背的学术典范。上述学者之所以成功，不可不谈及当时的法学教育之功。翻阅中国的法学教育史，民国时期的法律教育严格而高质高效，民国法学家严谨而博学多识，更有"南东吴北朝阳"之盛况令今人羡慕不已。但民国时期战乱频繁，对法学教育真正起到实质推动作用主要依靠大学和大师的作用。正所谓大学之大，在于大师。特别是在"西南联大"这一特殊时期中，虽条件艰苦，法律系的大师先生们时刻不忘教书育人之天职，创造了中国法律教育史上一大奇迹。

抗日战争爆发后，1937 年平津沦陷。当时的国立北京大学、清华大学、南开大学南迁湖南长沙，开始先是在长沙组织临时大学。由于清华和南开没有法律系，因而西南联大法律系基本上就是原北大的法律系。长沙临时大学期间，法律系教员仅有戴修瓒、蔡枢衡、陈瑾昆、赵凤喈、李祖荫、张守正、王化成七名老师，其中戴修瓒任法律系教授会主席。一年后，也就是1938 年学校迁往云南昆明，成立国立西南联合大学。联大成立后，当时的法商学院院长周炳琳先生，对于法律系的发展尤为担心，他曾在给胡适的信中特别强调法律系教授太少，不能满足治学之需。后经蒋梦麟校长等多方的努力，法律系师资欠缺的局面逐渐得到缓解，燕树棠、芮沐、费青、罗文干、赵鸣岐、钱端升等名师逐步加入法学教育的行列中来。想来，西南联大时期的法学教育能够在学术独立自由的氛围下开展，同北大一直崇尚民主科学的精神是一脉相承的。当时法学大师们所秉持的"乃是不使你仅仅造成一个判罪的阶级，乃着意在养成一个法律头脑，进一步形成研究法理的学者"方针便是最好的诠释。

燕树棠先生长期担任联大法律系主任一职，他笃信法律和法制，只讲国家和社会，绝不讲党派，所以一贯要求学生认真学习法律，以便实现以法治国。他这种坚持，同他拥有独立的人格，为人正直大有关联。但是他治学特别严谨，从不轻易行文撰书，在其一生中除了撰写过部分民法章节以及参加编审六法全书以外，只发表过几篇论文，不同于当下有些学者们著作数百篇，但是却毫无价值。燕先生对学生十分严格，从来不苟言笑，一副严肃的样子，学生在下面听课都有点怕他，但他上课很认真，又讲得好，没有废话，教学的效果非常好，学生们都喜欢听他的课。因此，燕先生备受学生们尊重。在他的主持下，法律学系形成了一种崇尚公正廉明、以法治国的良好学风。他对于法学教育，有着自己的观点，他在其论文《法律教育之目的》中，谈到法政学生必须拥有法律头脑的主张，"法律头脑"即第一须有社会的常识，第二须有剖辩的能力，第三须有远大的思想，第四须有历史的眼光。把法律教育更具前瞻性地提高到一个新的层次。在他看来，法学教育应从世界法律发展的最新趋势着眼，以现实批判的精神，来反思当时的法律教育与学术研究，提出了一些颇有价值的思想观念和实际改进方案。

燕树棠卸任系主任后，戴修瓒先生继任。在戴先生看来，西南联大这几年的法学教育是有进步的，他说"长院以来，多所兴革。学生风纪及在学成绩，已较昔年为进步"。确实，他这样的评价实不为过，在战乱纷纭的年代，仍有追求进步的法律学人投身中国法学教育事业，为其发展花心思、流血汗，这种难能可贵的努力让在下的我们充满敬意。西南联大法律系前后 9 年时间，积极借鉴东西方的法学教学经验，改良法学院各系的课程设置；积极筹集经费支持教师出国学习;教授学生专心于学术研究,学术氛围浓厚;聘请著名学者来法律系任教。这在战争年代里,俨然成为世外桃源,因此也成为大师和学生们所魂牵梦萦的地方。

在学生们看来,倘若以性格和教学来对“我心目中的老师”进行评价,当选者则是费青教授,费青是著名社会学家费孝通的弟弟。学生们常说,他像春风般温和,也像秋风似的严肃。但是这位“双面人”先生却一点不含糊,他精通大陆法,也谙熟英美法,是难得的双法系皆通的教授,他会讲深奥难懂的法理知识,也会讲平凡有趣的真实例子。然而,一位老师的学识固然重要,但其身上的品格更是值得我们学习的精髓。在西南联大的几年里,费青先生用独特的人格魅力教育学生,不肯盲目走极端,不肯用血气来论断,而是谨慎地求得最妥善的调和,用理智来寻求公平与正义。对此,他的学生们曾感慨道:“北大的缺点是老气横秋,联大的缺点是‘松弛散漫’,自先生来后,不但使我们变得更年‘青’,而且教我们多‘费’一点功夫去检点和振作自己。”

西南联大时期的法学教育自然不是民国法律教育的全部,但当下法律学人谈及民国法律教育及其成就时,似乎从来不吝溢美之词,对当时的法学大家也毫不吝敬仰之情。毫不讳言,实现社会主义法治,法学教育得放首位,它起着基础性的作用,因此,法学教育强,法治中国之梦就不再遥远。

[**材料来源**]中国长安网——政法博客,http://www.chinapeace.org.cn/2013-05/02/content_7500308.htm,最后访问日期:2013年7月9日。

[**要求**]结合以上材料,讨论法学教育的目的。

课后参阅论文

1. 付子堂:《建立以能力培养为核心的法律实务教育体系》,载《光明日报》2007年12月25日,第11版。
2. 王振民:《应对全球危机:法学院的责任》,载《法学杂志》2011年第2期。
3. 何勤华:《关于实施卓越法律人才计划的思考》,载《法学教育研究》2012年第1期。
4. 冯玉军:《论国外法学教育改革的经验与借鉴》,载《中国大学教学》2013年第6期。
5. 季卫东:《中国法学教育改革与行业需求》,载《学习与探索》2014年第9期。
6. 刘同君:《新时代卓越法治人才培养的三个基本问题》,载《法学》2019年第10期。
7. 黄进:《新时代高素质法治人才培养的路径》,载《中国大学教学》2019年第6期。
8. 徐显明:《高等教育新时代与卓越法治人才培养》,载《中国大学教学》2019年第10期。
9. 胡明:《改革开放以来法学教育的成就与展望》,载《中国高等教育》2018年第24期。
10. 马怀德:《法学教育法治人才培养的根本遵循》,载《中国党政干部论坛》2020年第12期。

延伸阅读

法学教育作为公民教育的重要形式,强调通过法律的教育实现对一国公民道德素质和规则意识的塑造。正是从这个意义上来说,法学教育既涉及公民个人与共同体的伦理关系,又涉及公民个人通过学习社会运行的基本方式,达至培养契约精神、规则意识和共同体意识之目的。古今中外有不少伟大的思想家对法学教育的重要性进行探讨,比如《理想国》中针对政治家、哲人王的教育通过"知识的统治"实现城邦的正义;《法律篇》中通过针对城邦公民的教育,强化法在城邦中的权威,以实现对公民德性修养和规则意识的培养。可参阅付子堂主编《法治理想国:柏拉图〈法律篇〉研读实录》(广西师范大学出版社 2018 年版)。

中编　法律基本知识

第五章　法律的概念

知识结构图

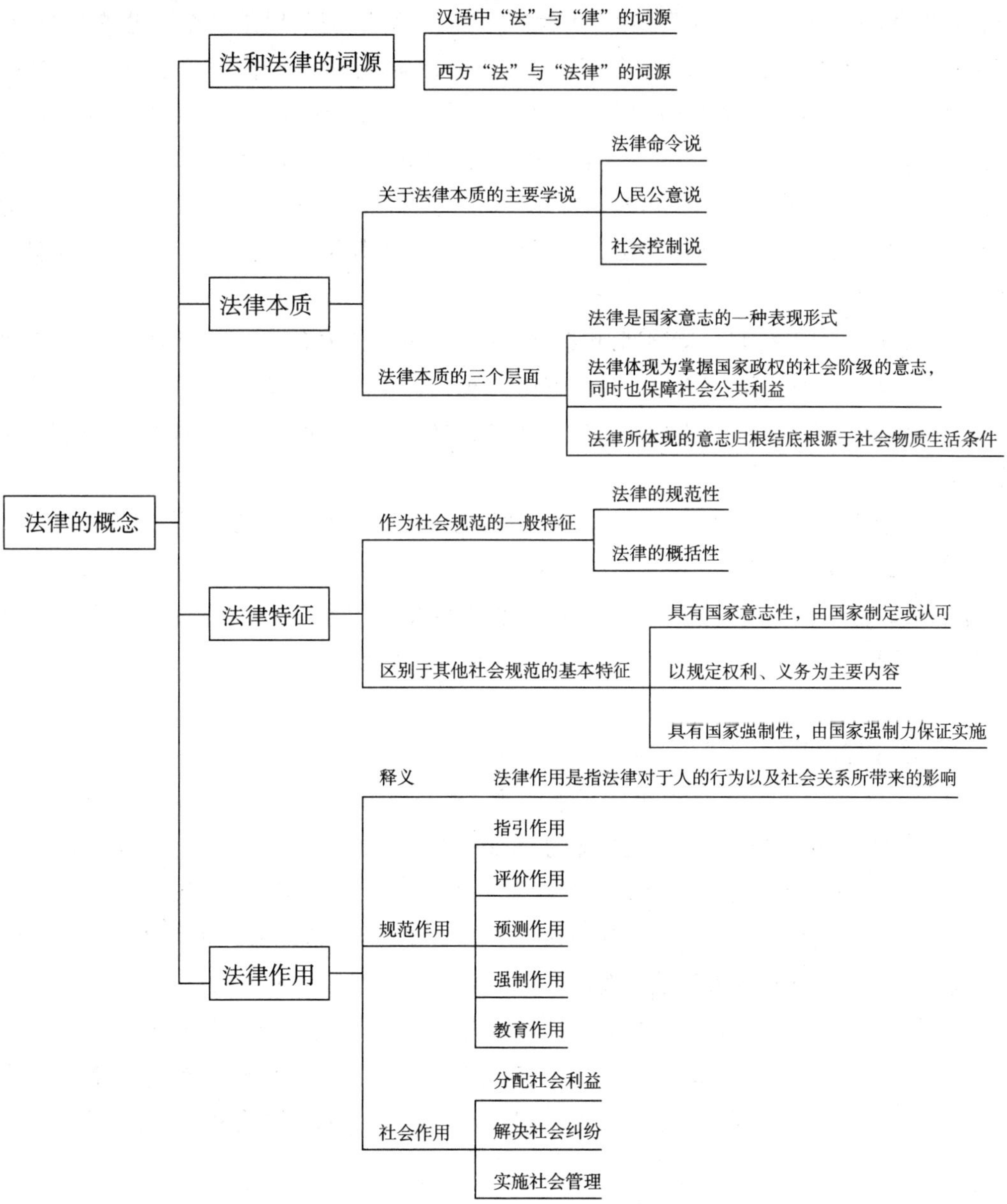

第一节 法和法律的词源

一、汉语中“法”与“律”的词源

在汉语中,“法”字的古体是“灋”,对其词源的考证至今仍有分歧。东汉许慎撰著的《说文解字》认为:“灋,刑也,平之如水,从水;廌,所以触不直者去之,从去。”[1]对这句话展开分析可以发现:(1)“灋”和“刑”通用。古代的“刑”字,既有刑戮、刑罚的含义,也有规范、制度之意。(2)“平之如水,从水”,从象征性角度解释,说明“灋”意味着公正、公平;而从功能性角度解释,则意味着一种严厉的刑罚,即置有罪者于水面上,顺水漂去,行驱逐之刑,或没入水中。(3)“廌,所以触不直者去之,从去”,廌,是传说中的一种神兽,似牛、似羊、似鹿,头有独角,喜直恶曲,古有决讼,则令其触不直者。《论衡》中说:“一角之羊也,性知有罪。皋陶治狱,其罪疑者,令羊触之,有罪则触,无罪则不触。故皋陶敬羊。”这表明“灋”有“神明裁判”的含义。

关于“律”,战国李悝“集诸国刑典,造《法经》六篇……商鞅传授,改法为律”。[2]《唐律疏议》说:“法亦律也,故谓之为律。”许慎解释:“律,均布也。”清代段玉裁在其《说文解字注》中指出:“律者,所以范天下之不一而归于一,故曰均布。”可见,“律”和“法”同样具有规范、制度之义。

《说文解字》说:“法,刑也。”《尔雅》说:“刑,法也。”这表明,古代汉语中的“法”、“刑”、“律”等词语彼此之间存在互释甚至互通的情况。“法”“刑”“律”三者的通用同时还表明,中国古代的“法”与“律”的主要内容是“刑”,法律塑造社会生活秩序主要通过强制性手段实现。无论是“刑律”还是“法律”,都没有现代“法律”概念所具有的逻辑和内涵。

二、西方“法”与“法律”的词源

从西方语言文字来看,情形更加复杂一些。如拉丁文的 Jus 和 Lex,德文的 Recht 和 Gesetz,法文的 Droit 和 Loi 等,意大利文的 Diritto 和 Legge,西班牙文的 Derecho 和 Ley,均可译为“法”(Right)和“法律”(Law)。前者除有“法”的含义外,还兼有“权利”“公平”“正义”或“正当”“规律”“法则”之意,因此它常被人们理解为“客观法”,或“理想法”“应然法”;后者则主要被理解为人们依主观意志和认识而制定的法律,即“主观法”,或“现实法”“实然法”。自然法是一个与人定法相对应的概念,在西方法文化传统中,人们凭借自然法理论将“法”(自然法)与“法律”(人定法)明确地区分开来。从古代到近现代,尽管自然法的内涵发生了一些变化,但是自然法(法)与人定法(法律)之间的验效关系没有变。

---

[1] (汉)许慎:《说文解字·名例》,中华书局1963年版,第202页。

[2] (唐)长孙无忌等:《唐律疏议》,中华书局1983年版,第2页。

表1　西文中的"法"和"法律"

国家	拉丁文	法文	德文	意大利文	西班牙文	英文
"法"和"法律"的表达	Jus	Droit	Recht	Diritto	Derecho	Right
	Lex	Loi	Gesetz	Legge	Ley	Law

相比之下，中西文的"法"尽管都讲正义，但中文的"法"更强调惩罚，西文的"法"则更着重规律和权利。从中我们可以粗略看出中西传统法文化的差异所在。

尽管在法哲学的意义上存在"法"的广义和狭义之分，但作为法理学初阶，所论述的法律主要是狭义的"法"，即人定法或国家法。

第二节　法律本质

法律本质，是相对于法律的外在特征而言的，是对法律的内在属性的解释，它常常表现为一种"法律是什么"的提问。法学家们不仅从法律的外在面貌去描述法律，而且从理性、道德、政治、经济及社会等层面去发现法律背后更深一层的内涵。

一、关于法律本质的主要学说

关于法律本质，近代以来法律思想界众说纷纭、莫衷一是。从立法的权力来源和法律规范的内部结构出发，产生了"法律命令说"；从立法者意志和效力根据出发，产生了"人民公意说"；从法律产生的社会基础和法律产生后的社会效果出发，产生了"社会控制说"。也有从其他角度出发的各种学说，如"判决说"（法律本质上只不过是一种判决）、"行为说"（法律存在于行为中，而非规则中）、"事业说"（法律是使人们服从规则治理的事业）等。归纳起来，具有代表性和较强涵盖力的学说主要有如下三种：

（一）法律命令说

这种学说认为法律是一种主权者的命令。英国法学家约翰·奥斯丁的《法理学的范围》一书，为法律命令说奠定了坚实的基础。他认为，主权者的命令是法律本质的核心，这种"命令"包含做某事的要求和违背该要求而面临的"恶果"；它是由国家的主权者所发布的，这与上帝发布命令、雇主对雇员发布命令有本质的区别。这种学说还可以追溯到英国政治哲学家霍布斯。霍布斯认为，法律是国家对人民的命令，它是用口头说明，或用书面文字，或用其他方法所表示的一种规则或意志，用以辨别是非，区分该为与否。

（二）人民公意说

法国启蒙思想家卢梭认为，主权无非是对"人民公意"的一种运用，而法律的对象永远都是普遍性的,“法律乃是公意的行为”。[3] 他区别了“公意”与“众意”,认为“公意”是着眼于公共利益的,而“众意”仅仅着眼于私人利益,后者只是个别意志的总和。[4] 因此,“公意”排除私人意见、党派观点和集团利益。卢梭的人民公意说对近代以来资产阶级革命运动产生了积极影响,在古典自然法学说中占据了重要的地位。

(三)社会控制说

现代社会科学建立以后,文明与社会控制之间形成了一种相互配合的局面。美国社会学法学家庞德认为,文明是人类力量的不断完善和发展,是人类对外在物质自然界和对人类目前能加以控制的内在的或人类本性的最大限度地控制。而对于法律,庞德将其理解为“发达的政治上组织起来的社会高度专门化的社会控制形式,它是一种通过有系统有秩序地适用社会强制力量的社会控制”。庞德所代表的社会控制说,对于分析社会秩序中的法律及其运作机制具有重要作用,也有利于我们将法律置身于现代文明社会背景之下加以理解。

以上各学说从不同角度对法律本质进行了较为深刻的分析,为法律思想史提供了可贵的智识资源。对上述各种学说的进一步研究将有助于我们全方位、多角度地理解法律的本质,更好地把握作为一种特殊的行为规范的法律背后所包含的全部内涵。

二、法律本质的三个层面

法律本质可以分为三个层面,后一层面是对前一层面的推进与深化。

1. 法律是国家意志的一种表现形式。

法律作为国家制定或认可的强制性规范,是国家意志的一种体现。“意志”一词不难理解,它是一种愿望、期待,同时又是“征服”“战胜”“管理”“统治”的表现。因此,意志既是一种思想愿望,又是一种实践要求。法律制定者在制定法律,展示其意志的时候,必须在考虑自身意图的同时,也考虑法律实践的外在环境和社会条件。马克思和恩格斯在《德意志意识形态》一书中指出:“个人的完全不依他们的单纯‘意志’为转移的物质生活,即他们的相互制约的生产方式和交往形式,是国家的现实基础,而且在分工和私有制还是必要的一切阶段上都是这样,这是完全不依个人的意志为转移的。这些现实的关系绝不是国家权力创造出来的,相反地,它们是创造国家权力的力量。在这种关系中占统治地位的个人,除了必须把自己的力量构建成国家外,还必须使他们的由这些特定关系所决定的意志具有国家意志即法律这种一般表现形式,其内容总是由这个阶级的关系决定的,像私法和刑法最清楚地证明的那样。”[5] “因为国家是统治阶级的各个人借以实现其共同利益的形式,是该时代的整个市民阶级获得集中表现的形式,所以可以得出结论:一切共同的规章都是以国家为中介的,都获得了政治形式。”[6]在《共产党宣言》中批判资本主义的法律制度时,马克思

---

[3] [法]卢梭:《社会契约论》,何兆武译,商务印书馆1980年版,第37、50、51页。

[4] [法]卢梭:《社会契约论》,何兆武译,商务印书馆1980年版,第39页。

[5] 马克思、恩格斯:《德意志意识形态》(节选本),人民出版社2003年版,第108页。

[6] 《马克思恩格斯选集》(第1卷),人民出版社2012年版,第212页。

和恩格斯还指出，资产阶级用他们自己“关于自由、教育、法等的观念来衡量废除资产阶级所有制的主张”，因而“不过是被奉为法律的你们这个阶级的意志”，“而这种意志的内容是由你们这个阶级的物质生活条件来决定的”。[7] 从本质上看，法律首先表现为一种意志，实际上乃是一种阶级意志和国家意志。当然，法律不仅是各种意志斗争的产物，同时也是各种意志妥协的产物。例如，美国宪法的诞生就体现了美国各种社会力量的广泛妥协。[8]

2. 法律体现为掌握国家政权的社会阶级的意志，同时也保障社会公共利益。

法律所体现的国家意志，是掌握国家政权的社会阶级的国家意志。但是，需要注意的是，它既不是该社会阶级中个别人的意志，也不是该社会阶级中所有成员个别意志的总和，而是该社会阶级作为一个整体所体现出来的共同意志和根本利益。因此，它不是一种任性的意志。而且，法律作为特定社会阶级的意志，并不意味着作为一国法律整体的国家意志不对其他社会阶级、阶层的正当利益加以承认和保护；相反，法律需要社会各个层面的承认和支持，单纯的意志强制是不可能使法律发挥有效作用的。因此，法律不仅确认和保护掌握国家政权的社会阶级的根本利益，而且在一定程度上也保障社会公共利益，包括维护一般的社会安全和社会秩序、促进社会发展和保护自然环境等。

3. 法律所体现的意志归根结底源于社会物质生活条件。

法律在本质上受制于社会物质生活条件。马克思在《政治经济学批判》序言中强调：“法的关系正像国家的形式一样，既不能从它们本身来理解，也不能从所谓人类精神的一般发展来理解，相反，它们根源于物质的生活关系，这种物质的生活关系的总和，黑格尔按照18世纪的英国人和法国人的先例，概括为‘市民社会’，而对市民社会的解剖应该到政治经济学中去寻求……人们在自己生活的社会生产中发生一定的、必然的、不以他们的意志为转移的关系，即同他们的物质生产力的一定发展阶段相适应的生产关系。这些生产关系的总和构成社会的经济结构，即有法律的和政治的上层建筑竖立其上并有一定的社会意识形式与之相适应的现实基础。物质生活的生产方式制约着整个社会生活、政治生活和精神生活的过程。不是人们的意识决定人们的存在，相反，是人们的社会存在决定人们的意识。”[9] 在这里，马克思深刻揭示了法律的物质制约性。法律所体现的国家意志内容由其社会物质生活条件所制约，这意味着任何特定社会阶层的法律都必须在现实的社会物质生活条件之内制定法律，试图跳出客观物质条件和时代限制而制定法律，是不能取得成功的。如果试图使法律脱离其社会基础，而仅仅将法律看作统治者的一时灵感，就会“经常发现法律在世界的‘硬绷绷的东西’上碰得头破血流。”[10] 因此，物质制约性是法律本质中的最根本的属性。

---

〔7〕《马克思恩格斯选集》(第1卷)，人民出版社2012年版，第417页。

〔8〕王希：《原则与妥协》，北京大学出版社2000年版，“序言”第9页。

〔9〕《马克思恩格斯选集》(第2卷)，人民出版社2012年版，第2页。

〔10〕《马克思恩格斯全集》(第3卷)，人民出版社1960年版，第379页。

第三节 法律特征

法律特征是从形式上来归纳法律的外在属性,它与法律本质相对应,是法律本质的外化。对于任何事物的特征,都可以从不同的角度加以认识。比如,如果地球同太阳相比较,可以说它的特征是能够运转,包括公转和自转,其特征是一颗行星;但如果把地球同其他行星相比较,则又可以说它的特征是上面有生命,特别是有人的存在,等等。同样,研究法律特征,我们也可以把它与不同的对象进行比较。这里,我们主要从两个角度来考察法律特征:其一,法律属于上层建筑,同上层建筑中的思想意识和政治实体的区别,就在于法律是一种社会规范,具有社会规范的一般特征;其二,法律作为社会规范的一种,同其他社会规范如道德规范、伦理规范、政治规范、宗教规范以及纪律规范等相比较,又具有区别于其他社会规范的基本特征。

一、法律作为一种社会规范的一般特征

法律是人们用以调整人与人之间关系的行为规范,它反映一定的社会关系,属于社会规范。法律作为一种社会规范,具有社会规范的一般特征,即规范性和概括性。

1. 法律的规范性。

所谓法律的规范性,是指法律作为一种调整人们行为的社会规范而具有的,规定人们可以做什么,应该做什么或不应该做什么,从而,为人们的行为提供一个模式标准或方向的属性。

作为社会规范,法律不同于技术规范和自然法则。自然法则是自然现象之间的联系,自然现象的存在与人的思维和行动无关,因此,它不具有文化的意蕴。而社会规范则是无数思维着的理性的个人行动的结果。从这个意义上说,社会规范也是一种文化现象。至于技术规范,它的调整对象是人与自然的关系,是规定人们如何使用自然的力量和生产工具以有效地利用自然的行为准则。而社会规范则是调整人与人之间的社会关系的,违反社会规范会招致来自社会的惩罚,而不仅来自自然的惩罚。

法律是一种社会规范,任何一个社会的法律都具有规范性,都要为人们的行为提供方向。正如我国古代法律思想家管仲所说:“法律政令者,吏民规矩绳墨也”;“法者,天下之程式,万事之仪表”。正因为法律具有规范性,人们才能以法律为标准来安排自己的行为。比如,《商标法》规定,商标不得使用国家名称、国旗、国徽等,也就是说,法律要求不应该在设计商标时以国名、国旗、国徽等为商品的标志。这样,就为商品制造者和商标设计者提供了一个行为标准。凡是符合这一标准的就是合法的,否则将不受法律的保护,甚至要受到法律的制裁。

2. 法律的概括性。

法律的概括性,是指法律的对象是一般的或抽象的某一类的人和事,而不是具体的、特定的人和事;法律在同样的条件下可以反复适用,而不是仅适用一次。

法律不是专门为某个特定的、具体的人或事而制定的,不能专门为某个人的犯罪行为专门制定一部法律。反之,如果国家机关制定的法律文件仅仅是适用于个别的、特定的人和事,那么就不具有概括性,也就不是法律,不是规范性法律文件,而是非规范性法律文件。如判决书、逮捕证、结婚证、任命书、特令和通缉令等法律文件,都是针对特定的人而发布的,仅仅适用于当事人,不具有概括性。这些只是适用法律的产物,而不是法律本身。

二、法律区别于其他社会规范的基本特征

1. 法律具有国家意志性,由国家制定或认可。

国家意志性既是法律的本质属性,又是法律的一个重要的基本特征。社会规范的种类很多,除法律规范外,还有道德规范、宗教规范、社会组织规章、行业规章、习惯与礼仪等。法律规范同其他社会规范的一个基本区别是,它由国家制定或认可的行为规范。国家制定的法律,是指成文法,一般也称为制定法;国家认可的法律,多指国家认可习惯或判例为法,即习惯法、判例法,有时也认可某些学说具有法律效力。因此,法律同其他社会规范相比,具有国家意志性,并由此还具有统一性、普遍适用性和特殊的权威性。而且,法律的效力一般高于所有其他社会规范。当然,尽管法律具有国家意志性,但具有国家意志性的并非都是法律。

2. 法律以规定权利、义务为主要内容。

现代法律是通过规定各法律主体的权利与义务,来影响人们的行为动机、指引人们的行为方式、规范人们的行为过程,以达到调整各种社会关系、塑造社会生活秩序的目的。这就与道德和宗教有着明显的不同,后者一般来说是通过规定人对人(或群体与社会)或人对神的义务来调整相应的社会关系;现代法律也与政党组织和社会团体等的规章相区别,后者的权利与义务在内容、范围和实现途径等方面,都不同于现代法律的权利、义务与权力、职责的规定。现代法律还规定了权力的范围和职责的限度,它所针对的对象主要是公权力的行使主体,如国家机关及其工作人员。

3. 法律具有国家强制性,由国家强制力保证实施。

任何一种社会规范,都有一定的强制性,都依赖于某种社会力量保证其实施。然而,不同社会规范的强制性在性质、范围、程度和方式等方面不尽相同。法律规范是由国家强制力保证其实现,法律要想发挥其社会功能就必须以国家的强制力为后盾,由国家对违反法律甚至犯罪的行为实施限制或制裁。在德国法学家耶林看来,没有强制力的法律是不燃烧的火,不发亮的光。国际法的强制力量很弱,耶林因此而认为它是不完善的法。如果没有国家强制力作为其后盾,法律就会成为一叠废纸,就不可能在现实生活中发生作用,也就丧失了其独立存在的意义。其他社会规范虽然也有一定的强制性,但不是国家强制性。政党的章程靠政党的纪律保障实施;道德规范是由社会舆论、人的良心以及习惯和传统的力量加

以维护;宗教规范也主要靠教徒的内心信念来维护。有的国家对于违反教规者也予以惩罚,实际上,这时的宗教规范同时也变成了法律规范而具有双重性质。当然,法律具有国家强制性,但具有国家强制性的也并非都是法律。

第四节 法律作用

一、法律作用释义

法律作用是指法律对于人的行为以及社会关系所带来的影响。当一个社会存在着法律并实际调整着社会关系,规范着人们的行为的时候,法律必然要发挥它的作用。正确认识法的作用,有利于我们全面认识法律、社会现象及其规律,并更好地使法律作用得到实现。

法律作用具有局限性。法律虽然在现代社会具有非常重要的地位和作用,但并不意味着法律作用可以无限夸大。法律作为一种具有国家强制力的调整社会关系的手段,有自己的调整领域,它并不能取代道德、习惯、风俗和纪律等社会规范的作用,也不可能做到规范社会生活的方方面面。此外,法律作为具有普遍性的社会规范,它自身的僵硬性和不可避免的漏洞,使它对千变万化的人类事务的调整并不可能非常完美。

法律作用可分法律的规范作用和法律的社会作用。法律的规范作用是法律作为一种行为规范对人的行为的作用,它包括指引、评价、预测、强制、教育等作用;法律的社会作用是法律作为一种社会规范对社会关系的调整作用,它体现在立法、司法、执法等法律的运行过程中,包括分配社会利益、解决社会纠纷和实施社会管理等作用。

二、法律的规范作用

1. 法律的指引作用。

法律的指引作用是指法律对人们的行为起到的普遍指导作用。法律规范的种类包括授权性规范、禁止性规范和义务性规范,这些规范无一不是告诉人们该做什么,不该做什么,使人们的行为符合法律规范的要求。法律的指引是一种一般指引,而不是个别指引。个别指引只对特定的人有指引作用,而一般指引则是针对社会的所有人发挥指引作用。正如卢梭所说:“我说的法律的对象永远是普遍性的……法律很可以规定各种特权,但是它却绝不能指名把特权赋予某一个人;法律可以把公民划分为若干等级,甚至规定取得各该等级的权利的种种资格,但是它却不能指名把某某人列入某个等级之中;它可以确立一种王朝政府和一种世袭的继承制,但是它却不能选定一个国王,也不能指定一个王室:总之,一切有关个别对象的职能都丝毫不属于立法权力。”〔11〕

---

〔11〕［法］卢梭:《社会契约论》,何兆武译,商务印书馆1980年版,第50页。

2. 法律的评价作用。

法律的评价作用是指法律作为一种评价尺度，能够对人的行为的法律意义进行评价。法律评价作用的客体是人的行为。这里的人既包括自然人，也包括法人和其他社会组织。它们的一切行为都可纳入法律的评价之中，评价的标准包括行为的合法或不合法、违法或不违法。法律的评价对象不包括人的思想。因为思想只有演变为行为之后，才可能对社会发挥影响，也才可能成为法律调控的对象。

法律的评价是以法律规范为标准的评价，这种评价不同于道德评价、政治评价、纪律评价等。和这些评价标准相比较，法律的评价标准相对较低，它是一个社会中的人的最低的行为尺度，人的行为如果不符合这种评价标准，则必须承担法律责任。所以，法律的评价标准也是严格的、普遍的、确定的和统一的。而其他的社会规范虽也能评价人的行为，但评价的结果并不与国家的强制力相联系，评价的标准也不具有普遍效力以及很强的确定性。另外，有些社会规范的评价对象可以包括人的思想，如道德规范即是如此。但法律永远不可能针对人的思想进行评价。由于法律的评价和其他社会规范的评价不同，所以法律的评价不能与其他社会规范的评价相混淆，否则会混淆违法与不违法、合法与不合法的基本界限。

3. 法律的预测作用。

法律的预测作用是指人们可以根据法律规范预测人们相互之间将会怎样行为以及行为的法律后果。法律的预测作用可以使人们在法律的范围内，合理地安排自己的生活，防止不可预见后果的出现。法律具有预测作用在于法律提供给人们一种行为模式，使人们符合规范地生活。对符合这种行为模式的行为，法律予以肯定和保护；而对于违反这种行为模式的行为，法律予以否定，并进行法律制裁。所以，法律使人们符合规范地生活，并使人们能够预测自己和他人将会如何行为，一旦违法情形发生之后，后果将会怎样。正是因为法律的预测作用，法律提供给了人们一种稳定的生活方式，可以更好地实现自己生活的目标。

法律的预测作用要得到真正的实现还需要法律规范是公开的、确定的、不溯及既往的和稳定的；秘密的法律不可能使法律具有预测作用。法律的不确定性则会使法律规范具有弹性和后果的不可预测性；溯及既往的法律等同于人们在预测的时候处于无法状态；朝令夕改的、不稳定的法律，将会使法律的预测作用大大降低。

4. 法律的强制作用。

法律的强制作用是指法律能够运用国家强制力对违法者施以强制措施，保障法律的顺利实现。法律具有强制作用是法律区别于其他社会规范的重要特征。法律的强制是一种国家强制，根本上是一种国家暴力，其通过警察、监狱、法庭等国家机器予以实现。法律具有强制性是法律被实现的最终保障，法律的实现首先依赖公民的自觉守法，其次才依靠自身的强制作用，在人们不能够自觉守法的情况下，通过制裁违法行为，使法律得到实现。

法律的强制作用体现在法律后果的设定上，法律对违法行为的评价是否定的，违法者将承担不同法律责任以及受到不同的法律制裁。从法律责任的种类上看，有刑事责任、民事责任、行政责任和违宪责任；从法律制裁的种类上看，有刑事制裁、民事制裁、行政制裁、违宪制裁。

5. 法律的教育作用。

法律的教育作用是指法律不仅是社会的行为规范,也确立了最低的社会道德标准和是非观念,它可以通过它的实施和传播进入人的心灵,矫正的人的行为。法律的教育作用不在于法律的强制作用的发挥,而在于法律的内涵、公平正义以及符合社会价值观念的法律规范能够更好地被人们接受,并可能通过法律的实施在人们的心灵中被进一步强化。法律因此可成为人们信仰的目标,并使人们自觉地按照法律的要求去行动。

法律的教育作用是建立在对人的尊重的基础上的,单纯的强制并不能带来真正的服从,也不可能产生真正的教育作用。法律的教育作用在于,它把整个社会的基本价值观念引入法律之中,并以此作为法的目标,法律也就超越了它本身的强制意义,并成为人们自觉服从的行为准则。

三、法律的社会作用

1. 分配社会利益。

社会利益属于稀缺的资源,不公的分配会带来巨大的社会问题。任何法律都需要按照一定的原则和方法对社会利益进行分配,这种分配体现在立法之中。法律对利益的分配主要是通过权利义务的规定来确认利益主体、利益内容、利益数量和范围等内容,以各种具体的法律规范来指导实际生活中的利益分配。法律对利益的分配,确认了利益个体或利益集团的利益份额和获得方式,可以防止由于利益分配的不确定性带来的社会冲突和社会矛盾。法律对社会利益的分配并非固定不变的,随着社会变迁的出现以及利益角逐,法律可以重新建立利益分配格局,以适应社会需要。

2. 解决社会纠纷。

法律对社会纠纷主要是通过司法活动予以解决。作为体现国家权力的法是在原始社会后期随着私有制和利益分化而出现的。随着社会冲突的加剧,自力救济无益于社会秩序。为了进一步解决社会纠纷,国家通过法律调整社会利益,确立权利义务;通过司法的裁判活动,使违法者受到惩罚或承担责任,使社会纠纷得以平息。

社会纠纷的解决并不完全依赖法律,社会的习俗、道德和宗教等社会规范都能在一定程度上解决社会纠纷;但法律的方式是解决社会纠纷的最终的和最有力的手段,它能使社会秩序得到切实的保障。

3. 实施社会管理。

法律的社会作用不仅包括社会纠纷的解决,还包括积极地实施对社会的管理作用。每个社会都有公共事务需要国家予以处理,国家便需要发挥积极的职能,根据法律行使权力。这一作用主要体现在行政机关的执法活动中:从内容上看,遍布社会生活的各个领域,如经济、文化、教育、卫生、交通、环保、人口等多方面的领域;从法律的发展历史上看,随着国家行政权力的膨胀,法律的这一作用逐渐在加大。

通过对法律本质、法律特征和法律作用的分析,可以对法律作出如下定义:

所谓法律,归根结底就是由社会物质生活条件所决定的,主要反映掌握国家政权的社会阶级的共同意志和根本利益，由国家制定或认可并由国家强制力保证实施的，通过规定权利和义务以维护社会秩序的一种特殊的社会行为规范体系。

课后作业

一、关键词解释

1. 灋
2. 法律
3. 法律本质
4. 法律的规范性
5. 法律的规范作用
6. 法律的社会作用

二、选择题

1. 法是以国家强制力为后盾，通过法律程序保证实现的社会规范。关于法的这一特征，下列哪些说法是正确的？（　　）

A. 法律具有保证自己得以实现的力量

B. 法律具有程序性，这是区别于其他社会规范的重要特征

C. 按照马克思主义法学的观点，法律主要依靠国家暴力作为外在强制的力量

D. 自然力本质上属于法的强制力之组成部分

2. 下列有关法律作用、法律观念等问题的表述哪些是正确的？（　　）

A. “法典是人民自由的圣经”，这说明法律是自由的保障

B. “恶法亦法”观点强调法律的权威来自法律自身，与法律之外的因素无关

C. “徒法不足以自行”，因此法律不是万能的

D. “有治人，无治法”，反映了中国古代“以法治国”的法治观

3. 下列哪一选项体现了法律的可诉性特征？（　　）

A. 下一级的规范性法律文件因与上一级的规范性法律文件冲突而被宣布无效

B. 公民和法人可以利用法律维护自己的权利

C. “一国两制”原则体现在《香港特别行政区基本法》的制定过程中

D. 道德规范上升为法律规范

4.《最高人民法院关于审理盗窃案件具体应用法律若干问题的解释》规定：各地高级人民法院可根据本地区经济发展状况，并考虑社会治安状况，在本解释规定的数额幅度内，分别确定本地执行“数额较大”“数额巨大”“数额特别巨大”的标准。依据法理学的有关原理，下列正确的表述是（　　）。

A. 该规定没有体现法的普遍性特征

B. 该规定违反了“法律面前人人平等”的原则

C. 该规定说明:法律内容的决定因素是社会经济状况

D. 该规定说明:政治对法律没有影响

5. 西方法律格言说:“法律不强人所难。”关于这句格言含义的阐释,下列哪一选项是正确的?(　　)

A. 凡是人能够做到的,都是法律所要求的

B. 对人所不知晓的事项,法律不得规定为义务

C. 根据法律规定,人对不能预见的事项,不承担过错责任

D. 天灾是人所不能控制的,也不是法律加以调整的事项

6. 2011年7月5日,某公司高经理与员工在饭店喝酒聚餐后表示:别开车了,“酒驾”已入刑,咱把车推回去。随后,高经理在车内掌控方向盘,其他人推车缓行。记者从交警部门了解到,如机动车未发动,只操纵方向盘,由人力或其他车辆牵引,不属于酒后驾车。但交警部门指出,路上推车既会造成后方车辆行驶障碍,也会构成对推车人的安全威胁,建议酒后将车置于安全地点,或找人代驾。鉴于我国对“酒后代驾”缺乏明确规定,高经理起草了一份《酒后代驾服务规则》,包括总则、代驾人、被代驾人、权利与义务、代为驾驶服务合同、法律责任等共六章二十一条邮寄给国家立法机关。关于高经理和公司员工拒绝“酒驾”所体现的法的作用,下列说法正确的是(　　)。

A. 法的指引作用　　B. 法的评价作用

C. 法的预测作用　　D. 法的强制作用

7. 下列有关“国法”的理解,哪些是不正确的?(　　)

A. “国法”是国家法的另一种说法

B. “国法”仅指国家立法机关创制的法律

C. 只有“国法”才有强制性

D. 无论自然法学派,还是实证主义法学派,都可能把“国法”看作实在法

8. 关于法的规范作用,下列哪一说法是正确的?(　　)

A. 陈法官依据诉讼法规定主动申请回避,体现了法的教育作用

B. 法院判决王某行为构成盗窃罪,体现了法的指引作用

C. 林某参加法律培训后开始重视所经营企业的法律风险防控,反映了法的保护自由价值的作用

D. 王某因散布谣言被罚款300元,体现了法的强制作用

9.《劳动争议调解仲裁法》第5条规定:“发生劳动争议,当事人不愿协商、协商不成或者达成和解协议后不履行的,可以向调解组织申请调解;不愿调解、调解不成或者达成调解协议后不履行的,可以向劳动争议仲裁委员会申请仲裁;对仲裁裁决不服的,除本法另有规定的外,可以向人民法院提起诉讼。”关于这一规定,下列哪一说法是错误的?(　　)

A. 从法的要素角度看,该规定属于任意性规则

B. 从法的适用角度看,该规定在适用时不需要法官进行推理

C. 从法的特征角度看,该规定体现了法的可诉性特点

D. 从法的作用角度看,该规定为行为人提供了不确定的指引

10. “当法律人在选择法律规范时,他必须以该国的整个法律体系为基础,也就是说,他必须对该国的法律有一个整体的理解和掌握,更为重要的是他要选择一个与他确定的案件事实相切合的法律规范,他不仅要理解和掌握法律的字面含义,还要了解和掌握法律背后的意义。”关于该表述,下列哪一理解是错误的?( )

A. 适用法律必须面对规范与事实问题

B. 当法律的字面含义不清晰时,可透过法律体系理解其含义

C. 法律体系由一国现行法和历史上曾经有效的法构成

D. 法律的字面含义有时与法律背后的意义不一致

三、材料论述题

(一)

吴伟春是万庄化肥交易市场有限公司的一名普通员工。2013 年 1 月 28 日下午 1 点左右,吴伟春和同事赵国栋一起乘公交车去公司参加会议,下午 2 点 30 分左右,二人在万客来公交站下车。吴伟春说,他在大街上正走着,一穿便装的陌生人忽然拦住他在他眼前晃了一下证件说“我是洁云路派出所的”,让他“配合一下工作”。说话间,陌生人搜走了他裤腰上挂的钥匙和身份证,接着让他上了一辆白色普通面包车,将他带到了洁云路派出所。吴伟春告诉记者,在洁云路派出所,他将自己身上所有证件都掏出来给交给警方,以证明自己不是坏人,希望警方能尽快让他走,别耽误了公司的会议。但警方人员不为所动。其中一名警官称他钥匙链上的折叠水果刀是管制刀具。他赶忙解释说,小水果刀是在正规超市购买的,如果知道是管制刀具自己也不会购买,更不会串在钥匙链上。随后,4 名警方工作人员先把他送到情报室进行采血样、取指纹、拍照等;之后,将他送进禁闭室;再后,也就是当晚的 7 点 36 分左右,警方工作人员将他关进了拘留所。3 天后,也就是 1 月 30 日上午 9 时左右,他被从拘留所放了出来。

记者仔细查看,并测量了吴伟春在同一超市再次购买的同款小刀:刀身长 63 毫米,刀鞘长 95 毫米。针对吴伟春及个别知情市民的不解,市公安局第二分局治安大队周副队长接受记者采访时解释说,依据是《治安管理处罚法》第 32 条规定:“非法携带枪支、弹药或者弩、匕首等国家规定的管制器具的,处五日以下拘留,可以并处五百元以下罚款;情节较轻的,处警告或者二百元以下罚款。非法携带枪支、弹药或者弩、匕首等国家规定的管制器具进入公共场所或者公共交通工具的,处五日以上十日以下拘留,可以并处五百元以下罚款。”公安部发布的管制刀具认定标准中的第 3 项规定:“带有自锁装置的弹簧刀(跳刀):刀身展开或弹出后,可被刀柄内的弹簧或卡锁固定自锁的折叠刀具”属于管制刀具。吴伟春所带刀具完全符合这一标准。

[**材料来源**]中国新闻网,2013 年 2 月 20 日,有删节。

[**要求**]结合以上材料和本章知识,讨论分析法律的本质及其强制作用。

(二)

在迎来第103个“3·8”妇女节之际,某市第一中级人民法院(以下简称一中院)向发布了该院审理的有关保护妇女权益的案例,以提高广大女性同胞维权意识,更好地保护自身合法权益。

男子欲再婚,拿15万元作婚前保证,离婚时想当共同财产分割?不行。

1981年出生的罗宋有过一次婚姻。2008年,经人介绍,罗宋认识了王婧,经过一年多的接触,双方就打算结婚。王婧考虑到罗宋系再婚,就以保障婚姻关系为由,要求罗宋给予其15万元作保证。2009年12月,罗宋为了与王婧结婚就向其母亲借款15万元,并出具了借条,当日,罗宋的母亲通过银行转账将欠款转到王婧卡上。其后,王婧按揭购买了南岸区的房屋一套,并登记于其个人名下。2010年2月,两人登记结婚,同年10月,王婧产下一女。结婚后,王婧发现婚姻生活并不如自己想象的那么好,据王婧诉称,结婚后双方经常因为琐事发生争吵,尤其是其怀孕及刚生产期间,罗宋更是对其不闻不问且存在重男轻女思想,从未照顾女儿,夫妻关系已完全破裂,遂起诉至法院请求离婚。而罗宋表示同意离婚,但是强烈要求将王婧用其母亲给予的15万元作首付款的房屋作为夫妻共同财产予以分割。

二审中,一中院准予离婚请求。对于15万元的问题,双方均承认该笔款项系罗宋向其母亲的借款。罗宋向其母亲出具借条后,其母通过转账的方式将15万元打向王婧账户,不改变罗宋是借款人的事实。结合本案现有事实证据,可认定该款项系婚前罗宋赠与给王婧的生活保障费用,不应当作共同财产予以分割。

据此,近日,一中院终审判决驳回罗宋要求分割15万元财产的请求。

法官说法:本案中,罗宋给予王婧的15万元虽然是罗宋母亲直接转账给王婧的,但是这不改变罗宋向其母亲借款,然后赠与给王婧的事实,因此该15万元应认定为王婧的婚前财产,不予分割。离婚诉讼中,对于婚前和婚后的各项财产,广大女性同胞应认真加以区别,并积极举示相关证据,以让法官明确各项财产性质,以确保自身的合法利益。

背着妻子与他人同居,离婚时还想与妻子平分财产?不行

1994年,40岁的王波和同龄的周蓉在璧山县登记结婚,双方都是再婚,并各有一个子女。2011年3月,这段婚姻发生了第一次危机,周蓉向法院起诉离婚,后经法院调解,双方自愿和好。然而好景不长,和好之后不久,周蓉便从朋友口中得知王波在汶川经营租赁站期间与他人同居。2011年6月初,周蓉秘密前往汶川,发现王波确实与一名二十几岁的女子同居。当月,周蓉愤然向璧山县法院起诉要求解除婚姻关系,并要求王波承担过错责任。

据法院调查,王波和周蓉在巫山和汶川均经营有租赁站,并拥有位于璧山县的两套房屋。其中巫山的租赁为夫妻二人共有,汶川租赁站系夫妻二人与他人合伙经营,另有汽车一辆、债权债务若干。法院认为,双方夫妻关系确已破裂,且经调解无效,应予准许离婚;王波在婚姻关系存续期间与他人同居,应当认定存在过错,故分割财产时可适当照顾周蓉。据此,法院将巫山租赁站判归周蓉所有,而与他人合营的汶川租赁站归王波所有,其他财产法院也依法予以分割。判决后,王波不服,认为巫山租赁站与汶川租赁站价值相差近三倍,财产分配不公。遂上诉至一中院。

一中院审理后认为,王波与他人同居的事实已经查明,王波系婚姻关系中有重大过错一方,该过错是导致双方感情破裂的重要原因,依法律规定,分割财产时可适当照顾无过错方。近日,一中院遂依法驳回了王波的上诉。

法官说法:本案中,王波在婚姻关系存续期间与他人同居,存在重大过错,是导致夫妻感情破裂的重要原因,因而分割财产时对女方予以了相应的照顾。婚姻关系存续期间,一方若发现对方存在破坏婚姻关系的过错行为时,应当及时采取合法手段收集相关证据,必要时可申请相关部门协助,以便日后更好地维护自身利益。

[**材料来源**]《法制日报》2013 年 3 月 8 日,有删节。

[**要求**]结合以上材料和本章知识,讨论分析法律的社会作用。

课后参阅论文

1. 张永和:《"灋"义探源》,载《法学研究》2005 年第 3 期。
2. 白建军:《论法的确定性与公正的可检验性》,载《中国法学》2008 年第 2 期。
3. 彭中礼:《当代中国法律本质理论研究重述》,载《时代法学》2009 年第 4 期。
4. 胡玉鸿:《马克思主义法本质观之重述》,载《朝阳法律评论》2010 年第 1 期。
5. 郭忠:《法律规范特征的两面性——从法律目的实现的角度分析》,载《浙江社会科学》2012 年第 6 期。
6. 李佳明:《再访法的概念》,载《东方法学》2013 年第 5 期。
7. 张中秋:《传统中国法特征新论》,载《政法论坛》2015 年第 5 期。
8. 武树臣:《中国法的原始基因》,载《法律科学》2016 年第 4 期。
9. 金敏:《"法"的故事的另一种讲法》,载《中国法律评论》2018 年第 6 期。
10. 刘作翔:《回归常识:对法理学若干重要概念和命题的反思》,载《比较法研究》2020 年第 2 期。

延伸阅读

对古体"灋"字的认识,尤其是其字体的变化与中国传统对法律认识之间的关系,可以参见张永和编《"灋"问》(清华大学出版社 2010 年版),特别是"专论"一章,对"灋"有着深入的分析。

第六章　法律起源和法律发展

知识结构图

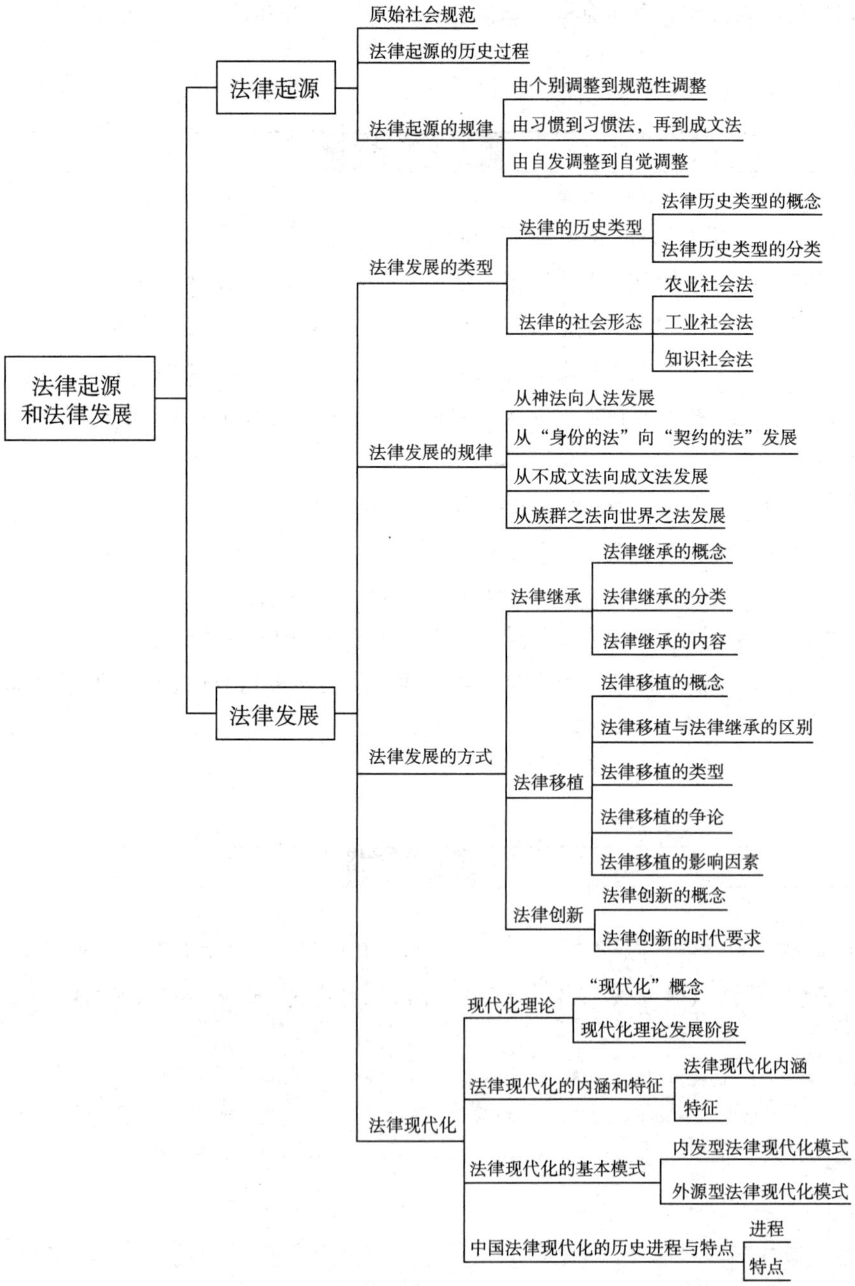

第一节 法律起源

一、原始社会规范

人类历史发展至石器时代,开始进入原始社会。任何社会的存续,都离不开良好的社会组织和社会调控机制,原始社会也不例外。原始社会的社会组织,包括原始氏族和以它为基础而形成的胞族、部落和部落联盟。其中,原始氏族是最小和最基本的单位,它是以血缘关系为纽带形成的人的群体,两个或两个以上的氏族组成胞族,若干胞族联合成部落,胞族或部落联合的纽带仍然是或远或近的血缘关系。这些原始组织既是原始社会的生产和消费单位,也同时履行着原始社会的管理职能,其管理的特点在于原始的民主和平等:氏族大会或部落议事会是最高的权力机构,全体氏族或部落成员都有权参加,由他们民主选举氏族或部落首领并可以随时更换,一切重大问题由全体成员集体讨论决定。氏族或部落首领没有任何特权,他们同其他氏族成员一样,平等地参加劳动和分配产品,他们的权威来自于他们的勤劳、勇敢或者智慧,而不依赖于暴力和暴力组织。

原始社会的调控准则是原始社会规范。与其社会组织的特征相适应,原始社会规范是原始社会中人们在长期的共同生产和生活过程中缓慢地、自发地形成的,为人们所共同遵守的各种行为规则的总和。它囊括了原始社会生产和生活的各个方面,内容非常丰富,主要包括原始禁忌〔1〕,如食物禁忌、性禁忌等;原始宗教,如图腾崇拜;原始礼仪,如原始祭祀;原始习俗,如血族复仇、血亲复仇、同态复仇等。这种形态的原始行为规范之间并没有明确的分野,它们往往相互混同——既具有习俗性,又具有宗教性和道德性,它们的实现主要依靠传统的力量和首领的权威来维持,没有专门从事管理的人和阶级。恩格斯(Fredrich Engels)在论及这种简单淳朴的原始制度时,带着赞赏的语调指出:那里"没有士兵、宪兵和警察,没有贵族、国王、总督、地方官和法官,没有监狱,没有诉讼,而一切都是有条有理的……一切问题,都由当事人自己解决,在大多数情况下,历来的习俗就把一切调整好了"〔2〕。原始社会简单的社会关系就为这些同样简单和初级的行为规范所良好地调整着,这使人类社会能够以此为基础继续向前发展。

二、法律起源的历史过程

法律的起源是人类社会规范文明史上一次质的飞跃,是人类规范调控的一个新的里程碑,是人类法律文明的起点。法律不同于原始规范的一个明显特点,在于它是人类理性自

---

〔1〕 禁忌(Taboo)本为波利尼西亚语。所谓禁忌,包括对神圣或者污秽的东西的忌讳,是指人们相信触犯它必然会遭受灾害,并且因为这样的信念而形成的习俗。这种习俗是存在于低级文化民族的普遍现象。[日]穗积陈重:《法律进化论》,黄尊三、萨孟武、陶汇曾、易家钺译,中国政法大学出版社 1997 年版,第 291 页。

〔2〕 《马克思恩格斯选集》(第 4 卷),人民出版社 2012 年版,第 108 ~ 109 页。

觉的产物。这种理性自觉是人类文明演进到较高级阶段的结果,因此,法律的产生离不开人类文化的发展,包括人类智力水平的提高和理性认知能力的增强,尤其是语言文字的产生所奠定的基础条件。法律产生的根本动因是社会内部基本矛盾,即生产力与生产关系、经济基础与上层建筑之间矛盾的运动发展;其直接原因是私有制和阶级的出现。

法律起源的历史进程如下:

原始社会末期,生产力的发展促成了先后三次社会大分工,即农业和畜牧业的分离、手工业和农业的分离以及商业的产生,使交换成为必要和可能。同时,金属工具的使用,带来生产力水平快速提高,使个体劳动取代了集体劳动,一夫一妻制的家庭取代氏族成为基本的生产单位,生产资料和劳动产品也因此逐步从氏族成员共有转化为以家庭为单位的私人占有,私有制开始萌芽。

在氏族财产私有化的过程中,氏族首领利用其公权力的占有优势牟取私利,获得了多于其他氏族成员的财产。另外,就家庭方面而言,由于家庭经营能力的不同,各个家庭在劳动和交换的过程中也出现了财富累积的分化,从而在氏族内部出现了富人与穷人的分离。

同时,生产力水平的提高也带来了剩余产品,使剥削成为可能,劳动力因此成为重要的生产要素。氏族不再杀死在战争中获得的俘虏,最初是将他们控制起来进行劳动,随后,分配给氏族内部的各个家庭,最初的两个对立的阶级——奴隶主阶级和奴隶阶级因此产生。后来,氏族内部的穷人因为债务而转变为债务奴隶,使阶级对立扩展到了氏族内部。

私有制的产生、阶级的对立使氏族从过去的成员利益指向一致的共同体转变为利益对抗的新性质的组织,氏族成员间过去的同舟共济的亲密关系转化为利益争夺关系,氏族社会关系的复杂程度不断加深,社会管理任务也日益繁重,氏族首领逐渐脱离直接劳动而成为受氏族成员供养的专职管理者,社会日益分裂为统治阶级和被统治阶级,并日益陷入了原始组织和原始规范所不能调和的矛盾之中。

而为了使这些对立面以及经济利益互相冲突的阶级不致在无谓的斗争中把自己和社会消灭,社会就需要有一种表面上凌驾于其上的力量,这种力量应当缓和冲突,把冲突保持在"秩序"的范围以内:"这种从社会中产生但又自居于社会之上并且日益同社会相异化的力量,就是国家。"〔3〕国家的产生使旧有的氏族规范获得了一种全新的、更加有力的强制力保障,一部分有利于统治阶级统治的原始社会规范通过国家的认可,获得法律的性质,成为习惯法。

三、法律起源的规律

在人类历史上,不同社会共同体的法律有其不同的起源形式,如古雅典式、古罗马式、德意志式以及古代中国式等。〔4〕但是,无论世界各国的法律经历了怎样独特的形成历程,综观人类法律文明史,法律起源仍然显现出共同的规律性。

---

〔3〕《马克思恩格斯选集》(第4卷),人民出版社2012年版,第187页。

〔4〕恩格斯:《家庭、私有制和国家的起源》,载《马克思恩格斯选集》(第4卷),人民出版社2012年版。

第一,法律起源经历了一个由个别调整到规范性调整的过程。个别调整是指针对具体的人、具体的事所进行的一次性调整;规范性调整是指形成或者制定具有普遍适用性的、可以反复适用的行为规则来调整社会关系。任何规范萌芽之初,总是在某个特定时空针对具体的事件做出的,针对具体事件所作的个别调整增多以后,就逐渐形成具有规范意义的惯例,产生具有普适性的规范。法律规范的产生也遵循了这一规律。

第二,法律起源经历了一个由习惯到习惯法,再发展成为制定法的过程。原始习惯的存在,为法律的形成提供了最初的规范性基础;随后,国家通过认可的方式,将有利于统治阶级利益和社会生活的维系与发展的习惯转化为受国家强制力保障实施的法律,习惯法产生;随着社会生活的日益复杂,仅仅靠根据既有规范转化而来的习惯法已经不能满足社会对规范的需求,国家顺应这一情势,有针对性地制定新的规范,这些新的规范就是制定法。制定法的出现,是人类社会调控能力发展到新阶段的产物和证明。

第三,法律起源经历了一个由自发调整到自觉调整的过程。原始习惯是人类在长期的生产与生活过程中自发形成的,从习惯到习惯法的转变则经过了人类的有意识选择,这是一个从自发到初步自觉的转变。而从习惯法到制定法的过程,则是法律的产生方式从认可到制定的转变,这说明人类对规范的形成已经达到了高度自觉的阶段。

第二节　法 律 发 展

一、法律发展的类型

法律发展的类型包括法律的历史类型和法律的社会形态。

首先,所谓法律的历史类型,即根据法律所赖以存在的经济基础及其阶级本质,对人类历史上存在过的以及现实生活中存在的法律进行分类。在传统的法学理论中,一般将人类的法律分为四种不同的历史类型:奴隶制法、封建制法、资本主义法和社会主义法。这种分类尽管并不是直接以时间上的存续先后作为唯一标准,因为不能完全排除这四种历史类型的法有同并存的可能,但是,这种分类反映出了在法律发展上很强的时间上的顺序推进性。因此,我们可以将它看作是一种法律发展的时间线索。

其次,关于社会形态的划分,因为划分标准不同,社会学家迄今没有达成共识。但一般认为,根据人类社会的先进社会生产力的水平和结构特征划分基本社会形态,是一种相对客观的划分方法。所谓人类社会的基本社会形态,是指人类社会史上不同历史时期的、代表当时社会生产力的世界最高水平的、相对成熟和稳定的社会形态。从人类诞生到21世纪,人类社会先后大致存在四种基本社会形态,它们分别是原始社会、农业社会、工业社会和知识社会等,它们彼此之间在社会生产力、社会生活、社会结构、社会制度和社会观念等方面有本质的差别。[5] 由于原始社会形态下没有法律,可以相应地把法律的基本社会形态分为三种:农业社会法、工业社会法和知识社会法。当然,在每两个基本社会形态之间,还存在一些过渡形态,这就预示着在基本社会形态以外,还有一些过渡性的社会形态。而且,国家内部地区变迁也是不平衡的,当某个国家进入某种基本社会形态,它的内部会存在一些社会生产力水平比基本社会形态的生产力水平更低或者更高的社会形态;它们的规模相对较小,可以统称为亚社会形态。于是,除三种基本的法律社会形态外,也存在过渡社会形态法和亚社会形态法。

二、法律发展的规律

尽管世界上不同国家的法律发展由于其历史传统、政治经济文化条件等因素的不同而呈现出不同的样态和模式,但就整个世界法律发展史而言,大致呈现出以下规律:

(一)从神法向人法发展

宗教的起源在时间上早于正式法律的产生。早期法律的成长过程与宗教密切关联,法律往往被披上宗教的外衣,借助神灵的力量获得权威。例如,法律被奉为神灵对世人的命令,是神意借助其代言人向世人的传达,这些代言人也因此具有了神性和权威性;法律的实施也借助神的权威(例如,宣誓证言、神明裁判是古代常用的解决纠纷的方式和途径)。随着人类社会和法律的发展,神灵之法逐渐让位于人世之法,其根本性的转变最早始于近代西方。近代西方社会经过文艺复兴、宗教改革和启蒙运动的洗礼后,政治结构由政教合一转变为政教分离,世俗政府开始掌握国家权力,社会从神本主义逐渐转向人本主义,法律也逐渐脱离宗教而成为世俗的人事之法。这主要表现为:(1)法律不再被当作神的意志而是人的意志的表达,人权、人道成为世界各国共识性的法律价值主张;(2)民主立法,人民主权是法律权威的终极来源;(3)世俗的司法诉讼取代了神明裁判,成为解决社会纠纷的最为重要的形式。

(二)从"身份的法"向"契约的法"发展

把法律发展看作"从身份到契约"的运动的学者,是英国历史法学派的代表人物梅因(Sir Henry Maine)。梅因通过对古罗马父系氏族法律发展历史的研究,发现古代法所调整的单位是家族而不是独立的个人,个人权利的获取和义务的承担以其在家族中的身份而定,身份各不相同的人所享有的法律权利和所承担的法律义务是极不相同的,甚至出现了法律权利义务在不同社会主体之间的分离。在古罗马之前的古希腊,以血统或以财产为标准,公民被分成了不同的等级,其法律权利义务也因此而显示出差异。古代的身份法是不平等的法。随着社会的发展进步,"个人"不断地代替了"家族",成为民事法律所考虑的单位。"我们可以说,所有进步社会的运动,迄今为止,是一个'从身份到契约'的运动。"[6]

---

〔5〕 何传启等:《中国现代化报告2006——社会现代化研究》,北京大学出版社2006年版,第12~14页。

〔6〕 We may say that the movement of the progressive societies has hitherto been a movement from Status to Contract. —Henry Sumner Maine, *Ancient Law*, Oxford University Press, 1954, p. 115. 中译文参见[英]梅因:《古代法》,沈景一译,商务印书馆1959年版,第97页。

现代法所调整的单位不再是家族,而是独立的个人。在新的社会秩序中,个人与共同体、个人与个人之间的关系主要是人的自由合意而产生的契约关系,契约的本质是自由和平等,这就决定了现代法律的权利性和平等性。当然,现代法律也在一定程度上允许基于身份的不同而存在权利义务的差异,如对妇女、儿童、老人、残疾人和少数民族等弱势群体的特殊保护,但其价值取向恰恰是为了实现平等。

(三)从不成文法向成文法发展

这一发展规律的得出来自这样两方面的依据:首先,从法律起源的过程来看,法律在起源之初是以习惯法为其主要表现形式的。至于成文法的出现,则是法律实践和人们的抽象思维能力达到一定程度的产物,是法律发展到一定阶段的事情。其次,在英美法系和大陆法系两大法系相互融合的过程中,不成文法与成文法的地位逐渐显示出了不同:大陆法系虽然在完善制定法的同时,也日益重视判例的作用,但是,在这一变化过程中判例法并未能取代制定法而居于主导地位。相反,在英美法系,情况却是颠覆性的。19 世纪以前,制定法只是英美法系中地位次于普通法与衡平法的第三层次的法源,但在此之后,制定法却从一种主要用于弥补普通法之不足的、次要的法律渊源而跃居成为一种凌驾于普通法与衡平法之上的主要法律渊源。20 世纪以来,这种演变在继续:一方面,制定法的数量继续增加;另一方面,制定法的地位变得越来越重要。在英国,制定法已经成为法律改革的主导力量,成为英国法最主要的渊源。至于美国的情况,G. 加尔布雷斯(Gaido Calabresi)在《制定法时代的普通法》(1982 年)一书中对此作了如下的总结:过去 50 ~ 80 年间美国法发生了根本变化,我们已经从普通法占统治地位的法律体系转变为立法机构的制定法成为主要渊源的体系。

(四)从族群之法向世界之法发展

古代的法律起源于氏族习惯,带有浓厚的民族和地方特色。整个前现代,由于受经济发展水平以及据以决定的政治文化发展状况的影响,各民族都带有极大的封闭性,各不同种族之间在社会生活的各个方面,包括法律方面,都强烈地排外,因此,根源于各民族不同的生活方式的法律也呈现出极大的差异性和不可融合性。但是,人类社会在后来的发展中,通过宗教扩张、武力征服和文化传播等方式,包括法律在内的文明出现了相互影响与融合的趋势,“各个相互影响的活动范围在这个发展进程中越是扩大,各民族的原始封闭状态由于日益完善的生产方式、交往以及因交往而自然形成的不同民族之间的分工消灭得越是彻底,历史也就越是成为世界历史”[7]。这种现象先是在欧洲出现;随着罗马法的复兴和传播,除英国以外欧洲各国都出现了法律制度的趋同;19 世纪以来,发达资本主义国家通过殖民地扩张,强制推行他们的法律观念和制度,从而扩大了两大法系的世界版图。第二次世界大战以后,特别是 60 年代西方国家通过“法律与发展”运动,向发展中国家移植了大量的西方法律制度。20 世纪 70 年代以后,发展中国家为了谋求经济的快速发展,自觉主动地移植西方法律制度,力图尽快实现本国法律的现代化和世界化。20 世纪下半叶,尤其是 90

---

〔7〕 马克思、恩格斯:《德意志意识形态》(节选本),人民出版社 2003 年版,第 32 ~ 33 页。

年代以来,以经济的全球化为先导,人类进入全球化的新时代,这导致在商业贸易等私法领域,已经出现了法律趋同化趋势,即各国这些法律间的差异越来越小。

三、法律发展的方式

(一)法律继承

所谓法律继承,是指在法律发展过程中,新法在审查、批判旧法的基础上,有选择地吸收旧法中的合理因素,使之成为新法的有机组成部分。法律继承是一种主要的法律发展方式,是新法对旧法的"扬弃"。"扬弃"是一个源自德国古典哲学的词语,含有取消、舍弃和保存、保持的双重含义。在人类历史上,几乎每一种法律制度都有其来源和前身,除了最早的法律以原始社会规范为起源以外,其余都是以先前的法律作为起点和阶梯。

法律继承既包括一国国内的新法对旧法的继承,也包括世界范围内的新旧法间的继承。根据新、旧法律之间是否具有相同的经济基础和阶级性质,法律继承可以分为同质法间的继承和异质法间的继承。所谓同质法间的继承,是指相同历史类型的法律相互之间的继承,包括奴隶制法之间、封建制法之间、资本主义法之间和社会主义法之间的继承。例如,古罗马法对古希腊城邦法律的继承,20 世纪《德国民法典》对 19 世纪《法国民法典》的继承。异质法间的继承是指不同历史类型的法律相互之间的继承,包括奴隶制法、封建制法、资本主义法和社会主义法之间的继承。例如,19 世纪《法国民法典》、20 世纪《德国民法典》对古罗马《国法大全》的继承。同质法之间的继承,由于其基本性质和所赖以建立的主要条件相同,因此,所受的限制较小、选择的自由空间较大;相对而言,异质法间的继承在内容和形式上则受更多条件的制约,在继承的广度和深度范围上相对较小。其中,奴隶制法、封建制法和资本主义法,由于它们都是建立在生产资料私有制的基础之上,它们之间的继承有着较为广阔的空间。而社会主义法律由于意识形态方面的差异,对前三种历史类型的法律的继承难度相对较大,但无论是理论还是经验事实都已说明,在一定的条件下还是可能和可行的。

法律继承的内容非常广泛,既包括外部的规则制度的继承,也包括内在的精神与文化的继承。对规则制度的继承较为明显和常见,而对精神与文化的继承则相对复杂,也不易察觉。但这种继承却更为深刻,如英国自 12 世纪以来对古罗马法衡平精神的继承。对规则制度的继承包括对法律概念和法律技术、法律原则、法律规范和具体的法律制度的继承。但是,就特定历史阶段而言,新法律在精神、内容和形式方面对旧法律的继承在多大范围内实现,则无定论,这要取决于新法律对社会关系的调整需要,取决于社会政治、经济、文化诸多条件的许可,取决于立法主体的价值观念、理想追求等主观愿望。就近现代而言,法律继承主要集中在以下方面:第一,政治方面,主要是反映民主政治的法律规定;第二,经济方面,是反映市场经济规律的法律规定;另外,有关社会公共事务的组织与管理的法律规定也是法律继承的主要领域。

(二)法律移植

法律移植(legal transplantation)是指一个国家或地区有选择地引进、吸收、同化其他国家或地区的法律,使之成为本国法律体系的有机组成部分,以弥补本国法律的不足。这一概念是20世纪70年代由英国苏格兰法律史专家阿兰·沃森(Alan Watson)提出的。法律移植的范围非常广泛,主要包括法律的概念、技术、法律规范、原则和具体制度,也包括法律观念的移植。法律移植不同于法律继承。法律继承体现的是两种法律之间在时间上的先后顺序,即新法对旧法的选择吸收;法律移植反映的则是不同国家法律之间的横向交流。理解法律移植概念时要注意以下两点:

第一,法律移植以输入国对被移植的法律的研究、分析和评价为前提。法律移植作为法律发展的重要手段之一,带有很强的目的性,这就决定了法律移植绝非随意而为的行为,而必须以目的为导向进行理智的选择,因此,需要对被移植法律的内容、生效条件、作用效果等进行研究、分析和评价,以选择最佳的"供体"。

第二,法律移植包含了引进、吸收、同化和改造等多种方式和程序。就历史上的成败实例来看,法律移植远非照搬那么简单。为了避免"橘生淮南为橘,生淮北为枳"的水土不服现象的发生,一国在引进被移植法律的同时,还要对其予以吸收、同化和改造,使其本土化,以适应接受国的环境和条件,发挥预期的功能。

法律移植有两种类型:一是被迫的消极型的法律移植;二是主动的积极型法律移植。前者是指一国在征服别的国家或地区后在其主权范围内强制实施本国的法律,后者是指因为所移植的法律具有较高的质量而被其他国家或地区自愿接受。当然,在法律移植的实践中,情况更加复杂,存在强加与自愿接受兼有的情况。20世纪五六十年代以前,殖民地半殖民地国家的法律移植基本上属于被迫的消极型法律移植,而此后的移植基本上都属于积极主动型的法律移植。

关于法律可否移植的争论自古就有。有些学者强调地理、民族特性等因素对于法律的影响,在他们的眼中,法律移植非常困难。孟德斯鸠(Montesquieu)就曾指出:"为某一国人民而制定的法律,应该是非常适合于该国人民的;所以如果一个国家的法律竟能适合于另一个国家的话,那只是非常凑巧的事。"[8]英国学者边沁则与孟德斯鸠的观点截然相反,他热衷于鼓吹通过法律改革促进社会进步,并且积极地向法国革命领袖推荐英国法律。自20世纪70年代始,有关法律移植的争论渐趋激烈。争论的焦点集中在两方面:其一,法律移植是否可能;其二,法律移植在多大程度上可能。无论理论争论有多大,法律移植的实践古往今来一直都在进行。从史实来看,太多的实例论证了法律移植的客观可能,但也有若干的实例证明了法律移植的艰难与失败。事实说明,在今天还纠缠于法律是否可移植的争论已经丧失了意义,正确的做法是积极研究既有法律移植实例的成败经验,为将来的法律移植和法律发展提供方法论上的指导。

法律移植是一项复杂而艰巨的工作,根据已有的历史经验,以下因素对法律移植的成败有着程度不同的影响:(1)地理、气候、人口等自然条件。这类因素较为明显,也易于被察觉和考虑。(2)经济因素。法律移植的经济制约因素主要表现在三个方面:一是两国之间

---

〔8〕［法］孟德斯鸠:《论法的精神》(上册),张雁深译,商务印书馆1961年版,第6页。

经济发展的不平衡,可能会阻碍法律移植;二是不同所有制之间的差异对法律移植的阻碍;三是不同的经济运行机制对法律移植的影响。(3)政治因素。政治因素主要指一国的国体、政体和政治权力的配置方式以及政治观念意识,这其中政治观念意识是影响法律移植成败较重要的潜在因素。(4)文化因素。文化因素包括一般的民族文化背景和法律文化因素两方面。

法律移植是一件精致而微妙的工作,任何未知的、偶然的因素都可能改变一项法律移植的结果。历史上有足够的事实证明法律移植的结果出人意料,如16、17世纪英国对罗马法的移植,所有的条件显示应当可以成功,但结果却因为“偶然性”的因素而告失败。[9] 而日本却能够在几个不同的时代成功移植不同性质和传统的国家的法律,成为成功地进行法律移植的典范。[10] 因此,尽管既有的历史已经提供了一些可资借鉴的经验,但就未来而言,这些经验并不表明其与将来的法律移植结果间有必然的因果联系,未来法律移植的结果具有相当程度的不确定性。

(三)法律创新

所谓法律创新,是指对法律观念、法律概念和技术、法律原则、法律规范和具体法律制度的独创性革新,它是人类法律智慧活动的最高形式,也是难度最大的法律发展运动。意大利法学家萨科(R. Sacco)认为,从一定意义上说,法律变化有首创性革新与模仿两大类,他同时认为,在所有的法律变化中,属于首创性革新的也许只有千分之一。[11] 萨科的这一数据也许并不准确,但事实的确是,相较于法律继承和移植而言,法律创新是一种使用率较低的法律发展方式,但它的意义与难度并不应因此而被低估。

历史上已有的法律创新的例证有英国衡平法中的信托财产制度、美国的违宪审查制度,中国的“一国两制”等,法律创新由于其资源稀缺,还有待学界进一步深入研究。根据既有的经验资料,法律创新活动要注意以下几个问题:(1)以有客观实际的需求为前提;(2)建立在深厚的理论基础和谨慎的价值选择之上;(3)以社会生活为来源;改革节奏要适当,制度创新的成本很高,因此创造新制度的步子不宜迈得过大,故应当通过试点,取得成功后再大规模推广。

四、法律现代化

(一)现代化理论

“现代化”是一个有争议的概念,就其字面含义而言,应该是一个建立在时间基础上的状态和过程描述。若“现代”一词相较于古代、近代而言,则其表达的是以某个历史时间为

---

〔9〕[德]K. 茨威格特、H. 克茨:《比较法总论》,潘汉典等译,贵州人民出版社1992年版,第354~355页。

〔10〕大化革新时代对中国盛唐法律的移植;19世纪明治时代“脱亚入欧”,对大陆法系德国等西方国家的法的移植;20世纪昭和时代成功移植英美法系美国的宪法和律师制度。

〔11〕沈宗灵:《论法律移植与比较法学》,载《外国法译评》1995年第1期。

起点而至当下的一个时间段。[12] 由于当下是一个永无结束的状态，因此，“现代”和“现代化”也就是一个永无止境、永无实现的概念。但是，更多的学者倾向于把“现代”定格在特定的状态和据以决定的特定的时段中，因此，就有了“前现代”、“现代”和“后现代”之说，“现代化”也就成为了一个朝向既定目标的、具有既定特征标准的运动过程，发展出一套日益成熟和完善的理论。在此意义上的“现代化”是指：人类社会以启蒙运动为思想标志，从工业革命以来所经历的一场涉及社会生活诸领域的深刻的变革过程，这一过程以某些既定特征的出现作为完结的标志，表明社会实现了由传统向现代的转变。

现代化理论发端于欧洲，其思想源头可以追溯到启蒙时代，启蒙思想家对理性和科学的推崇，成为社会从传统向现代转化的精神动力。社会现代化理论从萌芽至成熟，大致经历了三个阶段：第一个阶段是现代化理论的萌芽阶段，从 18 世纪至 20 世纪初。这一阶段以总结和探讨西欧国家自身的资本主义现代化经验和面临的问题为主，其中主要的学者有圣西门（Sain Simon）、孔德（Auguste Comte）、涂尔干（Durkheim）和韦伯（Max Weber）等。他们尚未提出现代化理论这一名称，而称为社会进化论，但该理论包含着现代化理论的内核——对人类社会如何从传统到现代的变迁过程的认识。第二个阶段是现代化理论的形成时期。从第二次世界大战后至 20 世纪六七十年代，现代化理论形成了比较完整的理论体系。这一阶段的现代化理论主要顺应当时纷纷独立的殖民地、半殖民地国家发展的需要，探讨第三世界国家的现代化道路。这一阶段的主要学者有社会学家帕森斯（Talcott Parsons）、政治学家亨廷顿（Samuel P. Huntington）等，他们的理论实质上是一种“西化”的理论：把西方发达国家作为第三世界国家的楷模，把它们的发展模式作为社会进步的唯一正确道路。第三个阶段是现代化理论的批判和修正时期，从 20 世纪六七十年代至今。这一时期研究的核心是如何处理非西方的后进国家现代化建设中的传统与现代的关系。此时，第二阶段的所谓普适式的现代化理论受到批判，根据各国国情自主选择现代化的道路和模式的思想开始兴起。尤其是，“我们坚持和发展中国特色社会主义，推动物质文明、政治文明、精神文明、社会文明、生态文明协调发展，创造了中国式现代化新道路，创造了人类文明新形态。”[13]

作为社会从传统向现代转型的认知理论，现代化理论是一种综合性的理论体系，它涉及意识、政治、经济、文化、道德、宗教、法律等诸社会领域。法律现代化是现代化宏伟工程中的一个组成部分。

（二）法律现代化的内涵和特征

法律现代化作为社会现代化系统工程的一个组成部分，与社会现代化理论相适应，它是指一国法律伴随该国政治、经济、文化等诸领域的现代化变革而出现的、以某些特征为显

---

〔12〕 据雷蒙德·威廉姆斯（Raymond Williams）研究，英语中的“现代”（Modern）一词词根来源于拉丁语 Modo，其意义只是“现在”的意思。古代、中世纪和现代的历史分期方法在 15 世纪才被界定，“现代”作为一个比较性和历史性的概念在 16 世纪才开始逐步流行（Raymond Williams，*A Vocabulary of Culture and Society*，Oxford University Press，1983.）。

〔13〕 习近平：《在庆祝中国共产党成立 100 周年大会上的讲话》，人民出版社 2021 年版，第 13～14 页。

著标志的、从传统人治向现代法治转变的深刻变革过程。法律现代化涉及法律领域各个方面,是一个多元的动态过程,包括法律物质设施、法律制度、法律运行、法律意识等。其中,法律物质设施的现代化是指诸如法官服装、法院和法庭的建筑和设备、法规检索工具等物资设备的现代化;法律制度的现代化是静态法律的现代化,表现为完善的现代法律体系的形成;法律运行的现代化是动态法律的现代化,主要是指法律运行方式的现代化,包括立法、执法、司法、守法和法律监督等法律运行各个环节的现代化;法律意识的现代化是法律现代化最深层次的也是最难实现的部分,包括普通人的法律意识的现代化和法律人的法律意识的现代化,法律制度、法律运行都要以法律意识的现代化为重要条件。法律作为社会上层建筑,其现代化与社会政治、经济、文化等各个领域的现代化紧密联系:法律现代化以经济领域的现代化为动力,以政治现代化为前提,以文化的现代化为基础。反之,法律现代化又可以转而保障或推进政治、经济和文化现代化的实现。正如习近平总书记所指出的,"推进国家治理体系和治理能力现代化,就是要适应时代变化,既改革不适应实践发展要求的体制机制、法律法规,又不断构建新的体制机制、法律法规,使各方面制度更加科学、更加完善,实现党、国家、社会各项事务治理制度化、规范化、程序化。"〔14〕

法律现代化是过程与目标的统一。法律现代化是一个传统人治社会获取现代法治社会的特征的动态过程,以实现法治为目标。法律现代化总是以某些特征的出现为标志。从形式标准来看,现代化法律具有以下特征:以非人格化的权威即规范否定人格化的权威,法律成为社会的主要调控手段;法律规范的确定性和普遍性;法律规范的连续性和稳定性;法律制度体系的完备和统一;法律职业共同体的形成。从程序标准来看,法律现代化的特征包括:立法民主化、科学化、法治化;立法、执法、司法的过程具有公开性和程序性;法院依法独立行使审判权。法律现代化的形式标准和程序标准,可以共称为法律的形式合理性要求。从价值标准(实质合理性)来看,法律现代化的特征包括:法律以维护正义和自由、平等权利为目标;协调公平与效率的关系;协调权力与权利的关系。法律现代化与法治是内在地结合在一起的,法律现代化特征的实现,就是法治的实现。因此,与传统社会的人治模式相对应,法治就是法律现代化的目标。

法律现代化是变革性与连续性的统一。法律现代化涉及法律设施、法律制度、法律运作方式、法律观念等各个方面的深刻变化,是对传统的相当程度上的否定,具有很强的变革性。但是,历史绝不可能人为地割断,现代总是建立在传统的基础之上,法律现代化对法律传统的否定是在肯定和保留传统的合理性因素前提下的抛弃,因此,法律现代化又具有连续性,是变革性与连续性的统一。

法律现代化是民族性与世界性的统一。法律现代化是一场波及全世界法律领域的深刻变革,它以法律领域中某些共同特征的出现为标志,不管各国的历史传统有多么的不同,法律现代化的特征标志不会因此而改变,所以,法律现代化具有世界性。但是,尽管法律现代化的显著特征是有共性的,但由于各国法律传统的不同,在这些共性之外存在不同的个

〔14〕 习近平:《切实把思想统一到党的十八届三中全会精神上来》,载《求是》2014年第1期。

性,由此决定了不同的国家的法律现代化的过程和结果呈现出不同的面貌和样态,带上了各自的民族特色。因此,法律现代化在具有世界性的同时具有民族性,是世界性与民族性的统一。

（三）法律现代化的基本模式

以法律现代化最初的动力来源为标准,可以把法律现代化划分为内发型和外源型两种模式。

所谓内发型法律现代化的模式,是指法律由于社会诸内部条件的成熟而从传统走向现代。内发型法律现代化是由社会内部力量而产生的自主创新,经历了极其漫长的历史进程。内发型法律现代化的模式以欧洲较早的资本主义国家(如英、法等国)为代表,这些国家在中世纪后期,由于商品经济的发展,政治国家与市民社会出现了二元分离与对立,正是这种政治权力与市民权利的冲突与对抗,导致了现代法治精神与原则的确立。内发型法律现代化模式的国家,以社会的经济发展为根本原因,其法律现代化的动力来源于与政治国家相对应的市民社会的内部,并伴随着政治民主化进程。

所谓外源型法律现代化的模式,是指因较先进的法律文化对较落后国家法律的冲击而导致的该国法律的进步转型过程。落后的、后法律现代化的国家基本都属于这一类型。在这些国家,法律现代化的最初动力都来自外部,其法律现代化往往以争取国家主权为起点和最初的目的。但是,外源型法律现代化模式绝不等于外部因素是唯一的转型原因,因为外因是要通过内因才能最终起到作用的,外因的刺激往往是应合了内部的某种需求,并且随着时间和进程的推移而渐渐转化为内部的自觉行动。由于外源型法律现代化的最初动力不来自社会内部,因此其法律现代化不是呈现出西方的自下而上的社会推进式,而属于自上而下的政府推进型,政府发挥着主导作用,这些国家现代法律体系的建立通常依靠政府立法来实现,往往以法律移植作为主要手段。由于现代化的法律体系主要来自于对西方率先进行现代化国家的借鉴,因此,这些国家在一定程度上往往缺乏本土资源,在一定的时期内形成传统与现代的强烈对立与冲突。

当然,法律现代化模式的二分法,是在相当典型的意义上进行的。实际上,人类社会法律的发展是多姿多彩的。由于各个国家具体国情的不同,法律现代化的道路和样态呈现出形形色色、或大或小的差异。在内发型和外源型法律现代化的模式之间,并没有截然分明的、不可跨越的界限,法律现代化的模式呈现出多样性的统一。

（四）中国法律现代化的历史进程与特点

就传统而言,中国是一个人治色彩浓厚的国度。中国法律现代化的历程迄今只有100余年的历史,至今仍未完成。中国法律现代化以鸦片战争导致的国门洞开为诱因,以清末修律为开始的标志,整个现代化的历史进程可以划分为两个阶段,与这两个阶段相对应,有两次引介和学习西方法律制度和思想的热潮,以及两次大规模的国家立法运动。[15]

---

〔15〕 梁治平:《法治:社会转型时期的制度建构》,载《法治在中国:制度、话语与实践》,中国政法大学出版社2002年版,第104页。

第一个阶段,从20世纪初到20世纪40年代。1902年,美、英、日、葡四国向清末兼办通商大臣张之洞表示,在清政府改革司法“皆臻完善”后,愿意放弃领事裁判权。为此,清政府下诏,任命沈家本、伍廷芳为修订法律大臣,实施全面的法律改革,内容包括设立修订法律馆、开设新式法律学校、译介西洋法律典籍、制定西式法典,先后制定的具有现代性质的法典包括宪法性法律文件《钦定宪法大纲》《重大信条十九条》和诸法分离思想指导下的《大清新刑律》《大清民律草案》《大清商律草案》《大清刑事诉讼律草案》《大清民事诉讼律草案》等。但是,辛亥革命的爆发使这些法典来不及真正施行就成为了历史。清政府的覆灭并没有中断中国法律现代化的进程:前清新颁法律多数为北洋政府所援用,南京国民政府的大规模立法(六法全书)也建立在清末和北洋政府已有的立法成果基础之上,因此是它们创立现代法制未竟事业的延续。

第二个阶段,以1949年中华人民共和国成立为起点,中国人民进行了法律现代化的艰难探索。1949年到1957年,这一时期虽然短暂,但在中国社会主义法制建设历程中却非常重要,我国在这一阶段取得了一些重要的成果:其一,1954年颁布了《中华人民共和国宪法》;其二,学习苏联的法学教育模式;其三,全面的司法改革运动;其四,制定颁布了许多法律法规,初步奠定了社会主义法制的基础。1978年以后,随着改革开放政策的实施,中国进入法律现代化进程的一个平稳发展阶段。

可以说,随着改革开放政策的实施,中国进入法律现代化进程的第二个黄金阶段。随着法学教育规模迅速扩大,法律职业从业人员大量增加,国家开始逐步提高法律人的职业素养,推行法律职业化。与此同时,法治经由“法制”和“法治”的深入人心,最终获得了宪法合法性:1999年第九届全国人民代表大会第二次会议通过了《宪法修正案》(修正的主要内容为《宪法》第12至17条),其中第13条规定:“中华人民共和国实行依法治国,建设社会主义法治国家。”这意味着中国法律现代化进程中至为重要的治国方略的转变。

纵观中国百余年的法律发展历史,可以发现,中国法律现代化具有以下特点:

第一,从外源型现代化模式逐渐向内发型现代化模式转化。清末变法,引进西洋法律,革新中国政教法制,其初衷是取消西方列强在华的领事裁判权和其他不平等条约,争取国家主权。因此,中国法律现代化是在外部巨大压力下开始的,带有明确的政治目标,是典型的外源型法律现代化模式。但是,法律变革带来的好处,使得即使在那些最初的动因消失以后,法律现代化进程依然没有中断。此时,如同很多发展中国家一样,中国法律现代化已经逐步培育起内发型模式的因素。20世纪80年代以来的中国法律现代化,则是典型的内发型模式,是对“文化大革命”反思之后主动的道路选择,反映了中国发展经济、政治和文化的迫切愿望和法律需要。“党的十一届三中全会以来,我们党把依法治国确定为党领导人民治理国家的基本方略,把依法执政确定为党治国理政的基本方式,始终把法治放在党和国家工作大局中来考虑、来谋划、来推进,依法治国取得重大成就。”〔16〕

---

〔16〕 习近平:《在中共十八届四中全会二次全体会议上的讲话(2014年10月23日)》,载《习近平关于全面依法治国论述摘编》,中央文献出版社2015年版,第8页。

第二,从模仿大陆法系到建立中国特色的社会主义法律制度。清末修律所选择的模仿对象是日本和德国,这就使在日本和德国顾问的指导下所制定的现代性法律具有了大陆法系的特色。20 世纪 80 年代以来的法律现代化进程打破了仿效单一法系国家的进路,在借鉴大陆法系国家法律的同时,也开始吸收英美法系国家法律制度中的合理因素。例如,我国在 1999 年制定的《合同法》,就更多地体现了《联合国国际货物销售合同公约》的精神,带有英美法的风范;进入 21 世纪以来对审判程序的改革,就引入了英美法系的抗辩式诉讼模式要素。

第三,具有立法主导、政府推进特色。自清末以来,通过立法设立法律制度,通过法律制度运行推进社会变革,力图快速实现社会从传统向现代的转型就成为了中国现代化的根本方式。在法律现代化的两个阶段中,都出现了标志性的大规模的立法运动,政府是法律现代化的有力推进力量。显然,在变法图强的两个历史时期,政府都担当和扮演了策划者和推动者的角色,通常是政府制定整体性社会改革的蓝图,并以此为基础确立立法政策,然后相关职能机关在立法政策的指导下,借助现代法律理论,制定出现代化的法规法典,以法律为工具推动社会转型。

第四,传统文化与现代法治的冲突与调适。中国是一个具有悠久文明历史的国度,已经形成了自己固有的文化传统。中国传统社会是一个农业社会、人治社会,在这样的社会中,道德而非法律才是社会的主要调控规范体系。因此,当我们开始重视法治,建立现代社会所需要的完备的法律制度的时候,必然会产生冲突与不适。比如,法律制度与大众传统观念的冲突;法律制度与民间习惯的冲突。但随着社会的平稳发展,随着对传统法律文化的深入研究,我们越来越感觉到,传统法律文化中蕴含着诸多适合我们当下社会需求的因素与精神,传统法律文化逐渐融入现代中国法律文化当中。

课后作业

一、关键词解释

1. 法律继承
2. 法律移植
3. 法律现代化

二、选择题

1. 法律移植是一项十分复杂的工作,应该注意下列哪些方面?(　　)

A. 法律体系的系统性　　B. 适当的超前性

C. 供体与受体之间存在共同性　　D. 时间的先后性

2. 按照摩尔根和恩格斯的研究,下列有关法的产生的表述哪一项是不正确的?(　　)

A. 法的产生意味着在社会成员之间财产关系上出现了“我的”“你的”之类的观念

B. 最早出现的法是以文字记录的习惯法

C. 法的产生经历了从个别调整到规范性调整的过程

D. 法的产生标志着公力救济代替了私力救济

3. 在讨论“法律的起源、法律的历史发展”这部分内容时,法学院同学甲、乙、丙各抒己见。甲认为:(1)马克思主义法学认为法律产生的原因是私有制的出现和阶级的形成;(2)在资产阶级启蒙思想家看来,法律是人顺应自然法则的一种自觉,法律是人的产物,是人自己为自己设定的规则。乙认为:(1)法律的移植对象只能是本国或本民族以外的法律,法律的继承对象则主要是本国或本民族的法律;(2)法律移植是一件精致而微妙的工作,任何未知的、偶然的因素都可能改变一项法律移植的结果。丙认为:(1)与原始社会规范的适用相比较,法律的适用范围主要是根据居民的血缘关系来确定的;(2)不同历史类型的法之间存在继承关系。下列选项何者为正确?(　　)

A. 甲的观点1、乙的观点1和丙的观点2

B. 甲的观点2、乙的观点2和丙的观点1

C. 甲的观点1、乙的观点1和丙的观点1

D. 甲的观点2、乙的观点2和丙的观点2

4. 关于法律发展、法律传统、法律现代化,下列哪些选项可以成立?(　　)

A. 中国法律的现代化的启动形式是立法主导型

B. 进入20世纪以后,各国、各民族法律的特殊性逐渐受到普遍关注,民族历史传统可能构成现实法律制度的组成部分

C. 在当今经济全球化的背景下,对各国法律进行法系划分已失去意义

D. 法的继承体现时间的先后关系,法的移植反映一个国家对同时代其他国家法律制度的吸收和借鉴

5. “法的继承体现时间上的先后关系,法的移植则反映一个国家对同时代其他国家法律制度的吸收和借鉴,法的移植的范围除了外国的法律外,还包括国际法律和惯例。”据此,下列哪些说法是正确的?(　　)

A. 1804年《法国民法典》是对罗马法制度、原则的继承

B. 国内法不可以继承国际法

C. 法的移植不反映时间关系,仅体现空间关系

D. 法的移植的范围除了制定法,还包括习惯法

6. 法的历史类型是法律发展的时间线索,以下有关法的历史类型的说法正确的是(　　)。

A. 划分法的历史类型的标准是法律的历史传统和特征

B. 法的历史类型分为:奴隶制法、封建制法、资本主义法和社会主义法

C. 各种不同历史类型的法不可能在同一历史时段同时存在

D. 各种不同历史类型的法可以在同一历史时段同时存在

7. 一国法律现代化的特征包括(　　)。

A. 有良好的法律制度　　B. 法律职业共同体的形成

C. 法律以自由、平等、正义、人权作为价值追求　　D. 司法机关依法独立行使职权

8. 关于法的发展、法的传统与法的现代化,下列说法正确的是(　　)

A. 中国的法的现代化是自发的、自下而上的、渐进变革的过程

B. 法律意识是一国法律传统中相对比较稳定的部分

C. 外源型法的现代化进程带有明显的工具色彩,一般被要求服务于政治、经济变革

D. 清末修律标志着中国法的现代化在制度层面上的正式启动

9. 法律起源的规律包括(　　)。

A. 法律起源经历了一个由个别调整到规范性调整的过程

B. 法律起源经历了一个由习惯到习惯法,再发展成为制定法的过程

C. 法律起源经历了一个由自发调整到自觉调整的过程

D. 法律起源经历了一个从神的立法到人的立法的过程

10. 法律发展的规律有(　　)。

A. 从神法向人法发展　　B. 从"身份的法"向"契约的法"发展

C. 从不成文法向成文法发展　　D. 从族群之法向世界之法发展

11. 有学者这样解释法的产生:最初的纠纷解决方式可能是双方找到一位共同信赖的长者,向他讲述事情的原委并由他作出裁决;但是当纠纷多到需要占用一百位长者的全部时间时,一种制度化的纠纷解决机制就成为必要了,这就是最初的法律。对此,下列哪一说法是正确的?(　　)

A. 反映了社会调整从个别调整到规范性调整的规律

B. 说明法律始终是社会调整的首要工具

C. 看到了经济因素和政治因素在法产生过程中的作用

D. 强调了法律与其他社会规范的区别

12. 关于法的现代化,下列哪一说法是正确的?(　　)

A. 内发型法的现代化具有依附性,带有明显的工具色彩

B. 外源型法的现代化是在西方文明的特定历史背景中孕育、发展起来的

C. 外源型法的现代化具有被动性,外来因素是最初的推动力

D. 中国法的现代化的启动形式是司法主导型

三、材料论述题

土耳其是一个地处欧亚两洲,大部分领土位于小亚细亚的亚洲国家,国土78万平方公里,人口90%以上是穆斯林。15世纪,土耳其人建立了军事封建的奥斯曼帝国,以伊斯兰教为国教,在广大地区适用伊斯兰法。伊斯兰法的源泉是《古兰经》,它规定了人们生活的方方面面,与人们生活相关的所有法律都是依照《古兰经》和伊斯兰的法典来制定的。伊斯兰法律的根源由4部分组成,分别为:《古兰经》、《撒那经》、赞美神的词、个人意见和观点。

从18世纪末开始,奥斯曼帝国被迫进行了一些重要改革,也正是在这个时候,西方的影响也渐渐深入了土耳其。尤其是1839年以后,土耳其的法律对西方更加开放。在法律改革方面,奥斯曼帝国主要仿效法国的法律颁布了《商法》《刑法》《海商法》,并于1876年颁布了

帝国历史上的第一部《宪法》。1840 年后,伊斯兰法与西方世俗法在奥斯曼帝国里并存,而且存在双重司法系统,即沙里阿法院和世俗法院。但前者权限逐渐缩小,后者逐渐占主体地位。在引进西方法律的同时,奥斯曼帝国还采用西方国家法典的形式对传统的伊斯兰法规则进行了编纂,其产物是《马雅拉》,它是一部民事法律汇编。这部法律汇编是伊斯兰法律史上政府对伊斯兰法规则予以编纂并颁布的首次尝试。这种法律现代化的方式对后来产生了持久的影响。

今天土耳其法律系统是以穆斯塔法·凯末尔(土耳其共和国创始人)为首的激进派,在共和国的初期(1926~1938 年)对土耳其的政治、经济、文化、法律进行了一系列改革的结果,在执行了政教分开的政策的同时,也在 1936 年成立了大国民议会,开始实行民主选举。

穆斯塔法·凯末尔带领土耳其人民进行保卫国家的战争,1920 年 3 月 16 日赶走伊斯坦布的侵略者,1920 年 4 月 23 日在安卡拉成立了大国民议会,作出的第一个决定就是伊斯坦布尔不适合做一个执政地,并宣告一个政府的灭亡和一个新的政府成立。1921 年共和国的第一个宪法中的"在主权下的一个不结盟的国家"的原则被确定,这个原则是对几千年来作为在主权中所适用的政治、管理规则和惯例进行的一场大变革。

1923 年,土耳其成立了一系列法律修改委员会:民法、诉讼法、贸易法、审判程序和刑法修改委员会等。当时民法修改委员会分为两部分:第一部分是以家庭法律为主,他们的修改草案,对个人和家庭中的宗教法律理论都进行了规定,不论是不是穆斯林。第二部分是对其他法律系统和审判权利进行规定。这个草案,以国家需要为主线,建立了一个新的、现代化的法律体系。

1923 年 10 月 29 日,从土耳其共和国成立的宣言开始,到 1924 年取消哈里发政权为止,土耳其共和国向社会改革、政教分离跨出了最重要的一步。从这时起,执政党作出了放下旧的法律体制、吸收西方法律系统中精髓的决定。首先是几乎全盘接受了当时的《瑞士民法》。1926 年,土耳其在接受 1889 年的《意大利刑法》的同时,以德国和意大利法律体系为基础的一个新的《贸易法》也产生了。1926 年 10 月 4 日,《贸易法》和《民法》同时生效,也就在这一天,以《瑞士债务法》为源泉而制定的土耳其《债务法》开始生效。1929 年生效的《海商法》是以德国法律为源泉制定的,1927 年生效的《诉讼法》则以瑞士的诉讼法为样本制定。《刑事诉讼法》仍然以德国法律为源泉,并在 1929 年被接受。《破产和执行法》却是依照《瑞士联合破产执行法》制定并在 1929 年生效。《税务法》的一个重要部分依然是以西欧,特别是德国法律为蓝本而制定。所有这些法律都是为迎接以后的形势变化做的准备。这样,贯彻在新法律中的"人人平等"——这个长期以来人们追求的目标,得到了实现。从此以后,土耳其国民之间,不论性别、民族、宗教,实行人人平等,男女平等原则的历史开始了。

土耳其共和国法律系统理论也进入了大陆法系的范畴中,就这样从奥斯曼时期到现在,一个"和时代需要紧密联系"或"和现代法律一起最现代的一个法律系统"在土耳其法律工作者的努力下,仅用了短短 3 年时间就实现了。对旧的法律和西方法律之间的矛盾,他们以激进的观点和改革的态度对待。

在其他以伊斯兰教为主要宗教的中东国家,宗教冲突一般比较严重,而内部的稳定也比较脆弱,其中有些国家的政治制度依然停留在君主制或者独裁政治的阶段,而土耳其则经过快速的法律现代化,进入了发达国家的行列。土耳其于 1987 年申请加入欧盟,1999 年才获得候选国资格。2005 年 10 月,土耳其同欧盟就土加入欧盟的谈判正式启动。

[**材料来源**]徐青:"土耳其的法律体系",经多位老师修订而成,参见 http://www.jus.cn/ShowArticle.asp? ArticleID=620,最后访问日期:2013 年 7 月 9 日。

[**要求**]根据材料,讨论法律现代化与法律移植的相关内容。

课后参阅论文

1. 张永和:《血缘身份与契约身份》,载《思想战线》2005 年第 1 期。
2. 朱景文、韩旭:《中国法律发展的理论反思》,载《法学家》2008 年第 1 期。
3. 马剑银:《法律移植的困境——现代性、全球化与中国语境》,载《政法论坛》2008 年第 3 期。
4. 褚宸舸:《论法律起源研究的中国化——一个知识谱系的反思》,载《法制与社会发展》2011 年第 2 期。
5. 赵笑君、梁胜:《从孟德斯鸠到威格摩尔——法律"系统"进化论的诞生》,载《江西社会科学》2011 年第 2 期。
6. 王晨光:《法律移植与转型中国的法制发展》,载《比较法研究》2012 年第 3 期。
7. 公丕祥:《马克思的法律发展思想及其当代意义》,载《中国社会科学》2017 年第 10 期。
8. 何勤华:《法律文明的起源——一个历史学、考古学、人类学和法学的跨学科研究》,载《现代法学》2019 年第 1 期。
9. 马俊驹:《中国民法的现代化与中西法律文化的整合》,载《中国法学》2020 年第 1 期。
10. 陈征楠:《社会理论视野中法律移植困境的重释》,载《法学》2020 年第 8 期。

延伸阅读

孟德斯鸠宣称:"我们应当用法律去阐明历史,用历史去阐明法律。"他的经典名著《论法的精神》就是这种研究方法的典范,特别是为众多读者所经常忽略的第六卷,他进入到罗马继承法、法国民法、法兰克人的封建法律当中,通过历史的变迁探讨法律的发展。

第七章　法律渊源和法律分类

知识结构图

- 法律渊源和法律分类
  - 法律渊源
    - 法律渊源释义
      - 法律渊源的概念
      - 法律渊源的划分 — 主要法律渊源、次要法律渊源
      - 法律渊源的演进趋势
        - 法律渊源由习惯法为主体向以制定法为主体演进
        - 法律渊源由多元、凌乱向单一、确定演进
    - 法律渊源的一般类别
      - 制定法
      - 判例
      - 习惯
      - 法理
      - 法学家的学说
      - 国际条约和协定
      - 宗教教义和戒律
    - 当代中国的法律渊源
      - 宪法
      - 法律
      - 中央法规
        - 行政法规
        - 监察法规
        - 军事法规
      - 地方法
        - 一般地方法 — 地方性法规
        - 特殊地方法
          - 民族自治地方的自治条例和单行条例
          - 经济特区的单行经济法规
          - 特别行政区的法律
      - 规章
        - 部门规章
        - 军事规章
        - 政府规章
      - 缔结或加入的国际条约
  - 法律分类
    - 法律的一般分类
      - 成文法和不成文法
        - 内容
        - 立法程序
        - 各自功能
        - 司法适用
      - 根本法和普通法
        - 制定主体
        - 立法程序
        - 基本内容
        - 效力等级
        - 法律解释和监督
      - 实体法和程序法
        - 内容和功能
        - 二者的关系
        - 司法适用
      - 国内法和国际法
        - 创制主体
        - 法律关系主体
        - 强制性质
      - 一般法和特别法
    - 法律的特殊分类
      - 公法、私法和社会法
      - 普通法与衡平法
      - 联邦法与联邦成员法

第一节　法律渊源

一、法律渊源释义

法律渊源是指法律规范的来源或源头,又称法源。正确认识法律渊源,有利于法律的实施。当法律成为一个社会的主要行为规范的时候,法律作为人们行为的准则和司法适用的标准,哪些法律是主要的法源,哪些法律是次要的法源甚至不是法源,便成为一个重要的问题。特别是法官适用法律不能凭主观感觉,而必须以法律为准绳,就必须从法律渊源中寻找法律规范,只有从法律渊源中寻找到的法律准则才具备法律效力。

法律渊源作为一个特定的法学术语,不能仅仅将它当成法律的来源,那样容易将一些决定或影响法律的外在因素也当成法律的渊源,如经济、政治、历史文化等并不能成为法律规范予以适用。应当从司法角度理解法律渊源,即法官或执法者发现法律之处。这样,才能使法律渊源的含义具有确定的法律意义。

法律渊源可分为主要渊源和次要渊源。主要渊源包括制定法、判例法、国际条约和协定等应当优先考虑适用的法律规范。次要渊源包括习惯、法理、学说等,仅仅是在无主要法源可援引的情况下才可考虑适用。主要渊源和次要渊源的划分实质上是依据法律渊源所体现国家权威程度上的不同。国家预先制定或认可,并以明确的文字形式体现在规范性法律文件中的法律渊源是主要渊源,而次要渊源并非由国家预先制定或认可,也不具备明确的法律文本形式,仅仅由于司法机关的适用才具备了法律效力。另有学者将法律渊源分为正式渊源和非正式渊源,它们可以等同于主要渊源和次要渊源。

在西方历史上,法律渊源有不断演进和变化的过程。这个过程体现为两大趋势:第一大趋势是从以习惯法为主体的法律渊源向以制定法为主体的法律渊源演进。早期人类的法律不是人类认识社会规律自觉制定法律的产物,而是人类生活经验的产物,体现为习惯、习俗等。制定法的出现,一方面是为了克服法律渊源的混乱现象,另一方面也是国家主权在法律领域的体现。第二大趋势是从多元、凌乱的法律渊源向单一、确定的法律渊源演进。例如,古罗马的法律渊源曾经十分繁杂,包括习惯、裁判官告示、元老院决议、民众大会决议、法律、帝敕法学家的解答等;欧洲中世纪的法律渊源也十分复杂,存在教会法和世俗法两大体系,世俗法又有不同的种类。资产阶级革命后,随着民族国家兴起,法律仅仅被看作立法机关制定的成文法,议会立法成为最主要的甚至是唯一的法律渊源,英美法系虽然具有判例法的传统,但也以制定法为优先的法律渊源。

二、法律渊源的一般类别

世界各国由于不同的法律传统,法律渊源有一定的差异。例如,大陆法系的法律渊源以制定法为主,辅以习惯、法理、法学家的学说等,判例不能成为大陆法系的法律渊源;英美法系的主要法律渊源不仅包含制定法、习惯法,也包含普通法、衡平法等;伊斯兰法系的法律渊源主要是宗教教义,以《古兰经》《圣训》为主,也包括“公议”(法学家的一致意见)、类比(类推)等。

从普遍情况来看,法律渊源主要有以下几种:

(一)制定法

制定法是最为普遍的法律渊源,是指由立法机关或有权立法的机关通过法定程序制定的规范性法律文件。无论是大陆法系还是英美法系,制定法都是重要的法律渊源。在所有的法律渊源中,制定法的地位往往是最高的,法官适用法律,必须首先考虑适用制定法。下面在论述当代中国法律的正式渊源时,主要就是指制定法。

(二)判例

判例作为法律渊源主要存在于英美法系。在英美法系的发展历史中,判例长期以来就是最主要的法律渊源,“遵循先例”是判例法的基本原则。英美法系的法官总是习惯于从判例中寻找法律的规则和原则,以作为司法活动的准绳。

(三)习惯

习惯是社会生活中自发形成的行为规范,由于符合人们关于正义的观念,且长期被人们遵循,于是便具有了成为法律的合理性。习惯成为法律渊源一般有两种方式:一种是通过进入制定法或判例法成为法律渊源,如通过将习惯纳入制定法,成为制定法的一部分,或通过司法判决适用习惯,使习惯成为判例法的一部分;另一种是习惯直接作为法律被司法适用,这种适用方式主要用于填补制定法的漏洞或判例的缺乏。如我国《民法典》第 10 条规定:“处理民事纠纷,应当依照法律;法律没有规定的,可以适用习惯,但是不得违背公序良俗。”

(四)法理

法理是对法的理性认识,是人们从法律现象中总结出的关于法的一般规律。虽然法理不是法律规范的组成部分,但法律规范却符合法理。通过了解和学习法理,人们可以对法律现象有更准确和更深刻的认识,所以掌握法理也是正确运用法律的前提。在司法适用中的法理一般包括社会上公认的价值、正义的标准以及法律的解释、法律的推理等。法理作为法律渊源一方面体现在法官适用制定法时,总是在符合法理的层面上适用;另一方面法理同习惯一样可以填补制定法的缺漏。如我国台湾地区“民法”规定:“民事法律无明文规定者依习惯,无习惯者依法理。”

(五)法学家的学说

从法律史来看,法学家的学说在大陆法系从来都是法律的主要渊源之一。在古罗马,法学家解释法律并回答各种法律问题,这些解释和回答是法律适用的准绳。直到中世纪,在欧洲大陆,法学家的学说和理论都是重要的法律渊源。随着法典编纂和立法民主制度的兴起,法律渊源统一于民主的立法之下,法学家的学说渐渐失去了作为法律渊源的地位。但法学家的学说对法官适用法律仍然具有强大的说服力。

（六）国际条约和协定

国家和国家之间缔结的国际条约和协定对缔约国和加入国具有法律约束力，是国际法的主要渊源，也是一个国家的国内法律渊源之一。随着国家和国家之间交往的增加和全球化的进程，这一类的法律渊源数量有增多趋势。在国际条约和国内法发生冲突的时候，我国有不少法律规定了国际条约优先适用的效力。

（七）宗教教义和戒律

从历史上看，宗教往往直接成为法律渊源。一国的人基于对某种宗教普遍而强烈的信仰，宗教教条便会成为法律准则的基本内容，而政教合一体制的国家一般都会将宗教作为本国的基本法律渊源。

直接具有国家法律效力的法律渊源，被称为法律的正式渊源；而不具有直接的法律效力，仅具有一定说服力的法律渊源，被称为法律的非正式渊源。

三、当代中国的法律渊源

从层次上看，当代中国法律的正式渊源有以下六种：

（一）宪法

作为法律渊源的宪法，同作为法律部门的宪法，其外延是不同的。作为法律渊源即作为法律效力形式的宪法，是国家的根本法，具有最高的法律效力，是其他一切法律的立法依据，其制定和修改程序也比较特殊。

在中国的法律渊源中，宪法居于核心地位。宪法规定的是国家的根本制度，以及社会制度和国家制度的基本原则，因此，它具有最高的法律地位，所有的普通法律、法规都不得同宪法相抵触。正是由于宪法具有最高法律地位，所以，它具有比普通法律、法规更大的稳定性、权威性和原则性，它的制定和修改程序以及解释和监督实施等，都与普通法律、法规不同。

（二）法律

这里是指狭义的法律，[1]即由我国最高权力机关及其常设机关——全国人民代表大会及其常务委员会制定的规范性文件。根据我国现行宪法的规定，法律分为基本法律和基本法律以外的法律。

基本法律是指全国人民代表大会制定和修改的刑事、民事、国家机构和其他事项的法律，内容涉及国家和社会生活某一方面最基本的问题。比如，《香港特别行政区基本法》与《澳门特别行政区基本法》是由全国人民代表大会制定的，尽管从法律体系的角度来看都属于宪法部门，但从法律渊源上来看，则属于“基本法律”的层次。

基本法律以外的法律，也叫“一般法律”，是指由全国人民代表大会常务委员会制定和修改的“除应当由全国人民代表大会制定的法律以外的其他法律”（《宪法》第 67 条）。此

---

〔1〕“法”有广义与狭义之分，“法律”也有广义与狭义之分。狭义的“法”即广义的“法律”，是指与国家有着直接关联的“法”。详见本书第五章关于“法和法律的词源”的相关论述。

外,全国人大常委会所做出的决议和决定,如果其内容属于规范性规定,而不是一般宣言或委任令之类的文件,也被视为狭义的法律。

无论是基本法律还是基本法律以外的其他法律,其法律效力仅次于宪法,但在行政法规和地方性法规之上,其法律效力范围及于全国。《立法法》第94条第1款规定:"法律之间对同一事项的新的一般规定与旧的特别规定不一致,不能确定如何适用时,由全国人民代表大会常务委员会裁决。"

(三)中央法规

中央法规包括三类:行政法规、监察法规和军事法规。

所谓行政法规,专指国家最高行政机关制定的规范性文件,其地位低于宪法和法律。我国的最高国家行政机关是国务院,即中央人民政府,它是我国最高权力机关——全国人民代表大会的执行机关。根据我国宪法规定,国务院有权制定行政措施、行政法规、发布决定和命令。行政法规是我国的一个重要的法律渊源。国务院所发布的决定和命令,凡属于规范性的,也属于法律渊源。《立法法》第94条第2款规定:"行政法规之间对同一事项的新的一般规定与旧的特别规定不一致,不能确定如何适用时,由国务院裁决。"

所谓监察法规,是由国家监察委员会根据宪法和法律制定的法规。2019年10月26日第十三届全国人民代表大会常务委员会第十四次会议通过的《关于国家监察委员会制定监察法规的决定》明确:为了贯彻实施《中华人民共和国宪法》和《中华人民共和国监察法》,保障国家监察委员会依法履行最高监察机关职责,根据监察工作实际需要,国家监察委员会根据宪法和法律制定监察法规。监察法规可以就下列事项作出规定:(一)为执行法律的规定需要制定监察法规的事项;(二)为履行领导地方各级监察委员会工作的职责需要制定监察法规的事项。监察法规不得与宪法、法律相抵触。监察法规应当经国家监察委员会全体会议决定,由国家监察委员会发布公告予以公布,并且应当在公布后的30日内报全国人民代表大会常务委员会备案。全国人民代表大会常务委员会有权撤销同宪法和法律相抵触的监察法规。

军事法规也是我国法律的一个重要渊源,其地位相当于国务院的行政法规。根据我国宪法规定,中央军事委员会领导全国武装力量,中央军委主席对全国人大及其常委会负责。《立法法》第103条第1款规定:"中央军事委员会根据宪法和法律,制定军事法规。"军事法规在武装力量内部实施。〔2〕

(四)地方法

地方法的效力不能及于全国,而只能在地方区域内发生法律效力。在当代中国,地方法是一种数量最大的法律渊源,可以划分为两类:一般地方法和特殊地方法。

一般地方法,即通常所称的地方性法规。所谓地方性法规,专指由各省、自治区、直辖市以及国务院批准的设区的市的人民代表大会及其常委会制定的规范性法律文件,它们不得

---

〔2〕 关于军事立法问题,可参见周健:《军事法原理》,法律出版社2008年版,第95~96页。

同宪法、法律相抵触。[3]

特殊地方法包括以下三种：

1. 民族自治地方的自治条例和单行条例。根据《宪法》和《民族区域自治法》的规定，各少数民族聚居地方的人民代表大会有权根据当地的特点，制定自治条例和单行条例，报上级人民代表大会常务委员会批准后生效。

2. 经济特区的单行经济法规。广东省、福建省、海南省以及深圳、珠海、汕头市等地方，先后经全国人民代表大会及其常委会授权制定所属经济特区的各项单行经济法规。

3. 特别行政区的法律。目前，在我国主要特指由香港、澳门特别行政区立法机关制定的，在特别行政区内实行的法律，或依法保留的原来的法律。例如，根据《香港特别行政区基本法》的规定，香港特别行政区的法律包括：香港特别行政区立法会制定的法律，以及除同香港特别行政区基本法相抵触或经香港特别行政区立法机关做出修改者外，予以保留的香港原有法律，即普通法、衡平法、条例、附属立法和习惯法。根据《澳门特别行政区基本法》的规定，澳门特别行政区法律包括：澳门特别行政区立法机关制定的法律，以及除同澳门特别行政区基本法相抵触或经澳门特别行政区立法机关和其他有关机关依照法定程序做出修改者外，予以保留的澳门原有法律、法令、行政法规和其他规范性文件。特别行政区的法律除必须遵守有关基本法及其所确定的全国性立法以外，不受其他制约，它们具有自己独特的地方性的法律效力地位。

(五)规章

在我国目前的立法实践中，规章有三种：部门规章、军事规章和政府规章。

1. 部门规章。按照宪法规定，国务院所属各部委、各委员会，有权根据法律和国务院的行政法规、决定、命令，在本部门的权限内，制定规章。法学界将此规章称为部委规章或部门规章。

2. 军事规章。《立法法》第103条第2款规定："中央军事委员会各总部、军兵种、军区、中国人民武装警察部队，可以根据法律和中央军事委员会的军事法规、决定、命令，在其权限范围内，制定军事规章。"军事规章在武装力量内部实施。《中国人民解放军立法程序暂行条例》也有相关规定。军事规章相当于国务院下属各部委发布的行政规章，其法律地位和效力低于宪法、法律、行政法规和军事法规。

3. 政府规章。根据宪法和组织法有关规定，省、自治区、直辖市和设区的市、自治州的人

---

[3] 《立法法》第72条第1、2、3款规定："省、自治区、直辖市的人民代表大会及其常务委员会根据本行政区域的具体情况和实际需要，在不同宪法、法律、行政法规相抵触的前提下，可以制定地方性法规。设区的市的人民代表大会及其常务委员会根据本市的具体情况和实际需要，在不同宪法、法律、行政法规和本省、自治区的地方性法规相抵触的前提下，可以对城乡建设与管理、环境保护、历史文化保护等方面的事项制定地方性法规，法律对设区的市制定地方性法规的事项另有规定的，从其规定。设区的市的地方性法规须报省、自治区的人民代表大会常务委员会批准后施行。省、自治区的人民代表大会常务委员会对报请批准的地方性法规，应当对其合法性进行审查，同宪法、法律、行政法规和本省、自治区的地方性法规不抵触的，应当在四个月内予以批准。省、自治区的人民代表大会常务委员会在对报请批准的设区的市的地方性法规进行审查时，发现其同本省、自治区的人民政府的规章相抵触的，应当做出处理决定。"

民政府,可以根据法律和国务院的行政法规,制定规章,法学界将这类规章称为政府规章或地方政府规章。1990 年 2 月 18 日国务院将此定名为地方人民政府规章,简称为政府规章,以同国务院各部委所制定的部门规章相区别。政府规章的法律效力低于宪法、法律、行政法规和地方性法规。

关于我国规章的法律效力问题,一般认为,规章是部门行政机关或地方行政机关制定的,对于人民法院的审判活动不发生必然拘束力,人民法院没有必须适用规章的责任。但规章是法律、法规的具体化,所以,《行政诉讼法》第 53 条第 3 款规定:"人民法院审理行政案件,参照规章。"所谓"参照",既不是无条件地适用规章,也不是一律拒绝适用规章。"参照"规章是指人民法院进行司法审查时,没有法律、法规对相应问题做出明确、具体规定,且人民法院通过适当审查,在相应规章对相应问题做出的规定是明确、具体并且不与法律、法规、法理相违背的情况下,可依据此种规章处理具体案件。

(六)国际条约

并非所有的国际条约都是我国的法律渊源,只有我国政府缔结或加入的双边和多边国际条约、国际协定等,才属于我国的法律渊源,而且中国声明保留的条款除外。

一般认为,在当代中国,习惯、指导性案例、政策、法理等属于非正式法律渊源。我国目前暂未采用判例法制度,最高人民法院和最高人民检察院发布的指导性案例,在审判工作中有一定的实际指导作用,但这种案例不是判例法,不属于法律的正式渊源;而习惯、政策、法理等,虽然对我国法律的制定和适用有一定的实际说服力、影响力,但在我国目前也仍然只属于非正式法律渊源。《民法典》第 10 条规定:"处理民事纠纷,应当依照法律;法律没有规定的,可以适用习惯,但是不得违背公序良俗。"

第二节　法 律 分 类

一、法律的一般分类

法律分类是法学发展到一定阶段的产物,表明了人们对法律的理性认识的增长。对法律进行分类可以使人们区分不同性质和特点的法律,正确认识并恰当运用法律。法律分类可分为法律的一般分类和法律的特殊分类。法律的一般分类是对所有的法律制度普遍适用的分类。法律的特殊分类是指这种分类不具有普遍适用性,仅仅是部分国家或地区对法律进行的分类。从一般分类角度,可对法律进行如下分类:

(一)成文法和不成文法

成文法是经有立法权的国家机关制定或认可,并以法律条文作为表现形式的法律的总称。成文法又称制定法。成文法最高以及最完善的形态是法典。

不成文法是指不具有法律条文形式,但国家认可其具有法律效力的法。不成文法并非来自立法机关的创制,它包括习惯法和判例法两种形式。习惯法来自习惯,但并不一定所有习惯都具有法律效力。早期人类社会的法律一般都以习惯法的形式体现,后来随着制定法的兴起,习惯法才居于次要的地位。判例法是以司法机关的判决先例为表现形式的法,因国家对其法律效力的认可而具有法律效力,它是英美法系的主要法律形式。

从内容来看,成文法具有明确的法律条文形式,内容编排逻辑井然、清晰明白。不成文法中法律规范的内容不够清晰,需要借助相应法律技术发现法律的原则和规则。

从立法程序来看,成文法的制定和修改有严格的程序规定,由立法机关通过法定程序产生;而不成文法的形成并没有严格的程序规定,不需要立法机关创制产生。

从各自的功能来看,成文法有较好的规范功能、预防功能和社会改革功能。由于成文法具有清晰的法律条文,便于学习和掌握,因此,能够较好地规范人们的行为。而由于不成文法没有清晰的条文形式,其内容也容易产生争议,所以,其规范作用略次于成文法。成文法还有较好的预防功能,可以事先立法,防患于未然。相对而言,不成文法则难以预防未出现过的事件和行为。成文法还具有社会改革功能,便于人们按照自己的愿望通过立法来进行社会改革,而不成文法具有保守性,难以推进社会改革。

不成文法虽然在规范功能、预防功能和社会改革功能上稍逊于成文法,但由于不成文法的发展变化是随社会的发展变化而发生,不存在不适应社会的问题,因此,它更具有稳定性和社会适应性的特征。例如,习惯法是由习惯形成,而习惯的变更是长期而缓慢的过程,具有相对的稳定性;判例法遵循先例的原则也导致法律的稳定性。而成文法由立法机关制定,可能因政治、经济以及人的认识等因素的发展变化而变化,由此也容易脱离社会现实,导致法律和社会的脱节。

从司法适用来看,成文法由于以词汇和语言来表达内容,语言本身的不确定性使法律规范通常需要解释才能适用,而不成文法并不完全依靠明确肯定的语言来表达内容,使法律解释的必要性降低。制定成文法的主要目的是增加法律的确定性和防止法律适用者滥用权力,因此,完善的成文法文本可以方便法官适用法律,并使法官的自由裁量权缩小在一定范围内。在不成文法的司法适用中,法官通常拥有较大的自由裁量权,可以通过法官造法弥补法律的不足。

(二)根本法和普通法

根本法,也就是一个国家的宪法,又称根本大法。所谓根本,即它是一国的立国之本、法律之根。根本法是在一国的法律体系中居于最高地位,具有最高效力的法律,它由国家最高立法机关经严格的程序制定和修改,规定了国家、社会和公民生活中最根本的问题。

普通法是根本法之外的其他法律。普通法虽然有不同的法律形式和效力等级,但都共同地源于根本法,是根本法的基本精神、基本原则和具体规定在各个法律领域的具体体现。普通法不得与根本法相抵触。

根本法和普通法的区别体现在立法主体、立法程序、基本内容、效力等级、法律解释和监督等方面。

根本法和普通法的立法主体不同。根本法的制定和修改一般是来自一个国家的最高立法机关或特别的制宪会议,而普通法的立法主体根据法的不同地位和效力,既可能是国家的最高立法机关,也可能是地方立法机关,还可能是行政机关。

根本法和普通法的立法程序不同。根本法的制定和修改有严格的程序要求。无论是法案的提出、审议还是表决,其程序规定和普通法都有差异。例如,根据我国宪法的规定,宪法的修改由全国人民代表大会常务委员会或者1/5以上的全国人民代表大会代表提议,并由全国人民代表大会以全体代表的2/3以上的多数通过。而普通法的制定和修改不仅对提案者的要求没有这样严格,而且表决通过时,往往也只需要会议的1/2以上多数即可。有些国家宪法的制定和修改还需要全民讨论和全民公决,普通法律则无此程序。

根本法和普通法的基本内容不同。根本法规定国家和社会生活中的重大事项,调整社会关系范围广,具有原则化的特点。普通法规定的是一个国家的某一方面或某一具体领域内的事项,调整社会关系范围窄,具有具体化的特点。这也决定了普通法在适用中比根本法更具有可操作性。

根本法与普通法的法律效力不同。根本法是制定普通法的原则和依据,在法律体系中具有至高无上的效力地位,任何普通法不得与根本法相抵触,与根本法相抵触的普通法没有法律效力。

根本法与普通法的解释和监督不同。由于根本法地位的特殊性,根本法的解释权力和监督权力往往被授予特定的机关行使。各个国家的实际做法不同,有的将解释和监督的权力授予最高立法机关,有的授予宪法法院或特定的司法机关,有的授予宪法委员会。普通法的解释和监督的权力除立法机关享有外,行政机关、司法机关等国家机关也享有一定的解释和监督权。

(三)实体法和程序法

实体法和程序法的划分是根据法律的内容和功能的不同对法律做出的划分。

实体法是规定法律关系主体之间的权利与义务关系、职责与职权关系的法律,如民法、刑法、行政法等。程序法是规定保证实体权利与义务、职责与职权得以实现的方式和手段的法律,如民事诉讼法、刑事诉讼法、行政诉讼法、行政程序法和立法程序法等。程序法不等于诉讼法,诉讼法是程序法的一种重要表现,是司法机关进行诉讼活动的司法程序。其他国家机关在履行法律职责的活动中,也要遵循相应的法律程序,如立法机关的立法活动要遵循立法程序,行政机关的行政活动要遵循行政程序。

在实体法和程序法的关系方面,实体法体现了法律要实现的目的,即通过人们相互之间的权利与义务的规定,实现一个社会中人们共同的价值目标——正义、自由、人权和平等。程序法则是保证实体法规定的内容得以实现的手段和方法。所以,实体法是程序法的目的,而程序法是实体法实现的保证。但我们还应当注意到,该种观点的极端化会导致程序工具主义,程序法不能完全被理解为实体法的附庸,其有独立存在的价值和地位,程序正义可以独立于实体正义而存在。但大陆法系和英美法系却有不同的偏好,大陆法系一贯奉行实体中心主义,而英美法系则奉行程序中心主义。

在实体法和程序法的司法适用中,二者有重大差别。(1)实体法一般不溯及既往,溯及既往的情形由法律特别规定;而程序法可溯及既往。(2)实体法不绝对排除类推适用,只有刑法以及一些处罚性质的法律因“法无明文规定不处罚”的原则制约而不能类推外，其他实体法都可以适用类推；而程序法都不能适用类推。(3)程序法优先于实体法适用。没有程序法的正确适用，实体法的适用就不可能有正确的前提。

大多数的法律规范都可以归入实体法与程序法的范畴，也有少数规范既非实体法也非程序法，如国际私法中的冲突规范，既未直接规定实体权利与义务，也未规定实现实体权利与义务的手段和方式，而是一种指明民事涉外法律关系适用何种法律的规范。[4]

(四)国内法和国际法

国内法是由国内的立法机关或其他有权机关制定和认可，在一国领域内实施的法律规范。国际法是调整国家与国家之间、国际组织之间以及国际组织与国家之间关系的法律规范的总和。

国内法与国际法相比有以下不同：

1. 创制主体不同。国内法由一个国家的立法机关或其他有立法权的机关通过法定程序制定或认可而形成，而国际法是通过不同的国家之间以协商的方法创制形成。所以，国内法的创制主体是立法机关或其他有权机关，国际法的创制主体是两个以上的国家。

2. 法律关系主体不同。国内法调整的是国内的社会关系，即一个国家内部的人与人的关系。所以，法律关系主体主要包括自然人和法人，国家只有在某些特殊情况下才能成为国内法律关系的主体。国际法主要调整的是国家与国家之间的关系，法律关系主体主要是国家，在一定条件下，争取民族独立的民族和国际组织也可以成为国际法律关系的主体。我国学者一般认为个人不能成为国际法律关系的主体。

3. 强制性质不同。国内法的强制力是通过国内的法庭、监狱和警察等强制机关来实施。国际法的实施并没有一个有组织的超越于国家之上的强制机关来保证实施，它的强制力是通过国家单独、集体或通过国际组织保障的。无论是海牙国际法院的审判活动，还是《联合国宪章》规定的执行行动，都没有依赖集中的、有组织的强制机构或措施。所以，也有法学家以国际法缺乏强制力为由，认为国际法不是真正的法律，而是国际道德。实际上这是国际法和国内法的强制性质不同的表现。

对于国际法与国内法的关系问题，主要有两种理论观点：一元论和二元论。一元论主张国内法和国际法都属于同一法律体系，为解决二者可能发生的冲突，又有国际法优先说和国内法优先说两种学说。二元论主张国际法与国内法各具特点，是两个不同的法律体系，二者是平行或对立关系。国际法与国内法之间有彼此转化、采纳、接受的关系。19世纪中叶以来，国际法学界流行的是二元论。在实践中，各个国家的主要倾向也是把国内法与国际法看成两个不同的法律体系。在二者发生冲突时，如何适用法律，各国的做法不尽一致。我国有不少部门法律规定了国际条约具有优先于该法的效力，所以，基本上可以确认在我国国际条约的效力优于国内法，但由于宪法并没有确立这一原则，因此，还不能说国际条约优先于国内法的原则在中国法律体系中已完全确立。

---

〔4〕 肖永平：《冲突规范的现状及其发展趋势》，载《学习与探索》1996年第5期。

(五)一般法和特别法

根据法律适用的效力范围,可将法律分为一般法和特别法。

一般法是针对一般人、一般事项、一般地域、一般时间生效的法律。特别法是针对特定的人、特定的事项、特定的地域、特定的时间生效的法律。比如,民法、刑法针对一般人适用,属于一般法;而《预防未成年人犯罪法》《妇女权益保障法》《归侨侨眷权益保护法》《消费者权益保护法》等针对特定的人群适用,属于特别法。就针对的事项而言,《民法典》在民事领域普遍适用,是针对一般事项的一般法,而合同法、担保法、继承法和著作权法等民事相关规定只针对某一具体民事领域适用,属于针对特定事项适用的特别法。就针对的地域而言,《宪法》是在中国领域内普遍有效的法,属于一般法,但《民族区域自治法》等是在特定领域内生效的法律,属于特别法。就针对的时间而言,凡在一般的时间内都会生效的法律属于一般法,而《戒严法》或《紧急状态法》等在特定时间内才生效的法属于特别法。

一般法与特别法的划分具有一定的相对性,并且二者的划分并不是固定不变的。比如,某法针对某法是特别法,但针对另外的法可能又构成一般法。如《公司法》相对于《民法典》来说是特别法,但针对《外商投资法》《个人独资企业法》《合伙企业法》《乡镇企业法》等法律来说,又是一般法。

在法律适用上,特别法优于一般法。这是因为特别法是针对特别事项制定,更具有针对性和可操作性。需要注意的是,这个原则只能在二者属于同位阶的法之间才能运用。《立法法》第92条规定:“同一机关制定的法律、行政法规、地方性法规、自治条例和单行条例、规章,特别规定与一般规定不一致的,适用特别规定……”在不同位阶的法之间发生不一致的情况,应适用上位法优于下位法的原则。

一般法和特别法的划分可以使法律更合理有效地调整社会关系。对具有共性的社会关系采用一般法调整,对其中具有特殊性的社会关系采用特别法调整,可以使法律对社会关系的调整更具有针对性,同时提高法律的可操作性以及对社会的适应性。

二、法律的特殊分类

(一)公法、私法和社会法

公法和私法的划分是大陆法系国家对法律进行的基本分类。公法一般包括宪法、行政法、刑法、程序法、国际法,私法包括民法和商法。公法与私法的划分始于古罗马,最早是由古罗马法学家乌尔比安提出来的。查士丁尼皇帝钦定的《法学总论》中这样写道:“公法涉及罗马帝国的政体,私法则涉及个人利益。”[5]

公法与私法的划分后来又被欧洲注释法学派在他们的著述和讲座中沿用。19世纪,在以法国、德国为代表的国家法典编纂和法制改革中,公法和私法的划分得到广泛的运用。随着大陆法系的形成、发展和传播,公法和私法的划分成了大陆法系法律分类的基本方法。

对公法与私法各自包含的法律部门,法学家们的观点几乎是一致的,但如何划分公法

---

〔5〕［古罗马］查士丁尼:《法学总论》,张企泰译,商务印书馆1989年版,第5~6页。

与私法，却有不同的学说。其中包括：

1. 权力说。该学说是以是否涉及国家权力的运用作为划分标准，认为公法以权力与服从为标志；私法体现平等主体之间的关系，以公民的意思自治为标志。该说的缺陷是无法说明国际法为何是公法，因为国际法不体现权力与服从关系。

2. 主体说。该学说以法律关系主体为标准进行划分。如果法律所规定的法律关系主体一方或双方为国家或公法人的，即公法。如果法律关系主体双方都是公民或私法人的为私法。该说的缺陷是不能解释国家在某些情况下也可从事民事活动，该关系受私法调整。

3. 利益说。该学说以法律所保护的利益为公私法的划分标准。认为凡保护公共利益的法律是公法，保护私人利益的法律是私法。此说源自古罗马法学家乌尔比安。该学说的缺陷是将公法与私法所保护的利益截然对立，没有看到公法也要保护私人利益，私法也要保护公共利益的情况。

4. 应用说。该学说认为，在法律应用中，公民私人不能自主决定应用的法律为公法；公民私人可以自主决定应用的法律为私法。该说忽略了公法关系中，公民也有可自主选择应用的情况，如《选举法》是公法，但公民也可放弃选举权利。

5. 法律关系说。该学说认为，凡调整国家之间或国家与私人之间权力与服从关系的法律为公法；凡调整私人之间或国家与私人之间民事关系的法律为私法。该说作为对公私法的划分标准较为可信。

公法与私法的划分有利于划清两大不同性质的社会关系领域，采用不同性质的法律规范进行调整。这样就能既保护了公共利益，也保护了私人利益；既体现了对社会权力与自由的自我约束，也体现了对个人自由的尊重和保护。在中国实行改革开放和市场经济的过程中，公法与私法的划分有助于矫正我国长期以来偏重公法、忽略私法的倾向，有助于我们对个人权利与自由的尊重和保护，同时也有利于市场经济体制的真正确立。

19 世纪末 20 世纪初，法律的社会化运动开始出现，并产生了私法和公法之间界限开始模糊的现象。国家立法通过干预经济，出现了私法的公法化倾向。有的学者提出了介于公法与私法之间的第三类法——社会法的存在，如劳动法、社会福利法和社会保障法等，社会法既保护公共利益也维护私人利益。

（二）普通法与衡平法

普通法与衡平法的划分是英美法系国家对法律进行的基本分类。此普通法不是和根本法对应的普通法，而是特指产生于英国 11 世纪，以国王的令状为基础，综合了各地的习惯法，通过司法审判的形式形成的法律。它的表现形式是判例法，能普遍适用于英国各地。

衡平法是为弥补英国普通法的僵化性和机械性，救济那些依照普通法无法得到公正判决的当事人，通过判例法的形式发展起来的法律形式。衡平法的运用并不依照严格的规则，而是依靠法官的良心、道德和对公平正义的理解来进行审判。

（三）联邦法与联邦成员法

在联邦制国家有联邦法与联邦成员法的区分，单一制国家则不存在这种划分。在联邦制国家，联邦政府的立法权力和联邦成员国政府的立法权力往往由宪法予以划分。它们在不同的领域拥有立法权力。联邦法适用所有联邦成员国,而联邦成员法仅仅适用该联邦成员国。

联邦法与联邦成员法的划分不能简单等同于单一制国家的中央法和地方法的划分。单一制国家大多采用中央集权而地方适当分权的形式,因此有中央法和地方法的区分,但立法权主要由中央行使,只是在一定限度和条件下,地方适当行使由中央授予的地方立法权。地方立法权的行使受制于中央,不得和中央法相抵触。联邦法与联邦成员法的各自地位和单一制国家的中央法和地方法不同。由于联邦和它的成员国各有宪法授权的立法领域,所以,不能认为联邦成员法的效力一定低于联邦法。

课后作业

一、关键词解释

1. 法律渊源

2. 成文法和不成文法

3. 实体法和程序法

4. 公法、私法和社会法

5. 一般法和特别法

二、选择题

1. 下列有关成文法和不成文法的表述,哪些不正确?(　　)

A. 不成文法大多为习惯法

B. 判例法尽管以文字表述,但不能视为成文法

C. 不成文法从来就不构成国家的正式法源

D. 中国是实行成文法的国家,没有不成文法

2. 甲公司是瑞士一集团公司在中国的子公司。该公司将SNS柔性防护技术引入中国,在做了大量的宣传后,开始被广大用户接受并取得了较大的经济效益。原甲公司员工古某利用工作之便,违反甲公司保密规定,与乙公司合作,将甲公司的14幅摄影作品制成宣传资料向外散发,乙公司还在其宣传资料中抄袭甲公司的工程设计和产品设计图、原理、特点、说明,由此获得一定的经济利益。甲公司起诉后,法院根据《中华人民共和国著作权法》《保护文学和艺术作品伯尔尼公约》的有关规定,判决乙公司立即停止侵权、公开赔礼道歉、赔偿损失5万元。针对本案和法院的判决,下列何种说法是错误的?(　　)

A. 一切国际条约均不得直接作为国内法适用

B.《保护文学和艺术作品伯尔尼公约》可以视为中国的法律渊源

C.《保护文学和艺术作品伯尔尼公约》不是我国法律体系的组成部分,法院的判决违反了"以法律为准绳"的司法原则

D.《中华人民共和国著作权法》和《保护文学和艺术作品伯尔尼公约》分属不同的法律体系，法院在判决时不应同时适用

3. 张某过马路闯红灯，司机李某开车躲闪不及将张某撞伤，法院查明李某没有违章，依据《道路交通安全法》的规定判李某承担10%的赔偿责任。关于本案，下列哪一选项是错误的？（　　）

A.《道路交通安全法》属于正式的法的渊源

B. 违法行为并非是承担法律责任的唯一根源

C. 如果李某自愿支付超过10%的赔偿金，法院以民事调解书加以确认，则李某不能反悔

D. 李某所承担的是一种竞合的责任

4. 我国某省人大常委会制定了该省的《食品卫生条例》，关于该地方性法规，下列哪一选项是不正确的？（　　）

A. 该法规所规定的内容主要属于行政法部门

B. 该法规属于我国法律的正式渊源，法院审理相关案件时可直接适用

C. 该法规的具体应用问题，应由该省人大常委会进行解释

D. 该法规虽仅在该省范围适用，但从效力上看具有普遍性

5. 谢某、阮某与曾某在曾某经营的“皇太极”酒吧喝酒，离开时谢某从楼梯摔下，被扶起后要求在酒吧休息，第二天被发现已死亡。经鉴定，谢某系“醉酒后猝死”。该案审理中，合议庭对“餐饮经营者对醉酒者是否负有义务”产生争议。刘法官认为，我国相关法律对此没有明确规定，但根据德国、奥地利、芬兰等国判例，餐饮经营者负有确保醉酒顾客安全的义务，认定曾某负赔偿责任符合法律保护弱者的立法潮流。依据法学原理，下列哪一说法是正确的？（　　）

A. 刘法官的解释属于我国正式法律解释体制中的司法解释

B. 刘法官在该案的论证中运用了有关法的非正式渊源的知识

C. 从法律推理角度看，“经鉴定，谢某系‘醉酒后猝死’”是推理的大前提

D. 从德国、奥地利、芬兰等国家存在判例的情形看，这些国家的法律属于判例法系

6. 2000年6月，最高人民法院决定定期向社会公布部分裁判文书，在汇编前言中指出：“最高人民法院的裁判文书，由于具有最高的司法效力，因而对各级人民法院的审判工作具有重要的指导作用，同时还可以为法律、法规的制定和修改提供参考，也是法律专家和学者开展法律教学和研究的宝贵素材。”对于此段文字的理解，下列哪一选项是正确的？（　　）

A. 最高人民法院的裁判文书可以构成法的渊源之一

B. 最高人民法院的裁判文书对各级法院审判工作具有重要指导作用，属于规范性法律文件

C. 最高人民法院的裁判文书具有最高的普遍法律效力

D. 最高人民法院的裁判文书属于司法解释范畴

7. 关于法的渊源和法律部门，下列哪些判断是正确的？（　　）

A. 自治条例和单行条例是地方国家权力机关制定的规范性文件

B. 行政法部门就是由国务院制定的行政法规构成的

C. 国际公法是中国特色社会主义法律体系的组成部分

D. 划分法律部门的主要标准是法律规范所调整的社会关系

8. 1995 年颁布的《保险法》第 91 条规定:“保险公司的设立、变更、解散和清算事项,本法未作规定的,适用公司法和其他有关法律、行政法规的规定。”2009 年修订的《保险法》第 94 条规定:“保险公司,除本法另有规定外,适用《中华人民共和国公司法》的规定。”根据法的渊源的知识,关于《保险法》上述二条规定之间的关系,下列理解正确的是(　　)。

A.“前法”与“后法”之间的关系

B.“一般法”与“特别法”之间的关系

C.“上位法”与“下位法”之间的关系

D. 法的正式渊源与法的非正式渊源之间的关系

9. 1983 年 3 月 1 日,全国人大常委会通过的《商标法》生效;2002 年 9 月 15 日,国务院制定的《商标法实施条例》生效;2002 年 10 月 16 日,最高人民法院制定的《关于审理商标民事纠纷案件适用法律若干问题的解释》施行。对此,下列哪些说法是正确的?(　　)

A.《商标法实施条例》是部门规章

B.《关于审理商标民事纠纷案件适用法律若干问题的解释》是司法解释

C.《商标法实施条例》的效力要低于《商标法》

D.《商标法实施条例》是《关于审理商标民事纠纷案件适用法律若干问题的解释》的母法

10. 耀亚公司未经依法批准经营危险化学品,2003 年 7 月 14 日被区工商分局依据《危险化学品安全管理条例》罚款 40 万元。耀亚公司以处罚违法为由诉至法院。法院查明,《安全生产法》规定对该种行为的罚款不得超过 10 万元。关于该案,下列哪些说法是正确的?(　　)

A.《危险化学品安全管理条例》与《安全生产法》的效力位阶相同

B.《安全生产法》中有关行政处罚的法律规范属于公法

C. 应适用《安全生产法》判断行政处罚的合法性

D. 法院可在判决中撤销《危险化学品安全管理条例》中与上位法相抵触的条款

11. 特别法优先原则是解决同位阶的法的渊源冲突时所依凭的一项原则。关于该原则,下列哪些选项是正确的?(　　)

A. 同一机关制定的特别规定相对于同时施行或在前施行的一般规定优先适用

B. 同一法律内部的规则规定相对于原则规定优先适用

C. 同一法律内部的分则规定相对于总则规定优先适用

D. 同一法律内部的具体规定相对于一般规定优先适用

12. 某法院在审理一起合同纠纷案时,参照最高人民法院发布的第 15 号指导性案例所确定的“法人人格混同”标准作出了判决。对此,下列哪一说法是正确的?(　　)

A. 在我国,指导性案例是正式的法的渊源

B. 判决是规范性法律文件

C. 法官在该案中运用了类比推理

D. 在我国,最高人民法院和各级人民法院均可发布指导性案例

13. 某区质监局以甲公司未依《食品安全法》取得许可从事食品生产为由,对其处以行政

处罚。甲公司认为，依特别法优先于一般法原则，应适用国务院《工业产品生产许可证管理条例》（以下简称《条例》）而非《食品安全法》，遂提起行政诉讼。对此，下列哪些说法是正确的？（　　）

A.《条例》不是《食品安全法》的特别法，甲公司说法不成立

B.《食品安全法》中规定食品生产经营许可的法律规范属于公法

C. 若《条例》与《食品安全法》抵触，法院有权直接撤销

D.《条例》与《食品安全法》都属于当代中国法的正式渊源中的“法律”

三、材料论述题

住“凶宅”获补偿4万元

顾建兵　曹燕飞

花了大半辈子的积蓄买了一套中意的二手房，没料还没入住就听说原业主丈夫曾在该屋内自缢身亡。因无法承受这种住在“凶宅”中的恐惧感，买房人遂向原业主提出了退房及赔偿要求。今天，经江苏省南通市崇川区人民法院调解，原业主胡女士一次性补偿购房人薛先生4万元。

2010年3月，经房产中介介绍，薛先生看中了一套面积为71.25平方米、总价为49.9万元的二手房。在中介的见证下，薛先生与房主签订了房屋买卖协议，此后付清了购房款，并办理了房产过户手续。就在薛先生准备入住时，有知情人向他透露，卖主胡女士的丈夫曾于2008年在该屋内自缢身亡！薛先生认为胡女士在售房时，故意隐瞒了房屋内曾经发生过意外死亡的情况，导致他误买了“凶宅”，其行为已经构成了合同欺诈，遂将胡女士告上法庭，要求退房并赔偿损失。

法院审理认为，按照我国传统的民俗习惯，如出售房屋内曾发生过非正常死亡的事件，此类房屋通常被称为“凶宅”。从生活经验上讲，多数人对“凶宅”充满忌讳，入住后往往会心存晦气、感到恐惧，影响生活质量。该案被告未能主动告知原告“凶宅”信息，致使原告在签订房屋买卖合同时违背了其真实意思表示，被告的行为已构成欺诈。

考虑到被告售房款已大部分用于偿还其丈夫生前所欠债务，该案执行存在一定的困难，且被告丈夫自杀的事实也不同于一般意义上的凶杀等恶性事件，对房屋价值影响不大。最终，在法官的主持调解下，胡女士同意一次性补偿薛先生损失4万元，原购房合同继续履行。

［**法官点评**］

公民购买房屋时习惯上考虑多种因素，除了房屋质量、朝向、环境、交通外，还有追求平安、吉祥的美好愿望。人们对在住宅内发生非正常死亡的事件感到晦气和恐惧，是一种客观存在的普遍现象。故在这起案件中，原告的理由不能简单地理解为封建迷信，而是一种善良无害的人文习俗，应受到民法通则所规定的公序良俗法律原则的调整。如果出卖人未能及时将“凶宅”信息告知买受人，导致买受人基于错误的意思表示签订房屋买卖合同，买受人有权基于出卖人的欺诈要求撤销合同。

[**材料来源**]《人民法院报》2011 年 7 月 29 日

[**要求**]阅读上述材料,讨论非正式法律渊源的意义。

课后参阅论文

1. 付子堂:《市场经济与私法文化》,载《法学》1993 年第 8 期。
2. 李龙、汪习根:《国际法与国内法关系的法理学思考——兼论亚洲国家关于这一问题的观点》,载《现代法学》2001 年第 1 期。
3. 汪习根:《公法法治论——公、私法定位的反思》,载《中国法学》2002 年第 5 期。
4. 万毅:《程序法与实体法关系考辩——兼论程序优先理论》,载《政法论坛》2003 年第 6 期。
5. 汪全胜:《"特别法"与"一般法"之关系及适用问题探讨》,载《法律科学(西北政法学院学报)》2006 年第 6 期。
6. 李红海:《自足的普通法与不自足的衡平法——论英国普通法与衡平法的关系》,载《清华法学》2010 年第 6 期。
7. 彭中礼:《法律渊源词义考》,载《法学研究》2012 年第 6 期。
8. 高其才:《作为当代中国正式法律渊源的习惯法》,载《华东政法大学学报》2013 年第 2 期。
9. 刘作翔:《"法源"的误用——关于法律渊源的理性思考》,载《法律科学(西北政法大学学报)》2019 年第 3 期。
10. 雷磊:《重构"法的渊源"范畴》,载《中国社会科学》2021 年第 6 期。

延伸阅读

法律渊源在西方有着历史的演变过程。近代民族国家的兴起,要求更有效、更集中的政府制度,西方国家立法权从中世纪分别由国王、教会、地方领主和市政议会分割把持,发展演变成为最终由集权制民族国家统一掌握。国家实证主义认为,只有国家才能享有立法权,国家内部的任何个人或团体都不能创制法律,国家实证主义导致了国家对立法权的垄断。大陆法系国家所公认的法律渊源理论仅承认法律、法规和具有法的意义的习惯才是法律的渊源,任何其他因素都被排除。要了解法律渊源理论演变的内在逻辑,可参阅[美]梅利曼:《大陆法系》(顾培东、禄正平译,法律出版社 2004 年版)第四章"法律渊源"。

第八章 法律结构和法律效力

知识结构图

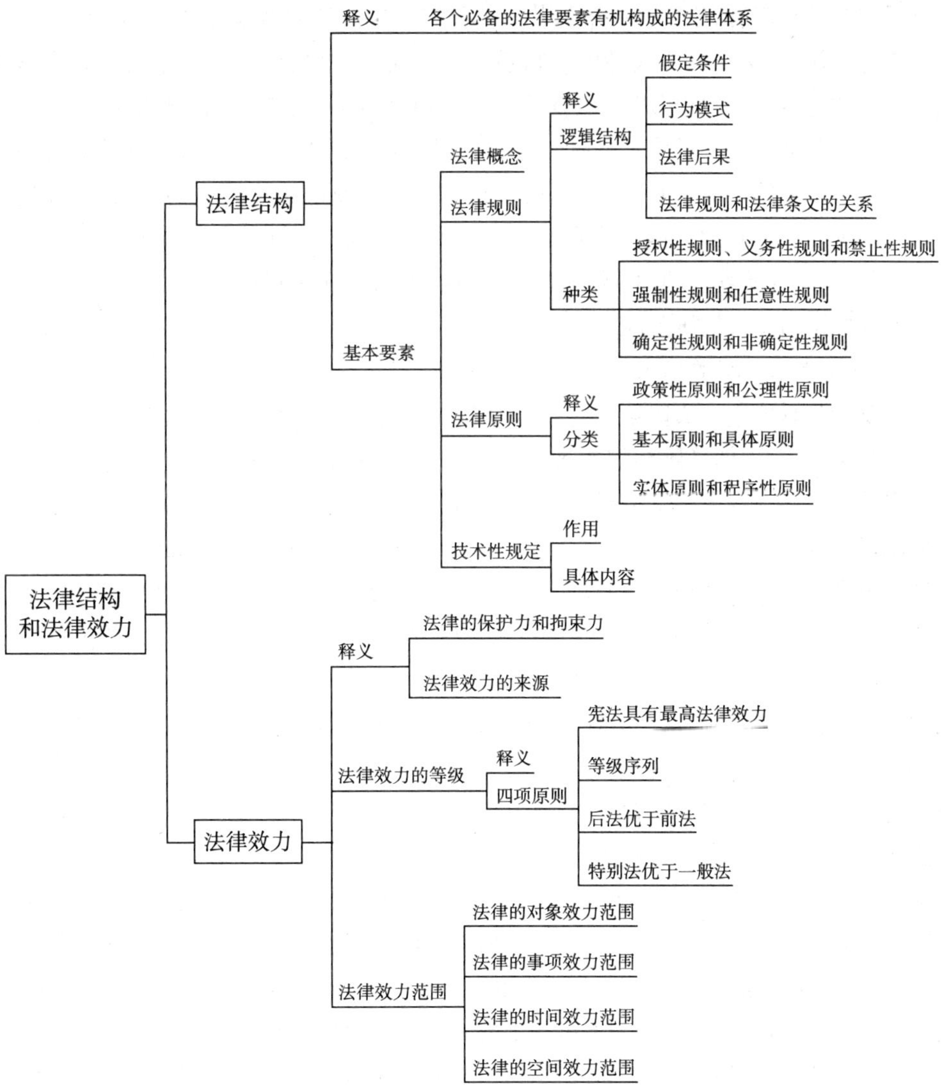

第一节 法律结构

一、法律结构概述

(一)法律结构释义

所谓法律结构,是指由各个必备的法律要素有机构成的法律系统。

从系统论的角度看,法律是一个由若干部分有机构成和协调运作的整体。法律结构是一个既具有封闭性,又具有开放性的有机系统。封闭性,是指构成法律结构的几个形式要素具有相对的稳定性,而且相对于调整社会的其他规范形式,如道德、习惯等,组成法律结构的具体内容及其适用和运作也具有一定的封闭性与特殊性。开放性,是指伴随着社会生产方式和社会关系系统的不断更新,从而也在不断提出新的法律调整的需要,这促进了构成法律结构本身的形式和具体内容在历史中的相应变化。如法律结构中法律原则部分的出现,就不是从一开始就有的,技术性规定的内容也只是在现代的法律中才成为一个相对独立的构成要素而为人们所关注。

(二)法律要素内容的确定

法律要素是具体组成法律结构的基本因素,是整个法律系统得以存在和发展的基础。

严格来讲,法律结构具体构成要素的内容本身是不以人的主观意志为转移的,人们对它的认识便以这些内容为基础。但从构成形式的角度出发,法律结构具体由哪几个相关要素构成,这其中就有人们一定的主观因素了。由于认识者与研究者所处的时代不同,所选取的理论角度存在差异,历史上也就产生了关于法律要素的诸多理论。比如,分析法学派一般认为构成法律结构的要素主要是命令或规则,法律就是由不同的命令或规则组成的有机系统,所以,他们主要是把法律结构归结为一种单一的要素模式。这种观点具有一定的理论意义,但过于简单和抽象。法社会学派的主要代表美国学者庞德认为法律结构是由律令、技术和理想三个要素有机结合而成。“二战”以后,美国新自然法学的代表学者德沃金也反对分析法学派单一的规则模式,认为还应包含法律原则和法律政策,无论是在立法还是司法环节中后二者都发挥着重要的作用。

国内的一般理论认为,据以构成法律结构的要素有法律概念、法律规则、法律原则和技术性规定。虽然这是几个相互独立且有着各自不同内容的要素,在法律结构中具有不同的地位,发挥着不同的功能,但它们是以一定的形式共同组成法律结构的系统整体,所以,它们之间又是相互依存、互相制约和不可分割的。其中法律概念与技术性规定是构成法律结构的基础性要素,法律规则是构成法律结构的主体要素,而法律原则是其中的主导性要素,发挥着关键性的指导作用。

二、法律概念

法律概念是人们在不断地认识和实践过程中,对具有法律意义的现象和事实进行理性概括和抽象表达而形成的一些权威性范畴。

从不同的角度可以将法律概念划分为不同的类别。比如,以法律概念所涉及的内容为标准,法律概念可分为涉人概念、涉事概念和涉物概念。[1] 从法律关系的角度可将法律概念分为主体概念、权利概念、义务概念、客体概念和事实概念等[2]。根据概念所适用的语言环境的不同,法律概念可分为日常术语、专门术语和技术性术语三个主要类别。

法律概念是构成法律结构最为基础性的要素,整个法律大厦都要借助法律概念来构建,同时它也是形成其他法律要素的前提。

法律概念是立法者在其实际立法过程中进行法律创制和推进法律变革与发展的语言工具。立法机关在实际的立法过程中通过对相关事实与行为进行衡量以抽象出确定的法律概念,进而创制法律规则和法律原则,这就为人们对具体的事实和行为进行法律评价与法律处理提供了前提和依据,从而达到调整一定社会关系的目的。

具体的法律适用也必须借助法律概念来进行。无论是事实的认定还是具体的法律推理过程都要通过权威性的法律概念来进行。我们经常看到,在具体的司法实践中某些相关法律概念往往成为诉讼双方争议的焦点,对其能否正确地理解和适用也就成为处理该案件的关键环节。

在社会历史过程中,法律概念是培养和形成一定水平的法律文化与法律意识的重要媒介,也是人们进行法学研究和法律教育的媒介,同时还是具有不同文化与地域背景的人们就法律问题进行讨论和交流的重要基础。

三、法律规则

在汉语中,规则和规范两词基本上是同义的。在中外法学中,法律规则和法律规范也是通用的。凯尔森曾认为,"法律创制权威所制定的法律规范是规定性的(prescriptive);法律科学所陈述的法律规则却是叙述性的(descriptive)"[3]。即法律上的规定称法律规范,法学中对这些规定的陈述称法律规则。他的这种区分法并未被西方法学家普遍接受。在第二次世界大战后的法学作品中,绝大多数学者都使用"法律规则"一词。[4]

(一)法律规则释义

为了使社会及个人的生活达致一定的秩序,人们创制和发展出了各种规则来约束人们的行为。在这个过程中主要形成了两大类规则:一是技术规则,这类规则主要是为了调整人与外部自然之间的关系而建立起来的;二是社会规则,这类规则主要是为实现人与人之间所结成的各种社会关系的有序化而逐渐形成的。相对于技术规则,社会规则具有更为复杂的内容和更为丰富的表现形式。构成社会规则系统的主要形式包括习俗、宗教、道德和法律等。

---

[1] 张文显:《法哲学范畴研究》(修订版),中国政法大学出版社 2001 年版,第 57 页。
[2] 孙笑侠:《法理学》(修订版),中国政法大学出版社 1999 年版,第 28 页。
[3] [奥]凯尔森:《法与国家的一般理论》,沈宗灵译,商务印书馆 2013 年版,第 86 页。
[4] 沈宗灵:《法理学》,北京大学出版社 2000 年版,第 32 页。

具体而言,法律规则是以法律权利和法律义务为主要内容,由国家强制力保障实施的具有严密的逻辑结构的社会规范。因而,法律规则是社会规范体系中的重要组成部分,并且与其他种类的社会规范具有不同的表现形式和内容,发挥着调整社会的特定功能。

(二)法律规则的逻辑结构

所谓法律规则的逻辑结构,是指一个完整的法律规则要由哪些必备要素构成,以及如何确立这几个要素的功能和它们在法律规则内部的具体逻辑关系。目前法学界得到较多认可的观点认为,法律规则必备的构成要素包括假定条件、行为模式和法律后果。

1. 假定条件

它是经过对事实状态中相关条件和情况的归纳与抽象并将其规定在法律中,从而构成具体适用某一法律规则的前提条件。这部分内容的主要功能是表明在发生何种情形或具备哪些条件时,相关的事件和行为才由此一规则调整。

假定条件是构成法律规则的一个必备要素,在立法中一般应当将这部分内容明确地表达出来,但在具体的立法实践中,或者由于构成法律规则的假定条件是一些即使是没有专门受到过法律教育的人也能一看便知的一般事实与常识,而没有必要单独写明,从而可以省略;或者由于表达法律规则的立法技术的某些要求,如文字要求简明扼要、避免重复等,对假定条件部分没有作明确规定,而可能将其隐含在对法律规则行为模式部分的表述中,但其具体内容可以从法律规则的内在逻辑中推论出来。

2. 行为模式

这是构成法律规则的核心部分。它对人们行为的标准与方向作出法律要求和规定,指出人们所具体享有的法律权利和应当承担的法律义务及其方式。因为它集中表达了法律对人们行为标准与方向的明确要求,这对于规范和引导人们的行为以达到法律调整社会的目标十分关键,所以这部分内容在立法实践中不能省略,必须公开而明确地表述出来。它也是法律规则区别于其他类别的社会规范的一个重要特征。在法律文件中对行为模式有不同形式的表述,即授权式、义务式和禁止式三种(详见法律规则的分类部分)。

3. 法律后果

法律后果是指在一定情形下,法律对其调整范围内的相关事件与行为的动机、内容和意义等方面进行法律评价所得出的结果。有必要特别强调,这是一种法律上的后果。

法律后果部分是法律规则的必备要素,如果缺少它,那么法律对人们行为模式的要求便无从落实,进而影响法律调整社会相关功能的实现。在一定意义上可以说,法律中如果没有对法律后果的规定,没有国家强制力保障法律后果能有效地落实到社会现实中,那么,法律将形同虚设。

从表现形式上看,法律后果有两大类:第一类是肯定性的,具体表现为对合乎法律要求的行为的允许、确认、保护,甚至会给予一定的物质与精神奖励;第二类是否定性的,具体表现为法律对违反其要求的行为作出否定性的评价,并进行相应的追究与制裁。

法律规则逻辑结构的内容落实到具体的法律文件中,是以相应的文字结构形式——法律条文来表现的,但在具体的立法实践中一个法律条文并不一定就表达一个法律规则,二者不是一一对应的关系。

关于法律规则和法律条文的关系，主要有以下四种情况：(1)一个条文就构成一个规则；(2)一个条文中可能含有两个甚至两个以上法律规则；(3)一个规则要由两个或者两个以上的条文结合构成；(4)一个规则可能由来自不同法律文件中的不同条文结合构成。

(三)法律规则的种类

1. 根据行为模式与调整方式的不同，法律规则可分为授权性规则、义务性规则和禁止性规则。授权性规则，是规定主体自身有权做出或不做出某种行为以及要求他人做出或不做出某种行为的法律规则。在立法中常常运用含有诸如"可以""允许""有权""有……的权利""有……的自由"等法律概念与文字结构的条文来表述。义务性规则，是指在一定的条件与情况下，要求相关主体应当积极做出某种行为的法律规则。在立法中常常运用带有"应当""必须""有责任""有义务"等法律概念的条文来表述。禁止性规则，是要求法律主体不得做出或必须抑制某种行为的规则，在立法中常常运用含有"不得""禁止""严禁"等文字结构的条文来表述。

2. 根据强制性的不同，法律规则可分为强制性规则和任意性规则。强制性规则，是指必须按照法律所明确规定的行为模式进行行为或不行为的规则。这类规则不允许当事人自行协商解决问题。前面所讲的义务性和禁止性规则属于这一类。任意性规则，是指当事人之间可以在法律允许的选择方式和范围内进行协商以自行确定具体的权利与义务的规则。一般而言，授权性规则属于这一类，但应当注意的是，当事人自行协商确定相互的权利与义务时一定要在法律允许的范围内进行，如果滥用自己的权利则得不到法律的保护，甚至还要因此承担法律责任。

3. 根据内容的确定性程度不同，法律规则可分为确定性规则和非确定性规则。确定性规则，是指法律中明确规定了行为规则的具体内容与方式，而不必再援用其他规则即可确定本规则内容的法律规则。法律规则区别于其他种类社会规范的一个重要特征就是要具体、公开和明确，所以法律规则中的大部分均属于这一类。非确定性规则，也称为委托性规则或委任性规则，这类规则本身没有明确规定行为规则的具体内容，而是将其委托给某一专门机关加以确定的规则。如我国《税收征收管理法》第93条规定："国务院根据本法制定实施细则。"

四、法律原则

(一)法律原则释义

"原则"是指统率和处理事物所依据的原理与准则。我们可以从两方面来把握法律原则的含义和内容：从静态意义上讲，法律原则是法律中能够作为法律概念和法律规则来源与基础的综合性、稳定性的原理；从动态意义上讲，法律原则是指导法律规则的创制以及在法律的具体适用中作为法律解释与法律推理依据的准则。

法律原则是对一定时代与社会中的普遍价值观念的法律表达，并集中彰显了人们为法律所设定的调整社会所应达致的目标。从以上的含义及其与法律结构中其他要素的关系来看,法律原则从价值上统率着法律概念与法律规则,并奠定了整个法律结构的性质和基础。可见,它是构成法律结构的核心内容与指导性要素,是法律结构的精神与灵魂的寄托。并且,它在法律运行的各个环节以及人们对法律的了解和遵守中都发挥着巨大的作用。

法律原则是法律发展到一定历史阶段的产物,它的出现,使法律结构本身更趋合理与完善,也使法律具有了更强的适应性。在对社会变迁与法律原则变革的关系进行历史考察的过程中,我们会看到人类法律观念与法律实践进步的历史,会给今天的法治建设带来许多有益的启示,这也是我们学习和研究法律原则的主要意义之所在。

(二)法律原则的分类

1. 根据法律原则产生的依据和稳定性不同,法律原则可分为政策性原则和公理性原则两类。法律中的政策性原则是国家为了实现经济和社会发展战略目标或实现某一时期、某一方面的任务而作出的政治设计或决定的法律表达。它体现了法律与一国政治及社会发展目标之间的一般关系,如我国《宪法》第 25 条规定:"国家推行计划生育,使人口的增长同经济和社会发展计划相适应。"法律中的公理性原则,是从社会关系的本质中产生出来的、得到广泛承认并被奉为法律的公理。如我国《民法典》第 5 条至第 7 条确立了民事活动的自愿、公平、诚实信用原则。它们是民事交往中被人们奉为公理的普遍共识,并成为重要的法律原则获得法律上的约束力。相对于公理性原则,政策性原则具有较强的针对性和鲜明的时代特色,它是某一历史阶段人们为解决某方面社会问题而提出的原则,并表现出一定的灵活性。而公理性原则作为人类普遍认可的真理,具有超越性的特征,其内容与表现形式更为稳定。当然二者也有紧密的联系,政策性原则往往是公理性原则在一定时代与社会中的具体表现。

2. 根据法律原则调整社会关系范围的不同,法律原则可分为基本原则和具体原则两类。基本原则是指法律在调整诸种社会关系时所体现出来的共同要求,是对法律最基本的价值与精神的总体反映和概括。如我国《宪法》中规定的"法律面前人人平等原则""法治原则"等都是法律中的基本原则。具体原则是法律在调整某一方面的社会关系时所体现出来的价值要求,反映了该领域的相对特殊性。如我国《民法典》在第 1041 条中规定"实行婚姻自由、一夫一妻、男女平等的婚姻制度"的原则。理解这个分类的时候应当注意,上述划分是相对的。比如,民法中的原则相对于整个法律体系中的一般原则是具体原则,但它相对于有关调整婚姻家庭关系等民法特别法时,我们又可称其为基本原则。

3. 根据法律原则所涉及内容性质的不同,法律原则可分为实体性原则和程序性原则两类。实体性原则是直接涉及实体法问题的原则。例如,我国《刑法》第 3 条规定:"法律明文规定为犯罪行为的,依照法律定罪处刑;法律没有明文规定为犯罪行为的,不得定罪处刑。"程序性原则是直接涉及程序法问题的原则。例如,我国《刑事诉讼法》第 10 条规定:"人民法院审判案件,实行两审终审制。"

五、法律中的技术性规定

从法律发展的一般过程中,我们可以观察出一个规律,即它是从相对较为粗糙向着渐趋精致化的方向演进,这是人类在历史中运用法律调控社会所积累的经验和实践智慧愈加丰富与成熟的体现。现代社会的法律中技术性规定不断增多,在法律结构中占有着特殊的地位。这种现象不仅要引起立法、司法等法律实践诸环节的重视,而且在法学理论中也要认真地对待它,正确地分析它。鉴于此,有必要把它作为组成法律结构的一个独立要素来加以认识与分析。虽然相对于其他法律要素,现代法律中技术性规定的内容为数不多,但从发展的角度看,这部分内容会随着社会的不断发展演进而愈加丰富。

法律中的技术性规定具有重要的功能。技术性规定的多少与好坏,会影响到立法的质量,如果技术性规定本身有根本性的缺陷,那么很可能导致立法的失误,甚至是立法的失败;除此之外,若技术性规定不完善,法律在社会中的具体实施就会遇到障碍,并进而影响到法律调整社会的整体效果和目标的实现。

法律中的技术性规定主要有以下几个方面的具体内容:

一是有关法律文件生效时间和失效时间的规定,关于公布法律文件的文字形式的规定,这是在绝大部分的法律文件中我们可以直接看到的。

二是在法律文件中对有关概念进行技术性的界定和专门说明的规定,以及对有一定法律意义的具体标志与物品的制作形式、比例大小和尺寸等作出技术性要求和说明的规定。前者如我国《民法典》第 1259 条规定:“民法所称的‘以上’‘以下’‘以内’‘届满’,包括本数;所称的‘不满’‘超过’‘以外’,不包括本数。”后者如我国法律关于国旗、国徽的规定中有对具体的颜色、图形和尺寸的要求等许多技术性内容。

三是对法律运行各环节中所必须应用的专门技术与方法的规定。随着人类立法和法律适用水平的不断提高,这部分内容越来越受到重视。如关于立法技术的规定,关于解释法律和进行法律推理的方法与技术的规定等。这样的规定是完善立法、增强法律调整效果的重要途径。例如,我国《立法法》第 61 条第 1 款规定:“法律根据内容需要,可以分编、章、节、条、款、项、目。”第 3 款规定:“法律标题的题注应当载明制定机关、通过日期。”

从法律结构的发展和完善的角度来讲,如何更加科学合理地设计好这些规定也将愈加引起人们的重视。

第二节　法 律 效 力

法律实现是包含法律形成、法律运行等一系列活动的连续过程;而法律效力、法律实效和法律效果是分析法律实现不同阶段的概念工具。

一、法律效力释义

法律效力通常指法律的保护力和拘束力,具体指国家制定或认可的法律对其调整对象所具有的普遍的支配性力量。如果此种力量对主体行为是正面的、积极的,即法律的保护力;如果对主体行为是抑制的、消极的,即法律的拘束力或强制力。

法律为什么能够约束主体、保护主体?法律效力作为法内在的一种"力",此种"力"是从何而来的?这就涉及法律效力的来源问题。西方关于该问题的探讨有以下几种观点:

(一)自然法学派的观点

自然法学派始终坚持法有善恶之分,恶法非法,法律的道德性是法律的本质特性。因此法律效力必须源于法本身是制定得良好的法,法本身所具有的内在权威使人们由衷地尊重法律并信守法律。以道德标准证成法律效力,原因主要在于:(1)证成一个判决或法规的理由包括着义务论或功利论等道德判断;(2)法与社会现实一致,而社会现实是一个成功的社会所持有的道德态度、原则、理想、价值和行为的复合;(3)不正义的法律和政令总是激起人民的反抗,从而丧失约束力。自然法学派将法律的正当性作为法律效力来源的前设条件和原因,即一个规范当且仅当其被称为法律规范时才是有效力的。

(二)实证法学派的观点

实证法学派坚持法仅仅是"实际上如何的法",拒绝讨论"应然"意义上的法。在法律效力来源上,实证法学派侧重从规范的形式要件角度和逻辑角度进行讨论。例如,奥地利法理学家凯尔森认为规范的效力不能在现实中寻找,而只能到规范赖以存在的其他规范中寻找。一个共同体的法律构成一个体系,在该体系中,一个规范的效力来自另一个较高的规范;此较高规范的效力来自一个更高规范;最终,法律规范的效力来自一个基本规范。该基本规范是最高的规范,其效力不是从更高的效力中派生出来的,并不是由造法机关用法律程序创造的。而"它之所以有效力是因为它是被预定为有效力的;而它之所以是被预定为有效力的,是因为如果没有这一预定,个人的行为就无法被解释为一个法律行为,尤其是创造规范的行为"〔5〕。

(三)社会法学派的观点

社会法学派认为法律是一个"事实的概念"。判定一个规则是否有效,要从该规则是否被民众遵守、是否被官员适用、立法者赋予该规则的目的是否实现等角度进行衡量。那些从来没有或无法持续进行社会调控的法律规则是没有效力的。法律对社会成员的实际或事实上的制约和保护,即法律的"实效",是法律效力的标尺和基准。

(四)社会心理学派的观点

社会心理学派认为法律效力源自人们对法律的心理态度。法律对民众和官员心理施加了影响,使民众和官员认为法律是有约束力的,从而使民众愿意以法律作为自己行动的指南;官员在行动中适用法律。因此,"法律的效力是以它所引起的爱戴和尊重为转移的,而这种爱戴和尊重是以内心感到法律公正和合理为转移的"〔6〕。

二、法律效力的等级

法律效力等级也称法律的效力层次或法律的效力位阶,是指一国法律体系中不同法律

〔5〕 [奥]凯尔森:《法与国家的一般理论》,沈宗灵译,商务印书馆2013年版,第182页。

〔6〕 [法]罗伯斯庇尔:《革命法制与审判》,赵涵舆译,商务印书馆2011年版,第78页。

渊源在效力方面的等级差别。明晰法律效力等级，有利于国家的法制统一，便于司法机关正确适用法律以及公民准确地遵守各种法律，树立法律权威，更好地发挥法律的社会调控功能。以法律的制定主体、法律的形成时间、法律的适用范围等不同因素为依据，确定法律效力等级，形成如下四项原则：

1. 宪法具有最高法律效力。宪法作为具有最高法律效力的国家根本法，是一切其他法律法规的制定依据。任何没有宪法依据的法律法规都是没有法律效力的；任何与宪法相抵触的法律法规都应该被废止。同时，宪法调整国家全局性、根本性的社会关系，具有最普遍的约束力，一个国家的任何主体的任何涉法活动都必须遵守宪法。

2. 等级序列。一般来说，法律制定主体在国家权力体系中处于不同的序列，那么，由这些主体制定的法律就形成不同的效力等级。除特别规定外，通常法律制定主体的地位越高，其制定的法律效力越高，即上位法优于下位法，如全国人民代表大会制定的法律，其法律效力高于国务院制定的行政法规。

3. 后法优于前法。同一制定机关在不同时间里关于同一事项制定了两个以上的法律时，后制定的法律效力高于先制定的法律，优先适用后法。

4. 特别法优于一般法。当同一主体在某一领域里既制定了一般性立法，又制定了不同于一般立法的特殊立法时，特殊立法的效力高于一般立法。“特别法优先于一般法”原则仅适用于同一主体制定的法律。对于不同主体制定的法律，首先应根据宪法原则和等级序列原则确定其效力等级。

关于一国成文法与不成文法的效力高低问题，国内法和国际法的效力高低问题没有特别一致的标准。我国是以成文法为主的国家，不承认判例法，习惯法的数量也很少，因此，可以说适用成文法、发挥成文法的效力更为普遍。我国关于国内法与国际法效力问题一般采纳“国际法效力高于国内法”原则，优先适用我国加入的国际条约和认可的国际惯例。

三、法律效力范围

法律效力范围，是指法律规范的保护力、约束力所及的范围，也称法律的生效范围或适用范围。具体包括法律的对象效力范围、法律的事项效力范围、法律的时间效力范围和法律的空间效力范围。

（一）法律的对象效力范围

法律的对象效力，通常是指法对什么主体有效，也称法律对人的效力。此处的“人”是广义的，既包括自然人，也包括各种法律拟制人，如组织、国家机关等。

1. 确定法律的对象效力的原则。

（1）属人原则。该原则以自然人的国籍和拟制人的国别为标准，本国法律的效力适用于本国人，无论其在本国内还是在本国领域外。该原则最大限度地保护在外国的本国人，却使在本国领域内的外国人无法受到本国法律的约束和保护。

（2）属地原则。该原则以主体所处的地域为标准，法律的效力适用于所有在本国领域的人，不论其是本国人还是外国人或无国籍人。相反，如果本国人不在本国领域内，则无法受到本国法律的约束和保护。虽然该原则解决了外国人或无国籍人在本国领域内的法律约束和保护问题,但是却丧失了对在本国领域外的本国人的法律保护的优点。

(3)保护主义原则。该原则以本国利益为标准,法律的效力适用于任何有损本国利益的任何主体的任何行为,无论该主体是否是本国人,无论该主体在本国领域内还是本国领域外。该原则在理论上最大限度地保护本国利益。但是,基于一个国家不得在另一个国家的领土上行使主权行为的国际法原则,保护主义原则在实践方面是有较大局限。

(4)折中主义原则。其是以属地原则为主,结合属人主义或保护主义原则来确定本国法律的对象效力原则。一是本国法对本国领域内的人有效。这是维护本国利益,主权不受别国侵犯原则的体现。二是对生活在外国的本国人,本国法有条件的有效。这一方面尊重居住国的主权;另一方面最大限度地保护本国在外国的侨民。三是根据国际法精神、国际条约和国际惯例,本国法可以有条件地适用于在本国领域外侵害本国利益的外国人。折中主义原则是大多数国家采纳的原则。

2. 当代中国法律的对象效力的规定。我国法律的对象效力也采纳折中主义原则来确定,具体为:

(1)对我国公民的效力。根据我国《宪法》,中国公民在中国领域内的一律适用中国法,并且法律面前人人平等。中国公民在外国的,原则上本国法仍对其有效;但本国法一旦与居住国法相冲突,应根据有关国际条约、国际惯例或本国法律的规定,本着既维护本国主权,又尊重他国主权的精神,确定在哪一情况下应当适用哪个国家的法律。

(2)对外国公民或无国籍人的效力。我国法律对外国人和无国籍人的效力问题包括两种情况:一是对在本国领域内的外国人和无国籍人,中国法律一律有效,特别规定除外(如我国法律不适用于在本国领域内享有外交豁免权和外交特权的外国人)。二是对在本国领域外的外国人和无国籍人,中国法律有条件地有效。例如我国《刑法》规定,外国人在中国领域之外对中国国家或公民犯罪的,该犯罪行为根据我国《刑法》应处 3 年以上有期徒刑,同时,该行为在当地国也被认定为犯罪的,可以适用《中华人民共和国刑法》。上述两种规定都是符合既维护本国主权、又尊重他国主权精神的。

(二)法律的事项效力范围

法律作为一种行为规范,其效力作用于特定主体,准确地说是作用于主体的行为及通过行为等建立的社会关系。法律的事项效力通常是指法律对主体所进行的哪些行为、事项、社会关系有效力。在凯尔森看来,法律的事项效力实质是关涉“国家在其对国民的关系中有多大权限(competence)的问题”[7]。我国台湾地区学者吴经熊也认为每一个法律均统制一定的事件或一类事情。不论它是真实的,或是拟制假定的事实,均构成法律的一面。法律的事项效力关涉的几项原则:

1. 确定法律的事项效力范围原则。确定法律的事项效力范围原则通常称事项法定原则,即法对哪些事项有效一般以“是否有法律的明文规定”为限。法律明确进行调整的事

---

〔7〕 [奥]凯尔森:《法与国家的一般理论》,沈宗灵译,商务印书馆 2013 年版,第 349 页。

项,法律对之都有效力;相反,没有法律明确规定的事项,法律对之没有效力。例如,我国《刑法》第3条规定:“法律明文规定为犯罪行为的,依照法律定罪处罚;法律没有规定为犯罪的,不得定罪处罚。”但是,事项法定原则并不绝对。在允许类推的法律中,对某一行为即使没有明文的法律规定,根据类推原则,也可能推定适用于该行为,而使该法律对该行为具有效力。在承认判例法是正式法律渊源的国家,法官通过创设判例,可以对没有法律明文进行保护和约束的行为进行调整。

2. 一事不再理原则。一事不再理原则是指同一机关不得两次或两次以上受理同一当事人就同一法律关系所作的同一法律请求。该原则主要针对维护司法权威、节省司法资源和稳定社会秩序等价值而设定。

3. 一事不二罚原则。一事不二罚原则是指对同一行为,不得处以两次或两次以上性质相同或同一刑名的处罚。当然,对同一行为处以两次以上不同性质的处罚是常见的,也是可以的。如对犯罪者处以开除的行政处分和有期徒刑的刑事处罚。

(三)法律的时间效力范围

法律所调整的社会主体总处于特定的时间、空间维度中。法律的时间效力指法律规定其效力范围在时间上的延续期间,包括法律何时生效、法律何时失效以及法律对其生效之前的行为是否有效三个问题。

1. 法律的生效时间。法律开始生效的时间通常有两种情况:

(1)自法律公布之日起生效。包括两种情形:一是法律明文规定自公布之日起生效,如《国籍法》第18条规定:“本法自公布之日起施行。”二是法律中没有明文规定生效时间,通过其他法律文件宣告自公布之日起生效,如现行《宪法》本身没有规定生效时间,而是全国人民代表大会在同日以公告的形式公布《宪法》生效。

(2)由法律明文规定法律的生效时间。此种多是法律公布一段时间后法律才生效。例如,《中华人民共和国民法典》于2020年5月28日第十三届全国人民代表大会第三次会议通过,但其生效时间是2021年1月1日。另外,法律的制定机关也可以发布专门文件规定法律的生效时间。

在实践中,法律如果没有明文规定其生效时间的,推定其自公布之日起生效。当然,基于法律的权威性、确定性等特质的要求,明确规定法律生效时间是各国立法的普遍性做法。

2. 法律的失效时间。

法律的失效是指法律的效力终结。法律的失效原因通常有:法律的有效期限届满;旧法被新法替代,旧法效力终止;法律的调整对象不存在,历史使命完成从而效力终止。

法律的失效形式可以分为明示失效和默示失效两种。所谓明示失效,是指在新法或其他法律文件中明文规定旧法被废止。各国多采取这种形式废止法律。所谓默示失效,是指已生效的法律与原有法律的规定在某些方面有冲突,根据“新法优于旧法”原则,适用新法从而废止旧法相关内容。

法律的失效时间具体包括如下情形:

(1)新法明确规定自其生效之日起旧法失效。例如,2020年的《民法典》第1260条规定:“本法自2021年1月1日起施行。《中华人民共和国婚姻法》、《中华人民共和国继承法》、《中华人民共和国民法通则》、《中华人民共和国收养法》、《中华人民共和国担保法》、《中华人民共和国合同法》、《中华人民共和国物权法》、《中华人民共和国侵权责任法》、《中华人民共和国民法总则》同时废止。”

(2)立法机关以专门文件的形式明确宣布某一法律失效。例如,新中国以专门法令形式废止国民党政府颁行的《六法全书》。

(3)法律规定了其效力期间,当该期间届满时,该法自然失效。例如,《中华人民共和国1986年国库券条例》,该法律只调整1986年的有关国库券的问题,到1987年1月1日该法自然失效。

(4)针对某种特定情形而设定的法律,当该特定情形消失或结束时,该法自然失效。例如,1950年的《土地改革法》,在土地改革完成后,随着该法的调整对象消失而自动失效。

3. 法律溯及力问题。

法律溯及力又称法律的溯及既往效力,是指新法是否可以适用其生效以前的事件和行为的问题。如果可以适用,即法律有溯及力;如果不能适用,即法律无溯及力。

现代法治一般强调“法不溯及既往”是一项基本原则。《美利坚合众国宪法》第1条第9款规定:“追溯既往的法律不得通过之。”《法国民法典》第2条规定:“法律仅适用于将来,没有追溯力。”因为一旦法律可以调整其生效以前的行为,也即用今天的法律调整昨天的行为,势必造成主体对自己和他人的行为无法合理预期,法律蜕变成恶法,社会稳定的秩序无法形成。当然“法不溯及既往”原则也不是绝对的。作为对“法不溯及既往”原则的有利补充,“有利既往”原则是大部分国家都承认并采纳的。所谓“有利既往”,是指先前的某种行为或关系在行为发生时并不符合当时的法律规定或者根本就没有法律进行调整,但依据现行法律是合法的,对之进行确认和保护对任何一方都是有利的,此时新法即可以溯及既往。《立法法》第93条规定:“法律、行政法规、地方性法规、自治条例和单行条例、规章不溯及既往,但为了更好地保护公民和其他组织的权利和利益而作的特别规定除外。”《著作权法》第66条也规定:“本法规定的著作权人和出版者、表演者、录音录像制作者、广播电台、电视台的权利,在本法施行之日尚未超过本法规定的保护期的,依照本法予以保护。”另外,还有“类推既往”。法律不可能完全跟上社会变迁的脚步,为了最大限度地实现社会的法律调整,类推作为重要的法律技术之一,它的适用往往就带来“类推既往”。

(四)法律的空间效力范围

法律的空间效力是指法律在哪些领域内有效,即法律规定其法律效力所指向的空间范围或地域范围。一般来说,法律的效力及于一个主权国家的全部领域,包括领土、领海、领空和底土以及领土的延伸领域(如悬挂本国国旗的航空器、船只、驻外使领馆等)。但是,如果法律处于不同的情况,法律的空间效力范围也会有所不同。具体有两种情形:

1. 法律的域内效力。法律是规范性的国家意志,法律的域内效力是指法律在一主权国家领域内具有效力;相反,在该主权国家领域外无效。

2. 法律的域外效力。法律的域外效力是指法律在其所在的主权国家管辖领域外的效力。在殖民时期,法律的域外效力通常是宗主国的治外法权。现代国家基于“主权平等”“尊重他国主权和内政”等国际法原则,本国法律在他国有效必须建立在平等基础上,是国与国之间互惠互利、合意的结果。通常是双方国家通过签订国际条约或根据国际惯例互相允许对方法律在本国有效。

课后作业

一、关键词解释

1. 法律结构

2. 法律原则

3. 法律效力

4. 法律溯及力

二、选择题

1.《民法典》第1065条第1款规定:“夫妻双方可以约定婚姻关系存续期间所得的财产以及婚前财产归各自所有、共同所有或部分各自所有、部分共同所有。约定应当采用书面形式。没有约定或约定不明确的,适用本法第一千零六十二条、第一千零六十三条的规定。”关于该条款规定的规则(或原则),下列哪一选项是正确的?(　　)

A. 任意性规则　　B. 法律原则　　C. 准用性规则　　D. 禁止性规则

2.《老年人权益保障法》第18条第1款规定:“家庭成员应当关心老年人的精神需求,不得忽视、冷落老年人。”关于该条款,下列哪些说法是正确的?(　　)

A. 规定的是确定性规则,也是义务性规则

B. 是用“规范语句”表述的

C. 规定了否定式的法律后果

D. 规定了家庭成员对待老年人之行为的“应为模式”和“勿为模式”

3. 韩某与刘某婚后购买住房一套,并签订协议:“刘某应忠诚于韩某,如因其婚外情离婚,该住房归韩某所有。”后韩某以刘某与第三者的QQ聊天记录为证据,诉其违反忠诚协议。法官认为,该协议系双方自愿签订,不违反法律禁止性规定,故合法有效。经调解,两人离婚。关于此案,下列哪一说法是不正确的?(　　)

A. 该协议仅具有道德上的约束力

B. 当事人的意思表示不能仅被看作一种内心活动,而应首先被视为可能在法律上产生后果的行为

C. 法律禁止的行为或不禁止的行为,均可导致法律关系的产生

D. 法官对协议的解释符合“法伦理性的原则”

4. 尹老汉因女儿很少前来看望,诉至法院要求判决女儿每周前来看望1次。法院认为,

根据《老年人权益保障法》第18条的规定,家庭成员应当关心老年人的精神需求,不得忽视、冷落老年人;与老年人分开居住的家庭成员,应当经常看望或问候老年人。而且,关爱老人也是中华传统美德。法院遂判决被告每月看望老人1次。关于此案,下列哪一说法是错误的?(　　)

A. 被告看望老人次数因法律没有明确规定,由法官自由裁量

B.《老年人权益保障法》第18条中没有规定法律后果

C. 法院判决所依据的法条中规定了积极义务和消极义务

D. 法院判决主要是依据道德作出的

5. 王某恋爱期间承担了男友刘某的开销计20万元。后刘某提出分手,王某要求刘某返还开销费用。经过协商,刘某自愿将该费用转为借款并出具了借条,不久刘某反悔,以不存在真实有效借款关系为由拒绝还款,王某诉至法院。法院认为,"刘某出具该借条系本人自愿,且并未违反法律强制性规定",遂判决刘某还款。对此,下列哪些说法是正确的?(　　)

A."刘某出具该借条系本人自愿,且并未违反法律强制性规定"是对案件事实的认定

B. 出具借条是导致王某与刘某产生借款合同法律关系的法律事实之一

C. 因王某起诉产生的民事诉讼法律关系是第二性法律关系

D. 本案的裁判是以法律事件的发生为根据作出的

6.《刑法》第8条规定:"外国人在中华人民共和国领域外对中华人民共和国国家或者公民犯罪,而按本法规定的最低刑为三年以上有期徒刑的,可以适用本法,但是按照犯罪地的法律不受处罚的除外。"关于该条文,下列哪些判断是正确的?(　　)

A. 规定的是法的溯及力　　B. 规定的是法对人的效力

C. 体现的是保护主义原则　　D. 体现的是属人主义原则

7.《民法典》第1254条规定:从建筑物中抛掷物品或者从建筑物上坠落的物品造成他人损害,难以确定具体侵权人的,除能够证明自己不是侵权人的外,由可能加害的建筑物使用人给予补偿。关于该条文,下列哪些说法是正确的?(　　)

A. 规定的是责任自负原则的例外情形　　B. 是关于法律解释方法位阶的规定

C. 规定的是确定性规则　　D. 是体现司法公正原则的规定

8. 1995年颁布的《保险法》第91条规定:保险公司的设立、变更、解散和清算事项,未作规定的,适用《公司法》和其他有关法律、行政法规的规定。2009年修订的《保险法》第94条规定:保险公司,除本法另有规定外,适用《中华人民共和国公司法》的规定。关于二条文规定的内容,下列理解正确的是(　　)。

A. 均属委任性规则　　B. 均属任意性规则

C. 均属准用性规则　　D. 均属禁止性规则

9.《治安管理处罚法》第115条规定:公安机关依法实施罚款处罚,应当依照有关法律、行政法规的规定,实行罚款决定与罚款收缴分离;收缴的罚款应当全部上缴国库。关于该条文,下列哪一说法是正确的?(　　)

A. 表达的是禁止性规则　　B. 表达的是强行性规则

C. 表达的是程序性原则　　D. 表达了法律规则中的法律后果

10. 全兆公司利用提供互联网接入服务的便利,在搜索引擎讯集公司网站的搜索结果页面上强行增加广告,被讯集公司诉至法院。法院认为,全兆公司行为违反诚实信用原则和公认的商业道德,构成不正当竞争。关于该案,下列哪一说法是正确的?( )

A. 诚实信用原则一般不通过"法律语句"的语句形式表达出来

B. 与法律规则相比,法律原则能最大限度实现法的确定性和可预测性

C. 法律原则的着眼点不仅限于行为及条件的共性,而且关注它们的个别性和特殊性

D. 法律原则是以"全有或全无"的方式适用于个案当中

11.《民法典》第187条规定:"民事主体因同一行为应当承担民事责任、行政责任和刑事责任的,承担行政责任或者刑事责任不影响承担民事责任;民事主体的财产不足以支付的,优先用于承担民事责任。"关于该条文,下列哪一说法是正确的?( )

A. 表达的是委任性规则

B. 表达的是程序性原则

C. 表达的是强行性规则

D. 表达的是法律责任的竞合

12.《刑法》第408条规定:负有环境保护监督管理职责的国家机关工作人员严重不负责任,导致发生重大环境污染事故,致使公私财产遭受重大损失或者造成人身伤亡的严重后果的,处3年以下有期徒刑或者拘役。以下哪一选项的说法不准确?( )

A. 从结构上看,这个法律规范缺少假定条件

B. 任何法律规则均由假定条件、行为模式和法律后果构成

C. 这个法律规范属于确定性法律规范

D. 行为模式的内容是任何法律规则的核心部分

三、材料论述题

(一)

"亲吻权受伤害"案:陶某被吴某驾车撞伤,车祸造成陶某上唇裂伤等多处伤害,构成十级伤残。陶某认为,由于上嘴唇残留了片状疤痕,让她每次与丈夫亲吻时都会疼痛,造成心理障碍,陶某向法院起诉要求赔偿。法院认为,亲吻权的提出于法无据,对陶某不能亲吻的精神损害抚慰金的请求不予支持,但吴某侵犯了陶某的身体权、健康权,应给付500元的精神损害赔偿金。

"性权利受损害"案:某环卫所驾驶员徐某,在工作时间驾车倒车时,将正在卡车后帮助关车门的张某撞伤,法医鉴定结果为:因外伤致阴茎勃起障碍。张某的妻子王某认为,丈夫因车祸丧失性功能,使自己的生理及心理健康受到了严重损害。夫妻二人以环卫所为被告起诉,要求赔偿各项损失15万元,其中包括性权利受损害的精神损失赔偿。法院认为,性权利是公民健康权的一个方面,王某作为妻子的性权利受到侵害,法院因此判决环卫所赔偿张某医疗费、残疾生活补助费、残疾赔偿金等损失10万余元,赔偿王某精神损害抚慰金1万元。

违反"忠诚协议"案:曾某与贾某登记结婚时签署了一份"忠诚协议书",协议约定,夫妻婚后应互敬互爱,对家庭、配偶、子女要有道德观和责任感,协议还约定了"违约责任":若一方

在婚姻存续期内由于道德品质的问题,出现背叛另一方的不道德行为,要赔偿对方名誉损失及精神损失费30万元。婚后不久,贾某便发现丈夫不仅与前妻继续来往,也与其他女人有染,便起诉离婚并请求赔偿。法院认定"忠诚协议"有效,判决曾某支付原告违约金30万元。

"第三者"遗赠案:已婚的黄某与张某公开以夫妻名义租房同居,后黄某被确诊为肝癌晚期,住院治疗期间,张某陪侍在黄某的病床前。黄某立下一份公证遗嘱,将其去世后的住房补贴、公积金、抚恤金和原住房售价的一半赠给张某。黄某去世后,其合法妻子蒋某拒绝执行遗嘱,张某遂起诉到法院,要求法院依法判决蒋某履行遗嘱。一审法院以该遗赠协议违背"社会公德"而宣告该协议无效,驳回原告的诉讼请求。二审法院认为,尽管遗嘱形式上合法,但其内容却违反法律和社会公共利益;另外,夫妻间的继承权是婚姻效力的一种具体体现,蒋某本应享有继承权,黄某将财产遗赠给张某,实质上剥夺了蒋某的合法继承权,违反法律,应为无效,遂判决驳回上诉。

[**要求**]根据以上材料,分析法律原则在司法审判中适用。

(二)周星驰向华谊索《西游》分红案

杨　琳

2013年2月,周星驰导演的魔幻喜剧电影《西游降魔篇》在国内上映,创下当时多项票房纪录。电影虽然叫座,但周星驰控股的影片制作方和合作拍摄方华谊兄弟传媒公司却在票房分红方面发生争执。周星驰控股公司认为,当初与华谊公司约定一旦票房突破5亿元,便可得到票房分红,至今华谊拖欠其分红8610万元。而华谊公司认为双方并未签署协议,且票房分红基数并非票房总基数。

原告崴盈公司诉称,该公司是周星驰的控股公司,2012年制作了电影《西游降魔篇》,并就合作事宜,先后与被告华谊公司签订了《〈除魔传奇〉(暂定名)合作协议书》以及《补充协议一》。由于对影片市场评估较好,周星驰与华谊兄弟公司董事长王中军口头商定,若电影票房收入超过5亿元,华谊公司可给予崴盈公司票房分红。此后双方就票房分红问题进行商洽,通过邮件往来的形式达成了《补充协议二》。

崴盈公司表示,截至2013年8月30日,该片实现票房收入12.48亿元。按照约定,崴盈公司不仅应取得收益分成,还应根据《补充协议二》取得票房分红,两者共计人民币1.77亿元。但至今华谊公司尚有8610万元未予支付。崴盈公司多次催款无果后,起诉至北京市第三中级人民法院,要求判令华谊公司支付收益分配款人民币8610万元。

被告华谊公司辩称,双方确实签署了《合作协议书》及《补充协议一》。就票房分红问题,双方也曾洽商过《补充协议二》,但由于条件差距较大,该协议最终并未签署,所以《补充协议二》未成立也未生效。

此外,华谊公司还认为,就该协议洽商的员工娄某与崴盈公司员工的往来邮件仅仅是洽商行为,娄某并不具有签署的权限。即使《补充协议二》成立,其中涉及的票房分红基数应当为华谊公司实际取得的票房收入,即票房总收入扣除院线分成后的数额,而不是一般社会公众理解的总票房收入。华谊公司因该片实际取得的收入并不足5亿元,因此其对《西游降魔篇》的投资款及给周星驰先生的分成收益已经支付完毕。华谊公司请求法院驳回崴盈公司全部诉讼请求。

[**材料来源**]《北京青年报》

[**要求**]根据上述材料结合本章内容,试分析《〈除魔传奇〉(暂定名)合作协议书》以及《补充协议一》《补充协议二》合同法律效力来源及其认定。

课后参阅论文

1. 舒国滢:《法律原则适用的困境——方法论视角的四个追问》,载《苏州大学学报(哲学社会科学版)》2005 年第 2 期。
2. 林来梵、张卓明:《论法律原则的司法适用——从规范性法学方法论角度的一个分析》,载《中国法学》2006 年第 2 期。
3. 刘杨:《法律规范的逻辑结构新论》,载《法制与社会发展》2007 年第 1 期。
4. 江必新:《论软法效力——兼论法律效力之本源》,载《中外法学》2011 年第 6 期。
5. 雷磊:《法律原则如何适用?——〈法律原则适用中的难题何在〉的线索及其推展》,载《法学方法论论丛》2012 年第 1 期。
6. 赵树坤:《我国法理学中"法律规则"论拷问》,载《法学论坛》2013 年第 5 期。
7. 陆幸福:《最高人民法院指导性案例法律效力之证成》,载《法学》2014 年第 9 期。
8. 雷磊:《法律概念是重要的吗》,载《法学研究》2017 年第 4 期。
9. 泮伟江:《法律是由规则组成的体系吗》,载《政治与法律》2018 年第 12 期。
10. 赵树坤、张晗:《法律规则逻辑结构理论的变迁及反思》,载《法制与社会发展》2020 年第 1 期。

延伸阅读

凯尔森从静态法与动态法两个层面论述了法律效力的概念问题,分别可参阅[奥]凯尔森:《法与国家的一般理论》(沈宗灵译,商务印书馆 2013 年版)第一编第一章第 3 节效力与实效、第十章第 3 节法律秩序的基础规范;关于法律效力范围问题中涉及法律与国家关系的论述可参阅:《法与国家的一般理论》第二编第一、二章。

第九章　法律意识和法律行为

知识结构图

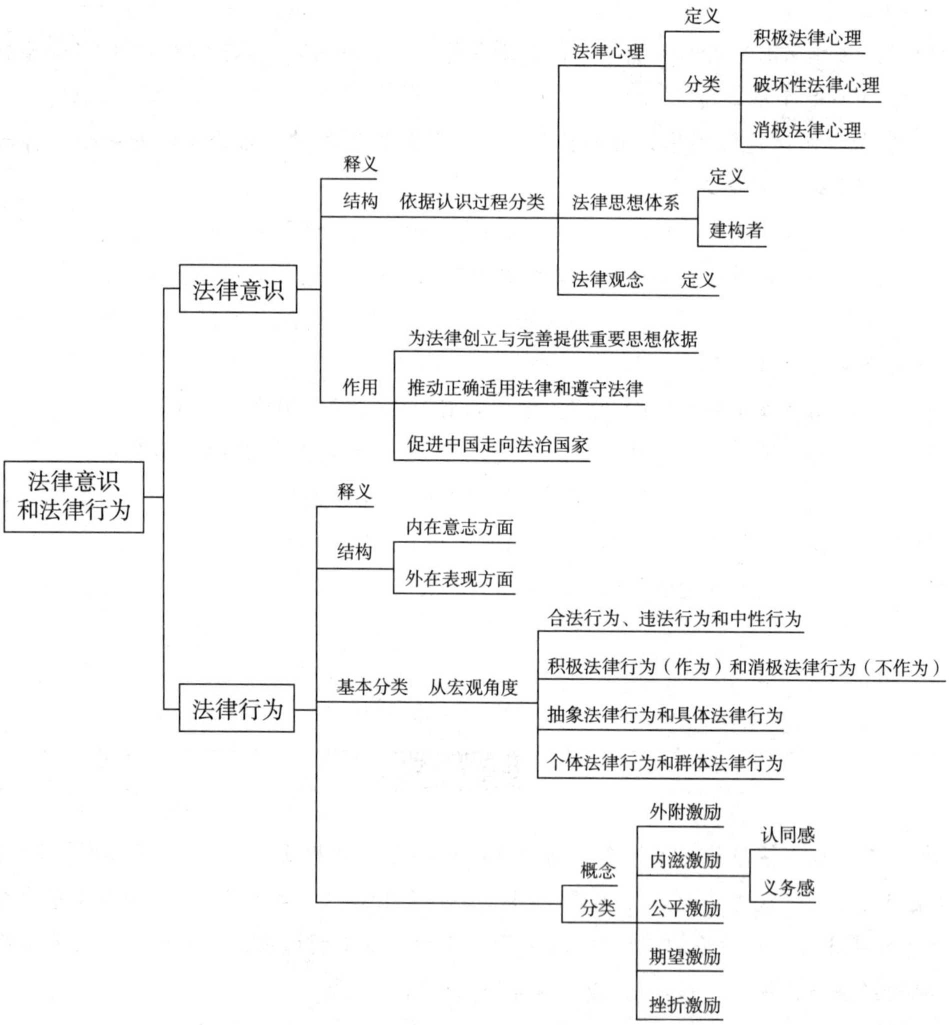

第一节　法 律 意 识

一、法律意识释义

法律意识是社会意识的一种，是指人们在一定的历史条件下，对现行法律和法律现象的心理体验、价值评价等各种意识现象的总称。它包括人们对法的本质和功能的看法，对现行法律的要求和态度，对法律适用的评价，对各种法律行为的理解，对自己权利义务的认识等，是法律观点和法律观念的合称。法律观点泛指对法律的看法和态度；法律观念也称法制观念，主要指人们重视、遵守与自觉执行法律的思想意识。

法律意识的概念不同于法律知识。对法律知识的掌握，只能说明其对法律思想和法律制度的了解程度以及对法律条文的熟悉情况。对法律意识的培养是一项综合工程，并非仅仅以对法律知识的掌握程度来衡量。虽然法律意识的培养可能与法律知识的学习有关，但不能由此得出结论：法律知识掌握得越多法律意识就越强，而不具有法律知识的人就没有法律意识。

法律意识与社会意识的其他形式，如政治意识、道德意识等，既有联系又有区别。它同政治意识的联系在于，人们的法律意识往往受其政治意识所左右；区别在于，某个人的政治意识很强，并不意味着其法律意识也很强。它同道德意识的联系在于，法律和道德作为社会规则必然相互影响，具有相通的一面；区别在于，相比较而言，道德意识更为基础，并早于法律意识出现，道德意识所反映的社会关系也广于法律意识。

二、法律意识的结构

法律意识的结构，可以根据不同的标准在不同的层次上进行划分。如从意识主体的角度看，法律意识可以划分为个人法律意识和社会法律意识；根据法律意识所产生的法律依据，可以分为宪法意识、民法意识、刑法意识等；根据法律运行的几个环节，分为立法意识、司法意识、守法意识及护法意识等；根据法律意识的社会政治意义以及它们与法律制度的关系，可以划分为占统治地位的法律意识和不占统治地位的法律意识；从人的认识过程的角度看，法律意识可分为法律心理、法律思想体系和法律观念。这里着重介绍上述最后一种分类。

（一）法律心理

法律心理是低级阶段的法律意识，是人们对法律现象认识的感性阶段。它直接与人们的日常生活、法律生活相联系，是人们对法律现象的表面的、直观的、感性的认识和情绪，是对法律现象的自发的、不系统的反映形式。

法律心理状态可以分为积极法律心理、破坏性法律心理和消极法律心理。积极法律心理反映人们对现行法律的信任和支持；破坏性法律心理表明人们对现行法律的反感、厌恶与抵触情绪;消极法律心理介乎前二者之间,表现为人们对法律的某种淡漠。

在任何社会中,由于人们的社会地位和生活条件不同,不同的人有不同的法律心理。但是,由于法律心理只是对法律现象朴素、直观的反映,同时,每个人的法律心理又受到民族传统法律意识的影响,因此,它们往往不能全面深刻地反映国家对法律现象的态度。新中国成立后的一段时期,我国的许多工作都通过大规模的群众运动进行,对法制的需要还不像现在这么迫切,这种情况曾导致人民群众对法律不大尊重的副作用,以致贬低了法律的地位,法律虚无主义盛行。随着依法治国与建设法治中国目标的确立,必须在全国范围内开展对法律的宣传和教育,在法律实践中树立法律的权威,克服长期存在的轻视法律的心理,否则现代法治是不可能实现的。

(二)法律思想体系

法律思想体系是高级阶段的法律意识,是人们对法律现象认识的理性阶段,它表现为系统化、理论化了的法律思想观点和学说,是人们对法律现象的自觉的反映形式,在整个法律意识中处于主导地位。

任何法律思想体系都不是自发形成的,在法律思想体系的形成和实现中,法学家和法律工作者起着重要的建构作用。虽然法律思想体系的最终根源在于社会有关法律问题的实践,但是,如果把分散的、零星的和感性的法律心理,转变为完整的、系统的和理论化的法律思想体系,就必须经过法学家复杂而艰巨的劳动。法学家和法律工作者不仅参与法律思想体系的创造,而且是它们的主要传播者。

(三)法律观念

在法律心理与法律思想体系之间存在一个法律观念的层次。所谓法律观念,是指介于感性和理性阶段之间的一种特有的法律意识反映阶段。法律观念既包括人们对法律的零散的、偶然的和感性的认识;也包括一些系统的、必然的和理性的认识。承认法律观念存在有利于我们正视人类认识活动以及法律意识本身的复杂性。

三、法律意识的作用

人们的一切法律活动都是在一定法律意识的支配下进行的,人们法律意识的增强为加强法治建设提供必要的思想和心理条件。

法律意识是法律创立和完善的重要思想依据。国家法律的创立及其内容是由社会的物质生活条件决定的,但这种决定作用不是自发的。社会物质生活条件提出的要求,只有被执政者所认识,并以一定的立法理念为指导,形成自己的反映这些要求的法律意识和法律理论时,才能创立法律,并使其不断完善。法律意识对法律创立和完善的作用主要表现在:法律意识为国家法律的创立和完善提出指导思想;法律意识能够为国家提供关于哪些社会关系需要进行法律调整的认识;法律意识能够为国家法律的创立和完善提出各种类型的行为规则模式。

法律意识对于正确适用法律和遵守法律也有重要作用。首先,国家公务人员法律意识的高低,决定着他们对法律精神实质的理解程度,并将直接关系到对案件处理的正确与否。

其次，在某种特殊的条件下，法律意识还可以被当作法律的某种特殊表现形式直接适用。在任何社会、任何国家，法律都不可能完备到无所不包的程度。司法实践往往会提出一些法律没有成文规定，但需要加以处理的问题。在我国司法实践中碰到有些问题无成文法律规定，而又需要处理时，都要依有关政策来办。有关政策的精神，从一定意义上说，是国家法律意识的表现。最后，法律必须内化为人们普遍的法律意识，渗透于人们的心理之中，当人们普遍尊重、遵守法律时，法律的威信就能得以确立。

中国要成为法治国家，建立和健全法律体系非常重要，在全体公民中普及法律知识、提高法律意识同样重要。习近平总书记指出："社区在全面推进依法治国中具有不可或缺的地位和作用，要通过群众喜闻乐见的形式宣传普及宪法法律，发挥市民公约、乡规民约等基层规范在社会治理中的作用，培育社区居民遵守法律、依法办事的意识和习惯，使大家都成为社会主义法治的忠实崇尚者、自觉遵守者、坚定捍卫者。"[1]改革开放以来，我国非常重视社会法律意识的培养，重视法制宣传，在全民中开展普法教育。1985 年 11 月，第六届全国人大常委会第十三次会议专门通过了《关于加强法制宣传教育，在公民中普及法律常识的决议》，自 1986 年以来，已连续完成了七轮五年普法活动。2021 年 6 月，中共中央、国务院正式转发《中央宣传部、司法部关于开展法治宣传教育的第八个五年规划（2021－2025）》，强调"全民普法是全面依法治国的长期基础性工作"。持续的普法活动提高了公民的现代法律意识，增强了法治观念，推进了建设社会主义法治国家的进程。2014 年 10 月召开的党的十八届四中全会通过《中共中央关于全面推进依法治国若干重大问题的决定》，在要求全社会树立法治意识的同时，特别强调把领导干部带头学法、模范守法作为树立法治意识的关键。2017 年 10 月召开的党的十九大，强调"加大全民普法力度，建设社会主义法治文化，树立宪法法律至上、法律面前人人平等的法治理念"。尤其要求各级党组织和全体党员要带头尊法学法守法用法。特别要看到，普法教育的目的，不仅仅在于对公民进行守法教育，更重要的是要不断地启发和鼓励公民增强主体性意识，树立现代法律价值观，学会运用法律维护自己的合法权益。法律的权威源自人民的内心拥护和真诚信仰。人民权益要靠法律保障，法律权威要靠人民维护。在现代社会，"使用法律"比"遵守法律"意义更为重大，要引导全民自觉守法、遇事找法、解决问题靠法。人们的法律意识提高了，如果碰到纠纷，首先就想到法律，根据法律解决问题，这恰恰是法律得以很好实现的重要表现，是一种社会进步。

第二节 法律行为

一、法律行为释义

法律对社会的调整是通过对各种具体社会行为的调控而实现的，从这个意义上说，法

---

〔1〕《习近平在福建调研》，载《人民日报》2014 年 11 月 3 日，第 1 版。

律存在于可以观察到的行为中,而非存在于规则中。法律虽然表现为规则体系,但实际上与人的行为密切相关。马克思曾说:“只是由于我表现自己,只是由于踏入现实的领域,我才进入受立法者支配的范围。对于法律来说,除了我的行为以外,我是根本不存在的,我根本不是法律的对象。”〔2〕所以,研究法律,必须关注法律行为问题。

在现代法理学中,法律行为是指具有法律意义和属性,能够引起一定法律后果的行为。“法律行为”一词由日本学者在翻译德语法学著作时在日语中首次使用,中文的“法律行为”一词,译自日文,由“法律”和“行为”两词构成。法律行为(rechtsgeschäft)这个概念是德国历史法学派的创始人胡果(Gustav Hugo)所创造的,其最初的语义是合法的表意行为。

法律行为的结构有两个方面:一是内在意志方面,即法律行为有一个内在的、主观的领域,包括动机、目的和认知能力等要素;二是外在表现方面,即法律行为外在地客观表现为行动、手段和效果等要素。从我国法律上来看,行为或者指单纯的身体外部举动,即非基于意识和意志支配的行为;或者指意识或意识的外部举动,意识是行为的必备要素;有时还指客观上的作为和不作为,即在特定情况下,没有外部举动的身体静止也是行为。

二、法律行为的基本分类

根据不同的标准,可以对法律行为进行不同的分类。按照法律部门的不同,可以将法律行为划分为宪法法律行为、民事法律行为、刑事法律行为、行政法律行为、经济法律行为及诉讼法律行为等。另外,法学界还有人把法律行为划分为:职业法律行为和非职业法律行为、行使权利的行为和履行义务的行为、主法律行为和从法律行为、自为行为和代理行为、独立的行为和辅助的行为、表意行为和事实行为、单务法律行为和双务法律行为、有效法律行为和无效法律行为等。这些类别的划分我们可以在部门法学里分别研究。这里从宏观的角度,着重介绍其中四种分类。

(一)合法行为、违法行为和中性行为

根据行为与法律的要求是否一致,把法律行为分为合法行为和违法行为。合法行为就是指符合法律要求的行为。大多数合法行为以产生某种法律后果为目的,如依法订立合同、进行诉讼等。这种行为是立法者所希望追求的至少是不反对的行为。违法行为就是违反国家现行法律规定、危害法律所保护的社会关系的行为,具有社会危害性和违法性,表现为不履行法律所规定的义务或者为法律所禁止的行为,包括严重违法行为即犯罪和一般违法行为如轻微违反道路交通规则的行为,这是承担法律责任的依据。

有学者提出,还可以再分出一种中性行为。所谓中性行为,即介于合法行为与违法行为之间,虽没有得到法律的允许又没有受到法律的禁止,而处于现行法律的调整范围之外,无法以现行法律规定进行评价的行为。其存在的原因,是由于法律调整的范围本身有一个界限,也可能是因为立法不完善,存在“立法真空”或“法律漏洞”。除非法律另有规定,公民个人一般不对自己的中性行为承担法律责任,而社会组织和国家机关一般应对自己的中性

---

〔2〕《马克思恩格斯全集》(第1卷),人民出版社1995年版,第121页。

行为承担法律责任。

(二)积极法律行为(作为)和消极法律行为(不作为)

根据行为人的具体行为方式是积极的作为还是消极的不作为,把法律行为分为积极法律行为和消极法律行为。积极法律行为,是行为人以积极的、直接对客体发生作用的方式进行的活动,表现为一定的动作或者系列动作,能够引起客体内容或性质的变化。法律规定的积极义务要求人们做出一定的行为,如提供劳务、指挥交通。行为者如果不履行积极义务,没有做依法应做之事,就构成违法行为。消极法律行为,是行为人以消极的、间接对客体发生作用的方式进行的活动,表现为不做出一定的动作,保持客体不变或者容许、不阻止客体发生变化。法律规定的消极义务禁止人们做出一定的行为,如果行为者违反消极义务,做了依法不该做的事情,就构成违法行为。

(三)抽象法律行为和具体法律行为

根据法律行为的效力对象和生效范围,可以区分为抽象法律行为和具体法律行为。抽象法律行为是针对未来发生的不特定事项而做出的、制定和发布普遍性行为规范的行为,如立法行为、司法解释行为、制定行政法规和规章的行为。从内容上看,抽象法律行为与不特定相对人的权利义务有关;从效力上看,抽象法律行为具有拘束力和强制力。具体法律行为是针对特定对象,就特定的具体事项而做出的、只有一次性法律效力的行为,如行政主体的某一具体行政行为、司法机关对某一案件的判决行为、公民个人领取营业执照的行为、公司之间签订经济合同的行为等。一般情况下,抽象法律行为的主体是有权制定规范的组织,公民个人只能是具体法律行为的主体,而不可能成为抽象法律行为的主体。

(四)个体法律行为和群体法律行为

根据行为的主体情况,人的行为可分为个体行为与群体行为。个体行为就是由自然人个人的意识和意志所支配并由自己直接做出的行为。个体行为是个人独特社会经历的反映,是个人社会实践的产物。群体行为是由两个以上的自然人有组织的、基于某种共同意志或追求所做出的趋向一致的行为。虽然个体行为受群体行为的影响,但群体行为要通过个体行为来实现,个体行为和群体行为必然相互影响、相互制约,法律在重视个体行为的同时,不能轻视甚至忽视对群体行为的调控。当今社会,许多行为呈现群体化趋势,同时,社会的组织化程度也越来越高,群体行为对社会发展的影响越来越大,加强法律对群体行为的调控,日趋重要。

三、法律对行为的激励机制

激励(motivation),就是调动人的积极性,是指主体追求行为目标的愿意程度(degree of readiness)。若从字面意义理解,激励指激发使之振作,即激发动机、鼓励行为,从而形成一种动力。在心理学上,激励又叫强化。人受到正确、充分的激励,就会大大提高能力的发挥程度。法律对行为的激励,就是通过对利益关系的规范和调整,使人做出法律所要求和期望的行为,最终实现法律所设定的整个社会关系模式系统的要求,取得预期的法律效果,形成理想的法律秩序。法律对个体行为的激励方式可以从不同角度进行分类,形成法律激励的种种表现。

(一)法律的外附激励

激励因素分为外附激励和内滋激励。外附激励方式既包括赞许、奖赏等正激励,又包括压力、约束等负激励;内滋激励属于主体自身产生的发自内心的自觉精神力量,如认同感和义务感。

过去,我国法学界将制裁作为唯一的法律后果,这有其片面性。后来,有学者提出法律后果有肯定性和否定性之别,从法社会学上分析,这是两种外附激励,即正激励和负激励。在有些法律(如科技法)中,正激励方式多一些。如《科技进步法》关于自然科学奖、技术发明奖、科学技术进步奖和国际科学技术合作奖的规定等。而另一些法律如刑法中,则以负激励为主,即通过法律制裁达到矫正行为方向、调动社会上大多数人积极性的目的。法律指引功能的发挥程度,与立法者关于外附激励的两种形式的设定有关。当立法者希望某种行为增加发生率时,便会加大正激励的力度,如利息率的提高有利于储蓄的增加及贷款的减少;反之,当立法者希望限制乃至杜绝某种行为的发生时,便会加大负激励的强度。尽管如此,相对于内滋激励而言,外附激励效果及作用终究有限。

(二)法律的内滋激励

1. 认同感是内滋激励的基础。认同就是个体承认、同意群体或组织的目标,进而产生一种肯定性的情感和积极态度,甚至迸发出一种为实现那一目标的驱动力。如果没有认同感,个体与群体中的其他人就没有或很少有共同语言,更谈不上自觉地为之奋斗。法律体现国家意志,国家立法者把不同层次和不同种类的社会目标或国家目标载入宪法及法律法规,并且激励不同层次的人去认同。

2. 义务感作为人们的一种内心要求也会对人的行为产生一种自觉的精神动力,使之心甘情愿付出一定代价。法律义务带有国家强制性,然而法律义务的实现在多数情况下能够依靠人的自觉。

(三)法律的公平激励

公平或正义问题为哲学、法学、经济学、伦理学等几乎每一社会科学所关注。博登海默说,正义具有一张普洛透斯似的脸,变幻无常、随时可呈不同形状,并具有极不相同的面貌。当我们仔细查看这张脸并试图解开隐藏其表面之后的秘密时,我们往往会深感迷惑。早在古希腊,亚里士多德便已意识到,“公正就是比例,不公正就是违反了比例,出现了多或少”。[3]

而现代行为科学中的公平激励理论为法律功能研究开辟了一片新的视野。1967年,美国行为科学家亚当斯(S. Adams)提出的公平理论至今仍备受推崇。该理论的主要内容是:公平是平衡稳定状态,个人对所得报酬是否满意,不是看绝对值而是看相对值,每一个人把

---

[3] 苗力田:《亚里士多德全集》(第8卷),中国人民大学出版社1992年版,第101页。

自己的报酬与贡献的比率同他人的比率作比较,比率相等则认为公平而努力工作。[4]

法律历来被视为正义和公平的象征,中国古人就有"平之如水"之说,但在具体的立法、执法操作中,如果不能处理好上述比率,就无法形成公平关系,也就难以将法律的公平原则落到实处,当然无以发挥法律对个体行为的激励功能。

青年时代的马克思曾表达过这样的思想:要使惩罚成为真正的犯罪后果,惩罚在罪犯看来应该是他行为的必然结果,因而也应该是他本身的行为,他受惩罚的界限应该是他的行为的界限。因此,法律虽不能完全地、彻底地实现这种"对等",但却应尽可能充分地、积极地追求公正、公平。"虽不能至,心向往之。"如此,方能激励人的行为,促进社会进步。

(四)法律的期望激励

法律在一定意义上代表着社会的某种期望。人类行为的一个重要特点是有目的性,即不是盲目的,而是有目标的。目标给人以希望,激励人的生命力和创造力,从而使国家、社会充满活力。

法律体现一定的价值,设定一定的目标,同时还要规范好满足目标的手段。本节在论述法律的内滋激励功能时已对目标激励问题有所涉及。目标实际就是一种期望。期望理论(expectancy theory)由美国心理学家弗洛姆(Erich Fromm)于 1964 年在《工作与激励》一书中提出,基本模式是:激发力量 = 效价 × 期望值(F = V · E)。[5]

这一理论认为,效价(value)即目标对于满足个人需要的价值越高,激发力量即推动人去追求目标的力量强度或积极性也越大。这是由于,作为个人对目标行为价值评判的效价有正负之分;作为个人对特定行为在达到特定结果时的主观认知,或作为个人主观上对某种行为实现的可能性的估计、期望也同样有大小之别。正的效价和大的期望对个人行为有着增力的作用;相反,负的效价和小的期望对个人行为则有减力的作用。法律设定的目标千差万别,但有时非常有吸引力的目标却无效价,激发力量就是零。可见,在设立法律目标的同时,必须就绩效及效价问题给予相应的考虑。

(五)法律的挫折激励

由于人的需要可以是无限的和无条件的,而人满足其需要的能力却总是有限的和有条件的,所以,人的一生中常常会遭遇到各种各样的挫折。行为科学基于成功与挫折是行为的两种可能的结果,因而把挫折理论归入激励的范畴。挫折在动机模式中称为目标行动受到阻碍或干扰,是指主体当其欲望和目的在实现过程中受到阻挠时的一种情感经验和行为表现,具有精神损害性。人的行为是有意识的,任何人的任何行为都具有一定的目的性,即都要指向一定的目标。然而,人们在实现其目标的行为过程中,不可能都顺利无阻。人的主观意愿与客观条件的结合,会产生许多完全不同的结果。如果行为者因某种因素的干扰或阻碍,而未能达到既定目标,未能满足其生理上和心理上的需要,他就会感受到失败的痛苦和沮丧。从心理学和行为科学的角度来说,他的行为就是受到了挫折。法学家关注挫折理

---

〔4〕刘风瑞主编:《行为科学基础》,复旦大学出版社 1991 年版,第 58 页;另参见马华:《当代激励理论》,中国广播电视出版社 1992 年版,第 48 页。

〔5〕俞克纯等:《激励 · 活力 · 凝聚力》,中国经济出版社 1988 年版,第 58 页。

论,一是为了阻碍不正当行为目标的实现,使有不正当行为的人蒙受必要的挫折;二是为了用法律调控防止或减少正当的行为遭遇挫折,并且当挫折发生后在法律上加以补偿或救济。这两方面都会对人的行为形成激励效应。产生挫折的原因有两类,因之把挫折分为外因性挫折和内因性挫折。例如,《民法典》规定,因不可抗力不能履行合同或造成他人损害时,不承担民事责任。所谓不可抗力,是指不能预见、不能避免并不能克服的客观情况。这就是对于外因性挫折的法律反应的一种。对于内因性挫折即由主观原因引起的挫折,如造成对他人或社会的危害,则法律要加以追究,这也就是我们通常所说的过错责任法律原则。另外,法律中关于正当防卫的规定,也可以从挫折理论角度加以解释。

需要着重强调的是,法律对人起作用才能发挥社会功能,而法如何具体地对人起作用呢?在外在方面,法律通过对人的行为进行规范,使其符合社会秩序与价值要求;在内在方面,则是通过调节人的利益来实现,离开利益,法律对人的作用就难以实现。

课后作业

一、关键词解释

1. 法律意识

2. 法律行为

3. 内滋激励

二、选择题

1. 下列何种表述属于法律意识的范畴?(　　)

A. 郭某感觉到中国法官的腐败行为越来越少了

B. 贾某因卡式炉爆炸而毁容,向法院起诉要求酒店支付50万元精神损害赔偿金

C. 梅某认为偷几本书不构成盗窃罪

D. 进城务工的农民周某拿不到用人单位报酬,自认倒霉

2. 下列哪些选项属于法律意识的范畴?(　　)

A. 法国大革命后制定的《法国民法典》

B. 西周提出的"以德配天,明德慎罚"

C. 中国传统的"和为贵""少讼""厌讼"

D. 社会主义法治理念

3. 从违法行为的构成要素看,判断某一行为是否违法的关键因素是什么?(　　)

A. 该行为在法律上被确认为违法

B. 该行为有故意或者过失的过错

C. 该行为由具有责任能力的主体做出

D. 该行为侵犯了法律所保护的某种社会关系和社会利益

4. 中性法律行为是指(　　)。

A. 既不是合法行为又不是违法行为

B. 不能根据现行法律规定进行评价的行为

C. 合法行为

D. 违法行为

5. 关于法律对行为的激励,下列说法正确的有(　　)。

A. 可以采取正激励和负激励的方式

B. 可以通过人们的认同感和义务感来实现

C. 惩罚和制裁不是激励的形式

D. 利益是激励的动因

6. 抽象法律行为(　　)。

A. 是针对未来发生的不特定事项而做出的、制定和发布普遍性行为规范的行为

B. 与不特定相对人的权利义务有关

C. 是不具有外在表现形式的行为

D. 不能产生直接的法律后果

7. 法律行为这个概念的创造者是(　　)。

A. 马克思　　B. 黑格尔　　C. 萨维尼　　D. 胡果

8. 法律意识的结构包括(　　)。

A. 法律心理　　B. 法律观念　　C. 法律思想体系　　D. 政治理念

9. 法律意识的作用包括(　　)。

A. 有利于国家公务人员正确处理案件　　B. 有利于司法实践中法律的正确适用

C. 有利于树立法律权威　　D. 有利于促进人民自觉守法

10. 下列有关法律的外附激励与内滋激励说法正确的是(　　)。

A. 这是依据行为科学家麦克雷戈的理论所做的分类

B. 法治秩序更应该强调法律的内滋激励

C. 就效果与作用而言,法律的内滋激励好于外附激励

D. 从某种意义上讲,哈特所谓的人们对法律的内在观点是法律内滋激励的前提

11. 有研究表明,在实施行贿犯罪的企业中,有一部分企业是由于担心竞争对手提前行贿,自己不行贿就会“输在起跑线上”,才实施了行贿行为。对此,下列哪些说法是正确的?(　　)

A. 市场环境不良是企业行贿的诱因,应适当减轻对此类犯罪的处罚

B. 应健全以公平为核心的市场法律制度,维护公平竞争的市场秩序

C. 应加快反腐败立法,从源头上堵塞企业行贿的漏洞

D. 必须强化对公权力的制约,核心是正确处理政府和市场的关系

三、材料论述题

某日傍晚,潘伟毅和刘卫东一同前往申华大酒店参加朋友的生日宴会。两人都喝了不少

酒,不敢开车,于是商量好当晚不回家。晚上十点左右,两人在酒店开了个房间睡下了。刘卫东说,到了晚上十一点半左右,他先醒了过来,看到潘伟毅随手放在桌子上的包,就想跟他开个玩笑,于是把包拿出了房间,藏在同楼层的服务台里。为了达到逼真的效果,他还特意把房间门打开,造成是窃贼进入的样子。做完了这一切之后,刘卫东又悄悄溜回床上睡下了。

半夜十二点左右,潘伟毅醒了过来,一看包不见了,连忙把刘卫东叫醒询问。刘卫东说原来打算吓唬潘伟毅一晚上,等第二天退房时再告诉他真相。然而他没有想到,正是因为房间的门开着,潘伟毅才断定是窃贼闯入,于是立即报了警。刘卫东说:"我当时想这件事我要当面跟潘伟毅说,我也没想到他这么快叫 110 过来。等 110 一来,我人已经像傻子一样了,好像被他打了一拳,蒙掉了,说不出话来了。"刘卫东情急之下,想等公安人员暂时查不出头绪,撤走以后再跟好朋友说清楚。于是他趁人不备,把藏在 6 楼服务台的包又迅速转移到了 7 楼服务台。

刘卫东进了看守所,可他实在想不通,这次自己开的这个玩笑,和潘伟毅以前跟他开的玩笑从形式上来看根本差不了多少,这次的玩笑甚至连点新创意都谈不上,怎么到了自己这儿,就算是犯罪了呢?

看到刘卫东为此进了看守所,潘伟毅心里很不是滋味。他几次三番来到检察院,为朋友辩解。然而,检察院认为:刘卫东说他是以开玩笑为目的,我们定他是以非法占有为目的,是因为一个人的主观犯罪故意,主要是通过他的客观行为来认定。因为一个人的思想是不可能看得出来的,只能通过他的客观行为表现出来。事发当天,公安人员到达现场后,曾询问过刘卫东。但是,他却说自己什么也不知道。

检察院认为:刘卫东把藏在 6 楼服务台的包又转移到了 7 楼服务台,进一步对包实行了控制,也就是盗窃犯罪中所规定的,采用秘密手段控制了这个包,而被害人则完全对包失去了控制。公安人员已经掌握了刘卫东拿包的比较直接的证据、重要的证据,在这种情况下,他承认是自己拿的包。虽然可能刚开始的时候,他有开玩笑的动机,但是随着事态的发展,他在主观上发生了转变,就是刑法理论中所讲的,主观故意已经发生了转变,已经是一种盗窃的犯罪故意了。

最终,刘卫东因盗窃罪被判处有期徒刑 4 年。

[**材料来源**]《北京青年报》

[**要求**]请从法律意识与法律行为的角度,谈谈你对上述案例的看法。

课后参阅论文

1. 付子堂:《法律的行为激励功能论析》,载《法律科学》1999 年第 6 期。

2. 李步云、刘士平:《论法与法律意识》,载《法学研究》2003 年第 4 期。

3. 季卫东:《论法律意识形态》,载《中国社会科学》2015 年第 11 期。

4. 刘志刚:《基本权利对民事法律行为效力的影响及其限度》,载《中国法学》2017 年第 2 期。

5. 柯伟才:《"合法性"等于国家强制? ——法律行为合法性问题的历史解析》,载《华东政法大学学报》2018 年第 1 期。
6. 李爱君:《人工智能法律行为论》,载《政法论坛》2019 年第 3 期。
7. 马驰:《普遍法律行为概念的法理学重构》,载《法制与社会发展》2019 年第 4 期。
8. 易军:《法律行为为"合法行为"之再审思》,载《环球法律评论》2019 年第 5 期。
9. 戴孟勇:《法律行为与公序良俗》,载《法学家》2020 年第 1 期。
10. 杨海英:《莎剧〈哈姆莱特〉中的法律问题与法律意识》,载《河南大学学报(社会科学版)》2021 年第 3 期。

延伸阅读

在德国的法学语境中,法律行为更多指的是私法意义上,或者民法意义上的行为,与本教材对法律行为的定义存在差异,可以参看德国卡尔·拉伦茨:《法律行为解释之方法:兼论意思表示理论》(范雪飞等译,法律出版社 2018 年版)、维尔纳·弗卢梅:《法律行为论》(迟颖译,法律出版社 2013 年版)。

第十章　法律关系和法律责任

知识结构图

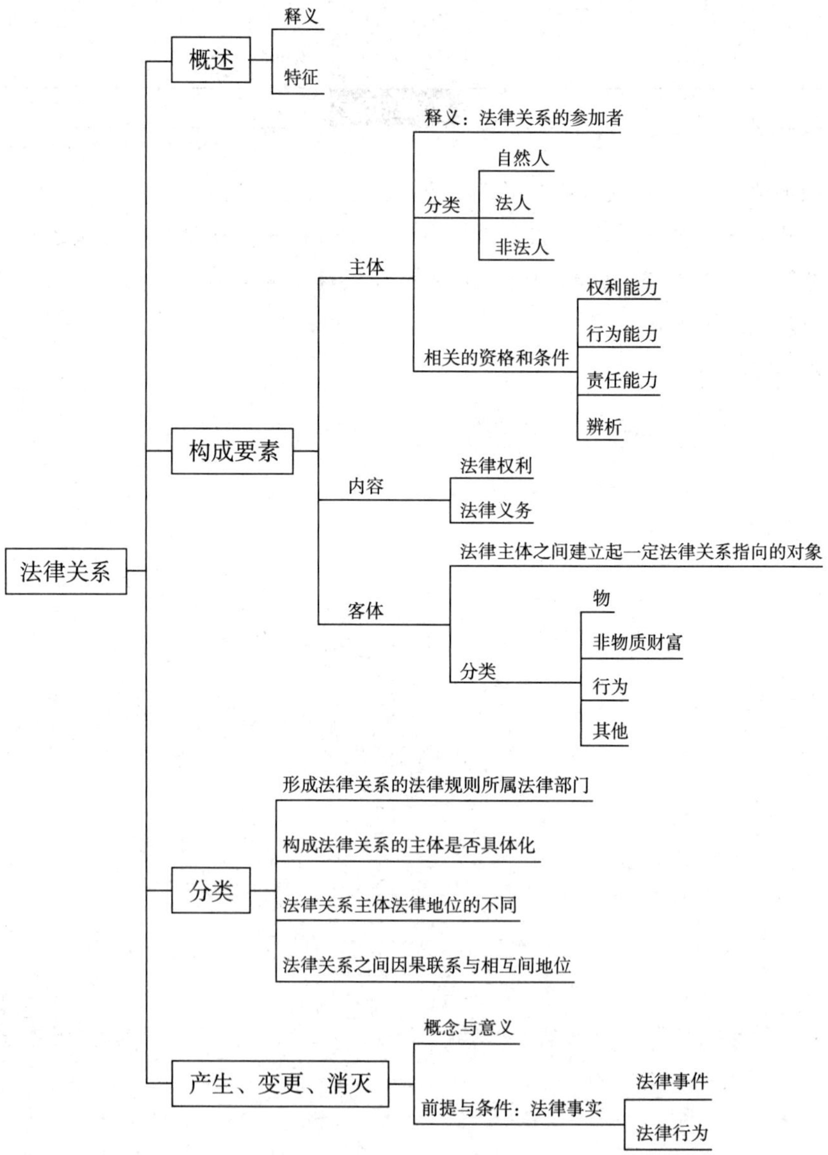

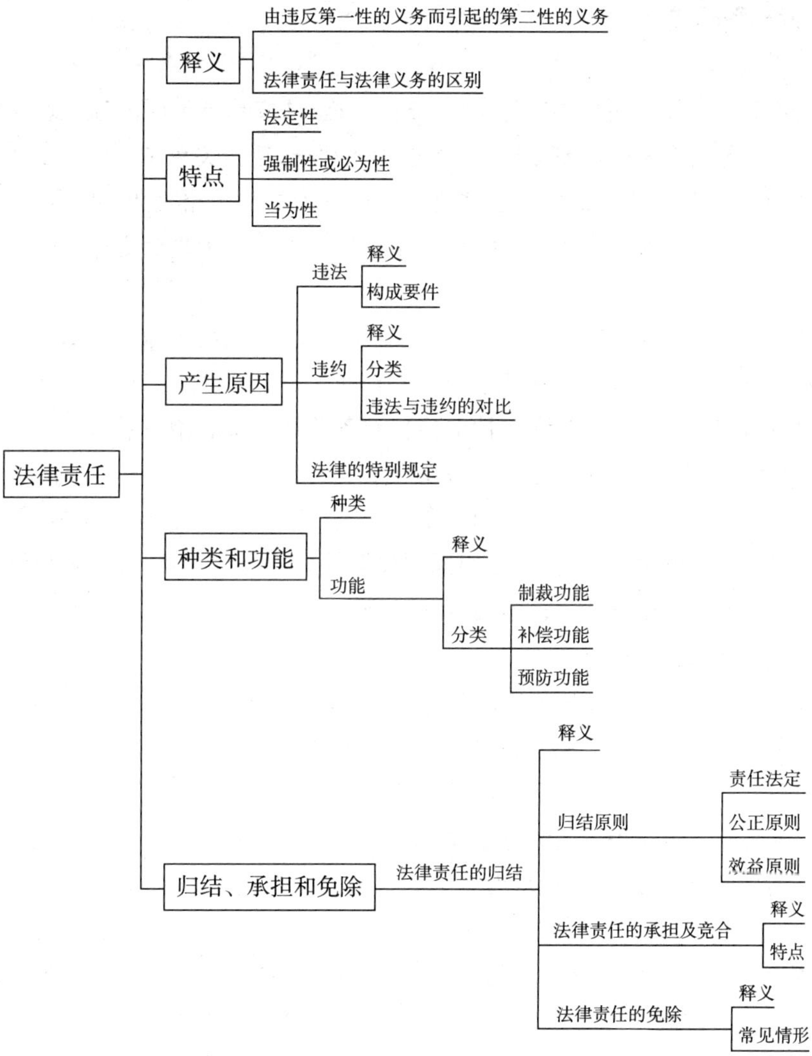
法律责任
释义
由违反第一性的义务而引起的第二性的义务
法律责任与法律义务的区别
特点
法定性
强制性或必为性
当为性
产生原因
违法
释义
构成要件
违约
释义
分类
违法与违约的对比
法律的特别规定
种类和功能
种类
功能
释义
分类
制裁功能
补偿功能
预防功能
归结、承担和免除
法律责任的归结
释义
归结原则
责任法定
公正原则
效益原则
法律责任的承担及竞合
释义
特点
法律责任的免除
释义
常见情形

第一节 法律关系

一、法律关系概述

(一)法律关系释义

在现实生活中,人们通过一定的行为和交往过程,结成具有不同内容与表现形式的各种社会关系。各种关系的总和构成庞大的社会关系系统,法律关系是其中重要的一种。所谓法律关系,是指根据法律所确定的主体之间具体行为的法律相关性。从定义可以看出,法律关系是法律调整的那部分社会关系内容的法律形式,具体表现为主体之间根据法律所结成的一种规范性关系。

法律关系的观念源自于罗马私法中的法锁(法律的锁链,是对 jurisvinculum 的中文翻译),即"债"的概念。"债"是要求有关主体根据法律为一定给付的法锁,它表现为依据法律所结成的对双方都具有约束力与强制性的债权债务关系。将法律关系作为一个法学基本范畴,第一次是由历史法学派的主要代表萨维尼在其经典文献《当代罗马法体系》中作出明确阐述的。法律关系理论最初主要运用于私法领域,随着法律与法学的发展,并伴随着分析法学派法学家对它的深入探讨,其运用范围逐渐扩大,渐渐成为法理学知识体系中的一个基本范畴。在此过程中,有关法律关系的基本理论逐步体系化并渐趋成熟。

(二)法律关系的特征

1. 法律关系的产生以法律规范的存在为前提。如果没有法律规范,社会中便不存在法律关系这种具体的关系形态。法律关系是法律对被纳入其调整范围的社会关系加以调整而产生的,所以,某种法律关系的产生必须以相应的法律规范存在为前提。比如,作为组成社会细胞之家庭仅靠道德等规范的力量对其内部形成的一些关系进行调整,还不足以有效维持家庭本身的健康存在和发展,从而有必要以法律的方式对家庭内部的各种关系,如夫妻、父母与子女间的人身和财产等方面内容进行全面规定。正是由于法律规范的存在,家庭内部的夫妻、父母与子女间所结成的就不仅是一般的社会关系,还有一定形式的法律关系,并受到法律强有力的调整。另外,这种关系还具有许多其他种类的社会关系不具备的独特内容,如法律中规定了对诸如家庭暴力、虐待等不符合家庭成员身心健康和有损其利益进而影响家庭自身正常存在和发展的行为进行制裁等内容。

2. 法律关系以主体间法律上的权利和义务为内容。这是法律关系与其他类别的社会关系的重要区别。法律调整社会的方式主要是安排和配置人们之间的权利和义务。具体来说,在法律关系中相关主体是按照法律的安排分别享有一定的权利,承担一定的义务,相关主体由法律所配置的具体权利和义务而联系在一起。所以,权利和义务是法律关系的实质内容。自然,与这个特征联系在一起的是法律关系与国家强制力的密切相关性,从法律关系的建立到具体实现都离不开国家强制力的保障。

3. 法律关系是形式与内容、动态与静态、过程与结果的辩证统一。首先，法律关系是一种特殊形式的社会关系，其内容是人们在现实生活中的各种活动，其形式是法律的，经过法律调整而形成的一定主体之间的关系。其次，法律关系是法律对被纳入其调整范围的各种社会关系进行调整而形成的，这是一个动态过程，需要一定主体的积极参与和行动，去享有权利并承担相应义务。最后，它又指经过调整而形成符合法律要求的秩序和状态，具体而言，便是权利的现实享有、义务的切实履行和对违法行为进行相应的制裁。所以，我们必须从不同的角度去审视法律关系的概念与特征，才能得到更为全面的认识。

二、法律关系的构成要素

法律关系的构成要素，是指构成法律关系必须具备的内容和因素。根据法律关系的一般原理，任何法律关系都必须具备三个构成要素，即主体、内容和客体。

（一）法律关系的主体

法律关系的主体是指法律关系的参加者。它是构成法律关系的根本性要素，没有一定主体的意志与行为，便无从构成任何法律关系。能够成为法律关系的主体及其种类，都被规定在法律中。在不同历史时期和不同民族与国家的法律中，法律关系的主体及其种类有一个具体的演变过程。到了现代社会，法律关系的主体及其种类更为多种多样。

在我国现阶段，法律关系的主体主要包括自然人、法人和非法人组织。另外，国家在特殊情况下也可以成为一定法律关系的主体。

人们依据其独立的意志和行为可以结成各种社会关系，但作为法律关系的参加者，相关主体的资格是由法律来规定的，具体方式是法律通过确立主体的权利能力、行为能力与责任能力来体现的。不是任何人或组织在任何时候都能够随意地建立起一定的法律关系，而要具备相应的资格与条件才行。

所谓权利能力，是法律关系主体依法享有权利和承担义务的资格。这是法律对一定主体的资格最为核心的确认，是法律关系主体能够参加任何法律关系的必备条件，是一种法律上的资格与前提。法律中对不同主体权利能力的规定有差异。

自然人的权利能力又有一般权利能力与特殊权利能力之分。一般权利能力是所有公民从事一般的法律活动普遍具有的法律资格，通常不再附加其他法律要求，更不得随意剥夺或者解除。如我国《民法典》第 13 条规定：“自然人从出生时起到死亡时止，具有民事权利能力，依法享有民事权利，承担民事义务。”特殊权利能力是指只有具备法律所特别要求的条件与情况时才具有的权利能力，如选举等政治权利能力即这一类。

法人的权利能力始于法人依法成立时，自法人解散或撤销时消灭。

而所谓行为能力，是指法律关系主体能够通过自身的行为享有权利和承担义务的能力。它是强调在已具备权利能力的基础与前提下，主体通过自身的一定行为来实际地享有权利和切实地承担义务的能力。

行为能力与权利能力两者具有密切联系，即具有行为能力首先必须具有权利能力。但它们也有显著区别，即具备权利能力并不意味着一定具有行为能力，且设定权利能力制度与行为能力制度的价值取向和方式均有不同。设定权利能力制度主要解决的是相关主体资格的问题,即是否能够成为权利主体和义务主体。对于具体的法律关系,这是一个首要的问题。而行为能力制度主要解决权利与义务能否通过自己的行为来具体实现的问题,从而以法律的方式维护社会秩序的稳定和可持续发展。

根据主体的不同,行为能力主要分为自然人的行为能力和法人的行为能力两类。自然人的行为能力取决于自然人一定的年龄与健康状况。法人的行为能力与自然人的行为能力有很大不同。法人的行为能力是由法人依法成立时的宗旨与业务范围决定的,并由有关法律和法人组织的章程具体加以规定。

所谓责任能力,是法律关系主体因违法等原因所引起的承担相应法律责任的能力。可见,责任能力是与行为能力直接相关的一个概念,是行为能力在追究法律责任与免责的法律关系中的具体存在形式。责任能力与行为能力是一致的,通常情况下有行为能力即有责任能力,无行为能力即无责任能力。在有关责任能力的法律制度中,特别值得注意的是,刑事法律关系中刑事责任能力问题的重要性,它具有相对独立的意义。它强调主体对自己行为的性质、意义及后果认识与持续控制的能力,以其特定的方式指引和教育人们要理性地行为并对自己的行为负责。刑事责任能力种类与内容的确定也与主体的年龄和健康状况有直接关系,具体内容见我国刑事立法中的相关规定。

(二)法律关系的内容

法律关系的内容是构成法律关系的又一必备要素。一般认为,法律关系的主要内容包括法律权利和法律义务。《法理学进阶》将用专章对法律权利和法律义务理论进行全面介绍,此不赘述。

(三)法律关系的客体

法律关系客体是法律主体之间建立一定法律关系所指向的具体目标,是人们通过自己的意志和行为意欲影响和改变的对象,是连接法律权利与义务等法律概念并使其具有实际内容的现实载体。可见,法律关系客体是具体将主体之间的权利与义务等内容联系在一起的客观基础与中介。法律关系的客体是构成法律关系的又一必备要素,没有它便不能构成具体的法律关系。

在现代法律制度中,法律关系的客体主要有以下几类:

1. 物。能成为法律关系客体的物是指能满足人们需要,具有一定稀缺性,并能为人们所现实支配和控制的各种物质资源。它既可以有固定形态,也可以没有固定形态,如天然气、电力等;既可以是人们通过劳动创造的物质,也可以是天然存在的物质,如水、钻石等。

2. 非物质财富。非物质财富又称为精神产品或精神财富,主要包括两类具体内容:一是人们运用脑力劳动创造的智力成果,如科学发明、技术成果、文艺作品等;二是与人身、人格相联系的公民和组织的肖像、名誉、隐私等,因为其与人特定的身份直接相连,所以不能像一般的财产关系那样,依据权利主体的意志自由地变更或消灭,而是有着一些特殊的法律要求,如著作权中的署名权便是不能变更和转让的,只能由主体自身享有。另外,这里也包括法人的人格。

3. 行为。行为是过程与结果的统一。在一些法律关系中，权利与义务共同指向的对象不是表现为具体的物或一定的精神产品形式，而是一定的行为，包括主体积极的行为、消极的不行为或抑制一定的行为。例如，在运输合同中承运人运送乘客与货物的行为，即运输合同法律关系的客体。在家庭关系中子女享有的受抚养教育权及父母享有的受赡养扶助权，都通过具体的抚养教育与赡养扶助行为实现。

4. 其他。能够满足人们有关物质和精神需要的其他财富，如具有一定价值与意义的信息等，也可成为法律关系的客体。

三、法律关系的分类

法律关系具有不同的表现形式与丰富的内容。为进一步加深对法律关系的理解，本节介绍几种有关法律关系的常见分类。这些分类不仅具有理论意义，更具实践价值。

1. 根据形成法律关系的法律规则所属法律部门的不同，法律关系可划分为宪法法律关系、民事法律关系、刑事法律关系、行政法律关系和诉讼法律关系等类别。它们体现了法律调整的社会关系各部分内容与性质的不同，据此形成的各种法律关系也相应具有各法律部门的特点。这种分类的主要意义是提示人们在分析和处理法律问题时，必须首先明确当事人之间具体的法律关系，并确定其性质和内容，因为它决定了通过法律解决问题的方式和途径。

2. 根据构成法律关系的主体是否具体化，法律关系可划分为绝对法律关系和相对法律关系两类。在绝对法律关系中，权利一方是特定而具体的，而义务一方是除了权利一方之外的所有人，是不特定、不能具体化的。典型的绝对法律关系是物权、人格权、知识产权等关系，其权利主体是特定的人或组织，而义务主体是权利主体之外所有不特定的人或组织，他们都负有不得侵犯该项权利的义务。需要注意的是，主体的具体化不等于单一化，如对某项财产可以是几人共同所有。在相对法律关系中，不仅权利主体是特定的，义务主体也是特定的。较为典型的相对法律关系是债权、身份权、继承权等关系。其特点是参加此种法律关系的各方主体都是具体而特定的人或组织。在绝对法律关系中，义务主体不特定，所以首要的是必须明确具体的权利主体及权利内容。而在相对法律关系中，主体双方都是特定的，所以问题的关键在于确定双方权利和义务的具体内容，以及双方是否按照法律及约定方式行使权利和履行义务等相关状况。只有在进行了符合各自特点的正确分析后，才便于进行相应的法律处理。

3. 根据法律关系主体法律地位的不同，法律关系可划分为平权型法律关系和隶属型法律关系两类。平权型法律关系，又称为横向法律关系或对等的法律关系，表现为法律关系主体间的法律地位是平等的，都享有一定的权利，并承担相应的义务，而不存在基于权力等方面的服从和隶属关系。在各个部门的法律关系中，以民事法律关系最为典型。隶属型法律关系，又称为纵向法律关系或不对等的法律关系，表现为法律关系主体间的法律地位是不对等的，存在服从和隶属关系。这种关系存在于具有职务上的上下级之间，也存在于依法享有管理职权的国家机关和在其管辖范围内的各种被管理的主体之间。在各个部门的法律关系中,以行政法律关系最为典型。在这种分类中,应注意主体之间的法律地位不对等、不一致,这也是在提示人们注意,现实社会中具体的法律关系状况十分复杂,在认识和处理有关问题时一定要具体而全面。

4. 根据法律关系之间因果联系与相互间地位的不同,法律关系可划分为第一性法律关系和第二性法律关系两类。第一性法律关系,又称为主法律关系,是主体间合法建立的不依赖其他法律关系而独立存在的法律关系。第二性法律关系,又称为从法律关系,它产生于第一性法律关系,与第一性法律关系相比其地位与作用具有从属性。如相关主体间建立起某个合法的民事法律关系,这是第一性的法律关系,若该合法的法律关系受到不合法地干扰或破坏便会产生对其进行相应保护与补救的第二性法律关系。从二者的因果联系可以看出,在时间上第一性法律关系在先,第二性法律关系在后。

四、法律关系的产生、变更和消灭

(一)法律关系产生、变更和消灭的概念与意义

社会本身处于不断的发展过程中,人们之间结成的各种社会关系也在发生着变革,这决定了法律关系也会不断地发生着变化和革新。法律关系的产生是指主体之间依据法律规范而结成一定的权利义务关系;法律关系的变更是指由于符合法律规定的一定法律事实的出现而引起法律关系诸要素发生的变动;法律关系的消灭是指主体之间权利义务关系的完结。

(二)法律关系产生、变更和消灭的前提与条件

1. 法律关系产生、变更和消灭的前提:法律规范。法律关系是主体之间依据一定的法律规范而结成的,因此,法律关系受到法律规范的直接影响与制约。在理解法律规范与法律关系之间的关系时必须注意两点:一是法律规范是法律关系具体产生、变更、消灭的前提,没有相应的法律规范便无所谓在相关主体之间建立起法律上的关系;二是在现实生活中,法律关系能够发生变更主要是经由符合法律规定的一定的事实与行为的推动来实现的。

2. 法律关系产生、变更和消灭的条件:法律事实。法律关系的产生、变更和消灭过程需要相关的条件来推动其实现,这些条件主要是发生在社会中的一些事件与行为。当然具体情况要经由法律的确认并成为法律中规定的法律事实,才能发挥相应的功能。所以,凡是在社会生活中能实际发生的,并且为法律所规定,能够引起法律关系的产生、变更、消灭的事件与行为,即法律事实。它是具体推动法律关系产生、变更和消灭的直接条件,是法律规范与法律关系的中间环节。

法律事实的内容与表现形式非常丰富,根据是否以人的主观意志为转移,法律事实可分为法律事件和法律行为两类。

法律事件是指法律规则所规定的,不以人的主观意志为转移,并且能够引起一定法律关系产生、变更和消灭的事实或现象。法律事件又可分为两类:第一类是自然事件,包括一些自然灾害,如水灾、旱灾、地震以及自然人的生老病死等。例如,人的出生即会引起父母与子女间一定的抚养教育等关系的建立。第二类是社会事件,是指由于发生了重大的社会变

迁与社会革命，由此引起整个社会关系状况的全面变革，进而导致相关国家法律关系面貌的全面变革。

在法律关系理论中，法律行为是指法律规范中规定的，主体在一定的意志支配之下做出的，能引起法律关系产生、变更和消灭的人的活动。关于法律行为的分类等问题，可参见本书“法律意识和法律行为”一章。

第二节　法 律 责 任

一、法律责任释义

在现代汉语中，“责任”一词通常在两个意义上使用：一是指分内应做的事，如职责、应尽责任、岗位责任等；二是指没有做好分内事，而应承担的不利后果或强制性义务。前一种责任通常是“积极责任”，责任人积极主动地采取措施做好分内事；后一种责任通常是“消极责任”，责任人消极被动地承担不利后果。法律责任在上述第一种意义上使用时，大体相当于义务，但多数是在第二种意义上使用的，此时法律责任与法律义务有严格区别。

关于法律责任的常见理论有惩罚论、后果论和义务论。

法律责任是一种特殊的义务，是由违反第一性义务而引起的第二性义务。此种界定既坚持了法律责任与法律义务之间的密切关联，又清晰地展示出两者的区别。法律责任与法律义务是不同的。法律义务，是指主体根据法律的规定或合法的约定必须作为或不作为，此义务通常针对一般性的社会主体设立。而法律责任是一种特殊的义务，是一方由于违反了法定义务或约定的义务而产生一种新的义务，它针对特殊主体而设定。如果我们将法律义务称为第一性义务，那么法律责任就是一种违反法律义务而产生的第二性义务。

法律责任与法律义务的主要区别在于：第一，法律责任针对的是特定主体，是违反了法定义务或约定义务的主体；法律义务针对的是一切社会主体，具有相当的广泛性。第二，法律责任通常具有惩罚性，即法律责任是针对因第一性的义务没有被履行而进行的救济、制裁；法律义务与法律权利相对应，是法律的重要调控手段，一般不具有制裁性。第三，法律责任的产生以法律义务为前提，没有主体对义务的违反就不会产生法律责任。

二、法律责任的特点

（一）法律责任的法定性

法律责任承担的最终依据是法律，而非其他社会规范。尽管有些法律责任因约定产生，但无论法律责任的产生原因如何，一旦法律责任不能顺利承担，相应国家机关必须依法追究。

（二）法律责任的强制性或必为性

法律责任的承担由特定国家机关运用强制力量保障实现，不以责任主体的个人意志为转移,这反映了法律责任的国家强制性或必为性。

(三)法律责任的当为性

法律责任主体应当补救因自己违反第一性义务所带来的对国家、社会及他人的损害。法律责任的当为性较之于必为性,是在强调法律责任具有坚实的道德依据。英国学者米尔恩曾指出:“说某人有责任做某事,就是说不管愿意与否,他都必须做,因为这事在道德上和法律上是正当的。”[1]

三、法律责任的产生原因

法律责任对责任主体来说是一种不利或负担,它的产生原因主要可分为三种:违法、违约以及违反法律的特别规定。违法和违约是在法律实践中最常见的引起法律责任的原因。

(一)违法

违法通常指特定主体实施了与现行法律相冲突的行为,引起相应的损害事实,法律对之进行否定性评价的状态。

违法的构成要件有四:一是主体要件。违法的主体要件即构成违法的主体必须是具有行为能力或责任能力的主体。二是主观要件。违法的主观要件是指违法的构成主体在作出与现行法律相冲突的行为时,主体的主观心理态度必须有过错。三是客观要件。违法的客观要件即违法造成的损害事实。损害可分为直接损害和间接损害两种。四是客体要件。违法在深层次意义上破坏了法律所保护的社会关系。社会关系是人与人之间的各种关系,法律的形成和实施是建构良好的法律秩序的过程。人在这些确定的法律秩序中获得自身的规定性,并享有各种权利和自由,保持社会的稳定及可持续发展。然而,任何一种违法行为都直接或间接地损害法律建构的社会秩序和各种社会关系,无论是物质的还是非物质的。

(二)违约

违约是指合同主体违反合同约定,通过作为和不作为的方式未履行合同义务的状态。一般来说,违约行为从属于违法行为。民事违法行为就包括民事违约和民事侵权两类。但是,违约行为引起法律责任的产生与违法行为产生的法律责任是有所不同的。所以,本书将违约与违法并列作为产生法律责任的原因来介绍。通常,违法引起的法律责任是针对不特定的人,效力普遍及于一般人,因此,此种法律责任设定属于法律的规范性调整范畴。违约引起的法律责任主要适用于合同主体,因此是针对特定人有效的,属于个别调整范畴。另外,违约的法律责任通常包括两类:一是法定的法律责任,如《民法典》规定,合同一方支付了定金的,如果收取定金方违约,违约方应该双倍返还定金。此处的“双倍返还定金”即法定的法律责任。二是约定的法律责任,此种仅是契约主体之间在尊重法律规定的前提下,相互约定在不履行义务时应承担的法律责任。该责任并非来自法律的预先规定,而是

---

[1] [英]A. J. M. 米尔恩:《人的权利与人的多样性——人权哲学》,夏勇、张志铭译,中国大百科全书出版社 1995 年版,第 34 页。

双方约定的产物，只是该约定不能违法。例如，合同双方约定，在一方不履行合同时，违约方应支付给对方造成的损失的两倍的赔偿。这里的两倍赔偿即约定的法律责任。

（三）违反法律的特别规定

主体的行为符合法律的特别规定，也会引起法律责任。这主要是指有些行为一旦进入法律特别规定的调整范畴，行为主体就要承担某种法律责任。例如，产品致人损害，有时候根本不存在任何人违法或违约的情况，但生产者、销售者必须对损害承担赔偿等法律责任。违法行为和违约行为无法涵盖所有法律责任的产生原因，而符合法律的特别规定引起法律责任的情况展现了引起法律责任原因的复杂性。为了保障责任主体的利益，实现社会基本公正，认定和归结因介入法律的特别规定而产生的法律责任，必须以法律的明确规定为依据。不得任意扩大或缩小法律责任归责的范围，不允许进行任何超越法律或无法律依据的归责。

四、法律责任的种类和功能

（一）法律责任的种类

法律责任依据不同的标准有不同的分类。如根据行为人的主观过错对法律责任的影响，法律责任可分为过错责任、无过错责任和公平责任。根据责任承担的内容不同，法律责任可分为财产责任和非财产责任。根据法律责任承担主体的不同，法律责任可分为个人责任、组织责任和国家责任。按照责任主体承担责任的限度不同，法律责任可以分为有限责任和无限责任等。但最常见的是，根据不同的部门法所确立的责任种类，法律责任可分为：民事责任、刑事责任、行政责任和违宪责任。

（二）法律责任的功能

法律责任的功能是指通过法律责任独特构造和机制应该实现的对人及社会的影响，具体指法律责任的归责主体在严格的法律归责指导下，对责任主体进行归责，责任主体免予承担或承担部分或全部法律责任，实现对第二性义务的履行，对损害的救济，尽量减少未来发生侵害的可能性。

法律责任主要有制裁功能、补偿功能和预防功能。

法律责任的制裁功能一般是由责任主体承担法律责任从而对其进行惩罚来发挥。法律责任是对违法行为、违约行为的否定性评价，这种否定性评价除了使行为主体的预期后果无法达到外，往往还包括强制主体因其违法行为、违约行为而承受不利的后果。从国家和社会的角度来说，这就是国家对责任主体施予的法律制裁。所谓法律制裁，是指不以责任主体意志为转移，相关主体依照法律对责任主体施加的强制性惩罚措施。法律制裁是法律责任作用于人和社会的较为严厉的方式，包括国家强制限制人身自由、剥夺人身自由、剥夺生命或限制、剥夺财产等。法律制裁，一方面可以使责任主体在外部受到损失而补救被破坏的社会秩序；另一方面也可通过对责任主体内心形成压力，进而调整责任主体的未来行为选择，遏制新的违法行为、违约行为的发生。

法律制裁与法律责任密切相关但又明显不同。法律责任是法律制裁的前提，无法律责任则无法律制裁。法律制裁是法律责任的功能体现,但有法律责任不一定会有强制性制裁措施的结果。一方面,法律责任因法定原由可能免予承担;另一方面,法律责任的功能不局限于制裁一种,因此,法律制裁不是法律责任的唯一反映结果。

法律责任的补偿功能是指国家强制责任主体赔付损失,救济受害主体,恢复受侵害的权利。补偿功能主要旨在恢复损害发生之前的状态,侧重于事实上的赔偿、补偿、补救和救济,而较少进行道德评价。补偿功能的实现可分为两种情形:一是直接补偿,即责任人直接地作为或不作为以达到恢复原来状态的目的。如合同违约方主动继续履约的行为、侵害相邻权的责任主体主动拆除建筑物、物质损害通过金钱赔付得到完全的救济等。直接补偿往往是用于涉及财产权利和一些纯粹经济利益场合。二是间接补偿。这种方式主要用于人身权方面的补偿。如果责任主体行为造成的是诸如名誉、荣誉、人格、身份等方面侵害的,通常只能采取给付金钱的方式进行间接补偿损失。这种补偿方式实质上无法完全实现对损失之补偿,但通过这种补偿能够最大限度地实现对受害主体的精神和心灵的抚慰。

法律责任的预防功能是指法律责任通过强制责任主体补偿其给受害者造成的损害,对责任主体进行制裁等一系列不利后果的承担,教育、引导、威慑责任主体及其他有关主体作出理性选择。人类的行为大部分是后天习得的。个体行为在一个层次上是对个体过去行为的习得结果,在另外一个层次上是对别人行为的习得结果。法律责任主体自身承担法律责任的经验,会为其日后行为选择提供方向。社会其他人可以通过目睹责任人承担法律责任过程所获得的间接经验形成行为选择的价值倾向。

五、法律责任的归结、承担和免除

(一)法律责任的归结

法律责任的归结也称法律责任的归责,是指法定的国家机关或经授权的国家机关依照法定程序,进行判断、认定、追究或减缓、免除法律责任的活动。法律责任的归结过程是特定主体严格依照法律程序进行,是法律权利与义务得以实现的重要环节。法律责任的归结是法律责任承担的前提,但不必然导致法律责任的承担。

法律责任的归结原则有以下三项:

1. 责任法定原则。责任法定原则是指法律归责过程必须依法进行。其具体表现为:(1)归责主体必须是依法享有归责权力的或依授权获得归责权力的主体。在我国,一般民事责任和刑事责任的归责主体是人民法院。行政责任的归责主体首先是行政机关,但最终归责主体也是人民法院。企业事业组织、仲裁机构等通过依法接受国家机关的授权或委托,也可能成为归责主体。(2)责任主体应承担的法律责任的种类、性质、期限、承担方式等必须以有效法律规范为依据。这一方面可以确保法律的实施,使"纸面上的法"能够顺利转化成"行动中的法",维护法律的权威;另一方面也可以有效地防止责任擅断,贯彻诸如"法无明文规定不为罪"等法律原则,增进法律的确定性。另外,责任法定原则也可以最大限度地防止归责主体做"有害追溯",坚持"法不溯及既往"原则和责任自负原则。既"不用今天的法律规范昨天的行为",也不任意地扩大归责的范围,杜绝归责上的株连。(3)归责主体的归责过程必须严格遵守程序法。没有程序法的正确适用是不可能有实体法的正确适用的，所以，只有归责过程是依程序法进行，法律责任的归结才满足正当性要求，法律责任的功能才能实现。

2. 公正原则。公平、正义是重要的法律价值准则，责任法定、依法归责就是法律公正性的体现。但法律尤其是成文法具有局限性，在法律无法提供准确的归责依据时，归责主体必须本着符合基本社会公正、法律公正的原则和精神进行归责。其具体表现为：(1)遵守同等情况同等对待原则。归责主体在裁判过程中，必须保持遵循“先例”的一贯性，即在同样或近似案件中，归责主体的裁量必须大体相当，贯彻正义原则。(2)贯彻“罚责相适应”原则。对责任主体的惩罚和其所造成的损害、主体的主观恶性、主体违法犯罪性质等应保持大致相当。如果做不到“罚当其责”，非但不能实现法律责任的功能，而且可能造成更大的不公正，损害法律的正当性。(3)坚持法律面前人人平等原则。任何主体的违法犯罪都应受到同等追究，同时要注意恰当地区别对待，在特定情况下，只有区别对待才能达到真正的平等。

3. 效益原则。以较小的投入产出同样的成果或以同等的投入实现较多的产出即效益。归责的效益原则是指针对不同的违法或犯罪，确定怎样的法律责任要始终用效益去衡量。例如，经济犯罪的刑事制裁中一般都有“没收财产”，目的是削弱或剥夺后续犯罪能力，从而实现法律责任的功能。

（二）法律责任的承担及竞合

法律责任的承担，是指责任主体依法承受不利的法律后果。法律责任归责是以法律责任的承担为目标和逻辑后果的。法律责任的承担方式通常包括主动承担和被动承担两类。

法律责任的竞合，是指某种法律事实的出现，导致两种或两种以上的法律责任产生，而这些责任之间相互冲突的现象。同一行为同时符合不同法律责任的构成要件，从而导致了不同法律责任间的冲突。法律责任竞合的特点：(1)数个法律责任的主体为同一法律主体；(2)责任主体实施了一个行为；(3)该行为符合两个或两个以上的法律责任构成要件；(4)数个法律责任之间相互冲突。

法律责任竞合是法律上竞合的一种，它既可发生在同一法律部门内部，也可发生在不同的法律部门之间。

（三）法律责任的免除

法律责任的免除又称“免责”，是指根据法律，本应承担责任但基于某种法定的主客观情况，可不再承担法律责任。

设定法律责任的免除，展现了法律责任追究的复杂情形。恰当的法律责任免除是法律正当性的要求。要注意法律责任的免除不是指“无责任”，而是有责任但免予承担；法律责任的免除不意味着引起法律责任的行为的法律属性有所改变，该行为仍是法律反对的或不赞成的。

常见的法律责任免除情形包括：时效免责、不诉免责、协议免责、诉辩交易免责、自首和立功免责以及因履行不能而免责等。

课后作业

一、关键词解释

1. 法律关系

2. 权利能力

3. 法律责任

二、选择题

1. “在法学家们以及各个法典看来,各个个人之间的关系,例如缔结契约这类事情,一般是纯粹偶然的现象,这些关系被他们看作是可以随意建立或不建立的关系,它们的内容完全取决于缔约双方的个人意愿。每当工业和商业的发展创造出新的交往形式,例如保险公司等的时候,法便不得不承认它们是获得财产的新方式。”据此,下列表述正确的是(　　)

A. 契约关系是人们有意识、有目的地建立的社会关系

B. 各个时期的法都不得不规定保险公司等新的交往形式和它们获得财产的新方式

C. 法律关系作为一种特殊的社会关系,既有以人的意志为转移的思想关系的属性,又有物质关系制约的属性

D. 法律关系体现的是当事人的意志,而不可能是国家的意志

2. 下列构成法律责任竞合的情形是(　　)

A. 方某因无医师资格开设诊所被卫生局没收非法所得,并被法院以非法行医罪判处3年有期徒刑

B. 王某通话时,其手机爆炸导致右耳失聪,可选择以侵权或违约为由追究手机制造商法律责任

C. 林某因故意伤害罪被追究刑事责任和民事责任

D. 戴某用10万元假币购买一块劳力士手表,其行为同时触犯诈骗罪与使用假币罪

3. 范某参加单位委托某拓展训练中心组织的拔河赛时,由于比赛用绳断裂范某骨折致残。范某起诉该中心,认为事故主要是该中心未尽到注意义务引起的,要求赔偿10万余元。法院认定,拔河人数过多导致事故的发生,范某本人也有过错,判决该中心按40%的比例承担责任,赔偿4万元。关于该案,下列哪一说法是正确的?(　　)

A. 范某对案件仅作了事实描述,未进行法律判断

B. “拔河人数过多导致了事故的发生”这一语句所表达的是一种裁判事实,可作为演绎推理的大前提

C. “该中心按40%的比例承担责任,赔偿4万元”是从逻辑前提中推导而来的

D. 法院主要根据法律责任的效益原则作出判决

4. 张女穿行马路时遇车祸,致两颗门牙缺失。交警出具的责任认定书认定司机负全责。张女因无法与肇事司机达成赔偿协议,遂提起民事诉讼,认为司机虽赔偿3000元安装假牙,但假牙影响接吻,故司机还应就她的“接吻权”受到损害予以赔偿。关于本案,下列哪一选项

是正确的？（　　）

A. 张女与司机不存在产生法律关系的法律事实

B. 张女主张的“接吻权”属于法定权利

C. 交警出具的责任认定书是非规范性法律文件，具有法律效力

D. 司机赔偿3000元是绝对义务的承担方式

5. 甲、乙签订一份二手房房屋买卖合同，约定：“本合同一式三份，经双方签字后生效。甲、乙各执一份，留见证律师一份，均具有同等法律效力。”关于该条款，下列哪一选项是正确的？（　　）

A. 是有关法律原则之适用条件的规定

B. 属于案件事实的表述

C. 是甲乙双方所确立的授权性规则

D. 关涉甲乙双方的行为效力及后果

6.《民法典》第186条规定：“因当事人一方的违约行为，侵害对方人身权益、财产权益的，受损害方有权选择请求其承担违约责任或者侵权责任。”该条款规定了下列哪一类法律现象的处理原则？（　　）

A. 法律位阶的冲突　　　　B. 法律责任的免除

C. 法律价值的冲突　　　　D. 法律责任的竞合

7. 甲、乙分别为某有限责任公司的自然人股东，后甲在乙知情但不同意的情况下，为帮助妹妹获取贷款，将自有股份质押给银行，乙以甲侵犯其股东权利为由向法院提起诉讼。关于本案，下列哪一判断是正确的？（　　）

A. 担保关系是债权关系的保护性法律关系

B. 债权关系是质押关系的第一性法律关系

C. 诉讼关系是股权关系的隶属性法律关系

D. 债权关系是质押关系的调整性法律关系

8. 中学生小张课间打篮球时被同学小黄撞断锁骨，小张诉请中学和小黄赔偿1.4万余元。法院审理后认为，虽然两被告对原告受伤均没有过错，不应承担赔偿责任，但原告毕竟为小黄所撞伤，该校的不当行为也是伤害事故发生的诱因，且原告花费1.3万余元治疗后尚未完全康复，依据公平原则，法院酌定两被告各补偿3000元。关于本案，下列哪一判断是正确的？（　　）

A. 法院对被告实施了法律制裁

B. 法院对被告采取了不诉免责和协议免责的措施

C. 法院作出对被告有利的判决，在于对案件事实与规范间关系进行了证成

D. 被告承担法律责任主要不是因为行为与损害间存在因果关系

9. 甲和乙系夫妻，因外出打工将女儿小琳交由甲母照顾两年，但从未支付过抚养费。后甲与乙闹离婚且均不愿抚养小琳。甲母将甲和乙告上法庭，要求支付抚养费2万元。法院认为，甲母对孙女无法定或约定的抚养义务，判决甲和乙支付甲母抚养费。关于该案，下列哪一选项是正确的？（　　）

A. 判决是规范性法律文件

B. 甲和乙对小琳的抚养义务是相对义务

C. 判决在原被告间不形成法律权利和义务关系

D. 小琳是民事诉讼法律关系的主体之一

10. 李某向王某借款200万元,由赵某担保。后李某因涉嫌非法吸收公众存款罪被立案。王某将李某和赵某诉至法院,要求偿还借款。赵某认为,若李某罪名成立,则借款合同因违反法律的强制性规定而无效,赵某无须承担担保责任。法院认为,借款合同并不因李某犯罪而无效,判决李某和赵某承担还款和担保责任。关于该案,下列哪些说法是正确的?(　　)

A. 若李某罪名成立,则出现民事责任和刑事责任的竞合

B. 李某与王某间的借款合同法律关系属于调整性法律关系

C. 王某的起诉是引起民事诉讼法律关系产生的唯一法律事实

D. 王某可以免除李某的部分民事责任

11. 赵某在行驶中的地铁车厢内站立,因只顾看手机而未抓扶手,在地铁紧急制动时摔倒受伤,遂诉至法院要求赔偿。法院认为,《民法典》规定,被侵权人对损害的发生有过失的,可以减轻经营者的责任。地铁公司在车厢内循环播放"站稳扶好"来提醒乘客,而赵某因看手机未抓扶手,故存在重大过失,应承担主要责任。综合各种因素,法院判决地铁公司按40%的比例承担赔偿责任。对此,下列哪些说法是正确的?(　　)

A. 该案中赵某是否违反注意义务,是衡量法律责任轻重的重要标准

B. 该案的民事诉讼法律关系属第二性的法律关系

C. 若经法院调解后赵某放弃索赔,则构成协议免责

D. 法官对责任分摊比例的自由裁量权不受任何限制

12. 许某与妻子林某协议离婚,约定8岁的儿子小虎由许某抚养,林某可随时行使对儿子的探望权,许某有协助的义务。离婚后两年间林某从未探望过儿子,小虎诉至法院,要求判令林某每月探视自己不少于4天。对此,下列说法正确的是(　　)

A. 依情理林某应探望儿子,故从法理上看,法院可判决强制其行使探望权

B. 从理论上讲,权利的行使与义务的履行均具有其界限

C. 林某的探望权是林某必须履行一定作为或不作为的法律约束

D. 许某的协助义务同时包括积极义务和消极义务

三、材料论述题

《汉穆拉比法典》第17条规定:"自由民于原野捕到逃亡之奴婢而交还其主人者,奴主应以银二舍客勒酬之。"第18条规定:"倘此奴隶不说其主人之名,则应带至官廷,然后调查其情形,将其交还原主。"《十二铜表法》第4表第2项规定:"家属终身在家长权的支配下。"第3项规定:"家长如三次出卖其子的,该子即脱离家长权而获得解放。"第5表第8项规定:"获释奴未立遗嘱而死亡时,如无当然继承人,其遗产归恩主所有。"第8表第3项规定:"折断自由人一骨的,处300阿斯的罚金;如被害人为奴隶,处150阿斯的罚金。"

1789年《法国人权和公民权利宣言》第1条规定:"在权利方面,人们生来是而且始终是

自由平等的。”第6条规定:“在法律面前,所有的公民都是平等的,故他们都能平等地按其能力担任一切官职、公共职位和职务……”

1946年12月6日联合国大会通过的《国家权利义务宣言》规定:“各国对其管辖下之所有人民,有不分种族、性别、语言或宗教,尊重其基本自由之义务。”1948年12月联合国大会通过的《世界人权宣言》中明确规定,“一个人人享有言论自由和信仰自由并免予恐惧和匮乏的世界的来临,已被宣布为普通人民的最高愿望”,“人人有权享有生命、自由和人身安全”,“任何人不得使为奴隶或奴役;一切形式的奴隶制度和奴隶买卖,均应予以禁止”。

我国《宪法》第33条规定,“中华人民共和国公民在法律面前人人平等”;“国家尊重和保障人权”。《民法典》第14条规定:“自然人的民事权利能力一律平等。”

[**要求**]根据以上材料,结合人类历史的发展,分析关于法律关系主体资格规定的历史演变过程,并讨论可以从中获得哪些启示。

课后参阅论文

1. 王涌:《法律关系的元形式》,载《北大法律评论》(第1卷第2辑),法律出版社1999年版。
2. 余军、朱新力:《法律责任概念的形式构造》,载《法学研究》2010年第4期。
3. 谢鸿飞:《论创设法律关系的意图》,载《环球法律评论》2012年第3期。
4. 郑智航:《从互惠性到宽容性:法律责任构造逻辑的嬗变》,载《山东大学学报(哲学社会科学版)》2018年第2期。
5. 黄建武:《法律关系:法律调整的一个分析框架》,载《哈尔滨工业大学学报(社会科学版)》2019年第1期。
6. 唐晓晴、陈怡:《法律关系理论的传播脉络与争议焦点》,载《国家检察官学院学报》2019年第5期。
7. 刘俊海:《信用责任:正在生长中的第四大法律责任》,载《法学论坛》2019年第6期。
8. 周安平:《法律责任的道德类型》,载《学术界》2020年第3期。
9. 陈锐:《法律关系理论溯源与内容重塑》,载《政法论丛》2020年第6期。
10. 蔡宏伟:《“法律责任”概念之澄清》,载《法制与社会发展》2020年第6期。

延伸阅读

将法律关系作为一个法学基本范畴,是历史法学派的主要代表萨维尼在其经典文献《当代罗马法体系》(朱虎译,中国法制出版社2010年版)中作出明确阐述的。第二章。美国法学家霍菲尔德对传统法律关系理论的重塑影响巨大。参见[美]霍菲尔德:《基本法律概念》(张书友编译,中国法制出版社 2009 年版)。关于责任、义务、制裁的法哲学理论,英国当代法学家哈特的创见值得我们认真学习和反复研读。参见[英]哈特:《法律的概念》(第三版)(许家馨、李冠宜译,法律出版社 2018 年版)第五章、第八章、第十章。

第十一章　法　　系

知识结构图

- 法系
  - 概述
    - 释义
    - 划分标准
    - 基本分类
      - 穗积陈重（日）：七大法族论
      - 达维德（法）：三个主要法系
      - 茨威格特（德）：八个法系
  - 大陆法系与英美法系
    - 释义
    - 地理分布
    - 特征
      - 大陆法系
        - 强调私法与公法之间的区分
        - 强调理性与哲理的指导作用
        - 法学家在立法中的重要作用
        - 法律法典化及其独特的法源
      - 英美法系
        - 判例法为主的独特法源
        - 法官在制度创新和社会变革中的重要作用
        - 法律的务实性以及经验主义基础
        - 注重程序，实行对抗制诉讼
    - 演变及发展趋势
      - 法律渊源
      - 法典化问题
      - 法律的分类
  - 其他法系
    - 伊斯兰法系
      - 概念
      - 地理分布
      - 发展过程
        - 创立和形成时期
        - 全面发展时期
        - 停滞时期
        - 改革时期
      - 渊源
        - 《古兰经》
        - 圣训
        - 法学家的论述（公议）
        - 类比（格亚斯）
      - 特征
        - 原则上的不变性
        - 法学家的法律
        - 法律与宗教合一
    - 中华法系
      - 概念
      - 特征
        - 维护专制制度和宗法等级特权
        - 以儒家思想为指导
        - 重刑轻民、诸法合体的法律传统
        - 具有统一性和封闭性

第一节 法系概述

一、法系释义

所谓法系(law family),又称“法律家族”,是法学家对世界各国法律进行分类的一个常用概念,具体指具有共同历史传统和相似外部特征的若干个国家和地区的法律制度的总称。

世界上每一政治社会至少有一种在其内部实施的法律制度或法律体系,其中不同地方的法律制度之间也有相似的地方。比较法学家根据这些法律制度的历史传统以及它们在法律渊源、法律方法和立法技术等方面所具有的相似性,把世界上的法律制度划分成不同的法系。

划分法系的标准是法律的历史传统以及在其影响下形成的外部特征。而法学家们对法律历史传统或法律文化的不同理解,导致了对世界法系的不同确认和划分。

二、法系的基本分类

有一种观点认为,世界上有多少种文明,就有多少种法律文化,也就有多少种法律体系,这是以文化为标准的一种划分。早在 1884 年,日本东京大学法学教授穗积陈重就发表文章,将世界各国法律划分为五族:印度法、中国法、伊斯兰法、英国法和罗马法;1904 年,穗积陈重教授又在原来提出的五个法族基础上,增补了斯拉夫法和日耳曼法,从而划分为七大法系。穗积陈重的七大法族论,比同时代的比较法学家的分类更能够反映这个世界法律的多样性,对东西方法律文明给予同等的重视,这更符合比较法学的基本精神。第二次世界大战以后,法国的达维德(Rene David)和德国的茨威格特(Konrad Zweigert)。对法系的划分最引人注目。前者认为,当代世界有三个法系占主要地位,即罗马—日耳曼法系、普通法法系、社会主义法系,此外,还存在诸如伊斯兰法、印度教法、犹太法以及远东法(中国和日本)、撒哈拉沙漠以南非洲的法律;而后者则主张,当代世界法律可以分为以下八个法系:罗马法、日耳曼、北欧、普通法、社会主义、伊斯兰、远东、印度教。[1]

在主要法系的基础上,还可以进一步划分“支系”或“法域”。比如,大陆法系是以法国和德国为主的,所以可以分为法国法和德国法两个支系:前者包括拉丁语系国家,后者包括日耳曼语系各国,即德国、奥地利、瑞士、荷兰;而英美法系是以英国和美国为主的,可以分出英国法和美国法两个支系。

也有的国家或地区可能兼有两个法系特征,属于“混合法系”(mixed or hybrid systems)。

---

〔1〕 沈宗灵:《比较法研究》,北京大学出版社 2004 年版,第 56 页。

第二节 大陆法系

一、大陆法系释义

大陆法系,也称罗马—日耳曼法系、民法法系、法典法系,是指以古罗马法为基础、以19世纪初《法国民法典》为历史传统而产生和发展起来的国家和地区法律制度的总称。

大陆法系的产生以古罗马法为基础,其形成经历了自罗马法复兴至19世纪的长期发展过程。在此过程中,它也受到了罗马法以外的其他法律的影响,如日耳曼法、习惯法、教会法、商法、封建法及城市法等。同时,大陆法系的形成与一些历史事件也是不可分的,如中世纪罗马法的复兴、18世纪法国革命及其理性主义思潮的冲击、19世纪欧洲大陆的法典编纂,特别是19世纪初《法国民法典》和19世纪末《德国民法典》的编纂,这些事件的发生对大陆法系的发展起到了巨大的推动作用。

二、大陆法系的地理分布

大陆法系是西方两大法系之一,它的分布范围极为广泛,以欧洲大陆为中心,遍布全世界广大地区。这一法系以法国和德国为主,这两个国家的法律都是以罗马法为基础,它们的法律和法律思想对大陆法系的形成具有重要作用。其中,最为著名的是1804年《法国民法典》。法国的几部法典曾被强加给比利时和卢森堡,并被荷兰、意大利、西班牙各国借鉴和仿效。

法国民法典对欧洲以外广大地区也有重大影响。在亚洲、非洲中南美洲,由于法、西、葡、荷诸国的殖民征服和对外扩张,这些地区都接受了法国民法典的模式。

德国在诉讼法和行政法方面深受法国法律的影响,但其在19世纪末制定的民法典与法国民法典有很大差别。德国民法典是在法国民法典制定了几乎一个世纪后才出现的,当时许多国家都已仿照法国模式,由于德国民法典及其"学说汇纂派"(Pandectist)的法律思想的特色,这一法典较难取得法国民法典那样的优势。"即使德国民法典并不较迟出现,它的高度技术性和极端复杂性大概也使它在其他地区的移植发生困难。"[2]但德国民法典对1896年和1898年《日本民法典》、1916年《巴西民法典》、1940年《希腊民法典》,以及韩国和中国国民党政府时期的《民法典》都有影响。

以法德两国为代表的大陆法系,特别是《法国民法典》,对其他地区之所以有重大的影响,一方面是由于法国对其他国家或地区的军事占领,以及法、西、葡、荷的殖民征服;另一方面也是由于《法国民法典》本身的吸引力。

苏格兰虽然属于英国,但它的法律在历史上却与英格兰不同,受罗马法影响较大,因而

---

〔2〕 转引自沈宗灵:《比较法研究》,北京大学出版社2004年版,第67页。

它的法律可谓大陆法系和普通法法系的混合。

北欧各国即挪威、瑞典、丹麦、芬兰和冰岛的法律,因其独特的特征被学者们称为斯堪的纳维亚法系,既不同于大陆法系也不同于普通法法系,但相比之下,更接近于大陆法系。

在美洲,西、葡、荷、法四国的前殖民地地区,一般推行大陆法系传统。有些曾是欧洲大陆国家的殖民地后又转归英国和美国管辖的一些地区,如波多黎各、美国路易斯安那州、加拿大魁北克省的法律,都成为大陆法系和普通法法系相互渗透的产物。美国的佛罗里达、加利福尼亚、新墨西哥、亚利桑那、得克萨斯等州,以前虽是法国、西班牙的殖民地,但以后的法律制度仅在某些方面(如家庭财产法领域)仍有法国、西班牙法律的痕迹。总的来说,这些州的法律属于普通法传统。

在亚洲,土耳其自第一次世界大战以来的法律属于大陆法系范围的法律,近东一些阿拉伯国家(如叙利亚、伊拉克、约旦等国)的法律可以说是大陆法系和伊斯兰教法的混合。日本自 1868 年"明治维新"以来的法律以及泰国等国法律通属大陆法系,但日本自第二次世界大战结束后的法律又受到了美国法律的强烈影响。菲律宾由于曾先后沦为西班牙和美国的殖民地,它的法律也带有两大法系混合的特色。印度尼西亚由于遭受荷兰殖民统治,它的法律深受荷兰法的影响,又兼有伊斯兰教法的因素。

在非洲,如刚果、卢旺达、布隆迪等国法律,由于以前殖民地的历史,属于大陆法系;埃塞俄比亚的法律与大陆法系极为接近。南非曾先后是荷兰和英国的殖民地,因此,南非及其毗邻的津巴布韦、博茨瓦纳、莱索托和斯威夫兰等国的法律也成为西方两大法系的混合物。北非各国的法律,如阿尔及利亚、摩洛哥和突尼斯等阿拉伯国家的法律,由于与法国、意大利的历史相关,兼具大陆法系和伊斯兰教法两种因素。

大陆法系是历史发展的产物,经历了长期的形成过程。大体上说,它源于古代罗马法;在中世纪中期,随着罗马法在欧洲大陆的复兴,它在与教会法、习惯法和商法相互影响下发展;17~18 世纪,特别在法国革命以及古典自然法的理性主义思潮的刺激下,又进一步发展;在 19 世纪,随着法典编纂运动在欧洲大陆的广泛开展以及这一法系的影响超出欧洲大陆而扩展到世界广大地区,这一法系终于成为世界主要法系之一。

三、大陆法系的特征

(一)强调私法与公法之间的区分

大陆法系法律最初的基本分类是公法和私法,此划分为罗马法首创。但在罗马公法与私法的发展进程中,私法要发达得多,故今言之罗马法,主要指私法而非公法。公法与私法的区分,秉承西方"恺撒之物当归给恺撒,上帝之物当归给上帝"(Give therefore to the emperor the things that are the emperor's, and to God the things that are God's)的二元论精神,使公权与私权有了明显的界线,能够各得其所。此后,古罗马关于公—私法划分的理论与实践为后世西方一些法学和法律制度所继承,并成为大陆法系的主要分类方法之一,对于人的权利的保障具有划时代的意义。罗马公权相对较弱,个人权利不易受到侵害,法律的主要功能是对私权利无微不至的保护,而不是对国家公共权力的限制。北方蛮族在入侵西罗马帝国后,在建国的过程中将原来的部落习惯逐渐发展成为日耳曼法。在彼时的欧洲,采邑领主制盛行,国王和大小领主以及骑士形成权力金字塔,正所谓“我的领主的领主不是我的领主,我的附庸的附庸也并非我的附庸”。[3] 同时,这个金字塔式的权力机制在相当的程度上限制了皇帝的权威。为了促使所有居住在国王领域之内的人服从国王的权威,国王大力鼓励城市的发展。城市被定义为“自由”的领地,居住在城市里的人无须服从封建领主,他们只须直接听命于国王就可以了。[4] 而从某种意义上来说,正是这种泾渭分明的法律地位使个人的私权利在相当程度上得到了有效的保护。与此同时,以《圣经》为主要渊源的教会法强调上帝面前人人平等,诚实信用,以及交易安全;并在私法的婚姻、家庭和继承方面对后世产生了深刻影响。文艺复兴以来,以人为本的思想深入人心,使近代的私法从制度方面得到完善。如果说法国民法典树立起了权利的旗帜,德国民法典则书写了权利的新篇,那么日本民法典则成为继受的典范。总之,近代私法对私权利的保护得到进一步加强。

（二）强调理性与哲理的指导作用

罗马法对整个欧洲大陆的影响极为深远,随着殖民扩张,其影响又被扩展到了美洲、非洲、亚洲许多国家和地区。罗马帝国早已灰飞烟灭,罗马法何以绵延千余载而生生不息？这就要归功于罗马法的精神支柱,也是构成大陆法系哲学传统的基本精神——理性主义。在西方哲学史上,理性是指人所内在具有的区别于感性的认知、行为方式的另外一种认知方式和对行为控制驱动的思维模式。[5] 现代西方文明的两个源泉之一的希腊文化,尤其是其自然法思想,给予了欧洲大陆法律以启迪。古希腊的自然法思想经过西塞罗等古罗马思想家的引入,成为诠释罗马法的基本方式,而罗马法也借助自然法思想形成体系。中世纪,虽然哲学成为神学的婢女,但是经过经院哲学家托马斯·阿奎那等人的努力,理性的光辉仍时时显现。中世纪后期,随着商品经济的发展,罗马法开始复兴,逐渐成为调整人们交往关系的重要规范。启蒙运动时期,现代自然科学的胜利让现代人重拾理性的信心,在政治法律领域,启蒙思想家建构了完整而体系化的古典自然法学说,试图以理性为基础编纂法典,这成了大陆法系的精神支柱。可以说,大陆法系所倚重的理性主义的载体就是自然法思想,而这一思想传统贯穿了整个西方法律思想史。从早期斯多葛学派到西塞罗,从阿奎那到洛克、卢梭、孟德斯鸠,自然法被认为是由理性所认识的人的自然本性的必然要求。

（三）法学家在立法中的重要作用

大陆法系国家,由于秉持理性主义思维方式并深受自然法思想的影响,法被看作正义观念的直接体现,是公认的权利义务体系。因而,在立法上,大陆法系首先要考虑的是法律背后的正义观念与抽象原则,而这些内容体系化地展现在法学家的法律学说当中,就此而论是法学家在指导着立法。另外,古希腊思想家亚里士多德创设的演绎法也让法学家在立法中扮演更重要的角色。演绎法的前提假设是所有具体规则都是从一般性原理中推导出来的,因而人们在现实生活中遵守的具体规则也都要从更一般的规则中推导出来,而能进

[3] [法]马克·布洛赫:《封建社会》(上卷 依附关系的成长),张绪山译,商务印书馆2004年版,第四编。
[4] [美]塔玛尔·赫尔佐格:《欧洲法律简史》,高仰光译,法律出版社2019年版,第二部分。
[5] [美]罗伯特·所罗门:《大问题 简明哲学导论》,张卜天译,广西师范大学出版社2004年版,第167～168页。

行这种推导的只有法学家。这种推导经由斯多葛学派传给古罗马法学家并运用于罗马法,中世纪的经院哲学家们也乐此不疲广为运用。

在法的观念上,人们认为理性是唯一可靠的认知方法,通过理性力量,人们可以发现一个理想的法律体系,这就是法典编纂的基础。从这里我们可以看到,法学家的作用至关重要。远在古罗马时代,乌尔比安等法学家就在一定程度上起着立法者的作用,他们的学说可以直接用于司法断案,具有和皇帝敕令同等的法律效力;而大陆法系的许多基本原则,就是大学里的法学家们提出的,例如中世纪的注释法学派、评论法学派,17 世纪古典自然法学家的理论以及德国的学说汇纂派的理论,都对大陆法系的形成与发展起到了重大作用。

(四)法律法典化及其独特的法源

有无法典存在并非区别大陆法系和英美法系的依据。大陆法系大多数国家固然有法典,但在英美法系国家中,系统化的法典也充斥着各个法律部门。从表面上看,此法典与彼法典并无不同。那么,如何看待法律法典化是大陆法系的特点?这就要从大陆法系的法律观念来理解并弄清它为什么要通过法典的形式表现出来,借此我们就可以理解“法典化”在大陆法系中的独特意义。

纵览大陆法系发展的历程可以发现,大陆法系的形成大都是与富有激情的法律改革思想同步的。在其发展的各个阶段,都有一种革命性的思想支配着法律的变更,这种革命性的思想对法典成为大陆法系的核心和支柱起到了决定性的作用。无论是查士丁尼的《民法大全》、法国的《拿破仑法典》,还是德国的民法典,概莫能外。法典成为革命成功的某种象征,或者说革命的成果要用法律的形式确定下来。与此相对照的是,在英美法系适用法典的地区,人们并不将法典视为一种奠定新秩序、展示新规则的神圣之物,法官更多的是在过往历史的判例中寻求断案的依据。或者说,这些法典并不是要否定过去的法规,它们仅仅是通过补充而使过去的规则更加完善,体现的是一种保守的倾向。当然,大陆法系法典中的“革命”也不可能彻底清除过去法律传统的影响,这些法典中散发着浓厚的传统气息。

第三节 英 美 法 系

一、英美法系释义

英美法系,又称普通法法系、海洋法系、英国法系,是指以英国中世纪的法律,特别是以普通法为基础产生与发展起来,以英国法和美国法为代表,以及在英美法律传统的影响下所形成的、具有共同外部特征的各个国家与地区的法律制度的总称。

普通法是指发轫于英格兰,由拥有高级裁判权的王室法院依据古老的地方性习惯或是理性、自然公正、常理、公共政策等原则,通过“遵循先例”(stare decisis)的司法原则,在不同时期的判例基础上发展起来、具有司法连贯性并在一定的司法共同体内普遍适用的各种原则、规则的总称。普通法法系以英国的普通法为基础。在英国的法律传统中有三种法律,即普通法、衡平法和制定法，其中普通法最早发展起来并一直对英国法律传统产生着重大影响，衡平法和制定法对普通法法系的形成也有影响，但不及普通法。普通法法系以英国法为基础，但英国法（English Law）这一用语，广义上可以泛指大不列颠及北爱尔兰联合王国，即包括英格兰、苏格兰、威尔士和北爱尔兰四个地区法律的总称；狭义上仅指英格兰和威尔士的法律，而不包括苏格兰，1707年苏格兰在与英格兰合并前，曾依靠罗马法建立了自己独特的法律制度。尽管在现代，苏格兰法已受英格兰法很大影响，但它仍然以罗马法或民法的原则以及教会的、封建的和习惯法渊源的规则作为基础，这使它与英格兰法在形式和实质方面有很大差别。可以说，在很多方面，苏格兰法处于大陆法系与普通法法系之间的中间地位。

美国法律作为一个整体而言，属于普通法法系，但它有不同于英国法的很多特征。就像大陆法系以法、德两国法律为代表，分为两个支系一样，普通法法系可以英、美两国法律为代表，分为英国法和美国法两个支系。〔6〕

二、英美法系的地理分布

自17世纪英国开始对外进行殖民扩张以后，英国法也随之在英国国外传播。18～19世纪，英国法本身经历了重大改革，逐步从封建法律转变为资本主义法律。与此同时，它对英国国外的影响也随着英国殖民扩张的急剧发展而伸展到美洲、亚洲、大洋洲和非洲的广大地区，普通法法系作为世界主要法系之一的地位也随之确立。

在这些殖民地或附属国地区，英国法的影响主要通过以下这些形式进行：一是强行实施英国的法律（包括判例法和制定法）；二是通过英国殖民当局官员、英国移民或殖民地中受过英国法训练的人，在殖民地附属国地区建立以英国法为模式的，适合当地情况的法律制度；三是英国殖民当局有意识地保留了该地区原有的一些法律制度，使其与英国法传统相互并存。例如，在加拿大的魁北克省仍保留原有的大陆法系传统，在某些亚、非地区仍保留古老的习惯法、宗教法（如印度教法、伊斯兰教法）传统，从而使这些地区的法律逐步演变为普通法法系和其他法律传统的混合物。

现在，英美法系的分布范围大体上包括英国本土（苏格兰除外）、爱尔兰以及曾作为英国殖民地、附属国的许多国家和地区，其中包括美洲的加拿大（魁北克省除外）、美国（路易斯安那州除外），大洋洲的澳大利亚、新西兰，亚洲的印度、巴基斯坦、孟加拉、缅甸、马来西亚和新加坡，非洲的塞拉利昂、加纳、尼日利亚、肯尼亚、乌干达和坦桑尼亚等。苏格兰、美国路易斯安那州和加拿大魁北克省以及南非和以色列则属于普通法法系与大陆法系交织的混合法国家。印度教法（Hindu law）和伊斯兰教法在印度、巴基斯坦等国的法律中也有不同程度的影响。

英国法学家戴西（亦译戴雪，A. V. Dicey）曾认为，英国普通法在世界上的扩展有三种

---

〔6〕［英］戴维·M. 沃克等：《牛津法律大辞典》，李双元等译，法律出版社2003年版，“Civil law and Common law”词条。

类型:第一种是“被种植”(seeded,如印度、中国香港);第二种是“被移居”(settled,如美国);第三种是“被征服”(conquered,如南非)。[7] 至于具体的形式,德国比较法学家茨威格特和克茨的分析是比较合适的。他们认为,从历史角度来看,人们可以将英国殖民地分作两类:一类包括在殖民者第一次移居时尚未由人占有或仅由尚处于文明发展早期、政治上未组织的土著人所占有的地区,这些殖民地可称为“被移居殖民地”,如澳大利亚、新西兰和北美。一般地说,新移民者自动地在那里适用普通法。另一类包括其土地已由土著贵族或其他欧洲殖民国家所控制,它们又通过征服或割让而处于英国控制之下的地区,可称为“被征服”或“被割让”殖民地,如英国对法属加拿大领地和对荷兰所属南非领地的控制。在这些殖民地,英国一般并不立即取缔原有法律,因而使这些地区的法律以后逐步变成几种法系交织的“混合”法律。

三、英美法系的特征

(一)判例法为主的独特法源

毋庸置疑,判决会产生“已决事项不再理”[8]的司法效力。在英美法中,判决还具有进一步的司法效力:一项判决可以成为先例,在法律渊源的意义上对以后相同或相似的案件具有或强或弱的拘束力。这种效力使判例在英美法的创制与发展上具有非常重要的意义。人在行为处世时,有自觉或不自觉地遵从权威或效法前人的倾向,这种倾向反映在司法实践中就是遵循先例,其意指支持先例并且不侵犯已确立的法律论点(to stand by precedents and not to disturbs settled points)。对于遵循先例最常陈述的正当理由是卢埃林(Karl Liewellyn)所说的“所有人在类似状况皆应受到类似的待遇”,即所有人在类似状况得同等待遇,能够减少恣意和偏见,并且让当事人从类似的先例中找到依据。[9] 判决成为先例之日,就是它获得权威之时。也就是说,高级法院所作的现行判决,或者一般地说,同级法院所作的现行判决,如果它所确立的原则是清楚的、确定的,并且可以适用当前案件的事实,这些判决无论法官们喜欢与否,都具有拘束力。继而,法官通过司法判例创立和发展了判例法。在英美法系中,作为法律渊源的判例法是与制定法相对应的概念,包括普通法与衡平法。无论是一开始因为法制统一的需要而产生的普通法,还是之后作为普通法之补充而出现的衡平法,都表现出逐案处理的特点,但它绝对不是随心所欲的。公平和正义的观念孕育了对相同案件同样对待的基本原则。所以,尽管没有法典,法官们还是发现了使自己判决有法律依据的途径:依照法院系统的一定等级,遵循上级法院对相似案件所做的判决。在一定意义上,法官充任了造法者的角色,因而,判例法又被称为“法官造法”(judge – made – law)。

---

[7] 沈宗灵:《比较法研究》,北京大学出版社 2004 年版,第 171 页。

[8] 已决事项不再理(res judicata)原则,是指一个有管辖权的法院如已对一项争端作出了终局裁决,那么因同样原因提起诉讼就不应受理。

[9] [美]伯纳姆:《英美法导论》,林利芝译,中国政法大学出版社 2003 年版,第 47 页。

（二）法官在制度创新和社会变革中的重要作用

必须指出的是，英美法系的许多制度创新和社会变革都是通过司法而非立法完成的。在制度创新方面，如信托制的产生、侵权行为归责原则的变迁、商法制度的引进、违宪审查制度等，都是通过法官的具体判例确立，尔后由继任者予以遵循。[10]

在社会变革方面，如法治传统的确立、对于国王专制的制约等，也是法律共同体奋力抗争的结果，其中，法官可谓功莫大焉。英美法素有“法官法”之称。在西方许多国家中，法官须从优秀且资深的律师中选任，因而法官具有更高的素质和能力。英美法系国家中法官的地位更是崇高而显赫，他们既具有扎实的理论基础，更具有丰富的司法实践经验。同时又由于英美法系国家实行遵循先例的原则，对法官通过司法判例创立起来的法律非常推崇，因此形成法官在法律体系的形成中扮演重要角色的局面。自普通法形成之初，援引先例的局面就相当普遍，至 19 世纪末，遵循先例的原则正式确立。法官们在审判中追随其前辈，用同样的方法和原则判决类似的案件。当受理的案件有不同因素时，法官们又通过对其进行扩大或限制性解释，从而发展先例中的规则。如果案件是全新的，无任何先例可循，法官就可以创造先例，进而又为以后的案件提供先例。因而每一类相似的案件判决都形成了前后联系的链条，保证了英国法制的统一性和稳定性。但要注意，遵循先例并不是遵循判决本身，而是其中的法律原则。英美法系把法官造法称为发现法律，法官的判决起着立法的作用。法官造法是法官共同经验的产物，这与英国人坚守经验主义立场有关。霍姆斯为此做了一个最恰当的注解：“法律的生命不是逻辑，而是经验。”[11]这也反映了法官对法律历史的尊重和保守主义（conservatism）的传统。

（三）法律的务实性及其经验主义基础

由恩培多克勒开启的经验主义在英国结出了丰硕成果。16 世纪，科学的兴起使作为经验主义重镇的英国，再度掀起了经验主义的高潮。温和的经验主义者培根（Francis Bacon）在科学实验中，强调感性经验在认识中的作用。激进的经验主义者穆勒（John Stuart Mill）更是将经验主义推向了极致。而英国法本身更是一种实践经验的产物，它不对法律进行形而上的分析，而是专注于法律的经验性运用。英国法学家认为，对法律进行多方面描述的前提必须首先承认它的社会实践性。英国盛行经验主义，关于法律的知识不是从事先的理性设计出发，而是从以往的习惯和经验习得的，而这种习得的方式也不像大陆法系国家那样通过系统的学院学习，而是通过行会式的培训磨炼积累而成，后者的特点便是经验的不断积累。

被经验主义深深浸淫的英美法的一个显著特征就是它的务实性，而最能体现这个特征的一个例证就是英美法系中的信托制度。信托制度是英国法所固有的法律制度，信托法是英国法的显著标志和特征。信托是一种代人理财的机制，其实质是一种关于财产转移与管理的设计与安排。而此制度设计的初衷竟然是规避法律。也就是说，用益权对法律的规避

---

〔10〕　刘兆兴主编：《比较法学》，社会科学文献出版社 2004 年版，第 346 页。

〔11〕　［美］霍姆斯：《普通法》，冉昊、姚中秋译，中国政法大学出版社 2006 年版，第 1 页。

主要是:用以规避长子继承,使土地持有人能够按自己的遗嘱自由处置自己的地产;用以规避法律上禁止将土地赠与教会的规定;用益权可以使土地占有人的地产逃避因占有人犯重罪而被没收;设立用益权可以使土地占有人逃避债权人的追索。基于此,用益权在英国迅速流行。从不为普通法承认到寻求衡平法的保护再到《用益权法》(1535 年)颁布,用益权合法化;从 1634 年 Sambach v. Dalston 案例到 1925 年《财产法》颁布,用益概念统一于信托概念中,现代信托制度得以最终确立。随着社会的昌明与进步,信托制度也得到了极大发展,功能与品种日渐创新,如对世界现代信托制度影响最大的单位信托制等。这种制度先后传入美国、日本、韩国,影响至深。

(四)注重程序,实行对抗制诉讼

英美法系的重程序传统是指以司法救济为出发点而设计运行的一套法律体制。这区别于以立法为中心的大陆法系。以救济为中心意味着只有在权利义务的平衡被打破时法律才出面干预、救济,而在此之前法律似乎并不关心权利义务的具体分配。可以说,英美法系并不排斥大陆法系的相关内容,它与大陆法系的差别毋宁说是一种治理观念和出发点上的差别,一个力图为每一种行为提供模式,另一个则将行为方式的选择权交给当事人而只在行为模式的选择出现偏差时予以纠正。英美法系国家一开始就注重诉讼程序和程序法。其中一个亮点就是对抗制诉讼。对抗制诉讼,又称辩论式诉讼或当事人主义诉讼,其特点是在民事、刑事案件中,当事人双方及其律师通过在法庭上的辩论和询问证人澄清事实。法官不主动询问证人和收集证据,而是站在中立的立场上充当冲突双方的公断人。可以说,对抗制诉讼是英美法中最具特色的制度之一。英美法的对抗诉讼由来已久,对抗制诉讼源于英国古老的诉讼程序。在近现代的司法改革中,以令状制(有人曾概括为无令状无权利,无权利则无救济。也可以说,救济先于权利,即 remedies precede rights)为基础的传统诉讼形式被废除了,但对抗诉讼方式却被保留下来,并被赋予新的含义与意义,此后又深深影响了美国的诉讼制度。

自古以来,公正是人类孜孜不倦的追求,但在许多国家长久以来,人们更多地关注终极结果即实体公正,导致这一结果的程序常常被有意无意地忽略了。英美法的基础和核心——普通法素以注重程序而著名。尽管近现代的司法改革主要针对烦琐、僵化、复杂的程序,但程序中的合理内核——对抗诉讼却得到了发展。这是因为程序公正维护实体的正当性,而且程序公正本身的独立价值非常必要。对抗制作为程序法的一部分,能够保障当事人的权利得以充分实现。

四、两大法系的演变及发展趋势

两大法系虽然在法律思维方式、对于司法先例的约束力、对制定法的解释等方面存在差别,但也不应将这种差别看作绝对的,因为这不符合它们后来的发展和现状。

当代,在全球化的背景下,经济区域一体化、政治多元化的进程不断加速,两大法系的各国法律在法律技术、法律方法等方面有不断靠拢的趋势。主要表现归纳如下:

1. 在法律渊源上,按照传统,大陆法系是以制定法为主,英美法系则以司法判例为主。

但之后演变成在大陆法系中,判例作用日益显著,特别在行政法方面;在英美法系国家,制定法日益增多,形成制定法与判例法并重和相互作用的局面。

2. 在法典化问题上,大陆法系在传统上实行法典化,也就是将基本法律编纂为系统的法典,英美法系在传统上不采用法典形式。但后来发展成英美法系也有少数法律采用法典形式;大陆法系的一些重要法律部门(如行政法和劳动法)并未采用法典,尤其是在第二次世界大战后,更多地采用单行的、较灵活的议会立法或行政法规。

3. 在法律的分类上,大陆法系有公、私法之分,英美法系则无此划分而存在普通法与衡平法之分。随着国家加强对社会和经济生活的干预,兼具公私法性质的法律日益增多。英美法系国家的法学中也逐渐倾向于公、私法之分。

第四节 其他法系

一、伊斯兰法系

(一)伊斯兰法系的概念及其地理分布

伊斯兰(al - Islam)[12]教是世界三大宗教之一,又称穆斯林(Muslim)[13]教,是公元7世纪阿拉伯先知穆罕默德所创、所传的一种宗教。伊斯兰教现拥有一百个左右的国家和地区的大量教徒。伊斯兰法是源于神的启示的规则的总体,泛指以伊斯兰教义为基础的法律,而伊斯兰法系则是指所有伊斯兰教法[14](伊斯兰法)的总称。它支配一切生活领域,而不仅是有关国家和社会的领域。

伊斯兰教随着阿拉伯部落的扩张而传播,具体分布情况是:阿拉伯文明发祥之地阿拉伯半岛,也就是包含沙特阿拉伯、科威特、伊拉克、巴林、阿曼、也门、阿联酋等国,这是伊斯兰法系的传统的也是最重要的区域;阿拉伯半岛以东的西亚和中亚,包括伊朗、阿富汗、乌兹别克斯坦、吉尔吉斯斯坦、哈萨克斯坦、塔吉克斯坦、土库曼斯坦以及阿塞拜疆等国;喜马拉雅南麓的巴基斯坦以及东南亚的印尼、马来西亚、文莱等国;撒哈拉沙漠以北的北非,如埃及、突尼斯、利比亚、阿尔及利亚、摩洛哥等国;撒哈拉沙漠以南地区,如索马里、乌干达、塞内加尔、塞拉利昂、坦桑尼亚、埃塞俄比亚等国。[15] 此外,东南欧、北美也有相当数量的穆斯林,这多半是现代以来进行移民的结果。

(二)伊斯兰法系的发展过程及渊源

伊斯兰法系的发展过程分为四个时期:(1)创立和形成时期。此时期为7世纪早期,也称为穆罕默德时代。在这个时代,犹太教处于瓦解和分散状态,基督教会也处于最低潮时

---

〔12〕 意为“顺服唯一的神”。

〔13〕 意为“信徒”。

〔14〕 以《古兰经》为基础形成并发展。

〔15〕 在这些国家中,穆斯林人口比例各有不同,有些地方是多种宗教并存。

期。从穆罕默德到第三任哈里发,随着《古兰经》正式定本和圣训开始传述,伊斯兰法系正式形成。(2)全面发展时期。此时期为从8世纪中叶到13世纪,同时期的基督教欧洲正处于中世纪的黑暗时代,伊斯兰法却向东西方迅速扩张,阿拉伯人在那个时代创造的辉煌文明至今可以见到。在法律方面,圣训、公议、类比成为伊斯兰法的重要渊源,四大法学派别也声誉日隆。(3)停滞时期。到13世纪时,欧洲的文艺复兴正在逐渐积蓄力量,伊斯兰教却趋于停滞不前,因循传统和对权威的服从,成了一种义务。从16世纪起,随着欧洲入侵者携强势的基督教的到来,伊斯兰教进一步衰落了。(4)改革时期。19世纪后期开始,随着欧洲影响的增加,伊斯兰法也开始改革。1979年伊朗伊斯兰革命以前,改革的趋向主要是西方化。而1979年以后则在不同国家和地区出现了西方化和去西方化两种趋向,这跟复杂多变的国际、区际政治息息相关。

伊斯兰法的渊源主要由四部分构成:(1)《古兰经》,或真主的启示,由穆罕默德颁布。伊斯兰教的法律体系根源于《古兰经》,如同犹太教的法律体系根源于《圣经》一样。[16](2)圣训。《古兰经》里的法律内容毕竟很少,伊斯兰教法的第二大渊源就需要从穆罕默德的训示及自身的行为中去发掘,圣训很好地体现了穆罕默德关于生活和正义的哲学,具有相当高的价值。(3)法学家的论述(公议)。作为政治首领和司法长官,穆罕默德的身体力行无疑具有强制性的感召力。但谨守教法的阿拉伯民族还具有潜在的法律天赋,因为在900年前的两个世纪里,阿拉伯人不仅将司法和法学从行政中完全分离出来,职业的法律专家阶层也已形成,经过众多法学家的不懈努力,一个精致的法律理论体系在900年时全面建立起来。因此,法学家的论述构成了伊斯兰法系的第三大渊源。进而发展出四个独立的教法派别(或学派)。(4)类比(格亚斯)。法律问题复杂多样,连法学家的一致意见也不足以应付时,类比的合法性得到一致的认可。当然类比涉及的只是对伊斯兰教法的字面解释(black letters),并非对伊斯兰法规则的创新与发展。

(三)伊斯兰法系的特征

作为最古老的、连绵不断存续了一千三百多年的宗教法系,伊斯兰法系与世俗法系相比具有以下特征:

1. 原则上的不变性。伊斯兰法的正当性的唯一根据是:伊斯兰法是神所启示的意志,它并不是以人间的法律创造者的权威为基础的。这种差异所产生的结果之一就是它在原则上是不变的。这与西方法律秩序所承认的法的内容是变化的差别明显。

2. 法学家的法律。由于神启性导致了原则的不变性,就需要用法源的多样性来克服可能产生的僵化。在这个过程中,法学家的解释、类比起到了非比寻常的作用,其结果是,伊斯兰法学家的著作成了伊斯兰法的化身。

3. 法律与宗教合一。在古代与前现代,很多伊斯兰国家采用政教合一体制。在现代,虽然许多国家实行了政教分离,但在宗教和法律的关系上,仍保持了二者的合一。换言之,法律只是宗教的一个方面,法律附属于或依赖于宗教。这方面与犹太教的律法大致相同。在

---

〔16〕[美]约翰·H.威格摩尔:《世界法系概览》,何勤华等译,上海人民出版社2004年版,第444页。

今天,由于宗教、文化认同方面的差异导致的区域紧张局势,使一些伊斯兰国家更加强化这种合一的特点。

二、中华法系

中华法系是最早产生在东亚大陆,以中国古代法律为核心的法律制度的总称。因其具有极大的典型性与示范性,故能超越国界,影响周边国家,形成以中国传统法律制度为内涵,以周边的日本、朝鲜、越南等国家的同期法律制度为外延的带有儒家特色的区域性法律系统。[17] 虽然自清末以来,中国开启了法律现代化的大门,但中华法系中的许多精髓仍对我们不断地产生着潜移默化的影响,成为中华民族复兴、崛起不可或缺的精神财富。习近平总书记指出:“自古以来,我国形成了世界法制史上独树一帜的中华法系,积淀了深厚的法律文化。中华法系形成于秦朝,到隋唐时期逐步成熟,《唐律疏议》是代表性的法典,清末以后中华法系影响日渐衰微。与大陆法系、英美法系、伊斯兰法系等不同,中华法系是在我国特定历史条件下形成的,显示了中华民族的伟大创造力和中华法制文明的深厚底蕴。”[18]

在夏、商、西周三代,中国的法律以刑为主。自周公姬旦作“礼”以来,引礼入法、礼刑相辅为用,遂成为中华法系两千多年不变之传统。早在春秋时期,法律已从习惯法向成文法,从秘密法向公开法转变。公元前536年,子产“铸刑书”[19]开创了公布成文法的实践。战国时期的商鞅“改法为律”,中华法系的法律得到重大发展。而“儒法之争”也很好地丰富了古代法律的内涵。从秦汉到清末,除某些短暂时期和个别地区外,统一一直是主流,但却是以君主专制作为政治基础的,这也是中国法律与西方国家法律在历史背景上的一个重要差别。从《秦律》到《汉九章》再到《唐律疏议》和《大清律》,法律的性质、内容无重大变化。其中,汉武帝采纳董仲舒的“罢黜百家,独尊儒术”,使儒家的法律思想垄断中国两千来年的法律领域,而我们谈到的“儒法合流”也只是在以儒为主的条件下实行的。这是一种典型的东方特色。而只有到了清末修订法律,中国的法律才开始了“西方化”的进程,与专制社会的法律相比,这种进程以及表现出来的变化,在某一方面而言是一个进步。直到清朝初年,中国的经济文化水平在亚洲都是领先的,正因如此,作为文化表征之一的法律也当然地处于领先位置。《唐律疏议》堪称中国专制社会鼎盛时期的法律精品。它也成为千百年来最受东亚、东南亚国家尊崇,被学习和移植最多的法律。譬如日本的《大宝律令》《近江律》《养老律令》,朝鲜的《高黎律》,越南的《国朝刑律》《黎朝刑律》等法典,从篇章结构到内容原则,都以《唐律疏议》为蓝本。

中华法系具有以下特征:

1. 维护专制制度和宗法等级特权。在西欧封建国家,君主权力有限,教会势力很大,教权与世俗君主之间长期争权夺利,世俗的人定法从未取得过“一重独大”的地位。而在中

---

〔17〕 郭成伟主编:《中华法系精神》,中国政法大学出版社2001年版,“绪论”。

〔18〕 习近平:《坚定不移走中国特色社会主义法治道路 为全面建设社会主义现代化国家提供有力法治保障》,载《求是》2021年第5期。

〔19〕 《左传·昭公六年》,杜预注。

国,正因为长达两千多年的专制历史,才使旧中国留给我们的,封建专制传统比较多,民主法制传统很少。[20]

2. 以儒家思想为指导。自汉武以来,儒家思想遂成为中华法系法律的精神内核。恰如一个硬币的两面,作为中华民族法律文化而言,儒家思想固有其积极因素,但其中"三纲五常"教义,轻视法律、轻视诉讼、忽视权利等思想,确实是不利于法制发展的消极因素。

3. 重刑轻民、诸法合体的法律传统。在中华法系的整个法律中,刑法居于最显赫、最重要的地位。其他一切法律,都是围绕刑律,甚至法和刑可以通约。

4. 具有统一性和封闭性。同西欧法律的分散性相比,中国法律具有统一性,从而也就相应地具有了浓厚的政治性和行政化特质。它远离世界其他国家法律之外独立发展,直至清末。

课后作业

一、关键词解释

1. 法系
2. 大陆法系
3. 英美法系
4. 伊斯兰法系
5. 中华法系

二、选择题

1. 下列有关法系与法律体系含义的表述哪些是正确的?(　　)

A. 法系是根据英国普通法(判例法)和欧洲大陆法典法的历史传统而对法所做的分类

B. 法律体系是由一个国家的宪法、行政法、民法、经济法、刑法、诉讼法等构成的内部和谐一致、有机联系的整体

C. 法系是具有同一历史传统的国家和地区的法的总称

D. 法律体系是一国之内的法构成的体系,不包括其他国家的法或完整意义的国际法

2. 大陆法系和英美法系的主要区别表现在哪些方面?(　　)

A. 法律渊源　　B. 法律是否用文字表达出来

C. 是否有法典　　D. 诉讼程序和判决程式

3. 下列有关法源的说法哪些不正确?(　　)

A. 大陆法系的主要法源是制定法

B. 英美法系的法源中没有成文宪法

[20] 《邓小平文选》(第2卷),人民出版社1994年版,第332页。

C. 不同国家的法源之间不能进行移植

D. 在法律适用过程中，一般先适用正式法源，然后适用非正式法源

4. 法系是法学上的一个重要概念。关于法系，下列哪些选项是正确的？（　　）

A. 法系是一个比较法学上的概念，是根据法的历史传统和外部特征的不同对法所作的分类

B. 历史上曾经存在很多个法系，但大多都已经消亡，目前世界上仅存的法系只有民法法系和普通法系

C. 民法法系有编纂成文法典的传统，因此，有成文法典的国家都属于民法法系

D. 法律移植是一国对外国法的借鉴、吸收和摄取，因此，法律移植是法系形成和发展的重要途径

5. 从日本现行法律制度来看，其主要传统、渊源和风格属于下列哪一法系？（　　）

A. 中华法系　　B. 罗马法系　　C. 印度法系　　D. 英美法系

6. 大陆法系和英美法系的主要区别表现在哪些方面？（　　）

A. 法律渊源　　B. 法的分类

C. 法典编纂　　D. 诉讼程序和判决程式

7. 下列哪些选项属于英美法系的特征？（　　）

A. 法院的判例、法理等没有正式的法律效力

B. 在法的基本分类中有普通法与衡平法之分

C. 在诉讼程序上采取当事人主义

D. 成文法是法的渊源之一

8.《法国民法典》和《德国民法典》均是以罗马法为基础编纂而成的，从本质和渊源上看，下列选项中的哪些表述是正确的？（　　）

A. 三者都归属于同一法的历史类型　　B. 法的发展过程具有历史延续性

C. 法律概念、技术和原则具有继承性　　D. 它们之间存在相互移植的关系

9. 从法律构成看，英美法系国家主要采用（　　）。

A. 制定法　　B. 单行法

C. 判例法形式，但也有制定法　　D. 习惯法

10. 下列哪项不属于大陆法系的渊源？（　　）

A. 法国民法典和德国民法典　　B. 自由大宪章

C. 教会法　　D. 罗马法

11. 关于英美、大陆两大法系特点的表述有：①以判例法为主要渊源；②以制定法为主要渊源；③以日耳曼法为历史渊源；④法官对法律的发展起举足轻重的作用；⑤以归纳为主要推理方法；⑥以演绎法为主要推理方法；⑦诉讼程序传统上倾向于职权主义，法官起积极主动的作用。下列哪一归纳是正确的？（　　）

A. 属于英美法系特点的有：①③⑥⑦　　B. 属于大陆法系特点的有：②④⑤⑦

C. 属于英美法系特点的有：①③④⑤　　D. 属于大陆法系特点的有：②③⑤⑦

三、材料论述题

(一)

1804 年《法国民法典》是一部典型的近代民法典,是第一部资本主义国家和以资本主义经济制度为基础的民法典,亦是世界上最为长寿的民法典之一,至今已实施 217 年。它开创了近代大陆法系,诸多国家主动或者被动地接受这部民法典,亦使继受国家或者地区加入了大陆法系法国支系的行列。

然而,大革命前夕的法国虽然是欧洲第一个中央集权制国家,却并不存在“法兰西法”的概念。在当时特定时空下的法国,私法渊源极不统一,而是以卢瓦尔河为界划分为两个法域:北部是习惯法区,南部是成文法区,即罗马法区。由于复杂的历史原因,这两个法域在规范同一事实行为方面迥异,以至于伏尔泰(F. Voltaire)曾经这样嘲讽并批评这一法律状况,“此事在这个村庄是正确的,而在另一个村庄却变为错误的,难道说这不是一桩荒唐可笑而又令人畏惧的事么?同胞们不是在同一的法律之下生活,这是多么奇特的一种野蛮状态!……在这个王国里,每当你从一个驿站到另一个驿站就出现这种情况:在每次换乘马匹的时候,[适用的]法律也就变了”。此外,在这些私法规范的内容之中,亦充斥着大量的封建特权。

1789 年爆发的法国大革命不仅推翻了波旁王朝的封建统治,而且以空前的速度彻底改变了法国的传统秩序,制定了一系列具有革命性的法律。1789 年 8 月 4 日,制宪会议颁布了《八月法令》,宣布永远废除封建制度、僧俗贵族身份及特权,明确废除封建的人身义务、狩猎和鸽舍特权、领主法庭、什一税、贵族免税特权、买卖官职等制度。1789 年 8 月 26 日,制宪会议颁布了著名的《人权宣言》,谴责一切形式的封建特权,宣布人人生而自由和平等,人人都具有自由、财产、安全和反抗压迫的权利。然而,这些革命性的法律毕竟只是过渡性的,法律不统一的现象并未得到根本的解决,这在私法领域体现得更为明显,习惯法仍然占据主导地位。在法国资产阶级看来,不同地方的居民按照不同的习惯法生活,其本身就意味着一种封建特权。所以,要从根本上改变法国的法律状况,就必须建立一种全新的资产阶级法律体系,制定出一部统一的民法典。

1791 年《法兰西王国宪法》明确规定要制定一部“全王国共同民法典”,这为制定民法典提供了宪法依据。1799 年,拿破仑发动“雾月政变”,成立执政府,他本人当选为第一执政,由此开创了法国法制史上一个至关重要的执政府时代。1800 年,拿破仑任命波塔利斯(Portalis)、特朗舍(Tronchet)、比戈·德·普勒阿默纳(Bigot de Preamenau)和马勒维尔(Maleville)四名法学家组成民法典起草委员会。该委员会不负众望,用短短的四个月将民法典草案起草完毕,先是送交最高上诉法院和上诉法院征求意见,然后提交参政院和立法议会审议。该草案虽遭到立法会议的强烈反对,但最终还是以分章(36 章)通过的形式,于 1804 年 3 月 21 日全部获得通过,并宣布《法国民法典》开始施行。

法典除总则外,分为三编,共 2281 条。第一编是人法,包含关于个人和亲属法的规定,实际上是关于民事权利主体的规定。第二编是物法,包含关于各种财产和所有权及其他物权的规定,实际上是关于在静态中的民事权利客体的规定。第三编是取得所有权的各种方法。内容颇为庞杂:首先规定了继承、赠与、遗嘱和夫妻财产制;其次规定了债法,附以质权和抵押权法;最后还规定了取得时效和消灭时效。

这部法典在不少资产阶级国家都有较大影响。首先,在法典通过之时属于法国势力范围的国家——比利时和卢森堡——在该法典施行之日起即适用《法国民法典》,这两个国家现在仍然把它作为自己的法典。其次,该法典在法国的某些前殖民地中也仍在施行。例如,加拿大的魁北克省现行的民法典,部分以该法典为基础,部分以《巴黎习惯法》为基础。美国的路易斯安那州自1825年起采用了该法典,不过作了若干修改和补充。最后,有些国家民法典的制定受到该法典的影响。有些国家直接以它作为蓝本,例如,1838年的《丹麦民法典》,1940年的《希腊民法典》。有些国家的民法典则在编纂时或多或少地受到了该法典的影响,如1855年的《智利民法典》、1867年的《葡萄牙民法典》、1869年的《阿根廷民法典》、1889年的《西班牙民法典》、1896年的《德国民法典》、1907年的《瑞士民法典》、1916年的《巴西民法典》等。

[**要求**]阅读上述材料,谈谈你对大陆法系的认识。

(二)布朗诉教育委员会案

(Brown v. Board of Education of Topeka,347 U. S. 483,1954)

美国堪萨斯州托皮卡市的奥利弗·布朗夫妇要求当地学校允许他们的孩子在专门为白人子女开办的学校上学,但遭到拒绝。布朗夫妇遂根据联邦宪法第14条修正案关于平等保护的原则,向地区法院提起诉讼。结果,地区法院以1896年美国最高法院在普莱西诉弗格森案(Plessy v. Ferguson)中所确立的“隔离但平等”原则为依据,判决布朗夫妇败诉。1954年,布朗夫妇仍以同样理由上诉至联邦最高法院。

美国联邦最高法院在判决中指出,这一案件所涉及的白人学校和黑人学校在有形条件方面是平等的,但是,作为公立学校,采取“平等但隔离”原则很显然有碍于公立学校的教育,不利于保护儿童的平等权利。美国最高法院在判决中明确指出:在公立教育领域中,“隔离但平等”的理论没有立足之地,隔离的教育设施实质上是不平等的,所以,我们认为,原告以及这些诉讼所涉及的其他与原告处于相同境遇的人们,由于他们所控告的种族隔离的原因,被剥夺了联邦宪法第14条修正案赋予的法律平等保护权利。这一结论已使我们没有必要再讨论种族隔离是否还违反联邦宪法第14条修正案关于法定程序条款的问题。我们现在宣布,公立教育中的种族隔离是违反法律平等保护的规定的。在公立教育制度中,1896年以来实行的只讲“政治平等”,不讲“社会平等”的原则是不存在的。在普莱西诉弗格森案件中,所有与上述判决相反的言论必须予以否定。

[**要求**]阅读上述材料,谈谈你对英美法系的认识。

课后参阅论文

1. 冉昊:《两大法系法律实施系统比较——财产法律的视角》,载《中国社会科学》2006 年第 1 期。
2. 肖永平:《论英美法系国家判例法的查明和适用》,载《中国法学》2006 年第 5 期。
3. 徐国栋:《大陆法系还能存在多久?——从梅利曼到海塞林克再到未来》,载《比较法研究》2010 年第 1 期。
4. 刘广安:《中华法系生命力的重新认识》,载《政法论坛》2011 年第 2 期。
5. 马明贤:《伊斯兰法的现代化问题》,载《阿拉伯世界研究》2012 年第 3 期。
6. 王志华:《苏维埃社会主义法系的兴衰》,载《北方法学》2018 年第 2 期。
7. 高鸿钧:《法律与宗教:宗教法在传统印度法中的核心地位》,载《清华法学》2019 年第 1 期。
8. 吴旭阳:《20 世纪初美国法学与心理学的交叉研究及反思》,载《政法论坛》2020 年第 2 期。
9. 王栋:《〈大宪章〉文本考:版本、正本、副本及译本》,载《法律科学》2020 年第 3 期。
10. 钟瑞华:《多维视野中的美国政教关系:宪法、政治和文化的分析》,载《中外法学》2021 年第 3 期。

延伸阅读

“法系”这一概念确实可以帮助我们从法的“家族”的角度对各种法律进行划分,但是需要明确,这种划分并非绝对的,比如,英美法系的基础是普通法,与大陆法系不同,这并不是说它与罗马法之间就完全没有关系。因为历史与现实的原因,不同法律之间的联系与区别需要更细致的考察。丘吉尔在其所著的《英语民族史》中就讲述了罗马法对英国法律传统的影响。参见[英]温斯顿·丘吉尔:《英语民族史卷一:不列颠的诞生》(吴昊等译,新华出版社 2017 年版)第一部“岛上民族”。

下编　法治基本知识

第十二章　法 治 概 述

知识结构图

- 法治
  - 法治
    - 法治释义
      - 历史发展
      - 概念界定
      - 具体含义
      - 古代“法治”与现代“法治”的区别
    - 法制与法治
      - 对法制的理解
      - 两者关系
    - 法治与人治
      - 不同国家人治概念的比较
      - 人治具体含义
      - 人治与法治的区别
    - 法治与德治
      - 德治概念
      - 两者关系
    - 法治与民主
      - 民主
      - 两者关系
    - 法治与民生
      - 民生含义历史发展
      - 民生问题
      - 改善民生需要建立的体系
  - 依法治国
    - 释义
    - 基本要求
      - 有法可依
      - 有法必依
      - 执法必严
      - 违法必究
    - 全面推进依法治国“新十六字方针”
      - 科学立法
      - 严格执法
      - 公正司法
      - 全民守法
  - 新时代法治体系建设
    - 新时代社会主要矛盾的新变化
    - 新时代全面依法治国的基本内涵
    - 新时代中国特色社会主义法治体系建设的新任务

第一节 法 治

一、法治释义

“法治”一词,在中国古代很早就出现过。例如,春秋战国时期的法家就有“任法而治”“以法治国”“唯以法治”的思想。后来在《淮南子》一书中,又有“知法治所由生,则应时而变;不知法治之源,虽循古终乱”的说法。到了近代,梁启超先生在《先秦政治思想史》一书中,曾以“人治主义”与“法治主义”来区分和概括儒家和法家的政治学说。梁启超还认为,“法治主义是今日救时之唯一主义”。〔1〕

法治能否救国? 这一在今天看来明显具有功利色彩的一种所谓法治工具主义的说法,似乎是先哲们身处内外交困之复杂政局的时代背景下的救国情怀和现实自我定位。处于今日和平年代的我们,不可苛求前人,更应以一种历史的、理解的态度,来看待前辈们在乱世之中为求美好蓝图之如履薄冰的复杂心态。但是,中国传统文化中的法治蕴义与现代意义上的法治观念和原则迥异。

在法治学说史上,真正对法治的基本内涵初步做出确切而又较为系统界定的,是亚里士多德,他坚定地认为“法治应当优于一人之治”,并给出了明晰、缜密、经典的解释:“法治应包含两重含义:已成立的法律获得普遍的服从,而大家所服从的法律又应该是良好的法律。”〔2〕19 世纪末,英国著名宪法学家戴雪提出了法治的三要素说:其一,人民“唯独受法律治理”,犯罪与否皆由法律决定,“再无别物可将此人治罪”。其二,“人民在法律前之平等”,所有人都受到法律平等对待。其三,个人的权利是宪法赖以建立的基础。〔3〕戴雪的这些学说后来成为西方国家自由资本主义时代法治模式的支柱。

所谓法治,就是指依照法律治理国家的治国思想、治国方式和社会秩序、社会状态。具体包括以下五层含义:

1. 法治是一种宏观的治国方略。

中国古时的“垂法而治”〔4〕、“以法治国”〔5〕以及“治民无常,唯治为法”〔6〕等说法,也是从治国方略的角度提出“法治”概念的。但是,梁启超先生在使用“法治”一词时,指出了现代法治作为一种治国方略,是一种与中国古代的“以礼治国”“以德治国”“以人治国”背景下的“法治”完全不同的方略。在现代法律思想体系中,法治(rule of law)也是首先被作为一种治国方略而提出的,即法的治理或法的统治。法治作为一种治国方略,是指一个

〔1〕 梁启超:《中国法理学发达史论》,载《饮冰室合集》(卷二),中华书局 1989 年版,第 93 页。
〔2〕 [古希腊]亚里士多德:《政治学》,吴寿彭译,商务印书馆 1983 年版,第 167 ~ 168、199 页。
〔3〕 [英]戴雪:《英宪精义》,雷宾南译,中国法制出版社 2001 年版,第 244 ~ 245 页。
〔4〕 《商君书·君臣》。
〔5〕 《管子·明法》。
〔6〕 《韩非子·心度》。

国家在多种手段面前,选择以法律为主的社会控制手段。

2. 法治是一种理性的办事原则。

"法治"一词经常又被理解为"依法办事",不过应当指出的是,"依法办事"只是"法治"的一种内在要求,绝不能等同于"法治"。从"依法办事"的角度来理解,"法治"则有这样一层含义:在制定法律之后,任何人和组织的社会性活动均受既定法律规则的约束。所谓"既定法律规则",强调的是法律已经制定、人们"在法律面前"该怎么做的问题。只要法律已经规定,任何人和任何组织不得以任何正当或不正当的理由去违背法律规则,而只能遵照执行。在既定的法律面前,严格遵循才是正当的。据此,法治也是一个动态概念,包括法律制定、法律实施和法律监督的整个过程,是立法、守法、执法、司法和护法等环节的有机统一,核心是依法办事。

3. 法治是一种民主的法制模式。

因此,法治常常被理解为"以民主为基础和前提的法制"。法制历来具有多样性,通常可以划分为专制和民主两大模式。法治就是民主的法制模式,它必须以民主为社会条件和正当基础。法制并不必然是民主的,法制可以与专制结合,成为专制的工具,如中国历代法家所主张的"法治"。这种意义上的"法治"与以民主为社会基础和制度基础的法制模式是根本不同的。近代资产阶级在追求经济自由、渴望政治民主和反抗封建专制的过程中逐步建立了法治这种民主的法制模式。法治要求政治的民主化,是治国的方针,是使法律最大限度地发挥作用的原则。法治是与民主制度相伴而生的。有国家、有法律、有法制,如果没有民主政治,或者法律根本是反民主甚至反人类的,当权者特别是国王、皇帝、元首等政要可以不遵守,即事实上不存在普遍守法原则,也就没有法治。

4. 法治是一种文明的精神追求。

法治与理念、原则、观念等词联用,如"法治理念""法治原则""法治观念"等。离开了法治精神的法律就像一种失去控制的工具,这种精神导源于文明的社会条件和制度基础,是文明在法律上的转化形式,与人类的精神文明一脉相承。法治的这些精神表现为一整套关于法律、权利和权力问题的原则、观念、价值体系,它体现了人们对法律的价值需要,成为人们设计制度的价值标准和执行法律的指导思想。考察和分析近代以来的法治思想与实践,我们可以对法治所蕴含的法律精神归纳为:法律至上、平等适用、制约权力、权利本位、正当程序等。

5. 法治是一种理性的社会状态。

正是在这种意义上,我们常常使用"法治社会""法治秩序""法治国家"这样的提法。其社会关系和社会秩序是这样安排的:法律与国家、政府之间,运用法律约束国家与政府权力;法律与人民之间,运用法律合理地分配利益;法律与社会之间,运用法律确保社会公共利益不受权力和权利的侵犯。因此,可以认为"法治"就是一种在法律管束国家权力以后,而使权利得到保障,使政府权力和公民权利得到合理配置的社会状态。既然法治所追求的目标就是一种社会理想状态,那么,它必然不是一个一成不变的确定状态,而是一个不断探索和不断实践的运动过程,具有由低到高发展的阶段性。

由上可见,如果说古代有“法治”,那也与今天我们所讲的现代意义上的法治大相径庭。古代的“法治”建立在专制主义的政治基础上,现代的法治建立在民主的基础上;古代的“法治”其国家的权力都集中在君主及其统治集团之手,现代的法治则重在限制政府权力,实行分权与制衡;古代的“法治”无法保障人权,特别是中国古代所谓的“法治”其实仅仅是“刑治”而已,现代的法治则以保障人权为依归。

二、法制与法治

“法制”一词,我国古代也有记载。例如,《礼记·月令》中就有“命有司,修法制,缮囹圄,具桎梏”的说法。战国时的商鞅也曾说过:“民众而奸邪生,故立法制,为度量,以禁止……法制不明,而求民之行令也,不可得也。”〔7〕然而,直到现代,人们对于法制概念的理解和使用还是各有不同。

1. 静态的理解,认为法制即法律制度。1957 年 3 月 18 日,董必武发表《在军事检察院检察长、军事法院院长会议上的讲话》,对法制问题进行了理论上的探讨:“有人问,究竟什么叫作法制? 现在世界上对法制的定义,还没有统一的确切的解释。我们望文思义,国家的法律和制度,就是法制。什么叫制度,制度就是在一个国家里面,不仅国家而且社会的组织,大家都要遵守的一定的秩序。”〔8〕国家的法律和制度就是法制,这是一种广义的法制观。在这种法制观看来,法制就是掌握政权的社会集团按照自己的意志、通过国家权力建立起来的法律和制度。法制是随着国家的产生而产生的,有国家即有法制,历史上各种不同类型的国家都有自己的法制。

2. 动态的理解,认为法制是指一切社会关系的参加者严格地、平等地执行和遵守法律,以及法律制定、法律实施和法律监督等一系列活动的过程,包括立法、守法、执法、司法和护法各环节的有机统一。

3. 法制与法治既有联系又有区别,现代法治比法制有更深刻的政治和社会含义。

法制属于工具操作范畴,没有民主也可以有法制。法制仅仅表明特定社会中存在一种独立于其他各种制度的法律制度,有时也表现为一整套较为系统的法律制度。但是,在法律的这种存在状态即法制中,法律还只是某个权威所运用的一种工具,一个控制国家和社会的手段,它并不以公共利益为指向。

法治则属于政治理想的范畴,没有民主就不可能有法治。法治是在市场经济基础上、民主政治体制中的治国方略。法治关注的焦点是法律的至上权威,公民、团体和政府必须依从公认的法律规则行事,法律是对公共权力运用的有效制约。因此,法治表明法律在社会生活中享有最高权威。

法制强调秩序,而不一定建立在正当性价值之上。历史上,法律长期被少数人用作镇压人民、维护自己统治地位的工具;法律制度也曾经被德国纳粹政权作为推行种族暴行的

---

〔7〕《商君书·君臣》。

〔8〕《董必武政治法律文集》,法律出版社 1986 年版,第 519 页。

工具。而法治则蕴含了法律调整社会生活的正当性。法治符合社会生活理性化的要求,使人们的社会行为和交往活动具有了可预测性和确定性,也使人们的正当要求有了程序化、制度化的保障,增强了社会成员的安全感。

法制是相对于政治制度、经济制度而存在的一种制度,而法治则显示了法律介入社会的广泛性,即法律必须更加全面、深入地介入社会生活的方方面面。法治要求在全部社会活动中都必须依法办事,要求法律不仅在经济、文化、社会生活中具有重大作用,而且特别强调在国家的政治生活中也同样具有重要作用。法治要求社会的法律化,可以从根本上维护公民的权利与自由。

4. 法制与法治又是紧密相连的。从法制向法治的过渡,需要依法治国方略的落实。一方面,只有在法治理念、法治精神的指导下,才有可能建立和健全法制;如果没有法治理念的指引,就不可能有完备的法制。另一方面,只有建立了完备的法制,才能做到有法可依,才能使依法治国方略得以实现;如果没有法制的保障,法治只能是一个空洞的思想主张。法制状态虽然不能直接导致法治,但法治状态必须以完备的法制作为基础。最终,通过法律制定、法律实施和法律监督,即立法、守法、执法、司法的整个环节,在以依法办事为核心的动态过程中,法治理想状态得以实现。

三、法治与人治

法治作为一种治国方略、办事原则、民主模式、法律精神和理想追求,与人治相对立。人治作为一个古老的概念,历来说法不一;作为一个历史范畴,不同国家、不同时代的思想家有其特定的认识。

在我国历史中,儒家所倡导的实际上就是"人治"。他们主张"贤人政治",即依靠执政者个人的贤明治理国家,其核心内容就是孔子所谓的"为政在人","其人存,则政举;其人亡,则政息"。〔9〕这种主张将国家的兴衰系于有无贤明的君主。孟子则力主"君仁莫不仁,君义莫不义,君正莫不正,一正君而国定矣"。〔10〕荀子的论述更加全面。其《君道篇》开宗明义地提出:"有治人、无治法",即治理好国家的关键是人而不是法。他认为,"法者,治之端也","君子也,法之源也"。儒家从这个观念出发,在治理国家的政治措施上,着眼于人的道德修养,实质上就是"德治"型的人治,其内容包括:其一,力主君主施德行仁;其二,在任用官吏上主张"举贤使能",使贤者在位,能者在职;其三,对于一般民众,主张进行德化教育,辅之以刑罚。儒家的"人治"思想在中国长达两千多年的专制社会中始终居于统治地位,影响深远。

在西方,对"人治"的论述较有代表性的是古希腊的柏拉图。他在《理想国》中倡导"哲学王",主张由一个智慧的哲学家当国王治理国家,实质上就是"智治"型的人治。他认为,除非哲学家成为国王,否则国家就不会解脱灾难,得到安宁。

---

〔9〕《礼记·中庸》。
〔10〕《孟子·离娄上》。

人治作为治国的方法和原则,具有以下含义:其一,人治不等于没有法律,而是借助法律实现专制;其二,人治通过法律建立和稳定统治秩序,但法律不是社会和权力的基础,而是国家最高权力的工具,终究权大于法;其三,大于法的权力不是一般的职权而是极权,在古代社会通常为皇权或王权以及贵族特权。

从社会学的视角来看,人治社会的特点就是人际关系对于利益分配具有绝对决定性意义;从政治学的角度而言,人治是一种与经济上的自给自足、政治上的专制独裁相适应的治国方式。

人治与法治的主要区别在于:人治强调依靠统治者个人的作用,要求把权力给予统治者个人;而法治则强调通过法律治理国家,要求一切国家机关和各级领导者都要依法办事,坚持法律面前人人平等,严格依照法定权限、规则、程序行使权力、履行职责,不允许有凌驾于法律之上的个人特权。简言之,人治所强调的是个人的作用;而法治所强调的则是法律的权威。

四、法治与德治

国家和社会治理需要法律和道德共同发挥作用,法治和德治是国家和社会治理体系中一个问题的两个方面。所谓德治,即以德治国,主张用伦理道德来治理国家、调整社会关系。在传统意义上,中国作为举世闻名的"礼仪之邦",是一个以德治国的国家。德治最早是儒家的一种政治理想。孔子就明确指出:"导之以政,齐之以刑,民免而无耻;道之以德,齐之以礼,有耻且格"。[11] 以后的不少思想家都继承了孔子的这个观点,形成了"德主刑辅"的封建统治思想。应当看到,德治主张"为政以德","平政爱民",施政要讲仁义道理,为庶民多做好事,有其历史进步性。今天强调"以德治国",重新确定了道德建设在社会主义现代化过程中的重要地位和价值,充分说明了在当今社会德治对于个人、社会、国家的不可或缺性。

法律是成文的道德,道德是内心的法律。法律和道德都有规范社会、维护社会秩序的作用。法治和德治有各自的功能优势和局限,且互为优势和局限。法治的功能优势是德治的功能局限,法治的功能局限是德治的功能优势,法治和德治因此得以成为不可偏废的治国路径。发挥法治与德治各自的功能优势,有赖于在它们之间的良性互动。一方面,在强调法治时,不能否定德治。以道德滋养法治精神、强化道德对法治文化的支撑作用。要重视发挥道德的教化作用,大力弘扬社会主义核心价值观,弘扬中华传统美德,培育社会公德、职业道德、家庭美德、个人品德。在新时代,尤其要大力提高领导干部的政德建设水平,明大德、守公德、严私德。另一方面,在强调德治时,不能否定法治。要重视发挥法律的规范作用,大力弘扬法治精神,以法治体现道德理念,强化法律对道德建设的促进作用。

五、法治与民主

中国古代典籍里的"民主"意指"民之主"即帝王,同今天我们所讲的"民主"含义大相

---

〔11〕《论语·为政》。

径庭。现代的“民主”一词是一个外来词。在希腊文里,“民主”(demokratia)是由“人民”和“统治”两个词合成的,原义是“人民的统治”或“多数人的统治”。在权利层面上,现代民主从消极意义上讲即没有特权;从积极意义上讲即人人平等。对于现代政治制度来说,民主是其正当性的来源,是建构的应有之义。

所谓现代民主,就是遵循预定的程序,在平等基础上少数服从多数,从而实现大多数人的统治,即建立在服从多数、遵循程序和保护少数等基本原则基础上的现代政治制度或国家制度,并由此影响到人们的思想观念和日常行为;其核心是人民当家做主,真正享有各项权利和自由,享有管理国家和其他一切社会事务的权力。正如马克思所说:“在民主制中,不是人为法律而存在,而是法律为人而存在;在这里法律是人的存在,而在其他国家形式中,人是法定的存在。民主制的基本特点就是这样。”〔12〕

1. 民主和法治相互依存,相互渗透。民主政权是现代法治存在的前提,没有作为国家制度的民主事实的存在,就不可能创立法治;离开了民主制度、民主程序,就不可能制定出具有科学性与人民性的法律。从立法到护法,每一个环节都离不开民主。同时,没有法治确认民主,人民的权利就会失去保障,民主所追求的目标就形同虚设;没有法治规定和确认民主权利的范围,行使民主权利的原则、程序和方法,社会就会混乱,民主就会成为“多数人的暴政”。而且,民主程序是现代民主的一个基本原则,而民主程序必须由法律来规定、确认和保障,所以也是一种法律程序。

2. 民主和法治相互制约,彼此平衡。这主要表现在,民主是法治的内容和价值取向,民主权利的内容直接由法律确认和规定,而且,行使民主权利的程序和方法也必须以法律为依据;法治必须体现人民的意志和利益,必须是凝聚、引导和规范民主的力量,反映民主发展的要求,民主程序和民主程度都直接影响法治作用的范围。

总之,民主建设应在法治轨道上进行,从而实现民主的法治化;同时,法治建设也要纳入民主的轨道,从而实现法治的民主化。既不能将二者割裂开来,更不能将二者对立起来。

六、法治与民生

重视民生、以民为本的思想,在我国古代政治思想史上可谓源远流长。“民生”一词,古已有之。《左传》中记载:“民生在勤,勤则不匮,是勤可以免饥寒也。”〔13〕在古代,一般而言,“民生”泛指一般的民众生活,即“平民的生计”,而“生计”则被理解为“谋生之道”。到了20世纪初期,孙中山先生给“民生”注入了新的内涵,并进而将其上升为治国方略、社会制度和政治经济学术语。1905年,孙中山在《民报》发刊词中,提出了民族、民权、民生“三民主义”。虽然按他的说法,民生就是“人民的生活、社会的生存、国民的生计、群众的生计”,其内涵、外延、逻辑起点、政治意图都和中国古代的民生话语有着本质的不同。1906年年末,在东京《民报》创刊周年纪念词中,孙中山对“民生主义”进行具体说明,即以“平均地权”、

〔12〕《马克思恩格斯全集》(第3卷),人民出版社2002年版,第40页。
〔13〕《左传·宣公十二年》。

发展工商实业为主体内容,分为核定地价、涨价归公、与民共享等步骤。孙中山的民生主义的政治意图,旨在通过平均地权、发展工商实业、大型企业国有化的经济方略,实现救亡图存、富国强民的民族复兴大业。

基于“民生”含义的演变,再结合我国当前的社会、政治、经济状况,民生问题大致应包括以下四个方面:一是生计来源问题,即最基本的谋生条件,其中,就农村居民而言,主要指土地问题,就城镇居民而言,主要指就业问题;二是生活质量问题,即通常所讲的衣食住行这类日常物质消费层面的问题;三是生存状态问题,即社会提供给民众的生存和发展条件,主要指社会保障问题、医疗、教育问题;四是生命安全问题,即生命保障层面的问题,主要包括社会治安和环境保护。

进入21世纪,民生问题越来越受到民众和舆论的关注。在新时代,我国在改善民生方面需要建立四个体系:义务教育的经费保障体系、覆盖城乡的医疗卫生服务体系、以廉租房和经济适用房为主的城市住房保障体系,以及包括失业、社会最低生活保障、医疗等为主要内容的社会保障体系。这些民生问题的最终解决,都需要法律功能的很好发挥。民生法治是解决民生问题与建设现代法治的绝佳交会点。处于社会转型期的当代中国,正在通过矛盾纠结、利益冲突的深水区,面临着诸多无法绕过的暗礁,各种经济、社会问题凸显。相对于百年前的民主,民生已然成为中国普通民众更为迫切的需要。因此,在继续完善民主立法、经济立法的同时,必须着力加强社会领域的民生立法。在司法保障方面,要把保障和改善民生贯彻到审判和案件执行的每一个环节,要以积极的态度救济民权,以优质的服务减轻民负,以快捷的审理解除民忧,以公正的裁判保障民利,以有力的执行实现民愿。中国现代法治以民主为基础,以民生为根本。关注民生,是现代中国法治拥有坚实基石的必然要求;建设民生法治,是法治国家目标得以实现的有效途径。

总之,法治国家建设涵盖了立法、守法、执法、司法和护法等各个环节和整个过程,要求把依法办事的原则贯彻到社会生活、政治生活、经济生活和文化生活的各个方面。在当代中国,为了建成社会主义法治国家,必须健全法制、加强民主、改善民生,必须全面建设中国特色社会主义法治体系,全面落实依法治国基本方略。

第二节 依 法 治 国

一、依法治国释义

所谓依法治国,就是依照体现人民意志和社会发展规律的法律治理国家,而不是依照个人意志治理国家;要求国家的政治、经济运作以及社会各方面的活动统统依照法律进行,而不受任何个人意志的干预、阻碍或破坏。简言之,依法治国就是依照法律来治理国家。

在我国历史传统上,长期以来盛行“人治”,即把治理国家的重任寄托在当权者个人身上。然而,无论是柏拉图的“哲学王”,还是儒家的“圣君良相”,尽管可以给国家带来一时的繁荣,但终究难以使社会长治久安,甚至会因一己之失酿成民族灾难。

1956 年 9 月 19 日,董必武在中国共产党第八次全国代表大会上做了题为《进一步加强人民民主法制,保障社会主义建设事业》的发言,系统而全面地总结了新中国成立后头七年的法制建设工作。针对我国法制建设工作中存在的严重问题,他第一次提出:“依法办事,是我们进一步加强人民民主法制的中心环节。”[14] 并且,第一次把法制基本要求简洁地概括为“有法可依”和“有法必依”两个方面。强调有法可依即解决制定法规、修改法规的问题;有法必依即解决执法和守法的问题。“我们反对一切随便不按规定办事的违法行为。今后对于那些故意违反法律的人,不管他现在地位多高,过去功劳多大,必须一律追究法律责任。对于那些不知道法律的人,不仅要教育他懂得法律,还要教育他遵守法律。依法办事就是清除不重视和不遵守国家法制现象的主要方法之一”。[15] 作为新中国法制工作的倡导者,董必武在这次党的重要会议上不仅指明了法制建设的方针,而且提出了进一步加强人民民主法制的具体措施。其一,党必须注重法制思想教育。其中包括迅速建立法学研究机构,改进政法学校的教学质量,培养社会上的守法风尚等。而最主要的是,党员应当成为守法的模范,“使党员同志知道国法和党纪同样是必须遵守的,不可违反的,遵守国法是遵守党纪中不可缺少的部分,违反国法就是违反了党纪”。[16] 其二,必须加强司法机关的组织。其三,加速推行和逐步建立律师制度、公证制度和公断(仲裁)制度。

1978 年 12 月 13 日,邓小平在中央工作会议上发表题为《解放思想,实事求是,团结一致向前看》的重要讲话,这实际上是随后召开的党的十一届三中全会的主题报告。邓小平总结新中国建设的经验教训,并针对当时中国的实际,在董必武思想的基础上,进一步论证了民主和法制的关系。他说:“为了保障人民民主,必须加强法制。必须使民主制度化、法律化,使这种制度和法律不因领导人的改变而改变,不因领导人的看法和注意力的改变而改变……做到有法可依,有法必依,执法必严,违法必究。”[17]

法制包括立法、执法、司法、守法和护法诸多环节,但在不同的历史时期,法制建设的重心也有区别。在 20 世纪 70 年代末,中国社会百废待兴,有法可依成为最迫切的要求。邓小平把握时代的脉搏,适时地指出:“现在的问题是法律很不完备,很多法律还没有制定出来。往往把领导人说的话当作‘法’,不赞成领导人说的话就叫作‘违法’,领导人的话改变了,‘法’也就跟着改变。所以,应该集中力量制定刑法、民法、诉讼法和其他各种必要的法律,例如工厂法、人民公社法、森林法、草原法、环境保护法、劳动法、外国人投资法等,经过一定的民主程序讨论通过……国家和企业、企业和企业、企业和个人等之间的关系,也要用法律的形式来确定;它们之间的矛盾,也有不少要通过法律来解决。”[18]

1978 年 12 月 18 日至 22 日,党的十一届三中全会召开。会议公报正式以执政党文件的

---

〔14〕《董必武政治法律文集》,法律出版社 1986 年版,第 487 页。

〔15〕《董必武政治法律文集》,法律出版社 1986 年版,第 488 页。

〔16〕《董必武政治法律文集》,法律出版社 1986 年版,第 489 页。

〔17〕《邓小平文选》(第 2 卷),人民出版社 1994 年第 2 版,第 146 ~ 147 页。

〔18〕《邓小平文选》(第 2 卷),人民出版社 1994 年第 2 版,第 146 ~ 147 页。

形式肯定了邓小平的民主与法制思想:“为了保障人民民主,必须加强社会主义法制,使民主制度化、法律化,使这种制度和法律具有稳定性、连续性和极大的权威,做到有法可依,有法必依,执法必严,违法必究。”从而完整地提出了社会主义法制“十六字方针”,这无疑是中国法律史上的一个重要里程碑。

1979 年 9 月 9 日,中共中央以“中发〔1979〕64 号”文件发出了《关于坚决保证刑法、刑事诉讼法切实实施的指示》,强调“它们能否严格执行,是衡量我国是否实行社会主义法治的主要标志”。这一历史性重要文件第一次在党内明确使用了“社会主义法治”的概念。

1996 年 3 月 17 日,第八届全国人民代表大会第四次会议正式批准的《国民经济和社会发展“九五”计划和 2010 年远景目标纲要》第一次以国家意志形式将“依法治国,建设社会主义法制国家”作为国家的战略目标加以规定。这意味着我国治国方略的转变,但当时的用词是“法制国家”,而非“法治国家”。

1997 年 9 月 12 日,党的十五大强调:“我国经济体制改革的深入和社会主义现代化建设的跨越世纪的发展,要求我们继续推进政治体制改革,进一步扩大社会主义民主,健全社会主义法制,依法治国,建设社会主义法治国家。……依法治国,是党领导人民治理国家的基本方略,是发展社会主义市场经济的客观需要,是社会文明进步的重要标志,是国家长治久安的重要保障。”

1999 年 3 月 15 日,第九届全国人大二次会议通过《宪法修正案》(第 12 ~ 17 条),其中第 13 条修正案规定:“中华人民共和国实行依法治国,建设社会主义法治国家。”这样,依法治国基本方略在国家的根本法——宪法中正式获得了确认。“法治入宪”具有划时代的意义,标志着中国彻底摒弃人治,坚定不移地沿着依法治国之路前进,也为中国在 21 世纪的治国基本方略提供强有力的宪法保障。

2012 年 11 月 8 日召开的党的十八大,把法治建设摆在了更加突出的位置,强调“全面推进依法治国”,明确提出:“法治是治国理政的基本方式。要推进科学立法、严格执法、公正司法、全民守法,坚持法律面前人人平等,保证有法必依、执法必严、违法必究。”

2013 年 11 月 12 日,党的十八届三中全会通过《中共中央关于全面深化改革若干重大问题的决定》,设专章论述“推进法治中国建设”。

2014 年 10 月 23 日,党的十八届四中全会通过《中共中央关于全面推进依法治国若干重大问题的决定》指出,全面推进依法治国的总目标是建设中国特色社会主义法治体系,建设社会主义法治国家。这就是,在中国共产党领导下,坚持中国特色社会主义制度,贯彻中国特色社会主义法治理论,形成完备的法律规范体系、高效的法治实施体系、严密的法治监督体系、有力的法治保障体系,形成完善的党内法规体系,坚持依法治国、依法执政、依法行政共同推进,坚持法治国家、法治政府、法治社会一体建设,实现科学立法、严格执法、公正司法、全民守法,促进国家治理体系和治理能力现代化。

2015 年 10 月 26 日至 29 日召开的党的十八届五中全会明确提出“创新、协调、绿色、开放、共享”的新发展理念,强调法治是发展的可靠保障,必须加快建设法治经济和法治社会,把经济社会发展纳入法治轨道,明确了未来五年"法治中国"建设的阶段性目标。

2017 年 10 月 18 日,习近平总书记在党的十九大报告中,作出"经过长期努力,中国特色社会主义进入了新时代"这个重大政治判断,把坚持全面依法治国进一步上升为新时代坚持和发展中国特色社会主义的基本方略,明确"从二〇二〇年到二〇三五年,在全面建成小康社会的基础上,再奋斗十五年,基本实现社会主义现代化。……法治国家、法治政府、法治社会基本建成,各方面制度更加完善,国家治理体系和治理能力现代化基本实现"。尤其是党的十九大就"深化依法治国实践"问题作出了专门部署,强调:"全面依法治国是国家治理的一场深刻革命,必须坚持厉行法治,推进科学立法、严格执法、公正司法、全民守法。成立中央全面依法治国领导小组,加强对法治中国建设的统一领导。加强宪法实施和监督,推进合宪性审查工作,维护宪法权威。推进科学立法、民主立法、依法立法,以良法促进发展、保障善治。建设法治政府,推进依法行政,严格规范公正文明执法。深化司法体制综合配套改革,全面落实司法责任制,努力让人民群众在每一个司法案件中感受到公平正义。加大全民普法力度,建设社会主义法治文化,树立宪法法律至上、法律面前人人平等的法治理念。各级党组织和全体党员要带头尊法学法守法用法,任何组织和个人都不得有超越宪法法律的特权,绝不允许以言代法、以权压法、逐利违法、徇私枉法。"

2018 年 3 月 11 日,第十三届全国人大一次会议通过了宪法修正案。这是对我国现行宪法即"八二宪法"的第五次修改,体现了党和国家事业发展的新成就新经验新要求。修正案丰富了宪法指导思想,增加"科学发展观"与"习近平新时代中国特色社会主义思想",以根本法形式将十九大报告中形成的党的主张上升为国家意志,实现了国家指导思想的与时俱进。修正案把宪法序言第七自然段中"健全社会主义法制"修改为"健全社会主义法治",有利于加快推进全面依法治国,加快建设中国特色社会主义法治体系,加快实现国家治理体系和治理能力现代化,为党和国家事业发展提供根本性、全局性、稳定性、长期性的制度保障。

2019 年 10 月 28 日至 31 日,党的十九届四中全会召开,会议通过《中共中央关于坚持和完善中国特色社会主义制度、推进国家治理体系和治理能力现代化若干重人问题的决定》,明确"坚持和完善中国特色社会主义法治体系,提高党依法治国、依法执政能力"。

2020 年 10 月 26 日至 29 日,党的十九届五中全会召开,审议通过了《中共中央关于制定国民经济和社会发展第十四个五年规划和二〇三五年远景目标的建议》,将法治作为 2035 年远景目标的重要指标,明确到时候"基本实现国家治理体系和治理能力现代化,人民平等参与、平等发展权利得到充分保障,基本建成法治国家、法治政府、法治社会"。

2020 年 11 月 16 日至 17 日,中央全面依法治国工作会议召开,首次明确提出"习近平法治思想"这一重要理论范畴,要求把习近平法治思想贯彻落实到全面依法治国全过程。

2021 年 7 月 1 日,习近平总书记在庆祝中国共产党成立 100 周年大会上发表重要讲话,强调"发展全过程人民民主"。这一重大理论的提出,丰富和发展了社会主义民主政治理论,集中概括了党领导人民发展社会主义民主特别是党的十八大以来民主政治建设的理论和实践成果,深刻阐明了中国式民主的鲜明特色和显著优势,为新时代发展社会主义民主政治、建设社会主义政治文明提供了指引和遵循。

二、社会主义法制“十六字方针”

“有法可依,有法必依,执法必严,违法必究”即社会主义法制“十六字方针”,是依法治国的最低要求或基本内涵。

(一)有法可依

有法可依,是指国家应当高度重视和加强立法工作,逐步建立起完备的法律体系,这是依法治国的前提。亚里士多德所说的法治应当具备两个要素,其前提都是要有法可依。管仲曾言:“法者,天下之程式,万事之仪表也。”[19]沈家本也曾指出:“必视乎民以为法,而后可以保民。”[20]

之所以把有法可依放在依法治国的首要地位,作为建立法治国家的前提条件,原因在于,只有经过国家机关将人民的意志制定成法律,才能借助于法律手段对整个社会进行管理,使国家的各项事业有章可循。正所谓“不以规矩,不能成方圆。”[21]任何一个集体,都必须以一定的规范为共同的行为准则,否则,就不可能长久地存在下去。一个国家更是如此,国家的“规矩”就是法律。卢梭指出:“凡是实行法治的国家——无论它的形式如何——我就称为共和国;因为唯有在这里才是公共利益在统治着,公共事物本身才是作数的。”[22]

法律是公意的体现,是人们自己意志的记录,所以,人人必须遵守法律。我国是人民当家做主的国家,有了完备的法律,才能使国家机关执法有准绳,办事有依据,才能有效地保护人民的权利,才能更好地维护社会秩序,实现人民的意志。所以,要依法治国,没有法律是绝对不可能的。“法律不可一日废之于国”。我国和世界各国的历史都已反复证明了这样一个真理:有法则治,无法则乱。

(二)有法必依

有法必依,即普遍守法原则,指的是法律制定以后的整个实施过程,要求一切国家机关、政党、社团和公民在自己的活动中,必须严格遵守和执行国家法律,依法办事。这是依法治国的中心环节。

有法可依的目的是有法必依。法律制定出来以后,仍旧是静态的东西,关键还在于如何使静态的法律作用于人们的行为,使法律得到普遍遵守。如果有了法律,而把它束之高阁,就不会发生实际作用。英国资产阶级启蒙思想家洛克认为,不执行法律的政府是专横的政府。社会主义法律体现了人民的意志,反映了客观规律,具有人民性和科学性,遵守法律,就是按人民的意志办事。能否做到有法必依是衡量一个国家是不是依法治国的标志。

(三)执法必严

执法必严,是指国家机关在执行法律的过程中,必须切实依照法律规定的内容、精神和

---

〔19〕《管子·明法解》。

〔20〕《寄簃文存》卷六。

〔21〕《孟子·离娄上》。

〔22〕[法]卢梭:《社会契约论》,何兆武译,商务印书馆 1980 年版,第 51 页。

程序办事,维护法律的尊严和权威。这是依法治国的重要支撑。商鞅曾提出:“法之不行,自上犯之。”[23]“民信其赏,则事功成;信其刑,则奸无端。”[24]沈家本认为:“法之善者,仍在有用法之人。”“有其法者尤贵有其人。”“大抵用法者得其人,法即严厉,也能施其仁于法之中;用法者失其人,法即宽平,也能呈其暴于法之外。”

这些思想对于我们建设法治国家也是可资借鉴的。如果国家机关,尤其是司法机关不能严格地执行国家的法律,甚至执法犯法,那么,建设法治国家则无从谈起。法治的关键在于治吏,所以,必须对国家机关工作人员严格要求,他们不仅要具备应有的法律知识,还必须具有良好的政治素质和崇高的和刚直不阿的职业道德,从而做到严格依法办事,严肃执行法律。正如卢梭指出的,“既然国家的扩大给予了公共权威的受托者以更多的诱惑和滥用权力的办法;所以越是政府应该有力量来约束人民,则主权者这方面也就越应该有力量来约束政府”。[25]

这里需要明确的是,不能把执法必严的“严”等同于“刑事处罚”,更不能等同于一律“严厉打击”。执法必严的“严”,并非不问案件的性质和情节,一律从严,实行严刑峻法。这里主要是指,执法人员应当严格地按照实体法和程序法的规定办事,以严肃的态度严明地执行国家法律,以严谨的作风处理各种案件。公正执法,不得徇情枉法;廉洁执法,不得贪赃舞弊。否则,如果执法不严,不仅会破坏法律的严肃性和尊严,还会损害国家和公民的根本利益。

(四)违法必究

违法必究,是指对一切违反宪法和法律的行为都必须依法平等地予以追究和制裁,任何组织和个人都不能例外。违法必究的“违法”,不仅指一般地违反法律,而且还包括对于违反宪法的行为也要加以追究;同时,还指一般的违法和犯罪。这里的关键是要坚持公民在法律面前一律平等、反对各种特权现象,必须有一个完善的法律监督体系,特别是要加强对执法机关和人员的监督。

总之,上述四个方面的要求,是相互联系、相互制约的有机整体。其中,有法可依是前提,有法必依是关键或中心环节,执法必严和违法必究是对有法必依的进一步强调。这四个方面是依法治国的最低要求和基本内涵。片面强调某一方面而忽视其他任何一个方面,都不能做到严格依法办事,最终难以建立社会主义法治国家。

三、全面依法治国“新十六字方针”

历史和实践告诉我们,法治是迄今为止人类社会探索出来的治理国家的最佳模式。全面依法治国,要求坚持党的领导、人民当家做主、依法治国有机统一,推进科学立法、严格执法、公正司法、全民守法,切实尊重和保障人权,坚持法律面前人人平等。

“科学立法、严格执法、公正司法、全民守法”是依法治国、建设社会主义法治国家、实现

〔23〕《史记·商君列传》。

〔24〕《商君书·修权》。

〔25〕[法]卢梭:《社会契约论》,何兆武译,商务印书馆1980年版,第79页。

法治中国伟大目标的“新十六字方针”。

(一)科学立法

实行法治,必须立法先行;提高立法质量,必须坚持科学立法、民主立法、依法立法。建设法治国家,实现良法善治,要求所依的“法”必须是良好的法律,即符合时代精神和人民利益的法律。

立善法于天下,则天下治;立善法于一域,则一域治。科学立法,要求法律准确反映和体现所调整社会关系的客观规律,同时遵循法律体系的内在规律。实现科学立法,必须坚持以科学的理论为指导,从国情和实际出发,科学合理地规范公民、法人和其他组织的权利与义务,科学合理地规范国家机关的权力与责任,立符合法治精神的法、立人民群众拥护的法、立改革发展急需的法,使法律符合经济社会发展要求,真正经得起实践和历史的检验。

(二)严格执法

法律的生命力在于实施,法律的权威也在于实施。严格执法是建设法治政府的重要内容,是实现法治社会的必要保障。没有执法的规范化和程序化,法治政府建设就会有重大缺陷和严重不足。没有严格依法执法和规范文明执法,社会就难以有序运转,公民、法人的合法权益也就难以得到维护,法治社会建设也就无从谈起。习近平总书记指出,推进严格执法,重点是解决执法不规范、不严格、不透明、不文明以及不作为、乱作为等突出问题。优化执法程序、消除执法乱象、加强执法监督,是严格执法的重点。要严格落实行政执法责任制,坚持“法定职权必须为、法无授权不可为”的原则,健全行政执法和刑事司法衔接机制,坚决防止和纠正选择性执法、恶意执法、暴力执法、情绪执法、执法谋私等问题。

(三)公正司法

公正是司法的生命线。习近平总书记反复强调,要努力让人民群众在每一个司法案件中都能感受到公平正义。公正司法是维护社会公平正义的最后一道防线,一次不公正的裁判,其恶果甚至超过十次犯罪。随着社会主义法治建设的不断推进,中国特色社会主义司法制度不断完善。然而,由于各种原因,司法不公的现象仍时有发生,人民群众对此反映强烈。司法不公的深层次原因,主要在于司法体制不完善、司法职权配置和权力运行机制不科学、人权司法保障制度不健全。要消除各种司法不公、司法腐败,必须深化改革,推进司法体制综合配套改革,推进以审判为中心的诉讼制度改革,从而不断提高司法公信力和群众满意度。

(四)全民守法

全民守法是全面依法治国、建设社会主义法治国家的基础,是实现法治中国伟大理想的必由之路。首先,要进行全民普法。全民普法是培养全民守法意识的必经途径,国家机关不仅要执法、守法,还要肩负起全民普法的重任。其次,领导干部要带头守法。全面依法治国必须抓住领导干部这个“关键少数”。各级领导干部对法治建设既可以起到关键推动作用,也可能起到致命破坏作用,因此,必须带头在宪法法律范围内活动,带头自觉尊法学法守法用法,知责明责、履职尽责,善于用制度说话、按规矩办事,不断提高运用法治思维和法治方式深化改革、推动发展、化解矛盾、维护稳定的能力。最后,人民群众要遇事找法。公民不仅是法治中国前行的受益者，更应该是社会主义法治的忠实崇尚者、自觉遵守者、坚定捍卫者。要通过全民普法、带头守法引导广大人民办事依法、遇事找法、解决问题靠法，提高全民法治意识和道德自觉，使尊法守法成为全体人民的共同追求和自觉行动，让法治成为全体人民的最大公约数和核心价值观。

现在，法治中国的建设任务已经提上日程。建设法治中国，必须坚持依法治国、依法执政、依法行政共同推进，必须坚持法治国家、法治政府、法治社会一体建设，从而形成中国特色社会主义法治体系。

第三节　新时代法治体系建设

一、新时代社会主要矛盾的新变化

党的十九大报告提出，“中国特色社会主义进入新时代，我国社会主要矛盾已经转化为人民日益增长的美好生活需要和不平衡不充分的发展之间的矛盾”。我国当前的社会主要矛盾，一方面表现为人民美好生活需要日益广泛，不仅对物质文化生活提出了更高要求，而且在民主、法治、公平、正义、安全、环境等方面的要求日益增长；另一方面表现为我国社会生产力水平总体上显著提高，社会生产能力在很多方面进入世界前列，更加突出的问题是发展不平衡不充分，这已经成为满足人民日益增长的美好生活需要的主要制约因素。同时，全面建成小康社会的伟大事业已经完成，改革进入攻坚期和深水区，国际形势复杂多变，改革发展稳定任务之重前所未有、矛盾风险挑战之多前所未有，依法治国在党和国家工作全局中的地位更加突出、作用更加重大。面对新形势新任务，必须更好统筹国内国际两个大局，更好维护和运用我国发展的重要战略机遇期，更好统筹社会力量、平衡社会利益、调节社会关系、规范社会行为，使我国社会在深刻变革中既生机勃勃又井然有序，实现经济发展、政治清明、文化昌盛、社会公正、生态良好，实现我国和平发展的战略目标，必须更好发挥法治的引领和规范作用。

长期以来，特别是党的十一届三中全会以来，中国共产党深刻总结我国社会主义法治建设的成功经验和深刻教训，提出为了保障人民民主，必须加强法治，必须使民主制度化、法律化，把依法治国确定为党领导人民治理国家的基本方略，把依法执政确定为党治国理政的基本方式，积极建设社会主义法治，取得历史性成就。目前，中国特色社会主义法律体系已经形成，法治政府建设稳步推进，司法体制不断完善，全社会法治观念明显增强。

尤其是，党的十八大以来，民主法治建设迈出重大步伐。积极发展社会主义民主政治，推进全面依法治国，党的领导、人民当家作主、依法治国有机统一的制度建设全面加强，党的领导体制机制不断完善，社会主义民主不断发展，党内民主更加广泛，社会主义协商民主全面展开，爱国统一战线巩固发展，民族宗教工作创新推进。科学立法、严格执法、公正司法、全民守法深入推进，法治国家、法治政府、法治社会建设相互促进，中国特色社会主义法治体系日益完善,全社会法治观念明显增强。国家监察体制改革试点取得实效,行政体制改革、司法体制改革、权力运行制约和监督体系建设有效实施。同时,必须认识到,我国社会主要矛盾的变化是关系全局的历史性变化,对党和国家工作提出了许多新要求。正如党的十九大报告所指出的:社会矛盾和问题交织叠加,全面依法治国任务依然繁重,国家治理体系和治理能力有待加强。必须清醒看到,同党和国家事业发展要求相比,同人民群众期待相比,同推进国家治理体系和治理能力现代化目标相比,法治建设还存在许多不适应、不符合的问题,主要表现为:有的法律法规未能全面反映客观规律和人民意愿,针对性、可操作性不强,立法工作中部门化倾向、争权诿责现象较为突出;有法不依、执法不严、违法不究现象比较严重,执法体制权责脱节、多头执法、选择性执法现象仍然存在,执法司法不规范、不严格、不透明、不文明现象较为突出,群众对执法司法不公和腐败问题反映强烈;部分社会成员尊法信法守法用法、依法维权意识不强,一些国家工作人员特别是领导干部依法办事观念不强、能力不足,知法犯法、以言代法、以权压法、徇私枉法现象依然存在。这些问题,违背社会主义法治原则,损害人民群众利益,妨碍党和国家事业发展,必须下大气力加以解决。

二、新时代全面依法治国的基本内涵

(一)全面依法治国的指导思想

全面依法治国,必须贯彻落实党的十九大精神,高举中国特色社会主义伟大旗帜,以马克思列宁主义、毛泽东思想、邓小平理论、“三个代表”重要思想、科学发展观、习近平新时代中国特色社会主义思想为指导,认真学习领会习近平法治思想,坚持党的领导、人民当家做主、依法治国有机统一,坚定不移走中国特色社会主义法治道路,坚决维护宪法法律权威,依法维护人民权益、维护社会公平正义、维护国家安全稳定,为实现“两个一百年”奋斗目标、实现中华民族伟大复兴的中国梦提供有力法治保障。

(二)全面依法治国的总目标

党的十九大报告指出,新时代中国特色社会主义思想“明确全面推进依法治国总目标是建设中国特色社会主义法治体系,建设社会主义法治国家”。具体就是,在中国共产党领导下,坚持中国特色社会主义制度,贯彻中国特色社会主义法治理论,形成完备的法律规范体系、高效的法治实施体系、严密的法治监督体系、有力的法治保障体系,形成完善的党内法规体系,坚持依法治国、依法执政、依法行政共同推进,坚持法治国家、法治政府、法治社会一体建设,促进国家治理体系和治理能力现代化。

(三)全面依法治国的基本原则

1. 坚持中国共产党的领导。党的领导是中国特色社会主义最本质的特征,是社会主义法治最根本的保证。把党的领导贯彻到依法治国全过程和各方面,是我国社会主义法治建设的一条基本经验。必须坚持党领导立法、保证执法、支持司法、带头守法,把依法治国基本方略同依法执政基本方式统一起来。

2. 坚持以人民为中心。人民是依法治国的主体和力量源泉。必须坚持法治建设为了人民、依靠人民、造福人民、保护人民，以保障人民根本权益为出发点和落脚点，保证人民依法享有广泛的权利和自由、承担应尽的义务，维护社会公平正义，促进共同富裕。

3. 坚持法律面前人人平等。平等是社会主义法律的基本属性。任何组织和个人都必须尊重宪法法律权威，都必须在宪法法律范围内活动，都必须依照宪法法律行使权力或权利、履行职责或义务，都不得有超越宪法法律的特权。必须维护国家法制统一、尊严、权威，切实保证宪法法律有效实施，绝不允许任何人以任何借口任何形式以言代法、以权压法、徇私枉法。必须以规范和约束公权力为重点，加大监督力度，做到有权必有责、用权受监督、违法必追究，坚决纠正有法不依、执法不严、违法不究行为。

4. 坚持依法治国和以德治国相结合。必须一手抓法治，一手抓德治。要把法律和道德的力量、法治和德治的功能结合起来，把自律和他律结合起来，推动法治和德治相互补充、相互促进、相得益彰。

5. 坚持从中国实际出发。中国特色社会主义道路、理论体系、制度是全面依法治国的根本遵循。必须从我国基本国情出发，同改革开放不断深化相适应，总结和运用党领导人民实行法治的成功经验，围绕社会主义法治建设重大理论和实践问题，推进法治理论创新，发展符合中国实际、具有中国特色、体现社会发展规律的社会主义法治理论，为依法治国提供理论指导和学理支撑。汲取中华法律文化精华，借鉴国外法治有益经验，但决不照搬外国法治理念和模式。

三、新时代中国特色社会主义法治体系建设的新任务

自党的十八大特别是十八届四中全会以来，我国法治建设取得巨大成就，民主法治建设迈出重大步伐。党的十九大在新的历史起点上推动了中国特色社会主义法治理论新的飞跃。在十九大报告关于新时代中国特色社会主义思想的主要内容“八个明确”中，重申“明确全面推进依法治国总目标是建设中国特色社会主义法治体系、建设社会主义法治国家。”2020 年 11 月 16 日，习近平总书记在中央全面依法治国工作会议上，将“坚持建设中国特色社会主义法治体系”作为当前和今后一个时期要重点抓好的工作之一，使之成为“十一个坚持”的重要内容。这进一步表明以习近平同志为核心的党中央厉行法治的坚强意志和决心，进一步凸显了依法治国在治国理政中的重要地位和功能。新时代中国特色社会主义法治体系建设必然面临着新任务。

（一）法治贯穿于新时代中国特色社会主义十四项基本方略

习近平新时代中国特色社会主义思想，是对马克思列宁主义、毛泽东思想、邓小平理论、“三个代表”重要思想、科学发展观的继承和发展，是马克思主义中国化最新成果，是党和人民实践经验和集体智慧的结晶，是中国特色社会主义理论体系的重要组成部分，是全党全国人民为实现中华民族伟大复兴而奋斗的行动指南。将全面依法治国作为其重要组成部分，足见全面依法治国对新时代中国特色社会主义的重要意义。可以说，习近平新时代中国特色社会主义法治思想是马克思主义法律思想中国化的最新成果。

全面依法治国思想贯穿于新时代中国特色社会主义基本方略的全部 14 项工作中：

(1)坚持党对一切工作的领导,也就是要落实依法执政的基本要求;

(2)坚持以人民为中心,要求民主的法律化、制度化,要求要加强民主法治建设;

(3)坚持全面深化改革,必须以法治推进国家治理体系和治理能力的现代化;

(4)坚持新发展理念,蕴含着用法治思维和法治方式推动各项事业的发展;

(5)坚持人民当家做主必然要求党的领导、人民当家做主、依法治国有机统一;

(6)坚持全面依法治国要求完善法律体系、建成法治体系;坚持社会主义核心价值体系本身就包含着法治价值;

(7)坚持在发展中保障和改善民生蕴含着促进公平正义这一法治精神;

(8)坚持在发展中保障和改善民生,蕴含着促进公平正义这一法治精神,要求建设民生法治;

(9)坚持人与自然和谐共生,需要用法治方式形成对生态环境最严格的保护,建设生态法治;

(10)坚持总体国家安全观,要求完善国家安全制度体系;

(11)坚持党对人民军队的绝对领导,要求依法治军,提高国防和军队建设法治化水平;

(12)坚持"一国两制"和推进祖国统一,要求严格贯彻两个基本法,把维护中央对香港、澳门特别行政区全面管治权和保障特别行政区高度自治权有机结合起来,要求用《反分裂国家法》推动两岸关系和平发展;

(13)坚持推动构建人类命运共同体,需要努力构建稳定的国际法治秩序,需要加强国际法治建设;

(14)坚持全面从严治党,需要依规治党与依法治国同步协调推进,等等。

综上所述,基于法治的战略价值以及在中国特色社会主义建设体系中的重要意义,中国特色社会主义法治建设必然体现在国家的经济建设、政治建设、文化建设、社会建设、生态建设即"五位一体"中。到新中国成立100年时,法治强国也必将成为富强民主文明和谐美丽的社会主义现代化强国的重要内容和重要标志。

(二)法治体系建设在新时代面临新任务

党的十八届四中全会通过的《中共中央关于全面推进依法治国若干重大问题的决定》提出,全面推进依法治国要形成中国特色社会主义法治体系。党的十九大提出习近平新时代中国特色社会主义思想,明确新时代中国共产党的历史使命。在新时代,中国特色社会主义法治体系的五大子体系都面临着建设新任务。

一是完备的法律规范体系。在具体表述上,党的十八届四中全会提出要推进科学立法、民主立法。在此基础上,党的十九大报告又新增了依法立法这一新的要求。2017年11月20日,党的十九届中央全面深化改革领导小组第一次全体会议召开,强调要根据立法法的有关规定,紧紧围绕提高立法质量这个关键,更好发挥立法在表达、平衡、调整社会利益方面的重要作用,努力使每一项立法都符合宪法精神,反映人民意志得到人民拥护。依法立法是立法必须坚持的基本原则之一。首先要依宪立法;其次要贯彻党的方针政策,使党的主张和人民意志通过法定程序统一起来;最后要规范立法,促进立法内在协调。

二是高效的法治实施体系。包括加强宪法实施，推进合宪性审查工作，维护宪法权威，推进依法行政，严格规范公正文明执法，加大普法力度，建设社会主义法治文化，树立宪法法律至上、法律面前人人平等的法治理念。尤其值得注意，深化司法体制改革，是建设高效的法治实施体系的核心和重要依托。党的十八大以来，司法体制改革一直就是法治中国建设的重点，甚至被认为是全面依法治国的突破点和总抓手。司法制度本身乃是一个整体，司法体制改革最终的效果要取决于各项改革之间的"综合配套"。基于此，党的十九大报告特别强调深化司法体制"综合配套改革"。

三是严密的法治监督体系。法治监督体系的重心是加强对公权力的监督。行政权力具有管理事务领域宽、自由裁量权大等特点，法治监督的重点之一就是规范和约束行政权力。党的十八届四中全会的决定对于行政权力监督只是列举了监督种类，即"加强党内监督、人大监督、民主监督、行政监督、司法监督、审计监督、社会监督、舆论监督制度建设，努力形成科学有效的权力运行制约和监督体系，增强监督合力和实效。"党的十九大报告则明确了监督的实质内涵，形成了有效监督网络，对权力监督的制度笼子基本形成，即"强化自上而下的组织监督，改进自下而上的民主监督，发挥同级相互监督作用，加强对党员领导干部的日常管理监督。深化政治巡视，坚持发现问题、形成震慑不动摇，建立巡视巡察上下联动的监督网。"

这样，进一步疏通了监督的制度渠道，强化了监督的实效。为了确保国家监察全覆盖落到实处，党的十九大报告要求深化监察体制改革，成立监察委员会，制定国家监察法，实现对所有行使公权力的公职人员监察全覆盖。国家监察委员会就是中国特色的国家反腐败机构，国家监察法就是反腐败国家立法。

四是有力的法治保障体系。党的十九大报告特别强调，"党政军民学，东西南北中，党是领导一切的。""坚持党的领导是当代中国的最高政治原则，是实现中华民族伟大复兴的关键所在，没有中国共产党坚强有力的领导，中华民族将是一盘散沙。"党的领导是中国特色社会主义最本质的特征，是社会主义法治最根本的保证。

五是完善的党内法规制度体系。党的十八届四中全会将"形成完善的党内法规体系"确定为全面推进依法治国总目标的重要内容，强调"党内法规既是管党治党的重要依据，也是建设社会主义法治国家的有力保障"，并从制定、备案、解释和执行等方面对加强党内法规制度建设作出部署。党的十九大报告指出："增强依法执政本领，加快形成覆盖党的领导和党的建设各方面的党内法规制度体系，加强和改善对国家政权机关的领导。"党的十九大再一次对《中国共产党章程》进行了部分修改；加上党的十八大以来对一系列党内重要法规的修订，使党的政治建设、组织建设和廉政建设在制度层面得以进一步落实。依规治党、用法治思维推进全面从严治党所取得的伟大成就，让我们进一步坚信："办好中国的事情，关键在党，关键在党要管党、从严治党。"2021 年 7 月 1 日，习近平总书记在庆祝中国共产党成立 100 周年大会上宣布，我们党已经"形成比较完善的党内法规体系"。新时代要求从党内法规的制定、备案、解释、执行等方面，进一步加强党内法规制度建设；要求从理论和实践层面理顺党内法规和国家法律的关系；同时，对党内法规在从严治党、管党方面的效用进行评估,为修改完善党内法规提供依据。

总之,全面依法治国,建设中国特色社会主义法治体系,是习近平新时代中国特色社会主义思想的基本方略之一,是习近平法治思想的核心要义之一,也是实现中华民族伟大复兴的中国梦、建设社会主义现代化强国的有力保证。

课后作业

一、关键词解释

1. 法制

2. 法治

3. 依法治国

4. 中国特色社会主义法治体系

二、选择题

1. 在某法学理论研讨会上,甲和乙就法治的概念和理论问题进行辩论。甲说:(1)在中国,法治理论最早是由梁启超先生提出来的;(2)法治强调法律在社会生活中至高无上的权威;(3)法治意味着法律调整社会生活的正当性。乙则认为:(1)法家提出过“任法而治”“以法治国”的思想;(2)法治与法制没有区别;(3)“法治国家”概念最初是德语中使用的。下列哪一选项所列论点是恰当的?(　　)

A. 甲的论点(2)和乙的论点(1)

B. 甲的论点(1)和乙的论点(3)

C. 甲的论点(2)和乙的论点(2)

D. 甲的论点(3)和乙的论点(2)

2. 下列关于法治与法制的表述哪些是不适当的?(　　)

A. 法治要求法律全面地、全方位地介入社会生活,这意味着法律取代了其他社会调整手段

B. 法治与法制的根本区别在于社会对法律的重视程度不同

C. 实现了法制,就不会出现牺牲个案实体正义的情况

D. 法治的核心是权利保障与权力制约

3. “法律人适用法律的最直接目标就是要获得一个合理的决定。在法治社会,所谓合理的法律决定就是指法律决定具有可预测性和正当性。”对于这一段话,下列说法正确的是(　　)。

A. 正当性是实质法治的要求

B. 可预测性要求法律人必须将法律决定建立在既存的一般性的法律规范的基础上

C. 在历史上,法律人通常借助法律解释方法缓解可预测性与正当性之间的紧张关系

D. 在法治国家,法律决定的可预测性是理当崇尚的一个价值目标

4. 全面推进依法治国，总目标是建设中国特色社会主义法治体系，建设社会主义法治国家。关于对全面推进依法治国的重大意义和总目标的理解，下列哪一选项是不正确的？（　　）。

A. 依法治国事关我们党执政兴国，事关人民的幸福安康，事关党和国家的长治久安

B. 依法治国是实现国家治理体系和治理能力现代化的必然要求

C. 总目标包括形成完备的法律规范体系和高效的法律实施体系

D. 通过将全部社会关系法律化，为建设和发展中国特色社会主义法治国家提供保障

5. 东部某市是我国获得文明城市称号且犯罪率较低的城市之一，该市某村为了提高村民的道德素养，建有一条"爱心互助街"，使其成为交换和传递爱心的街区。关于对法治和德治相结合的原则的理解，下列哪一选项是错误的？（　　）

A. 道德可以滋养法治精神和支撑法治文化

B. 通过公民道德建设提高社会文明程度，能为法治实施创造良好的人文环境

C. 坚持依法治国和以德治国相结合，更要强调发挥道德的教化作用

D. 道德教化可以劝人向善，也可以弘扬公序良俗，培养人们的规则意识

6. 增强全民法治观念，推进法治社会建设，使人民群众内心拥护法律，需要健全普法宣传教育机制。某市的下列哪一做法没有体现这一要求？（　　）

A. 通过《法在身边》电视节目、微信公众号等平台开展以案释法，进行普法教育

B. 印发法治宣传教育工作责任表，把普法工作全部委托给人民团体

C. 通过举办法治讲座、警示教育报告会等方式促进领导干部带头学法、模范守法

D. 在暑期组织"预防未成年人违法犯罪模拟法庭巡演"，向青少年宣传《未成年人保护法》

7. 关于对全面推进依法治国基本原则的理解，下列哪些选项是正确的？（　　）

A. 要把坚持党的领导、人民当家做主、依法治国有机统一起来

B. 坚持人民主体地位，必须坚持法治建设以保障人民根本利益为出发点

C. 要坚持从中国实际出发，并借鉴国外法治有益经验

D. 坚持法律面前人人平等，必须以规范和约束公权力为重点

8. 建设法治政府必然要求建立权责统一、权威高效的依法行政体制。关于建设法治政府，下列哪一观点是正确的？（　　）

A. 明晰各级政府事权配置的着力点，强化市县政府宏观管理的职责

B. 明确地方事权，必要时可以适当牺牲其他地区利益

C. 政府权力清单制度是促进全面履行政府职能、厘清权责、提高效率的有效制度

D. 推行政府法律顾问制度的主要目的是帮助行政机关摆脱具体行政事务，加强宏观管理

9. 依法治国方略的实施是一项浩瀚庞大、复杂而艰巨的系统工程，要全面发挥各种社会规范的调整作用，综合协调地运用多元化的手段和方法实现对国家的治理和管理。关于依法治国理念的基本要求，下列哪一说法是不准确的？（　　）

A. 在指导思想上，要坚持党的领导、人民当家做主和依法治国三者有机统一

B. 在评价尺度上，要坚持法律效果与政治效果、社会效果有机统一

C. 在法的作用上,要构建党委调解、行政调解、司法调解三位一体纠纷解决机制

D. 在法的成效上,要实现依法治国与以德治国的结合与统一

10. 全面依法治国,需要解决法治建设不适应、不符合推进国家治理体系和治理能力现代化目标的问题。下列有助于解决上述问题的措施是(　　)。

A. 增强法律法规的针对性和可操作性,避免立法部门化倾向

B. 改进行政执法体制,消除多头执法、选择性执法现象

C. 大力解决司法不公和司法腐败问题,提高司法公信力

D. 增强社会成员依法维权意识和国家工作人员依法办事观念

11. 全面依法治国,必须坚持人民的主体地位。对此,下列哪一理解是错误的?(　　)

A. 法律既是保障人民自身权利的有力武器,也是人民必须遵守的行为规范

B. 人民依法享有广泛的权利和自由,同时也承担应尽的义务

C. 人民通过各种途径直接行使立法、执法和司法的权力

D. 人民根本权益是法治建设的出发点和落脚点,法律要为人民所掌握、所遵守、所运用

12. 相传,清朝大学士张英的族人与邻人争宅基,两家因之成讼。族人驰书求助,张英却回诗一首:"一纸书来只为墙,让他三尺又何妨?万里长城今犹在,不见当年秦始皇。"族人大惭,遂后移宅基三尺。邻人见状亦将宅基后移三尺,两家重归于好。根据上述故事,关于依法治国和以德治国的关系,下列哪一理解是正确的?(　　)

A. 在法治国家,道德通过内在信念影响外部行为,法律的有效实施总是依赖于道德

B. 以德治国应大力弘扬"和为贵、忍为高"的传统美德,不应借诉讼对利益斤斤计较

C. 道德能够令人知廉耻、懂礼让、有底线,良好的道德氛围是依法治国的重要基础

D. 通过立法将"礼让为先""勤俭节约""见义勇为"等道德义务全部转化为法律义务,有助于发挥道德在依法治国中的作用

13. 全面依法治国必须坚持从中国实际出发。对此,下列哪一理解是正确的?(　　)

A. 从实际出发不能因循守旧、墨守成规,法治建设可适当超越社会发展阶段

B. 全面依法治国的制度基础是中华法系,实践基础是中国传统社会的治理经验

C. 从中国实际出发不等于"关起门来搞法治",应移植外国法律制度和法律文化

D. 从实际出发要求凸显法治的中国特色,坚持中国特色社会主义道路、理论体系和制度

三、材料论述题

[**材料一**]法律是治国之重器,法治是国家治理体系和治理能力的重要依托。全面推进依法治国,是解决党和国家事业发展面临的一系列重大问题,解放和增强社会活力、促进社会公平正义、维护社会和谐稳定、确保党和国家长治久安的根本要求。要推动我国经济社会持续健康发展,不断开拓中国特色社会主义事业更加广阔的发展前景,就必须全面推进社会主义法治国家建设,从法治上为解决这些问题提供制度化方案。(摘自习近平:"关于《中共中央关于全面推进依法治国若干重大问题的决定》的说明")

[**材料二**]同党和国家事业发展要求相比,同人民群众期待相比,同推进国家治理体系和治理能力现代化目标相比,法治建设还存在许多不适应、不符合的问题,主要表现为:有的法

律法规未能全面反映客观规律和人民意愿，针对性、可操作性不强，立法工作中部门化倾向、争权诿责现象较为突出；有法不依、执法不严、违法不究现象比较严重，执法体制权责脱节、多头执法、选择性执法现象仍然存在，执法司法不规范、不严格、不透明、不文明现象较为突出，群众对执法司法不公和腐败问题反映强烈。（摘自《中共中央关于全面推进依法治国若干重大问题的决定》）

问题：

根据以上材料，结合全面推进依法治国的总目标，从立法、执法、司法三个环节谈谈建设社会主义法治国家的意义和基本要求。

答题要求：

(1)无观点或论述、照搬材料原文的不得分；

(2)观点正确，表述完整、准确；

(3)总字数不得少于400字。

［**材料三**］法律本来应该具有定分止争的功能，司法审判本来应该具有终局性的作用，如果司法不公、人心不服，这些功能就难以实现。……我们提出要努力让人民群众在每一个司法案件中都感受到公平正义，所有司法机关都要紧紧围绕这个目标来改进工作，重点解决影响司法公正和制约司法能力的深层次问题。（摘自习近平：《第十八届中央政治局第四次集体学习时的讲话》）

［**材料四**］新华社北京2017年5月3日电：中共中央总书记、国家主席、中央军委主席习近平3日上午来到中国政法大学考察。习近平指出，我们有我们的历史文化，有我们的体制机制，有我们的国情，我们的国家治理有其他国家不可比拟的特殊性和复杂性，也有我们自己长期积累的经验和优势。

问题：

请根据材料一和材料二，结合自己对中华法文化中“天理、国法、人情”的理解，谈谈在现实社会的司法、执法实践中，一些影响性裁判、处罚决定公布后，有的深获广大公众认同，取得良好社会效果，有的则与社会公众较普遍的认识有相当距离，甚至截然相反判断的原因和看法。

答题要求：

(1)无观点或论述、照搬材料原文的不得分；

(2)观点正确，表述完整、准确；

(3)总字数不少于500字。

课后参阅论文

1. 李林：《当代中国语境下的民主与法治》，载《法学研究》2007年第5期。

2. 付子堂：《论建构法治型社会管理模式》，载《法学论坛》2011年第2期。

3. 周尚君:《国家建设视角下的地方法治试验》,载《法商研究》2013 年第 1 期。
4. 李林:《习近平全面依法治国思想的理论逻辑与创新发展》,载《法学研究》2016 年第 2 期。
5. 张文显:《新时代全面依法治国的思想、方略和实践》,载《中国法学》2017 年第 6 期。
6. 王利明:《新时代中国法治建设的基本问题》,载《中国社会科学》2018 年第 1 期。
7. 胡明:《用中国特色社会主义法治理论引领法治体系建设》,载《中国法学》2018 年第 3 期。
8. 沈国明:《改革开放 40 年法治中国建设:成就、经验与未来》,载《东方法学》2018 年第 6 期。
9. 付子堂:《2035:法治中国的远景展望》,载《人民论坛》2021 年第 1 期。
10. 周尚君:《地方政府的价值治理及其制度效能》,载《中国社会科学》2021 年第 5 期。

延伸阅读

法治作为人类的一种治理方式,古今中外都有伟大的思想家在探讨,比如古希腊思想家柏拉图的《法律篇》就对古希腊法律与城邦的方方面面都进行了讨论,可参阅《法治理想国:柏拉图〈法律篇〉研读实录》(付子堂主编,广西师范大学出版社 2018 年版)。

第十三章　法 律 程 序

知识结构图

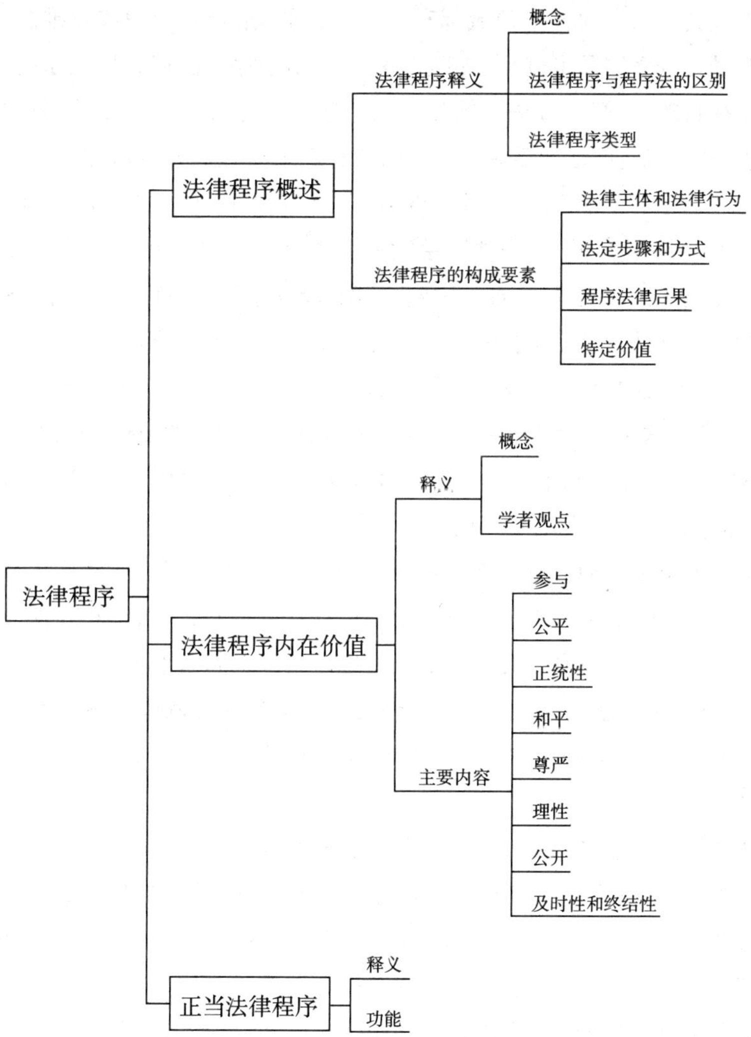

第一节 法律程序概述

一、法律程序释义

程序是按时间先后依次安排的工作步骤。现代社会生活的高度复杂化、精密化以及随之而来的思维理性化,使人们在完成较为复杂的任务时,需要预先设定一定的工作方式和步骤。程序在社会生活中的各个领域都有所体现,既有指导人行为或思维的程序,也有作用于机器的自动化程序以及可进行逻辑运算的计算机程序。法律程序属于行为程序,为了达到一定的法律目的,人们通过法律预先设定一些行为方式和行为步骤,通过对这些步骤和方式的遵循,获得确定的法律后果。所以法律程序就是人们进行法律行为所必须遵循的法定步骤和方式。也有学者从另一角度指出了法律程序的内涵:"程序,从法律学的角度看,主要体现为按照一定的顺序、方式和手续来做出决定的相互关系。"[1]由于人们的社会行为总是在一定的关系中展开,因此,法律程序的设定必然是针对人们行为的相互关系。

法律程序和程序法近似,但略有不同。法律程序是程序法的内容,而程序法是法律程序的表现形式。程序法相对于实体法,是对法进行分类的结果,是法的一种形式。[2]

长期以来,我国法学界对法律程序的研究不够重视。比较明显的是人们误将法律程序等同于诉讼程序,以至于对其他法律程序视而不见,如《中国大百科全书》对程序法的解释是:凡规定实现实体法有关诉讼手续的法律为程序法,又称诉讼法,如民事诉讼法、刑事诉讼法等。这种观点导致了对其他法律程序研究与立法的滞后。另外,程序工具主义倾向严重,仅仅将程序法看成实现实体法的手段,忽略程序法的内在价值,使程序法完全成为实体法的附庸。不过,近年来,这种研究倾向有了一定改变。人们越来越清晰地认识到法律程序的重要地位,认识到程序法有自己的独立价值,法律程序在控制国家权力和实现公民权利方面有重要地位和作用。从实践来看,程序性立法开始不断出现,法律运作中的程序观念也越来越强。

党的十八届四中全会通过的《中共中央关于全面推进依法治国若干重大问题的决定》中,指出:"把党领导人民制定和实施宪法法律同党坚持在宪法法律范围内活动统一起来,善于使党的主张通过法定程序成为国家意志,善于使党组织推荐的人选通过法定程序成为国家政权机关的领导人员,善于通过国家政权机关实施党对国家和社会的领导,善于运用民主集中制原则维护中央权威、维护全党全国团结统一。"决定充分展现了程序在依法治国中的重要意义。

根据不同的标准,可将法律程序划分为不同的类型,根据法律关系的性质,可将法律程

---

〔1〕 季卫东:《法治秩序的建构》,中国政法大学出版社 1999 年版,第 12 页。

〔2〕 可参见本书第七章"法律渊源和法律分类"。

序划分为公法程序和私法程序，凡是在法律程序中主要体现为服从或隶属关系的法律程序就是公法程序，如选举程序、立法程序、行政程序和诉讼程序等。凡是法律程序中主要体现为平等关系的法律程序就是私法程序，如签订合同的程序、履行合同的程序、订立遗嘱的程序和财产继承程序等。根据法律运行的过程，可将法律程序划分为法律制定程序、法律解释程序、法律实施程序及法律监督程序等。

二、法律程序的构成要素

（一）法律主体和法律行为

法律程序中的法律主体是参与法律程序，享有法律权利并承担法律义务的主体。任何法律关系必须有主体的存在，法律程序的主体既可以是自然人，也可以是法人（公法人和私法人），还可以是国家或其他组织。另外，法律控制和调整的是人的社会行为，因而，法律主体必须有行为才可能成为法律调控的对象。这里的法律行为既包括法律预设的法律行为，也包括实际上运行着的法律行为。通过法律主体的法律行为，法律程序的目的得以实现。

（二）法定步骤和方式

法定步骤和方式是法律程序对行为所进行的规定。法律程序对法律行为的规定是通过规范行为发生的步骤以及方式来实现的。所谓步骤，指的是法律行为在时间上的先后顺序和期限上的具体安排；所谓方式，指的是行为在空间中的具体表现，如诉讼程序中的合法证据形式、审判公开、回避等，立法程序中的立法听证、议员言论、多数决定、表决方法等。

（三）程序法律后果

程序法律规范和实体法律规范一样，必须具备法律后果这一要件。同样，也包括肯定性法律后果和否定性法律后果。肯定性法律后果使程序法律行为有效，而否定性法律后果使程序法律行为无效。

（四）特定价值

价值反映的是人们对事物满足人们需求的评价，也反映了人们对它的愿望和要求。法律程序总是和特定价值联系在一起，因为法律程序必然表达了人们的某种愿望，满足了人们的某种需求。即使是程序工具主义者，他们将法律程序看作纯粹实现实体法的工具，也不能说法律程序没有任何价值。现代法律程序越来越注重程序自身的独立价值，即这种价值不依赖于实体法就可以单独存在和实现，如对程序公正、中立、参与等价值。

第二节　法律程序内在价值

一、法律程序内在价值释义

据《简明不列颠百科全书》，在“价值学”这一词条中，“价值”最初源于经济学，它的意义是某物的价值，主要指经济上的交换价值。19 世纪，在若干思想家和学派的影响下，“价值”这一概念被延伸到更为广泛的领域,在哲学上被大量研究。人们通常将价值区分为工具价值与固有价值,亦即作为方法的善和作为目的的善。[3] 这种区分亦可运用在法律程序的价值区分上,法律程序既是实现实体正义的工具,同时也要达到程序自身正义这一目的。所以,法律程序的价值可以分为两种:一种是作为达到实体法目的的手段;另一种是程序自身的德性。因此,评价某种法律程序有两条标准:一是结果有效性(good result efficacy);二是过程价值有效性(process value efficacy),偏重前者的观点可简单称为程序工具主义,偏重后者的则称为程序本位主义。[4]

法律程序本身包含了过程和结果两个部分,从价值角度来看,这两个部分在很多时候是统一的,既实现了作为过程的程序正义,也实现了作为结果的实体正义。然而,有时候,这两个部分并不一定能够完全统一:在过程中我们采用了良好的方法,但不一定达到良好的结果;或者达到了良好的结果,却不一定是通过良好的方法。如我们采用了正当的法律程序,保护了犯罪嫌疑人的人权,却可能没达到最大限度地打击罪犯的实体法目的。程序工具主义偏重于实现法律程序的结果价值,即实现实体正义,而程序正义受到忽略;程序本位主义偏重于实现程序的过程价值,即贯彻法律程序的内在道德,这种做法实现了程序正义,却忽略了实体正义。其实,程序工具主义和程序本位主义的极端化,都不可能完美地实现法律程序的价值。所以,法律程序的价值的实现必须兼顾过程和结果,是过程价值与结果价值的共同实现。

法律程序的过程价值即法律程序的内在价值,具体是指法律程序作为一个过程所具有的,不依赖其结果而存在,并可以作为评价该法律程序“好坏”的那些标准。[5] 由于法律程序是人们的法律行为所遵循的法定步骤和方法,因而每一步骤和方法的设定都有各自的结构和功能,构成了相应的程序规则。根据它们,我们就能够认识到程序在不同阶段的特征以及这些程序要达到的目标,而程序的内在价值就体现在这些特征和目标中。

最早对程序价值进行研究的学者是英国法学家边沁。边沁第一次将法律从总体上分为在实施社会控制方面起首要作用的实体法和为实施实体法提供服务的程序法。实体法直接体现主权者的意志,通过给人们提供行为准则来调整社会关系,这是最重要的法律。而程序法是为实施实体法创造条件,是实体法之外另行颁布的一种次要法律,包括证据法、审判法,是实体法的附属法。边沁认为程序法的唯一正当目的就是最大限度地实现实体法,程序法的有用性最终要取决于实体法的有用性,只有实体法首先被制定出来,程序法才具备意义。虽然边沁看到了程序法本身具备的工具性价值,但他并没有认识到程序法自身的内在价值,在他看来,程序法的价值只能是通过最大限度地实现实体法而体现出来。

意大利法学家贝卡里亚(Cesa re Bonesana Becearia)进一步认识到了程序的独立价值,这反映在他提出的无罪推定原则和刑事程序的人道化方面,他实际上使保护人权成为评价刑事法律程序的价值标准。通过贝卡里亚的理论,刑事程序开始有了自己独立于实体法的

---

〔3〕《简明不列颠百科全书》(第3卷),中国大百科全书出版社1991年版,第306页。

〔4〕陈端洪:《法律程序价值观》,载《中外法学》1997年第6期。

〔5〕王锡锌:《论法律程序的内在价值》,载《政治与法律》2000年第3期。

价值追求。

在当代西方，美国法学家罗伯特·萨默斯（Robert S. Summers）是较早提出法律程序独立价值标准的学者，他在1974年发表了《对法律程序的评价与改进——关于“程序价值”的陈辩》长篇论文，对这种与程序的工具性相对的程序价值进行了较为系统的分析和论证。这里的程序价值就是程序的内在价值，是通过程序本身而不是通过结果所体现出来的价值标准。萨默斯认为程序价值包括统治参与性、程序正统性、程序和平性、人道性及尊重人的尊严、个人隐私的保护、协议性、程序公平性、程序法治、程序理性、及时性和终结性。[6]

美国法学家伽利庚（D. J. Galligan）同样对法律程序的内在价值进行了列举，他认为诉讼其实就是为了追求一定的目的或价值、利益、结果。这些价值包括尊严价值、参与价值、威慑价值和实现价值。[7]

二、法律程序内在价值的主要内容

法律程序的内在价值主要包括以下八个方面：

（一）参与

参与价值是民主社会对法律程序的普遍要求。民主的实质是排除权力的个人或少数人专断，要求权力的民众参与。参与价值不仅体现在民主的立法程序中每个人都能表达自己的意见，也体现在法律适用过程中利害关系人都有被告知和陈述意见的机会。参与价值本身具有独立性，“参与”体现了人作为自己主人的愿望。同时，参与价值也有助于实现一种好的结果，如有助于良好法律的制定以及法律的正确适用。长久以来，中国共产党一直重视民主问题，努力将民主制度化、法律化，党的十八届四中全会通过的《中共中央关于全面推进依法治国若干重大问题的决定》指出，要坚持人民主体地位；深入推进科学立法、民主立法；保障人民群众参与司法。

（二）公平

公平即公正与平等。公平首先指程序中立。中立是指法律程序中法律适用者的立场，它体现了自己不能成为自己案件的法官这一自然正义原则。只有中立才能带来公正的实现。党的十八大以来，在司法改革领域不断强调完善确保依法独立公正行使审判权和检察权的制度，其目的正是完善和确保司法程序中立的制度。平等是指平等地享有各种程序权利和履行程序义务，尤其指各方当事人的意见都能被平等地听取。

（三）正统性

正统性也称合法性、正当性。主要指法律程序被公众认可而具有权威性。不同的社会对正统性的要求不一样，在君主政体的社会中，程序的正统性体现在君主的意志中；在现代民主社会中，法律程序的正统性体现在民主的程序原则和理性的程序设计获得公民的认可

---

〔6〕 陈瑞华：《通过法律实现程序正义——萨默斯“程序价值”理论评析》，载《北大法律评论》（第1卷·第1辑），法律出版社1998年版，第181～204页。

〔7〕 徐亚文：《程序正义论》，山东人民出版社2004年版，第147～149页。

与服从。

(四)和平

和平是指程序本身良好的、和谐的秩序。法律程序的设计原本就有避免社会暴力和纠纷的目的。正义并不掌握在强者的手中,通过非暴力的程序形式能够促进人们彼此理解和合作,并达成公平合理的程序结果。

(五)尊严

尊严价值的体现是要将人视为人本身,人就是目的而非手段。每个人都拥有平等的被尊重的权利。如刑讯逼供即使能够有效地获得犯罪证据,但它的手段不人道、残酷而野蛮,是对人的尊严的践踏,因此而被禁止。

(六)理性

法律程序的理性是指程序能够产生合乎逻辑的结果,它符合人们的理性思维,能够被认可。理性也代表了法律程序后果的可预测性和确定性,因而也能够使利益相关人理解并接受法律程序运行的结果。

(七)公开

程序公开能够满足人们了解程序运行的愿望,获知相关信息并有效参与,也使人们能够对程序运行进行监督,促进程序正确运行。公开还能够使人们对法律程序的结果充满期待,从而获得心理上的满足。

(八)及时性和终结性

及时性既反对拖延,也反对急速,它要求程序按照既定阶段来运行,并且最终使程序运行的后果在相应时段出现。终结性反对法律程序随意被延长,以便在确定的时间获得确定的结果。及时性和终结性有利于提高诉讼效率,降低诉讼成本。

第三节　正当法律程序

一、正当法律程序释义

法律程序的内在价值在实践中体现为正当法律程序的运用,正当法律程序以程序正义作为法律程序的内在价值追求。最初,正当法律程序主要针对法院的诉讼过程与程序,"意味着在广义上剥夺某种个人利益时必须保障他享有被告知(notice)和陈述自己意见并得到倾听(hearing)的权利,从而成为英美法系中人权保障的根本原则"。[8] 正当法律程序又可分为程序性正当程序和实质性正当程序。对于程序性正当程序,《布莱克法律词典》将其界定为:其权益在受到判决影响的任何当事人都享有被告知控诉的性质和理由、陈诉意见并获得听审的权利……合理的告知、获得审判机会以及提出主张和抗辩等都包含在"程序性

---

〔8〕[日]谷口安平:《程序的正义与诉讼》(增补本),王亚新、刘荣军译,中国政法大学出版社2002年版,第4页。

正当程序”之中。程序性正当法律程序主要基于承认个人的生命、自由和财产等自然权利的思想,并通过正当程序约束公共权力的行为。而实质性正当法律程序是要求联邦和州议会制定的法律必须符合公平与正义,政府制定的法律或实施的行为不符合公平与正义的标准,法院将宣布这个法律或行为无效。

实际上,实质性正当法律程序是美国法院将宪法没有确认的价值予以司法化,因而也是法院限制立法权、行政权的手段。

正当法律程序最早起源于英国的程序正义理念。1215 年英国的《自由大宪章》(*Magna Carta*)规定:“凡自由民,如未经其同级贵族之依法裁判,或经国法判决,皆不得被逮捕和监禁,没收其财产,剥夺法律保护权,流放或加以任何其他损害。”其后的数位英国国王都一致认可这部宪章。爱德华三世时,正当程序的概念出现在 1354 年英国国会通过的《威斯敏斯特自由令》中:“未经法律的正当程序进行答辩,对任何财产或身份的拥有者一律不得剥夺其土地或住所,不得逮捕或监禁,不得剥夺其继承权和生命。”[9]从正当法律程序的思想渊源来说,它是来自英国的自然正义观念。自然正义拥有两项原则:(1)任何人不得在与自己有关的案件中担任法官;(2)必须给予各方诉讼当事人充分的机会陈述本方的理由。自然正义的原则在英国普通法的实践中作为最重要的程序原则被适用。

受英国普通法传统的影响,美国宪法确立了正当法律程序的原则。正当法律程序原则在美国最早由殖民时代的北美各州在其基本法中确立,如 1639 年《康涅狄格基本法》、1682 年《宾夕法尼亚政府组织法》以及 1701 年《宾夕法尼亚特权特许状》等都规定了保护个人权利的内容,而这些原则大多源于英国普通法。1776 年北美殖民地第一部州宪法——《弗吉尼亚宪法》规定:“任何人非经国法或受同辈之审判,不得剥夺其自由。”独立战争结束时,北美许多州都在自己的宪法中规定了正当法律程序的原则。1787 年美国制宪会议通过的美国宪法并无一套权利典章,因此受到各州的质疑。为确保宪法被各州顺利批准,1787 年汉密尔顿(A. Hamilton)在纽约州的批准宪法会议上提出了“正当程序”一词。1789 年,麦迪逊(J. Madison)在起草联邦宪法修正案初稿时,写上了正当程序的条款。1791 年通过的美国宪法第 5 修正案以及 1868 年的宪法第 14 修正案均规定,未经正当法律程序,不得剥夺任何人的生命、自由和财产。在这之后,正当法律程序在美国成为非常普遍的人权保护概念。

二、正当法律程序的功能

对于整个法律秩序而言,正当法律程序的功能主要有以下几个方面:

1. 限制恣意,约束权力。

在法律程序中,既有决定者也有被决定者,权力的赋予并不均匀,因而只有权力受到彼此控制,才能保持人与人之间的相互平衡,防止权力滥用。整个法律的历史就是不断克服人类恣意的历史,创制法律程序的主要目的之一就是限制程序运行中的恣意现象,最后达到良好的结果。法律程序限制恣意的功能主要来自程序的自治性,这种自治性是指为了达

---

〔9〕［英］丹宁勋爵:《法律的正当程序》(第 2 版),李克强、杨百揆、刘庸安译,法律出版社 2011 年版,第 1 页。

到某种目的而活动,在活动中经过不断反复而使自我目的化。具体而言,达到程序自治性的活动由分化和独立构成,“分化是指一定的结构和功能在进化过程中演变成两个以上的组织或角色作用的过程。这些分别项目各自具有特殊的意义,因而,要求独立地实现价值”。[10] 程序参加者的各种角色分派,使他们能够各司其责,相互配合,相互制约,进而使恣意现象受到限制。

2. 保障决策者充分接纳各种信息,作出正确的或最好的判断。

做出任何决定都需要掌握大量信息,信息越全面,决策可能越正确。法律程序有助于决策者全面接纳信息。因为法律程序的参与原则,在法律制定和实施程序中,由于有公众的参与,决策者不得不排除自己的主观偏见,全面考虑各种信息、观点和意见。法律程序既有封闭性,也有开放性。程序的封闭性源于其自治性,因为法律程序需要排除外界的各种干扰,在一个相对隔离、相对封闭的空间实现自己的功能。同时,法律程序也需要开放,需要对外界信息开放,即它需要将外界各种信息和意见通过特定的方式反映在程序中。如立法程序中的立法听证制度,可以使立法者通过听证会掌握大量专家、学者以及利害关系人的建议和意见。

3. 通过和平的程序保障充分、平等的发言机会,疏导矛盾,化解冲突。

法律的目的是解决社会纠纷、化解社会冲突,而解决的方式是将社会中已经存在的各种冲突通过法律程序的运行予以和平公正的解决。正当的法律程序,排除了专断和恣意,能够公正地维护社会秩序,使社会中随时可能会升级的矛盾冲突有了一个公开的、和平的、有序的解决方式,从而舒缓社会冲突。法律程序的这种功能只能通过平等尊重社会中的每个人来实现。如程序中参与人的平等发言与对话,不仅可以促进相互沟通和理解,进而防止暴力解决纠纷,还可以促使他们信赖通过程序解决冲突的方式。

4. 确保程序运行结果的稳定实现。

社会纠纷的解决忌讳循环往复和程序运行结果的不确定性。这种不确定性会给社会纠纷的解决埋下隐患。法律程序具有及时性和终结性,这一点确保在确定的时间内出现确定的结果,进而使人们可以期待社会纠纷解决的终止之期。可以说,实现法律程序的正义性,进而使确定性的结果得到认可,就消除了原有纠纷复发的可能。

5. 导致人们有效服从程序运行的结果并形成法律信仰的局面。

实质上,正当的法律程序就是为了满足人们对正义实现的心理需求。这种需求蕴藏于对程序的公正、参与、中立、公开、效率等原则的要求中。凡是满足人们对程序正义需求的程序都容易获得人们对程序结果的认同和肯定,虽然不能做到皆大欢喜,但失望者对遵循程序的结果也往往容易接受。正当法律程序的运行,还有利于巩固人们的法律信仰。人们对法律的信仰不仅仅是由于法律文件中所标榜的正义,还在于这种正义是能够被实现的正义。正当法律程序的运作不仅使实体正义有了公正的实现渠道,而且,还能将人们所期待的程序正义付诸现实,人们对法律的信心和信念由此产生。

---

〔10〕 季卫东:《法治秩序的建构》,中国政法大学出版社 1999 年版,第 16 页。

课后作业

一、关键词解释

1. 法律程序

2. 法律程序的内在价值

3. 正当法律程序

二、选择题

1. 下列有关执法与守法区别的说法哪些是不正确的？（　　）

A. 执法的主体不仅包括国家机关，也包括所有的法人；守法的主体不仅包括国家机关，也包括所有的法人和自然人

B. 行政机关的执法具有主动性，公民的守法具有被动性

C. 执法是执法主体将法律实施于其他机关、团体或个人的活动，守法是一切机关、团体或个人实施法律的活动

D. 执法须遵循程序性要求，守法无须遵循程序性要求

2. 司法公正是司法工作的灵魂，是依法治国的重要标志。社会主义法治理念要求司法机关必须“严格公正司法”。下列哪一选项不符合社会主义法治理念的精神和要求？（　　）

A. 司法机关必须坚持实体公正和程序公正相结合，做到法律效果、政治效果和社会效果相统一

B. 司法机关必须进一步提高办案效率，坚持公正与效率兼顾

C. 司法机关为了保障判决有效执行，应对当事人实行“一站式服务”，即谁立案谁审判谁执行

D. 司法机关为了加强审判监督，可主动邀请人大代表、政协委员和新闻媒体旁听重大疑难案件审判

3. 某高校司法研究中心的一项研究成果表明：处于大城市“陌生人社会”的人群会更多地强调程序公正，选择诉诸法律解决纠纷；处于乡村“熟人社会”的人群则会更看重实体公正，倾向以调解、和解等中国传统方式解决纠纷。据此，关于人们对“公平正义”的理解与接受方式，下列哪一说法是不准确的？（　　）

A. 对公平正义的理解具有一定的文化相对性、社会差异性

B. 实现公平正义的方式既应符合法律规定，又要合于情理

C. 程序公正只适用于“陌生人社会”，实体公正只适用于“熟人社会”

D. 程序公正以实体公正为目标，实体公正以程序公正为基础

4. 法律程序体现了以下哪些特征？（　　）

A. 法定性　　　　B. 步骤性

C. 体现行为相互关系　　　　D. 时间性

5. 法是以国家强制力为后盾，通过法律程序保证实现的社会规范。关于法的这一特征，

下列哪些说法是正确的?( )

A. 法律具有保证自己得以实现的力量

B. 法律具有程序性,这是区别于其他社会规范的重要特征

C. 按照马克思主义法学的观点,法律主要依靠国家暴力作为外在强制的力量

D. 自然力本质上属于法的强制力之组成部分

6. 法律程序的内在价值体现在( )。

A. 法律程序的结果中 B. 法律程序的过程中

C. 法律程序的过程和结果中 D. 实体法能否被实现方面

7. 正当法律程序能够( )。

A. 实现保障人权的目的 B. 最大限度地实现实体法的目的

C. 有利于决策者的正确判断 D. 有利于人们对程序运行结果的服从

8. 最早使人权成为评价刑事法律程序的价值标准的人是( )。

A. 边沁 B. 贝卡里亚 C. 萨默斯 D. 洛克

9. 根据法律运行的过程,可将法律程序划分为( )。

A. 法律制定程序 B. 法律解释程序 C. 法律实施程序 D. 法律监督程序

10. 最早对程序价值进行研究的学者是( )。

A. 边沁 B. 贝卡里亚 C. 萨默斯 D. 洛克

11. 司法活动的公开性是体现司法公正的重要方面,要求司法程序的每一阶段和步骤都应以当事人和社会公众看得见的方式进行。据此,按照有关文件和规定精神,下列哪一说法是正确的?( )

A. 除依法不在互联网公布的裁判文书外,法院的生效裁判文书均应在互联网公布

B. 检察院应通过互联网、电话、邮件、检察窗口等方式向社会提供案件程序性信息查询服务

C. 监狱狱务因特殊需要不属于司法公开的范围

D. 律师作为诉讼活动的重要参与者,其制作的代理词、辩护词等法律文书应向社会公开

12. 某市建立并推行"重大决策合法性审查"制度,将其作为市委、市政府重大决策的前置程序。对此,下列哪一说法是错误的?( )

A. 有利于确保决策的科学性和正当性 B. 是健全依法决策的重要措施

C. 是以法治方式推动发展的一种表现 D. 可以代替公众参与和集体讨论

三、材料论述题

高考移民案胜诉守卫程序正义

杨 涛

4年大学刚要读完,女生被举报是"高考移民",被学校取消学籍。但经两级法院审理认为,学校作出的决定违反了法定程序,判决撤销取消学籍决定。3月16日,湖北省武汉市洪山区人民法院通报了武汉首起"高考移民"案(《长江商报》3月17日)。

所谓高考移民，是指部分考生利用各地存在的高考分数线差异及录取率的高低，通过转学或迁移户口等办法到高考分数线相对较低、录取率较高的地区应考。高考移民历来都是一个敏感话题，因为它涉及千家万户高考公平的问题，目前，教育部和各地都禁止高考移民，发现高考移民往往就取消学籍。但是，高考移民仍然屡禁不止，2014 年 11 月，内蒙古乌兰察布市集宁一中学生王萱（化名）因涉嫌高考移民，无缘 2014 年高考。她一纸诉状将集宁区教育局及所在学校告上法庭。

武汉市两级法院作出了撤销学校取消高考移民学生学籍的判决，这让许多人似乎看到了希望，然而，这个判决并没有触及高考移民的实质问题，而主要是强调了学校要遵守依法行事的要求，必须遵循正当程序，是践行党的十八届四中全会全面推进依法治国精神的体现。

这个判决强调了学校在作出取消学籍这一行政处罚的决定时，必须遵循正当程序，而学校恰恰在两个方面违背了正当程序：其一，学校在作出取消涉嫌高考移民徐某的学籍处理决定前，没有给予其提出申辩意见的权利，不符合正当程序要求。法院认为"取消学籍不属于行政处罚法定种类和教育类行政处罚。但取消学籍对徐某的学习、生活具有重大影响，学校是具有对学生教育管理权限的部属高校，在作出具体行政行为时，应当遵循正当程序原则"。其二，学校作出取消学籍的重要证据之一，即落户新疆的证明是相关工作人员违规开具的，这个证据是在学校作出取消学籍后才收集到的，这说明学校是先作决定后搜集证据，这也违背了正当程序。

综观两级法院的判决，都没有谈到高考移民的是非问题，也就是说，法院在这个判决中并没有对高考移民学校能否取消学籍作出评判。这同样说明两个问题：其一，学校在履行了正当程序后，认为相关证据可以表明该女生属于高考移民的话，仍然可以再对徐某作出取消学籍的决定；其二，其他考生因为高考移民的纠纷起诉到法院后，不能简单地依据这个判决认为学校取消学籍的做法就是错误的。

如果其他考生要对高考移民能否取消学籍向法院问个究竟的话，可以依据行政诉讼法公民、法人或者其他组织认为行政行为所依据的国务院部门和地方人民政府及其部门制定的规范性文件（不含规章）不合法，在对行政行为提起诉讼时，可以一并请求对该规范性文件进行审查的规定，要求法院对于教育部或者地方政府作出取消学籍的相关规定进行合法性审查，但前提是这些规定不是规章以上的规范性文件所作出的，否则法院就无权作出审查。如果这样的规定是规章以上的规范性文件作出，那么，考生只能要求相关部门从立法层面改变原有的决定。

不过，武汉两级法院作出的判决仍然具有标本意义，法院判决昭示了学校这一事业单位在作出影响公民权利的决定时，必须遵循正当程序，程序不到位则实体无从谈起，法治也无从谈起。这无疑从另一方面更加注重了对学生权利的保护，使学校不能随意地侵犯学生权利。

[**材料来源**]《法制日报》2015 年 3 月 18 日

[**要求**]根据以上材料，谈谈正当法律程序的重要性。

课后参阅论文

1. 季卫东:《法律程序的意义——对中国法制建设的另一种思考》,载《中国社会科学》1993 年第 1 期。
2. 季卫东:《法律程序的形式性与实质性——以对程序理论的批判和批判理论的程序化为线索》,载《北京大学学报(哲学社会科学版)》2006 年第 1 期。
3. 刘东亮:《什么是正当法律程序》,载《中国法学》2010 年第 4 期。
4. 陈瑞华:《法律程序构建的基本逻辑》,载《中国法学》2012 年第 1 期。
5. 丁建峰:《法律程序的多维价值比较——基于法律经济分析的综合框架》,载《法制与社会发展》2013 年第 2 期。
6. 王媛、齐延平:《论美国的实质性正当法律程序》,载《法学论坛》2013 年第 6 期。
7. 雷磊:《法律程序为什么重要? ——反思现代社会中程序与法治的关系》,载《中外法学》2014 年第 2 期。
8. 郭春镇:《感知的程序正义——主观程序正义及其建构》,载《法制与社会发展》2017 年第 2 期。
9. 沈宏彬:《法律程序为何重要》,载《人大法律评论》2018 年第 2 期。
10. 许春晖:《正当程序:解释不确定法律概念的判断标准》,载《东方法学》2020 年第 3 期。

延伸阅读

英美普通法中的正当法律程序有悠久的历史,它比任何宪法文本的存在都更为古老。要了解正当法律程序的发展,可从一些范式性的案例入手,正当法律程序的历史可以理解为这些范式性案例的进步与演变的历史。可参阅《正当法律程序简史》([美]约翰·V. 奥尔特著,杨明成、陈霜玲译,商务印书馆 2006 年版)。

第十四章　法 律 制 定

知识结构图

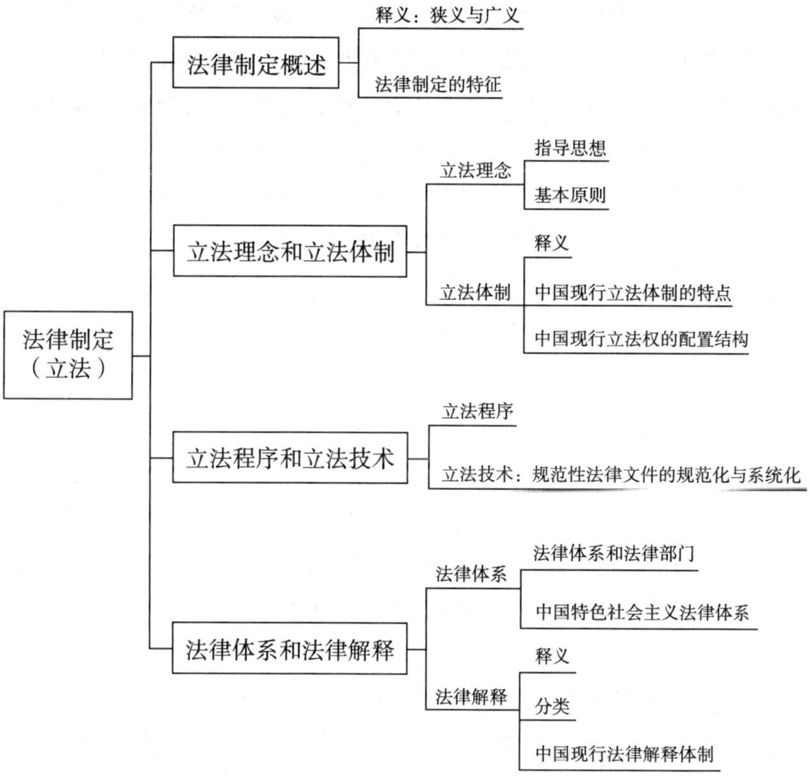

第一节 法律制定概述

一、法律制定释义

法律制定,一般称为立法(legislation)。在我国,“立法”一词早就见之于古籍中。如《商君书·更法》中写道:“伏羲、神农教而不诛,黄帝、尧、舜诛而不怒,及至文、武,各当时而立法,因事而制礼。”西汉司马迁所著《史记·律书》中记载:“王者制事立法。”但中国古籍中的“立法”,主要是指制法设刑,与现代意义上的法律制定的含义有所不同。

我国法学界对“立法”一词有狭义和广义两种理解。狭义的解释是,根据我国现行《宪法》的有关规定,立法专指全国人民代表大会及其常设机关制定法律这种特定规范性文件的活动。而从广义来看,立法是指国家专门机关遵循掌握国家政权的社会集团的意志,根据一定的指导思想和基本原则,依照法定的权限和程序,使之上升为国家意志从而创制、修改和废止法律的专门活动。

广义的立法和法律制定这两个概念可以通用。

二、法律制定的特征

法律制定是国家的一项专门活动。从权力结构上分析,现代国家职能包括立法职能、行政职能、司法职能等,而立法职能主要是通过法律创制活动实现的,并且法律制定为其他两项国家职能的履行和实现提供了标准和依据。同时,根据法律职能的划分,法律制定只能由有权制定法律或经授权的国家机关进行,其他任何机关、社会组织、团体和个人都不能进行这项活动。

法律制定既包括有立法权的专门国家机关进行的立法活动,也包括经授权的国家机关进行的立法活动。由于现代社会管理的复杂性,如果仅由有立法权的国家机关进行立法,难以应付日趋变化的社会情势。因此,需要授权一些其他国家机关来行使法律制定权。但是,通过授权而制定的法律居于次要的辅助地位;同时,授权立法要有严格的法律限制和充足的授权理由。

法律制定是依照法定程序进行的活动,违反法定程序而制定的法律无效。这一点是区别于古代社会君主立法和一些专制型社会个人随意性立法的分界点。现代社会的法律创制不是个人意志的体现,而是一个普遍的、共同意志的表达、反映和集中过程。并且,由于现代立法的复杂性和专门性,不经过一定的法定程序,立法要么不能准确地表达民意,要么会出现一些难以避免的技术性纰漏。因此,依照法定程序进行法律创制活动,更符合现代立法的要求。同时,依照法定程序进行立法活动,也是防止不同层级的法律之间出现相互矛盾、冲突、抵触等法律不统一现象的保障措施之一。

法律制定是一项包括多种形式的法律变动的专门活动。立法活动既包括创制法律即制定新的法律,也包括对已有的法律进行补充、修改甚至废止。例如,2018 年 3 月 20 日第十三届全国人民代表大会第一次会议通过的《中华人民共和国监察法》第 69 条规定:“本法自公布之日起施行。《中华人民共和国行政监察法》同时废止。”应当特别注意的是,废止原有的法律也是一项重要的立法活动,因而要遵守有关立法程序的规定。

第二节 立法理念和立法体制

一、立法理念

此处的立法理念,仅讨论立法的指导思想和基本原则。立法是国家法治建设的重要基础,不仅要求遵守一定的程序,而且要遵循一定的指导思想、贯彻一定的立法原则。

(一)立法的指导思想

所谓立法指导思想,就是立法的理论根据,是指立法中具有普遍的、根本指导意义的思想,是体现主权者的根本利益和整体意志,并形成比较系统的理论形态的世界观和方法论。它体现了立法者要遵循什么样的宗旨来制定法律,以及要制定出什么样的法律。明确的立法指导思想是确保立法方向的前提,也是正确实施法律的重要条件。不同的社会、不同的时代,立法的指导思想有很大差异。在某种程度上,立法的指导思想反映了一个国家、一个时代的统治者希望通过法律来实现的政治目标。因而,一个国家的立法指导思想总是同这个国家在一定时期和阶段的根本任务和中心工作相适应。

2000 年 3 月 15 日,第九届全国人民代表大会第三次会议通过的《立法法》第 3 条规定:“立法应当遵循宪法的基本原则,以经济建设为中心,坚持社会主义道路、坚持人民民主专政、坚持中国共产党的领导、坚持马克思列宁主义毛泽东思想邓小平理论,坚持改革开放。”中国现阶段立法必须坚决贯彻落实习近平法治思想,坚持中国特色社会主义法治道路,坚持社会主义法治理念,特别是坚持党的领导、人民当家做主、依法治国的有机统一。

党的十八大以来,党中央从坚持和发展中国特色社会主义全局出发,提出并推动形成了“四个全面”重大战略布局。全面深化改革与全面依法治国,被视为“鸟之两翼”“车之双轮”,党的十八届三中全会《中共中央关于全面深化改革若干重大问题的决定》与十八届四中全会《中共中央关于全面推进依法治国若干重大问题的决定》成为上下贯通的“姊妹篇”。改革与法治成为我们这个时代的主旋律,作为法治运行之重要环节的立法必须以此作为出发点。为了适应立法工作新形势新任务的需要,贯彻落实党的十八大和十八届三中、四中全会精神,总结《立法法》施行以来推进科学立法、民主立法的实践经验,2015 年 3 月 15 日第十二届全国人民代表大会第三次会议修正通过的《立法法》将总则第 1 条修正为:“为了规范立法活动,健全国家立法制度,提高立法质量,完善中国特色社会主义法律体系,发挥立法的引领和推动作用,保障和发展社会主义民主,全面推进依法治国,建设社会主义法治国家,根据宪法,制定本法。”

(二)立法的基本原则

立法基本原则,是国家立法指导思想在实际立法活动中的具体贯彻和落实,是对国家立法意图的总体概括。立法基本原则反映了执政者所追求的法律目的和法律价值,体现了国家在一定历史时期政权巩固和发展的客观需要,必须与社会的实际相适应,必须符合社会发展的客观规律。当代中国的立法基本原则主要有:

1. 科学立法原则。

科学立法原则,即实事求是,从实际出发的立法原则。《立法法》第 6 条规定:"立法应当从实际出发,适应经济社会发展和全面深化改革的要求,科学合理地规定公民、法人和其他组织的权利与义务、国家机关的权力与责任。"客观实际是我国制定法律的根基,也只有立足于实际,法律才有生命力,才能有效地实现法的功能。

科学立法原则要求立法必须从现实国情出发。党的十九大强调,必须认识到,我国社会主要矛盾的变化,没有改变我们对我国社会主义所处历史阶段的判断,我国仍处于并将长期处于社会主义初级阶段的基本国情没有变,我国是世界最大发展中国家的国际地位没有变。这是我国社会主义初级阶段的最大国情和最大实际,我国的立法工作必须以此作为根本的根据。社会实践是立法的基础,法律是实践经验的总结。立法工作必须坚持从我国国情出发,从实际出发,不能从愿望和幻想出发,不能从本本和概念出发,也不能照搬照抄西方发达国家的既有立法成果。要始终把我国改革开放和社会主义现代化建设的伟大实践,作为我们立法的基础。习近平总书记指出:"科学立法是处理改革和法治关系的重要环节。要实现立法和改革决策相衔接,做到重大改革于法有据、立法主动适应改革发展需要。"[1]要紧紧围绕全面建设和谐社会和"以人为本"的法律发展模式的目标,来开展立法工作。立法的项目应当主要来源于社会主义市场经济发展的需要,保障基本人权的需要,社会全面进步的需要,人的全面发展的需要,人与自然和谐的需要。当然,我们在立法工作中也需要研究和借鉴国外的有益经验和人类共同创造的文明成果,特别是在我国加入世界贸易组织、全球化趋势日益增强的新形势下,这方面的工作有待进一步加强。但在学习、借鉴国外立法经验时,应采取分析、鉴别的态度,从中汲取一些对我们有益、有用的东西,不能照抄照搬。

立法必须反映客观规律。"实事求是"中的"是",即客观事物的内在联系,亦即规律性。实事求是的一个根本问题,就是如何正确地反映客观规律。这就要求立法者不能带有主观随意性,不能主观臆造,而必须把立法工作建立在对它所规定事情的本质和发展规律的深刻认识的基础之上,必须能正确地反映客观事物的本来面貌。马克思于 1842 年在《论离婚法草案》一文中写道:"立法者应该把自己看作一个自然科学家。他不是在创造法律,不是在发明法律,而仅仅是在表述法律,他用有意识的实在法把精神关系的内在规律表现出来。如果一个立法者用自己的臆想来代替事情的本质,那么人们就应该责备他极端任性。"[2]

---

〔1〕 习近平:《在法治下推进改革,在改革中完善法治》,载《论坚持全面依法治国》,中央文献出版社 2020 年版,第 37 页。

〔2〕 《马克思恩格斯全集》(第 1 卷),人民出版社 1995 年版,第 347 页。

总之,建设法治中国,必须科学立法。科学立法是严格执法、公正司法、全民守法的前提。要使立法真正立足客观实际,从改革发展稳定最突出的矛盾入手,从人民群众反映最强烈的问题入手,研究和决定该立哪些法、怎样立,该制定哪些制度、怎样制定。要使立法真正解决实际问题,进一步提高立法质量,完善中国特色社会主义法律体系,切实增强每一部法律法规的针对性和有效性。立法所表达的人的意志越与客观规律相符合,就越合乎实际,也就越具有科学性和进步性。尽管人的认识不可能完全与客观规律相符,但我国立法一定要尽可能接近于客观,这样才更有利于维护人民的利益。

2. 法制统一,依法立法原则。

坚持法制的统一原则即立法要坚持以宪法为核心和统率,任何法律、行政法规和地方性法规都不能同宪法相抵触,行政法规不得同法律相抵触,地方性法规不得同法律抵触,法律法规的规定之间要衔接协调,不能相互矛盾。《立法法》第 4 条规定:“立法应当依照法定的权限和程序,从国家整体利益出发,维护社会主义法制的统一和尊严。”这不仅是对立法的程序性要求,也是国家法制能够保持统一的前提条件。

我国是统一的社会主义国家,法制的统一是维护国家统一、政治安定、社会稳定、促进经济协调发展和社会全面进步的基础,是完善社会主义市场经济体制的重要保障。只有坚持立法的法制统一原则、做好立法工作,才可能建设中国特色的社会主义法律体系,形成以宪法为统率、法律为主干,包括行政法规、地方性法规、自治条例和单行条例等规范性文件在内的、由不同部门、不同层次的法律规范组成的协调统一的整体。只有坚持立法的法制统一原则,才能在全国完整、统一的法律体系框架内进行立法工作。我国单一制的国家结构形式决定了不能抛开全国统一的法律体系另搞一套追求地方、部门所谓的“法律体系”,既不能在每个法律部门内形成各自的“母法”和“子法”,各地方、各部门也不能搞自己的“法律体系”。

但是,我国各地经济、文化、社会发展很不平衡,市场经济还不完善,整个国家处于改革转型的时期,法律规范之间的关系比较复杂。所以,要在坚持法制统一的前提下,建立既统一又分层次的立法制度。这充分体现了宪法、法律、行政法规都是国家统一法律体系的重要组成部分;地方性法规、自治条例与单行条例是对国家法律的细化和补充。

在我国,立法体制的法制统一原则在某种程度上是通过规范性文件的备案审查来体现的。党的十八届四中全会指出:加强备案审查制度和能力建设,把所有规范性文件纳入备案审查范围,依法撤销和纠正违宪违法的规范性文件,禁止地方制发带有立法性质的文件。根据此精神,2015 年 3 月 15 日第十二届全国人民代表大会第三次会议对《立法法》进行修订,不仅将第 5 章的名称由“适用与备案”改为“适用与备案审查”,还对其内容进行了重点修订。

依法立法是法制统一原则的题中应有之义。党的十九大报告提出“推进科学立法、民主立法、依法立法,以良法促进发展、保障善治。”将“依法立法”与“科学立法”“民主立法”并列,要求立法部门在立法的时候,一定要遵守宪法法律设定的程序和实际权力的授权界限。一方面旨在杜绝多部门立法、越权立法、违反立法程序立法导致的立法冲突问题,另一方面也要避免不作为、不立法的问题。

3. 民主立法原则。

民主立法原则,也可称为“民主集中制和群众路线原则”。习近平总书记指出:“民主立法的核心在于为了人民、依靠人民。”[3]从根本上说,在立法过程中,要认真贯彻群众路线,实行“从群众中来,到群众中去”的工作方法,使国家专门立法机关立法和群众参与相结合。人民参与立法并参加法律的监督和执行。这是人民管理国家各项事业的重要途径,也是人民作为国家主人、享有并行使国家权力的一个主要表现。《立法法》第5条规定:“立法应当体现人民的意志,发扬社会主义民主,坚持立法公开,保障人民通过多种途径参与立法活动。”这一规定充分地体现了我国法律的人民性与民主性。

在立法过程中贯彻民主原则,实行立法的民主化,使广大群众能够直接或间接地参与国家法律的制定,具体体现为立法程序的民主化。

立法程序民主化的实现,取决于直接民主和间接民主的结合,特别是把间接民主切实地建立于直接民主的基础上。从理论上讲,公民不通过任何中间环节直接享有立法权,是体现民主原则的最佳方式。但在地域辽阔、人口众多的国家,难以采取此种方式。因而,由公民选出代表,再由这些代表组成立法机关行使立法权成了最普遍的立法形式。但是,民意机关能否真正代表民意以及如何真正代表民意是现代民主制度的一个理论难题。在我国,问题集中于两点:其一,法律对于人民代表资格缺乏明确而适当的规定。顾名思义,“代表”就是代替人民表达意志的公民,其素质如何直接关系到公民能否真正地参与立法以及法律能否真正地体现人民的意志。因此,“代表”应具备一定的参政能力,并有浓厚的民主意识,能够注意全面地听取选民的意见并进行概括,一层一层地反映上去,以便使国家法律真正体现为人民的普遍意志。其二,选民和人民代表对候选人的情况尤其是政治态度了解不够。应该在一定程度上借鉴西方的竞选制度,使候选人发表自己的见解,让选民们充分地了解候选人的情况,使选民选择能代表自己意志的人作代表。不仅使直接选举的人大代表能真正地代表人民,而且还要使间接选举的人大代表也能真正地代表人民。

立法程序民主化的实现,还要求人民代表的权利和义务相对应,并使代表承担一定的责任。“没有无义务的权利,也没有无权利的义务。”[4]权利与义务是对应的。负有一定义务的人,没有履行义务时,应承担一定的责任。作为人民代表,他们的权利是参加人民代表会议、直接参与国家法律的制定和有关重大问题的讨论和决策。同时,这些代表也负有密切联系群众、经常听取选民意见、在参加讨论决策时正确反映选民意志的义务。否则,人民就有权罢免他们,更换立法机关组成人员。如果有的代表有意歪曲选民意志,甚至为了私利而违逆民意,就应该给予必要的制裁,这是保障立法真正贯彻与体现民主原则的重要措施。

立法程序民主化的实现,还意味着保障人民群众通过多种方式参与立法活动。人民群

---

〔3〕 习近平:《关于〈中共中央关于全面推进依法治国若干重大问题的决定〉的说明》,载《论坚持全面依法治国》,中央文献出版社2020年版,第95页。

〔4〕 《马克思恩格斯选集》(第3卷),人民出版社2012年版,第172页。

众不仅是法的规范对象,也应当是立法活动的直接和积极参与者。为人民群众提供参与立法的程序规则,使人民群众在程序的范围内影响立法,能够使法律规范最大限度地反映民情、体现民意。2015 年 3 月 15 日第十二届全国人民代表大会第三次会议对《立法法》进行修订,在第 5 条增加"坚持立法公开"的规定,就是对此价值的确认和肯定。

4. 尊重和保障人权原则。

在立法工作中尊重和保障人权,首先要求通过立法积极具体地落实和保障宪法赋予公民的一切权利和自由。在立法中,既要考虑我国民主法制建设尚处于初始阶段、立法经验尚不足的因素,还要考虑国家和社会正处于改革和转型时期,不少问题尚难以厘清的因素,以及一些宪法权利目前还难以通过立法予以保护的因素;同时,也要看到通过立法保障人权对于实践宪法有关保障人权的规定、维护宪法权威的重要性和紧迫性。

2004 年 3 月 14 日,"国家尊重和保障人权"写入宪法,成为一项重要的宪法原则,这意味着立法、行政、司法和法律监督等公共权力的运作都应当以保障公民权利为基本理念,以尊重人的权利为重要内容。

此外,在中国当前的立法工作中,也要强调坚持总结经验与科学预见相结合原则,原则性与灵活性相结合原则,法律的稳定性、连续性和适应性相结合原则,等等。

地方立法在坚持上述立法工作总的指导思想和基本原则的基础上,还应坚持与宪法和法律不抵触的原则、坚持具有地方特色和时代精神的原则、坚持增强可操作性的原则。只有这样,才能有针对性地开展立法工作,切实提高地方性法规、自治条例和单行条例的质量。

二、立法体制

(一)立法体制释义

立法体制是指关于立法权配置方面的组织制度,其核心是立法权限的划分问题,即在一个国家中,哪些主体享有立法权或可以参与立法,各立法主体享有哪些立法权限。

一个国家的立法体制是由该国的国家管理形式及国家结构形式所决定的。国家管理形式决定着立法权属于国家机构中的哪些机关,国家结构形式决定着中央和地方在立法权限上如何划分的问题。在古代君主专制国家里,皇帝一人独揽大权,包括立法权,因此基本上是君主个人专制独裁立法体制。在现代民主国家里,一般采用一元立法体制,即立法权集中在最高国家权力机关,全国只有一个立法体系。当然,世界上也有的单一制国家并不绝对实行一元立法体制,而允许地方在一定范围内享有立法权限,如中国、意大利、荷兰等。在实行联邦制国家结构形式的国家里,一般采用二元或多元立法体制。在这种立法体制下,一国内有两个或多个机关拥有各自的立法权限,通过宪法对联邦的专有立法权限和联邦与联邦成员共有的立法权限进行明确规定。如《美利坚合众国宪法》第 10 修正案规定:"本宪法所未授予中央或未禁止各州行使的权力,皆由各州或人民保存之。"

我国的立法体制是逐步建立和完善起来的。1949 年中华人民共和国成立到 1954 年《宪法》制定,是我国立法体制的初创时期;随着 1954 年《宪法》制定和实施,我国立法体制基本成型;但是,1966年"文革"爆发到1978年《宪法》的修订,这一时期立法体制被彻底破坏;在1978年《宪法》通过以后,我国对立法体制进行了一些新的探索;1982年现行《宪法》通过至今,我国的立法体制稳定并日渐完善。

(二)中国现行立法体制的特点

中国现行立法体制是一元立法体制,即实行中央集中统一领导,强调国家立法权属于中央。所谓"一元",是指全国范围内只存在一个统一的立法体系。我国现行《宪法》第58条规定:"全国人民代表大会和全国人民代表大会常务委员会行使国家立法权。"

中国现行立法体制是两级并存的立法体制,即中央一级的立法和地方一级的立法同时存在。中央一级享有立法权的国家机关包括:全国人民代表大会及其常务委员会、中央军事委员会、国务院及其各部门。地方一级享有立法权的国家机关包括:省、自治区、直辖市人民代表大会及其常务委员会,省、自治区、直辖市人民政府,省、自治区人民政府所在地的市的人民代表大会及其常务委员会,经国务院批准的较大的市的人民代表大会及其常委会,省、自治区人民政府所在地的市的人民政府,经国务院批准的较大的市的人民政府,特别行政区立法会和行政长官。依《地方各级人民代表大会和地方各级人民政府组织法》的有关规定,省级人民政府驻在市和国务院批准的较大的市并无完全立法权,这两类市的政府颁布的地方政府规章,也并非一般意义上的立法。还有民族区域自治地方的自治州、自治县制定的自治条例和单行条例,必须报省或自治区的人民代表大会常务委员会批准后才能生效。故上述几种情形都只能视为省级立法权的派生,不是单独一级。

中国现行立法体制是多类结合的立法体制。全国人民代表大会作为最高国家权力机关,享有最高的国家立法权,行使修改宪法以及制定和修改刑事、民事、国家机构和其他基本法律的职权。同时,我国立法体制还包括一般法律的制定权、行政法规制定权、地方性法规制定权、民族自治条例与单行条例制定权、规章制定权等多种类别。当然,特别行政区的立法权更具有独特性。

(三)中国现行立法权的配置结构

1. 中央立法权。

中央立法权包括国家最高权力机关的立法权、最高行政机关及中央军事委员会的立法权两类。前者由全国人民代表大会和全国人民代表大会常务委员会享有并行使;后者是由国务院及其所属部门、中央军事委员会及其各总部享有并行使。

根据我国《宪法》及《立法法》的规定,最高国家权力机关的立法事项有:(1)国家主权的事项;(2)各级人民代表大会、人民政府、人民法院和人民检察院的产生、组织和职权;(3)民族区域自治制度、特别行政区制度、基层群众自治制度;(4)犯罪和刑罚;(5)对公民政治权利的剥夺、限制人身自由的强制措施和处罚;(6)对非国有财产的征收;(7)民事基本制度;(8)基本经济制度以及财政、税收、海关、金融和外贸的基本制度;(9)诉讼和仲裁制度;(10)应当由国家统一立法的其他事项。在这些事项中,属于行政管理方面的事项,全国人民代表大会及其常务委员会有权作出决定,也可以授权国务院根据实际需要,对其中的部分事项先制定行政法规,但是有关犯罪和刑罚、对公民政治权利的剥夺和限制人身自由的强制措施和处罚、司法制度等事项除外。

2. 地方立法权。

地方立法机关的立法权包括：省、自治区、直辖市人民代表大会及其常务委员会根据本行政区域的具体情况和实际需要，在不同宪法、法律、行政法规相抵触的前提下，可以制定地方性法规；省、自治区人民政府所在地的市人民代表大会及其常务委员会，经国务院批准的较大的市的人民代表大会及其常务委员会根据本市的具体情况和实际需要，在不同宪法、法律、行政法规和本省、自治区的地方性法规相抵触的前提下，可以制定地方性法规，报省、自治区的人民代表大会常务委员会批准后施行；民族自治地方的人民代表大会有权依照当地民族的政治、经济和文化特点，制定自治条例和单行条例。自治区的自治条例和单行条例，报全国人民代表大会常务委员会批准后生效；自治州、自治县的自治条例和单行条例报省、自治区、直辖市的人民代表大会常务委员会批准后生效。自治条例和单行条例可以根据当地民族的特点，对法律或者行政法规作出变通规定，但不得违背法律和行政法规的基本原则，不得对《宪法》和《民族区域自治法》的规定以及其他有关法律、行政法规专门就民族自治地方所作的规定作出变通规定。

地方行政机关的立法权包括：省、自治区、直辖市人民政府、省会城市和自治区首府城市的人民政府、经国务院批准的较大的市的人民政府，可以根据法律、行政法规和本省、自治区的地方性法规，制定规章。自治区和自治区人民政府所在地的市的人民政府，还可以根据本自治区的自治条例和单行条例，制定规章。

在以上各种关于地方立法权的规定中，有些地方立法机关的立法必须履行“报批”程序，“报批”与否直接决定该地方立法能否具有法律效力。在此种情况下，可以认为，立法主体所具有的立法权其实只是“半个立法权”。例如，省、自治区的人民政府所在地的市，经济特区所在地的市和经国务院批准较大的市的人民代表大会及其常务委员会根据本市的具体情况和实际需要，在不同宪法、法律、行政法规和本省、自治区的地方性法规相抵触的前提下，可以制定地方性法规，报省、自治区的人民代表大会常务委员会批准后施行。再如，自治区的自治条例和单行条例，也必须报全国人民代表大会常务委员会批准后生效，自治州、自治县的自治条例和单行条例必须报省、自治区、直辖市的人民代表大会常务委员会批准后生效。

需要进一步明确的是，2015 年 3 月 15 日第十二届全国人民代表大会第三次会议对《立法法》进行修订并通过之后，所有设区的市地方立法权有了制度上重要变化。

党的十八届四中全会提出，“依法赋予设区的市地方立法权”。根据此精神修改后的《立法法》（第 72 条第 2 款）规定：“设区的市的人民代表大会及其常务委员会根据本市的具体情况和实际需要，在不同宪法、法律、行政法规和本省、自治区的地方性法规相抵触的前提下，可以对城乡建设与管理、环境保护、历史文化保护等方面的事项制定地方性法规，法律对设区的市制定地方性法规的事项另有规定的，从其规定。设区的市的地方性法规须报省、自治区的人民代表大会常务委员会批准后施行。省、自治区的人民代表大会常务委员会对报请批准的地方性法规，应当对其合法性进行审查，同宪法、法律、行政法规和本省、自治区的地方性法规不抵触的，应当在四个月内予以批准。”

3. 关于授权立法问题。

我国的授权立法实践早在1984年9月18日,全国人大常委会就通过了《关于授权国务院改革工商税制发布有关税收条例草案试行的决定》,但在《立法法》出台之前,却没有专门的关于授权立法的法律规定。

授权立法也是2015年3月15日第十二届全国人民代表大会第三次会议《立法法》修订完善的一个重点,修订之后,原《立法法》中有关授权立法的内容更加明确和完善。

《立法法》规定:属于中央立法权的事项尚未制定法律的,全国人民代表大会及其常务委员会有权作出决定,授权国务院可以根据实际需要,对其中的部分事项先制定行政法规,但是有关犯罪和刑罚、对公民政治权利的剥夺和限制人身自由的强制措施和处罚、司法制度等事项除外。(第9条)授权决定应当明确授权的目的、范围。被授权机关应当严格按照授权目的和范围行使该项权力。被授权机关不得将该项权力转授给其他机关。(第10条)授权立法事项,经过实践检验,制定法律的条件成熟时,由全国人民代表大会及其常务委员会及时制定法律。法律制定后,相应立法事项的授权终止。(第11条)应当由全国人民代表大会及其常务委员会制定法律的事项,国务院根据全国人民代表大会及其常务委员会的授权决定先制定的行政法规,经过实践检验,制定法律的条件成熟时,国务院应当及时提请全国人民代表大会及其常务委员会制定法律。(第65条)经济特区所在地的省、市的人民代表大会及其常委会根据全国人民代表大会的授权决定,制定法规,在经济特区范围内实施。(第74条)经济特区法规根据授权对法律、行政法规、地方性法规作变通规定的,在本经济特区适用经济特区法规的规定。(第90条)

4. 关于特别行政区的立法权问题。

依照"一个国家,两种制度"的构想所制定的《香港特别行政区基本法》和《澳门特别行政区基本法》,使中国地方立法权的情形有了一种全新的形态,也使我国一元二级立法体制有了新的特点。

第三节 立法程序和立法技术

一、立法程序

立法程序是指享有立法权的国家机关在创制、修改、废止法律的活动中必须履行的法定步骤。我国的法律渊源(形式)多样,不同法律的立法程序有所差异。这里集中介绍最高立法机关的立法程序。

按照我国《宪法》、《立法法》和有关法律的规定,最高立法机关的法律制定程序包括:

1. 第一阶段:提出法律案。

所谓法律案,是指具有立法提案权的国家机关和人员提请法律制定机关列入议程讨论决定关于法律创制、修改或废除的建议。

根据我国《宪法》和有关组织法的规定，享有向全国人民代表大会及其常务委员会提出法律议案权的有：第一，在全国人民代表大会开会期间，一个代表团或者30名以上的代表，可以向全国人民代表大会提出属于全国人大职权范围内的议案；第二，全国人民代表大会常务委员会组成人员10人以上可以向常务委员会提出属于常务委员会职权范围的议案；第三，国务院向全国人民代表大会及其常务委员会提出的法律案；第四，国家最高司法机关和军事机关向全国人民代表大会及其常务委员会提出议案。

2. 第二阶段：审议法律案。

提出的法律议案被列入会议议程后就进入审议程序。在立法机构对法律草案进行审议、讨论或辩论时，立法机构的代表往往会对已提出的法案产生不同的意见，要求对其修正，于是提出立法修正案。立法修正案是指对进入立法程序的法案进行修正的提案，或对修正案再作修正的提案。立法修正案与法律修正案不同：(1)前者是事前修正，后者是事后修正；(2)前者是立法机关接受的法案和某些修正案，后者是已生效的法律；(3)前者被通过后，往往与原法案合并，表现为一体的法律形式，后者通过后，即可以成为原法律的组成部分，或者作为该法律的附属部分存在。

列入会议议程的法律案，在交付表决前，提案人要求撤回的，依照法律规定可以终止对该法律案的审议。

3. 第三阶段：通过法律草案。

这一阶段是指法律制定机关对法律草案经过讨论后表示正式同意，从而使法律草案成为法律。这是整个立法程序中最重要和最有决定意义的阶段。

法律草案的修改稿经全体代表或者常务委员会全体组成人员审议后，按照法律规定的程序提交全体会议表决，由全国人民代表大会全体代表或者常务委员会全体组成人员的过半数通过。关于《宪法》的修正案需经全国人民代表大会全体代表2/3多数方可通过。

表决方法，由主席团决定采用无记名或者举手表决或其他方式。这方面有值得改进之处，如可以考虑针对不同法律分别采用逐条进行表决、按章表决或就整体表决等方式。

4. 第四阶段：公布法律。

公布法律，是指法律制定机关在法定的专门刊物上，对立法机关通过的法律予以正式公布。我国《宪法》规定，国家主席根据全国人民代表大会及其常务委员会的决定公布法律。法律公布后，应当及时在制定机关的公报上刊登，并应当在全国范围内普遍发行的报纸上刊登。法律公布与法律实施有密切联系。未经公布的法律不能认为已发生效力，不能予以实施。

法律制定机关讨论法律草案，通过和公布法律使之生效的全过程，在法学上通常称为法律制定的“确立阶段”。

二、立法技术

立法技术，是指立法活动过程中所应体现和遵循的有关法律的制定、修改、废止和补充的技能、技巧规则的总称。立法技术属于立法方法论的问题，是一种纯技巧性、工具性、手段性的内容。其核心内容包括立法结构技术和立法语言技术。立法结构技术又分为微观立法结构技术和宏观立法结构技术。这里仅介绍宏观立法结构技术之规范性法律文件的规范化和系统化。

所谓规范性法律文件,是指有权制定法律规范的国家机关发布的属于法律渊源的文件。规范性法律文件的规范化和系统化具体指:

(一)规范性法律文件的规范化

规范性法律文件的规范化是指立法主体在制定法律、法规时必须符合一定的要求,必须按照一定的规格来进行。具体包括:要求不同层次或不同等级的规范性文件只能由不同的国家机关制定;确定这些不同层次、不同等级的规范性文件的不同法律地位、效力及其相互关系;这些文件有哪些专有名称,这些专有名称要统一;各种规范性文件的表达方式应有统一的规格;法律条文的文字简练明确,法律术语统一严谨,并要通用。

强调规范化的意义在于:有助于法制的统一;有助于建立和谐一致的法律体系;有助于改善立法工作,提高立法工作质量。目前,我国立法工作中仍然存在某些不规范的情况,值得改进。

(二)规范性法律文件的系统化

1. 规范性法律文件的系统化的含义。

所谓规范性法律文件的系统化,即对已制定的规范性文件进行系统的整理、分类和加工。规范化是对法律文件制定过程中的要求,而系统化则是对法律文件制定后的要求。法律系统化的意义在于,便于查阅法律法规,便于适用法律和遵守法律,有助于改善立法工作和实现法制的统一。

2. 规范性法律文件系统化的方式。

法律汇编,即将有关规范性法律文件按照一定的标准予以排列,编辑成册,不改变文件的内容,也不是制定法律。近些年我国出版了很多法律汇编,但也出现了一些错编、错印的问题。法律编纂,即对属于某一部门法或某类法律的全部规范性文件加以整理补充、修改,甚至在此基础上制定新的系统化法律,是一种立法活动。如以制定法典为目标,就称为法典编纂。第二次世界大战以后这些年,各国立法形式均以单行法为主,法典形式已不像以往那样盛行。法律编纂与法律汇编的区别在于:法律编纂是立法活动,而法律汇编并不是立法活动。

第四节　法律体系和法律解释

一、法律体系

(一)法律体系和法律部门

所谓法律体系,是指一个国家现行所有的法律规范,依照一定的原则和要求,根据调整对象和调整方法的不同,划分为若干法律门类,并由这些法律门类及其所包括的不同法律规范形成的相互联系、有机统一的整体。简单地说,法律体系就是部门法体系。

所谓法律部门,又称部门法,是根据一定标准、原则所制定的同类法律规范的总称。

法律部门的划分标准有二:

1. 法律的调整对象是划分法律部门的首要标准。

法律调整的对象,是特定的社会关系(如特定的经济、政治、文化、宗教、家庭等多个领域的关系),即人与人之间的关系。有关自然资源的使用和保护、科学技术的应用和发展等方面的法律,直接保护的对象并非某种社会制度或社会关系,而是某种自然现象(如树木森林、空气、水等),但其内容仍在于调整人们在涉及这些自然现象方面的相互关系。

2. 法律调整的方法是划分法律部门的另一标准。

法律调整方法,一般是指在调整社会关系时用以影响和控制这些关系的手段和方式。具体包括两种:一是法律制裁方法,如民法、行政法和刑法的区别在于它们分别以民事制裁、行政制裁、刑事制裁的不同方式来调整社会关系。二是法律关系的不同主体以及主体之间的不同权利义务关系。如经济法和民法的区别在于,经济法是调整国家在对经济实行宏观调控过程中的关系,如计划法、预算法、国债法等法律,它的主体是国家、国家机关;而民法是调整作为平等主体的公民之间、法人之间、公民和法人之间的财产关系和人身关系的法律,它的主体是公民和法人。

划分法律部门除了考虑上述客观标准外,还应考虑以下原则:第一,划分部门法的目的,在于帮助人们了解和掌握本国全部现行法律;第二,应考虑不同社会关系领域的广泛程度和相应法律法规的多寡;第三,部门法划分不应过宽或过细,应保持适当平衡。

(二)中国特色社会主义法律体系

1997 年 9 月 12 日,江泽民在中国共产党第十五次全国代表大会上强调:加强法制建设。坚持有法可依、有法必依、执法必严、违法必究,是党和国家事业顺利发展的必然要求。加强立法工作,提高立法质量,到 2010 年形成有中国特色社会主义法律体系。

2011 年 3 月 10 日,吴邦国在第十一届全国人大第四次会议上正式宣布:一个立足中国国情和实际、适应改革开放和社会主义现代化建设需要、集中体现党和人民意志的,以宪法为统率,以宪法相关法、民法商法等多个法律部门的法律为主干,由法律、行政法规、地方性法规等多个层次的法律规范构成的中国特色社会主义法律体系已经形成。

2011 年 11 月 27 日,国务院新闻办公室发表的《中国特色社会主义法律体系》白皮书载明:中华人民共和国成立以来特别是改革开放 30 多年来,中国的立法工作取得了举世瞩目的成就。涵盖社会关系各个方面的法律部门已经齐全,各个法律部门中基本的、主要的法律已经制定,相应的行政法规和地方性法规比较完备,法律体系内部总体做到科学和谐统一,中国特色社会主义法律体系已经形成。

2012 年 11 月 8 日,党的十八大报告论述"过去五年的工作"时,成就之一即民主法制建设迈出新步伐,政治体制改革继续推进,中国特色社会主义法律体系形成,社会主义法治国家建设成绩显著。

2014 年 10 月 23 日,党的十八届四中全会决定将完备的法律规范体系作为中国特色社会主义法治体系的组成部分,并且强调完善以宪法为核心的中国特色社会主义法律体系,加强宪法实施。

2017 年 10 月 18 日,党的十九大报告继续强调,完善以宪法为核心的中国特色社会主义法律体系。

2019 年 10 月 31 日,党的十九届四中全会决定指出:完善以宪法为核心的中国特色社会主义法律体系,加强重要领域立法,加快我国法域外适用的法律体系建设,以良法保障善治。

总之,中国特色社会主义法律体系部门齐全、层次分明、结构协调、体例科学,主要由三个不同层级和七个法律部门的法律规范构成。三个不同层级的法律规范是:法律、行政法规、地方性法规、自治条例和单行条例;七个法律部门是:宪法及宪法相关法、民法商法、行政法、经济法、社会法、刑法、诉讼与非诉讼程序法。其中,宪法居于核心和统率地位。

中国特色社会主义法律体系,既与人类政治文明发展的普遍性原则相一致,又与中国社会主义初级阶段的基本国情相适应,与社会主义的根本任务相协调,具有鲜明的中国特色。这一法律体系的本质是以人为本,反映人民的共同意志,保障人民的根本利益。这一法律体系与国家经济发展和社会进步相适应,为国家的科学发展、和谐发展、和平发展提供法律保障。

需要特别强调,在中国特色社会主义法律体系的完善过程中,必须把握好以下四点:

1. 不能套用西方的法律体系来改造中国的法律体系。外国法律体系中有的法律,不符合中国国情和实际的,中国不搞;外国法律体系中没有的法律,但中国现实生活需要的,要及时制定。

2. 行政法规和地方性法规都是法律体系的重要组成部分。对用法律来规范尚不具备条件的,可依法制定行政法规和地方性法规,待取得经验、条件成熟时再制定法律;对一些地方事务和具有民族地区特点的事项,可依法制定地方性法规或自治条例、单行条例进行规范。

3. 要区分法律手段和其他调整手段的关系,需要用法律调整的事项才需要通过立法来规范,以更好地发挥法制的功能和作用。

4. 法律体系是动态的、开放的、发展的,本身就有一个与时俱进的过程。中国目前正处在社会转型期,法律体系具有阶段性和前瞻性特点,今后仍然需要适应客观形势的发展变化,继续制定新的法律和修改原有的法律,使法律体系不断发展和完善。

二、法律解释

(一)法律解释释义

所谓法律解释(legal interpretation),是指一定的解释主体按照一定的标准和原则,对法律的含义以及法律所使用的概念、术语等作进一步说明的活动。

我国立法上关于法律解释问题的规定,最早是 1955 年 6 月 23 日全国人民代表大会常务委员会通过的《关于解释法律问题的决定》。1981 年 6 月 10 日,第五届全国人大常委会第十九次会议又重新通过《关于加强法律解释工作的决议》,对我国法律解释工作进行了具体的规定。2000 年 3 月 15 日第九届全国人民代表大会第三次会议通过《立法法》,更是以专节的形式规定了法律解释问题。因此,本书将法律解释问题置于“法律制定”一章中进行讨论。

法律解释的必要性或实践意义主要在于:

1. 法律解释能够为法律实施提供比较具体的标准,缓和法律的抽象性与社会生活的复杂性之间的矛盾。法律作为一种书写作品,借助于普通词汇,反映立法者的意志,具有抽象性、概括性;同时,法律规范所针对的是一般的人或事,通常只规定了一定行为或关系的原则特征。而在法律的实施过程中,人们遇到的却是千差万别的具体的社会行为或社会关系,具有个别性、特定性的特点。只有准确地理解和阐明法律规定的含义,才能把它运用到具体的社会生活中。所以,法律实施以法律解释为前提,准确的法律解释是实施法律的必要条件。

2. 就我国现实状况而言,法律解释是使法律符合时代精神、适应社会发展并维护法制统一的必要手段。法律解释是联结立法的历史背景与社会现实条件,从而使法律从“纸上的”变为“行动的”桥梁。我国是成文法传统的国家,以成文法为主要法律形式短期内在现代中国仍然不会改变。但在社会变革时期,法律的稳定性会表现出它的负面效应,即滞后于社会生活,甚至阻碍社会变革。这样一来,在成文法不可能绝对超前于变革的情况下,加强法律解释工作是十分必要的。

3. 法律解释是弥补法律本身存在的漏洞,是使法律适应社会不断发展并且保持法律自身稳定的需要。任何立法者都不是万能的,任何法律也都难免会存在漏洞。法律漏洞可能存在于法律的弹性条款中,如关于法律原则的规定;也可能是由于“超前立法”造成的;当然,还可能是因立法者的疏忽导致的。通过法律解释,便可以对不明确的法律条款进行价值补充,克服制定法滞后的弊端,从而联结立法意图与司法目的。在这个意义上,法律解释作为平衡和协调立法权与司法权的重要机制,也是发展法律的一个重要方式。

(二)法律解释的分类

1. 根据解释手段或解释角度的不同,法律解释可分为文理解释、论理解释和法意解释。

文理解释又称文义解释,就是按照表述法律规范的文字的字面意义进行的一种法律解释。其目的在于取其自然、明显和常用的意义,而不考虑立法意图,不必顾及应用这个意义所产生的结果是否公平或合理。论理解释又称目的解释方法,既不拘泥于法律规范的字面含义,也不拘泥于制定法律当时的立法动机,而从现时社会关系发展的需要出发,以合理的目的所进行的解释。法意解释即探求立法者在制定法律时的意图而对法律条文进行解释的方法。

2. 根据解释尺度或解释结果的不同,法律解释可分为字面解释、扩充解释和限制解释。

字面解释即严格地按照法律的字面意思来解释法律,既不扩充也不限制,这是法律解释通常所采用的最一般的方法。扩充解释是指当法律条文的字面含义窄于立法原意时,为了准确表达立法原意,对法律规定的含义范围进行扩充,做广于字面含义的解释。限制解释是指当法律条文的字面含义广于立法原意时,为了符合立法原意,立法者对法律规定所作的窄于字面含义的解释。

3. 根据解释的效力的不同,法律解释可分为正式解释和非正式解释。

(1)正式解释又称有权解释、法定解释或有效解释,是指由特定的国家机关按照宪法和法律所赋予的权限,对有关的法律规范所进行的解释,具有法律效力。我国法律的正式解释乃是一个依法确立的权力体制,即法律解释权的分配问题。根据我国现行《宪法》和1981年全国人大常委会《关于加强法律解释工作的决议》,对法律的正式解释包括立法解释、司法解释和行政解释三种,这构成了我国现行的法律解释体制。

(2)非正式解释又称无权解释或者无效法律解释,是指未经授权的机关、团体、社会组织、学术机构以及公民对法律规范所作的解释,其基本特点是该解释在法律上没有约束力,其包括学理解释与任意解释。

学理解释,是指由学术团体和教育机构对法律规范所进行的解释。其特点:一是抽象性。教科书、学术著作、论文中对法律的解释,大都属于抽象的一般性议论,针对具体事例的较少。二是理论性。学理解释往往着重于解释的理由。三是相对自由性。学理解释者往往借解释批评现行法的缺失,并为法律的修改提供建议。

任意解释,是指社会团体或公民个人对法律、法规按自己的理解所进行的说明。如果国家领导人或官员不是以国家名义,而仅仅以个人身份对法律进行说明,只能算作任意解释。

非正式解释当然是无权解释,这些解释在法律上没有约束力,不能作为执行法律的依据。但非正式解释并非没有意义的,在对提高公民以及执法人员的法律意识方面有重大作用。学理解释有时也会被国家认可从而具有法律效力,成为立法解释,甚至成为法律的一种特殊形式或渊源。

(三)中国现行法律解释体制

1. 立法解释

立法解释是指由制定法律规范的机关对法律规范所作的解释。《立法法》第45条规定:“法律解释权属于全国人民代表大会常务委员会。法律有以下情况之一的,由全国人民代表大会常务委员会解释:(一)法律的规定需要进一步明确具体含义的;(二)法律制定后出现新的情况,需要明确适用法律依据的。”在我国,凡关于法律条文本身需要进一步明确界限或作补充规定的,由全国人民代表大会常务委员会进行解释或加以规定;凡属地方性法规条文本身需要进一步明确界限或作补充规定的,由制定法规的省、自治区、直辖市以及省、自治区人民政府所在地的市和经国务院批准的较大的市的人民代表大会常务委员会进行解释或加以规定。

立法解释的作用,不仅是对不确定或不明确的法律条文本身进行分辨歧义和明确界限,从而使法律原有的、当然的或可能包括的含义明确化、具体化,而且还包括完善、补充法律漏洞甚至扩充法律条文的基本含义。

我国立法解释的方式有两种:一是事前解释,包括法律文件本身附带解释性条款,立法机关在规范性法律文件中直接附带关于某些条文含义的说明;另行制定法律如实施细则以解释原有法律,以免在应用中发生疑义;法律在提请审议通过时所附带的说明。二是事后解释,又称为特别解释,即就已生效的法律规范中需要进一步明确界限或作补充规定的事项进行解释。

全国人民代表大会常务委员会的法律解释同法律具有同等效力。

2. 司法解释

在我国,司法解释就是指由最高人民法院和最高人民检察院对审判和检察工作中具体应用法律问题所作的具有普遍司法效力的解释。

在我国,司法解释的主体只能是最高人民法院和最高人民检察院两个最高司法机关,其他各级法院和检察院均无司法解释权。据此,司法解释可以分为审判解释、检察解释和审判检察共同解释。在实践中,最高人民法院、最高人民检察院常常联署制发法律解释,有时还与公安部、司法部等其他部门联署发布法律解释。

司法解释只能就司法工作中具体应用法律的问题而作出,诸如:(1)对法律规定不够具体明确而使理解和执行有困难的问题进行解释;(2)由于情况的变化,对某类案件的处理依据因有不同理解而需作出解释;(3)为统一审理案件的标准而就某一类具体案件说明应如何理解和执行某些法律规定;(4)对各司法机关之间应如何依据法律规定的精神相互配合审理案件而进行解释。

在实践中,最高人民法院的司法解释的形式分为“解释”“规定”“批复”三种;最高人民检察院的司法解释文件采用“解释”“规定”“规则”“意见”“批复”等形式。

3. 行政解释

所谓行政解释,是指国家行政机关在行政管理活动中,对有关法律法规如何具体应用贯彻的问题所作的说明。在我国,立法机关一般都将其制定的法律、法规交由同级行政机关加以解释,这些解释经常表现为行政法规或规章的形式,因而,其本身既是一种法律解释形式,又是一种法律渊源。

归纳起来,中国现行法定法律解释体制的特点有:(1)立法部门主导,即立法部门特别是全国人民代表大会常务委员会处于支配地位,全国人民代表大会常务委员会的立法解释具有高于司法解释和行政解释的效力;(2)集中垄断,即由不同领域的职能主管部门统一行使本领域的法律解释权;(3)分工配合,既包括“进一步明确界限”与“具体应用”两种法律解释的分工配合,又包括部门领域间的分工配合,即中央部门和地方部门之间的分工配合,立法部门、司法部门和行政部门之间的分工配合,司法部门相互间和行政部门相互间的分工配合。

为了明确法律解释的重要性,明确法律解释在当前中国立法体制中的地位与作用,2015年3月15日第十二届全国人民代表大会第三次会议在对《立法法》进行修订的时候专门增加了一条(第104条)有关司法解释的规定。

课后作业

一、关键词解释

1. 法律制定

2. 科学立法

3. 法律体系

4. 法律解释

5. 司法解释

二、选择题

1. 关于我国司法解释,下列哪些说法是错误的?(　　)

A. 林某认为某司法解释违背相关法律,遂向全国人大常委会提出审查建议,这属于社会监督的一种形式

B. 司法解释的对象是法律、行政法规和地方性法规

C. 司法解释仅指最高人民法院对审判工作中具体应用法律、法令问题的解释

D. 全国人大法律委员会和有关专门委员会经审查认为司法解释同法律规定相抵触的,可以直接撤销

2.《最高人民法院、最高人民检察院关于办理赌博刑事案件具体应用法律若干问题的解释》第2条规定:“以营利为目的,在计算机网络上建立赌博网站,或者为赌博网站担任代理,接受投注的,属于刑法第三百零三条规定的‘开设赌场’。”关于该解释,下列哪一说法是不正确的?(　　)

A. 属于法定解释

B. 对刑法条文做了扩大解释

C. 应当自公布之日起30日内报全国人大常委会备案

D. 运用了历史解释方法

3. 对法律汇编与法典编纂之间区别的理解,可以有多种角度。下列哪一表述准确地揭示了二者之间的区别?(　　)

A. 法律汇编既可以由个人进行,也可以由社会团体乃至国家机关进行;法典编纂只能由国家立法、执法和司法机关进行

B. 法律汇编是为了形成新的统一的规范性法律文件;法典编纂是将不同时代的法典汇编成册

C. 法律汇编可以按年代、发布机关及涉及社会关系内容的不同,适当地对汇编的法律进行改变;法典编纂不能改变原来法律规范的内容

D. 法律汇编不属于国家机关的立法活动;法典编纂是一种在清理已有立法文件基础上的立法活动

4. 关于我国立法和法的渊源的表述,下列选项不正确的是(　　)

A. 从法的正式渊源上看,“法律”仅指全国人大及其常委会制定的规范性文件

B. 公布后的所有法律、法规均以在《国务院公报》上刊登的文本为标准文本

C. 行政法规和地方性法规均可采取“条例”“规定”“办法”等名

D. 所有法律议案(法律案)都须交由全国人大常委会审议、表决和通过

5. 某地法院在审理案件过程中发现,该省人民代表大会所制定的地方性法规规定与国家某部委制定的规章规定不一致,不能确定如何适用。在此情形下,根据我国《宪法》和《立法法》,下列哪种处理办法是正确的?( )

A. 由国务院决定在该地方适用部门规章

B. 由全国人民代表大会决定在该地方是适用地方性法规还是适用部门规章

C. 由最高人民法院通过司法解释加以决定

D. 由国务院决定在该地方适用地方性法规,或者由国务院提请全国人民代表大会常务委员会裁决在该地方适用部门规章

6. 2011 年 6 月 15 日,全国人大常委会法工委公布《个人所得税法》修正案草案征求意见结果,30 多天收到 82707 位网民的 237684 条意见,181 封群众来信,11 位专家和 16 位社会公众的意见。据此,草案对个人所得税的起征点进行了调整。关于这种“开门立法”“问法于民”的做法,下列哪一种说法是准确的?( )

A. 这体现了立法平等原则

B. 这体现了立法为民、增强立法主体自身民主性的要求

C. 这表现了执法为民的理念

D. 这体现了国家权力的相互制约

7. 某市政府为缓解拥堵,经充分征求广大市民意见,作出车辆限号行驶的规定。但同时明确,接送高考考生、急病送医等特殊情况未按号行驶的,可不予处罚。关于该免责规定体现的立法基本原则,下列哪一选项是不准确的?( )

A. 实事求是、从实际出发　　B. 民主立法

C. 注重效率　　D. 原则性与灵活性相结合

8. 李某在某餐馆就餐时,被邻桌互殴的陌生人误伤。李某认为,依据《消费者权益保护法》第 7 条第 1 款中“消费者在购买、使用商品和接受服务时享有人身、财产安全不受损害的权利”的规定,餐馆应负赔偿责任,据此起诉。法官结合该法第 7 条第 2 款中“消费者有权要求经营者提供的商品和服务,符合保障人身、财产安全的要求”的规定来解释第 7 条第 1 款,认为餐馆对商品和服务之外的因素导致伤害不应承担责任,遂判决李某败诉。对此,下列哪一种说法是不正确的?( )

A. 李某的解释为非正式解释

B. 李某运用的是文义解释方法

C. 法官运用的是体系解释方法

D. 就不同解释方法之间的优先性而言,存在固定的位阶关系

9. 全面依法治国要求加强和改进立法工作,完善立法体制。下列哪一做法不符合上述要求?( )

A. 改进法律起草机制,重要的法律草案由有关部门组织全国人大专门委员会、全国人大常委会法工委起草

B. 完善立法协调沟通机制,对于部门间争议较大的重要立法事项,引入第三方评估

C. 完善法规、规章制定程序和公众参与政府立法机制

D. 加强法律解释工作,及时明确法律规定含义和适用法律依据

10.《全国人民代表大会常务委员会关于第一百五十八条、第一百五十九条的解释》中规定:"刑法第一百五十八条、第一百五十九条的规定,只适用于依法实行注册资本实缴登记制的公司。"关于该解释,下列哪一说法是正确的?(　　)

A. 效力低于《刑法》

B. 全国人大常委会只能就《刑法》作法律解释

C. 对法律条文进行了限制解释

D. 是学理解释

11. 依《刑法》第180条第4款之规定,证券从业人员利用未公开信息从事相关交易活动,情节严重的,依照第1款的规定处罚;该条第1款规定了"情节严重"和"情节特别严重"两个量刑档次。在审理史某利用未公开信息交易一案时,法院认为,尽管第4款中只有"情节严重"的表述,但仍应将其理解为包含"情节严重"和"情节特别严重"两个量刑档次,并认为史某的行为属"情节特别严重"。其理由是《刑法》其他条款中仅有"情节严重"的规定时,相关司法解释仍规定按照"情节严重""情节特别严重"两档量刑。对此,下列哪些说法是正确的?(　　)

A. 第4款中表达的是准用性规则

B. 法院运用了体系解释方法

C. 第4款的规定可以避免法条重复表述

D. 法院的解释将焦点集中在语言上,并未考虑解释的结果是否公正

三、材料论述题

最高人民法院举行新闻发布会,通报了将于5月1日与修改后的行政诉讼法同步实施的《最高人民法院关于适用〈中华人民共和国行政诉讼法〉若干问题的解释》(以下简称《解释》)。《解释》共27条,包括十个大的方面:立案登记制、起诉期限、行政机关负责人出庭应诉、复议机关作共同被告、行政协议、一并审理民事争议、一并审查规范性文件、判决方式、有限再审以及新旧法衔接。

《解释》把立案登记制摆在了首要位置,除了明确宣示人民法院要对符合起诉条件的案件必须受理之外,还在几个具体的程序方面作出了非常明确的规定。首先要求对于起诉一律接收起诉状,对于能够当场登记立案的要作出当场的登记立案,不能当场判断的,也应当在7日之内作出判断。7日内仍然不能判断的,也应当先予立案,立案之后再交由行政审判庭作出进一步的审查。同时,《解释》还对虽然已经立案但因确实不符合起诉条件应当裁定驳回起诉的情形作了列举规定。

《解释》针对行政机关负责人出庭应诉这一新制度,作了两项规定:一是明确行政机关负

责人包括行政机关的正职和副职负责人；二是行政机关负责人出庭应诉的，可以另行委托一至两名诉讼代理人。第一项规定在行政机关承担广泛、繁重的行政管理职责的情况下，行政机关负责人出庭应诉制度更易于真正得到落实；第二项规定有利于保证律师出庭应诉，能够更好地发挥律师在行政诉讼当中的作用。

对于《行政诉讼法》新引入的行政协议诉讼，《解释》作出一系列细化规定：对行政协议进行了界定，规定了行政协议诉讼的起诉期限、管辖法院和诉讼费用，明确了审查行政协议的法律依据，细化了行政协议案件的判决方式。

关于一并审理民事争议，《解释》规定，公民、法人或者其他组织请求一并审理相关民事争议，应当在第一审开庭审理前提出；有正当理由的，也可以在法庭调查中提出。但法律规定应当由行政机关先行处理的、违反《民事诉讼法》专属管辖规定或者协议管辖约定的、已经申请仲裁或者提起民事诉讼的，不予准许一并审理。

关于一并审查规范性文件，《解释》强调，规范性文件不合法的，人民法院不作为认定行政行为合法的依据，并在裁判理由中予以阐明。作出生效裁判的人民法院应当向规范性文件的制定机关提出处理建议，并可以抄送制定机关的同级人民政府或者上一级行政机关。

最高人民法院新闻发言人孙军工主持新闻发布会，最高人民法院行政庭副庭长李广宇介绍了《解释》的有关情况和起草背景并回答了记者提问。据介绍，第十二届全国人大常委会第十一次会议于 2014 年 11 月 1 日通过了关于修改行政诉讼法的决定。新《行政诉讼法》立足于解决“立案难、审理难、执行难”等突出问题，增设了许多重大的新制度、新规定，迫切需要通过司法解释进行细化，制定便于人民法院操作的具体规程。《解释》起草工作遵循了依法解释、突出重点、可行实用三个原则，正确处理了加强诉权保护与尊重诉讼规律、强化司法的能动积极作用与司法权与行政权的合理分工等重大关系。

[**材料来源**]《人民法院报》2014 年 4 月 28 日

[**要求**]根据以上材料，讨论并分析我国司法解释的必要性。

课后参阅论文

1. 苗炎、叶立周：《全国人大常委会立法政策反思》，载《法制与社会发展》2012 年第 6 期。
2. 焦宝乾：《理论与实践的难题——以中国法律体系形成为背景的反思》，载《政治与法律》2012 年第 7 期。
3. 席涛：《立法评估：评估什么和如何评估——以中国立法评估为例》，载《政法论坛》2013 年第 1 期。
4. 宋方青、姜孝贤：《立法法理学探析》，载《法律科学》2013 年第 6 期。
5. 钱大军：《当代中国法律体系构建模式之探究》，载《法商研究》2015 年第 2 期。
6. 王夏昊：《论法律解释方法的规范性质及功能》，载《现代法学》2017 年第 6 期。
7. 李拥军：《中国法治主体性的文化向度》，载《中国法学》2018 年第 5 期。

8. 杨铜铜:《论体系解释规则的运用展开》,载《法律方法》2020 年第 2 期。
9. 莫纪宏:《论中国特色社会主义法律体系、法治体系与制度体系的有机统一》,载《法学杂志》2020 年第 4 期。
10. 李涛:《改革开放以来我国法律制定的价值理念嬗变与时代面向》,载《甘肃社会科学》2020 年第 4 期。

延伸阅读

我国《立法法》的立法背景、立法宗旨可参阅全国人大法工委国家法室:《中华人民共和国立法法解读》(中国法制出版社 2015 年版)第一章;我国法律制定的体系、程序之解读可参阅本书第二章第 1、2、3 节;我国正式法律解释制度的说明可参阅前书第二章第 4 节。

第十五章　法律实施

知识结构图

- 法律实施
  - 法律实施概述
    - 法律实施和法律实现
    - 法律实效、法律效果与法律效益
  - 法律遵守（守法）
    - 释义
    - 要素
      - 主体
      - 内容
      - 范围
    - 法理基础：承诺论、公平论、功利论
  - 法律执行（执法）
    - 释义
      - 概念
      - 执法与行政
      - 特征
    - 功能
      - 实施法律
      - 实现政府管理职能
      - 保障公民权利
    - 基本原则
      - 合法性原则
      - 合理性原则
      - 正当程序原则
      - 效率原则
      - 诚实守信原则
      - 责任原则
  - 法律适用（司法）
    - 释义
      - 法律适用的广义和狭义
      - 司法的特征
      - 司法权
    - 基本原则
      - 司法公正原则
      - 以事实为根据，以法律为准绳
      - 司法平等原则
      - 司法机关依法独立行使职权原则
      - 司法责任原则（有错必究原则）
    - 中国特色社会主义司法制度
      - 维护公正司法，提高司法效率
      - 树立司法权威，提高司法公信力

第一节 法律实施概述

一、法律实施和法律实现

(一)法律实施

法律实施,是指法律在社会生活中被人们实际施行,是法律在现实生活中的具体运用和贯彻。它包括三个方面:法律遵守(以下简称守法)、法律执行(以下简称执法)和法律适用(简称司法)。

法律制定出来后,实施前,只是一种“书本上的”法律,处在应然状态。法律调整社会关系,具体规定人们的权利和义务,但这仅仅是一种可能设计,意味着人们最好该如何行为,而并非人们现实地如何行为。法律实施就是要使“书本上的法律”变成“行动中的法律”,从应然状态进到实然状态,使法律规范从抽象的行为模式变成人们的具体行为。因此,尽管法律制定在使社会关系上升为法律关系过程中十分重要,但它毕竟只是第一步。而法律实施是把法律规范的要求转化为人们行为的过程,使法律规范的抽象规定具体化,使可能性的行为变成现实性行为的过程。

如果说法律制定是把客观的社会实际要求转化并上升为国家意志的过程,是一个物质变精神的过程,那么,法律实施则是把体现在法律中的思想、意志转化为人们的实际行为,把法律规范转化为现实关系的过程,是一个精神变物质的过程。

古今中外的法律思想家都很重视法律实施问题。我国战国时代的商鞅认为:“民信其赏,则事功成;信其罚,则奸无端。”[1]换言之,推行“法治”必须具备三个要素:法、信、权。其中的“信”就是强调要做到“信赏必罚”,即按照社会现实,该赏的一定赏,该罚的一定罚。2014年10月23日,党的十八届四中全会审议通过的《中共中央关于全面推进依法治国若干重大问题的决定》指出:法律的生命力在于实施,法律的权威也在于实施。习近平总书记也强调:中国特色的社会主义法律体系形成,解决了有法可依的问题。法律的生命在于实施,法律体系从纸面落到实处,就是要有法必依、执法必严、违法必究。

当我们考察一个国家法律制度的状况时,对这个国家有没有完备的立法、有没有健全的法律体系作出判断固然重要,但更重要的是要看该国的法律规定能否在社会生活中得到实施。正如我国明代思想家张居正所指出的:天下之事,不难于立法,而难于法之必行。

如果法律实施的程度高,说明在这个社会中法律有较大的成效;反之,如果法律的规定仅仅停留在纸上,就不会产生现实的意义,说明没有什么成效。

(二)法律实现

法律的规范状态不会自动地转化为社会中的秩序状态,而是必须将其运用于一定的社

---

〔1〕《商君书·修权》。

会中,通过有效实施才可能最终成为社会现实。所谓法律实现,即法律的要求在社会生活中被转化为现实,具体是指体现在法律中的一定意志、利益和目标经过有效的法律实施,转化为社会现实的过程与结果。从微观的角度来看,它可以指一个具体法律规范的实现;从宏观的角度来看,它可以指法治秩序的最终建立。因此,法律实现是将法律实施的过程性同法律实效的结果性相结合的一个概念。

学习和研究法律实现有着重要的理论意义和实践价值。法律实现表明了法律是一种管理社会的有效制度;法律实现的实质是法律目的与价值的实现,这也表明了法律的存在对于人的意义;法律实现的过程与结果能提高人们知法、守法、用法的意识和积极性,因为在现实社会生活中还有许多有法不依的情况,所以加强对法律实施及实现等环节的强调和落实,会使人们增强对法律的尊重与信心,有利于提高公民对法律的信任程度。

法律本身有很高的科学性要求,并且其创制和适用有很强的技术性,所以,法律实现与否及实现的程度如何首先受制于其本身的状况,如规范是否合理有效,各种制度是否完善等。另外,法律是人们为调控各种社会关系、有效地进行社会管理而有意识创制的,法律的适用和实施要依赖现实的社会环境,所以,法律实现又要受制于社会本身为法律提供的各种条件的状况。法律实现的条件集中表现为法律条件和社会条件两方面的内容。

法律实现的方式是指法律的意志与要求转化为社会现实的具体形式。由于法律体系的内容及其表现形式多样,所以,法律实现的方式也是多种多样的。

1. 从是否需要在主体间建立相应的法律关系的角度看,法律实现的形式可分为通过具体法律关系的法律实现和不通过具体法律关系的法律实现两种方式。

2. 从与国家强制力联系的紧密程度角度看,可分为法律的非强制实现和强制实现两种方式。

3. 从行为模式的角度看,法律实现的形式可分为权利的行使和义务的履行两种方式。

二、法律实效、法律效果和法律效益

(一)法律实效

法律实效,是指社会主体实际上按照法律规定的行为模式行为,法律在实践中被遵守、被执行和被适用。与法律实施强调法律在制定以后的运行过程不同,法律实效这一范畴所强调的是法律被人们实际施行的状态和程度,侧重于结果,即法律运作的实质有效性。正如著名法律史学者瞿同祖先生所指出的:“研究法律自离不开条文的分析,这是研究的根据。但仅仅研究条文是不够的,我们也应注意法律的实效问题。条文的规定是一回事,法律的实施又是一回事。某一法律不一定能执行,成为具文。社会现实与法律条文之间,往往存在一定的差距。”〔2〕

法律效力与法律实效是两个既有区别又有联系的概念。

1. 法律效力指法律具有的约束力和保护力,属于“应然”范畴;法律实效是指具有法律

〔2〕 瞿同祖:《中国法律与中国社会》,商务印书馆2010年版,第13页。

效力的法律的实际实施状态,属于“实然”范畴。

2. 法律效力一般强调形式有效性,即法律只要满足由有权国家机关依照法定程序制定或认可,即获得约束力和保护力;法律实效一般侧重实质有效性,即法律只有在实践中部分或全部被遵守、执行、适用,才是有实效的。

3. 法律效力是证成法律存在的必要条件;法律实效是对有法律效力的法律实施以及实现状况的一个评价指标。

总之,法律效力是讨论“应然”状态的、静止的法律是否符合一定的法律规格;法律实效是分析“实然”状态中法律产生的实际效果。没有法律效力的“法”是否是法,本来就存在争议,当然也就更谈不上法律实效问题,但具有法律效力的法律在实践中不一定都有实效。

(二)法律效果

法律效果是指法律为了实现其目的,通过调整社会关系而对整个社会所发生的客观影响和实际后果。

法律效果与法律目的是既有区别又有联系的两个概念。法律目的一般指蕴含在立法者主观意志中,希望法律调整社会产生预期的效果,是法律效果预先的观念模型和超前反映。法律效果是通过法律实施活动产生的对社会的实际影响。如果这种实际影响和法律目的保持一致,我们说法律有良好的效果;如果这种实际影响和法律目的有巨大偏差,我们说法律效果差或不理想。可见,法律目的是法律效果优劣的衡量标准之一,法律调整社会关系,要达到主观的预期目的、获得最佳效果。反过来,法律效果也是矫正法律目的的标尺。法律绝非立法者闭门造车的产物,立法者的主观目的必须建立在对客观规律准确把握的基础上。具有良好意愿的法律不一定在社会实践中获得良好的法律效果。当一部法律在社会中收效甚微或根本是负面效果时,排除其他各种因素考虑,至少可提醒立法者,立法本身可能存在问题。

法律效果与法律实效也是不同的。一般来说,法律实效是法律效果的前提,因为如果法律根本没被遵守、执行和适用,就谈不上社会影响和效果问题。法律只有具有实效,才涉及进一步的法律效果优劣问题的考察。但是仅仅停留在考察法律是否被遵守、执行、适用这一阶段,不问法律对社会产生的影响是大还是小、是好还是坏、是积极还是消极,这是将问题简单化的做法。所以,必须注意有些时候法律即使有实效,也未必会有最佳或良好的法律效果。要正确分析影响法律效果的诸种因素,寻求和创造最佳法律效果条件,保障法律目的实现。

(三)法律效益

在法理学上通常在下面两个意义上使用效益这个术语:(1)将法律效益与法律效果等同。在此意义上法律效益是指法律在实施过程中是否给人们和社会带来效果和好处,此时侧重对法律的社会效益考察。(2)法律效益是指从具体的法律入手,为获得适合法律目的的效果,考察法律实施过程中投入成本和所得产出的比率。在此意义上,任何法律从制定到实现都要耗费一定的社会成本,包括政治的、经济的、伦理的、社会的。法律效益要研究的问题是要在资源有限的情况下,如何实现以最小的社会投入而获得最大的效果产出。

法律效益与法律效果概念非常接近。一般来说,法律效果作为评价法律实效的一个概念;而法律效益则可以作为进一步分析法律效果的一个重要工具。也就是说,对法律效果的研究借鉴经济学的“效益”范畴,更深化了法律实质有效性的研究。一部法律有法律效力,不一定有法律实效;有法律实效,不一定有法律效果;有法律效果,不一定有法律效益。从法律效力到法律实效再到法律效果、法律效益这一连续过程是法律从形式有效到实质有效的层层递进过程,是法律实现这一目标而不断展开的过程。

第二节 法律遵守

一、法律遵守释义

法律遵守是法律实施的一种重要方式。在我国,法律遵守与遵守法律、守法可互换使用,通常指国家机关、社会组织和公民,依照法律的规定享有法律权利、履行法律义务的活动。社会主体的行为与法律的要求保持一致:为法律之所令为,不为法律之所禁为。法律遵守是权利与义务的统一。一方面,要依照法律享有权利和行使权利;另一方面,要依照法律承担并履行义务。

法律遵守与法律执行、法律适用共同作为法律实现的重要环节,具有重要的意义。我国古代法律思想家就认为:“治之经,礼与刑,君子以修百姓宁。明德慎罚,国家既治,四海平。”〔3〕“国无常强,无常弱。奉法者强则国强,奉法者弱则国弱。”〔4〕

古希腊时期的亚里士多德指出:“法律(和礼俗)就是某种秩序;普遍良好的秩序基于普遍遵守法律(和礼俗)的习惯。”〔5〕在其对法治的经典定义中,法治所包含的两层含义,第一层就是“制定的法律获得普遍的服从”。在现代社会,法律遵守与民主政治紧密联系在一起。英国著名思想家约翰·密尔(John Stuart Mill)所列举的代议制民主得以建立的三大条件之一就是公民的守法习性。可见,法律遵守历来是法制运行的重要环节,是任何形式法制运行的自然要求。

1. 法律遵守是对全社会主体的普遍要求,是法律实施和实现的一种最基本也是最重要的形式。

守法不单纯针对公民和社会组织,也包括国家机关。“法者,所以齐天下之功,至公大定之制也。故智者不得越法而肆谋;辩者不得越法而肆议;士不得背法而有名;臣不得背法而有功。我喜可抑,我忿可窒,我法不可离也。骨肉可刑,戚可灭,至法不可阙也。”〔6〕

在现代民主政治制度下,法律遵守具体包括三方面要求:一是国家机关在行使职权、履

〔3〕 王先谦:《荀子集解》,中华书局2012年版,第545页。

〔4〕 王先慎:《韩非子集解》,中华书局2013年版,第33页。

〔5〕 [古希腊]亚里士多德:《政治学》,吴寿彭译,商务印书馆2011年版,第359页。

〔6〕 钱熙祚:《守山阁丛书》子部《慎子佚文》,上海博古斋据清钱氏影印本。

行公务的过程中,不得违反法律规定,行为的内容与方式要符合法律要求,既不能权力膨胀、越权干涉,也不应权力萎缩,失职渎职。二是国家机关在其职权管辖外的社会活动中,必须自觉守法,不得借公共权力去谋取私利。国家机关及其公务人员的守法在法律遵守中特别重要。三是公民和社会组织在各种活动中,必须用法律来规范自己的行为,自觉地依照法律规定的条件、方式、程序去保护和实现自己的利益,并履行法定的义务。

2. 法律遵守是法律实现的必然要求。

法律实现要求人民遵循法律规范设定的行为模式,并将各种法律规范转化为现实,使权利得到享有,义务得到履行,禁令得到遵守,其意义在于鼓励合法行为,制裁和矫正违法行为,使各种合法权益得到保护。任何国家制定法律的目的,就是要通过法律在社会生活中的实施,使法律价值和目的得以实现。没有最终实现的法律是没有任何意义的法律。没有普遍、自觉的守法活动,法律的整个适用就难以取得预期的效果。法律实现是法制运行的结果动态,是法律的权威性和法律的价值与尊严得到体现的过程。

3. 法律遵守是社会正常有序的必然要求。

一个社会有序才能安定,才能发展。社会的有序主要通过道德和法律来加以调整。在现代,法律是使社会进入和保持有序状态的最重要的手段和调节机制。法律通过它特有的手段和方式,调整社会主体的行为,为社会合作提供模式,解决社会冲突,分配社会财富。因此,社会主体的守法是社会安定和发展的前提。

4. 法律遵守是实现公民权利的保障。

对整个社会来说,如果不守法,那么任何人的权利都难以实现。公民权利的实现离不开义务人依法履行义务,离不开国家机关的保障。在现代,任何国家都依赖公民对责任的认知,即通过拒绝参与和谴责所有的非法行为,维护社会秩序的正常化。国家机关及其公务人员如果违反法律或只是有选择性地执行法律,就破坏了对所有法律的尊重,公民的生命、财产保障等正当要求也难以实现。所以,守法与公民权利的实现息息相关。

二、守法的要素

守法是社会主体依法享受权利履行义务的活动,由守法的主体、内容和范围等要素构成。

(一)守法的主体

守法的主体是指在一个国家和社会中,哪些人和哪些组织应该成为遵守法律的主体。从法治本身的要求来说,任何一个国家和社会中的所有主体都应该成为守法的主体。而历史的发展并非如此,由于社会性质和社会发展状况的不同,各种社会主体在社会中的法律地位悬殊比较大。权利与义务极不统一。在古代社会,守法主体只是黎民百姓,当权者可以不受法律的约束,即使违法也可以逃避法律的制裁。在中国封建时代,“夫生法者君也,守法者臣也,法于法也者民也”。也就是说,君主立法,官吏执法,而百姓受法律约束,是所谓天经地义的事。近代资产阶级革命以后,倡导“法律面前人人平等”,才使法律遵守开始实现权利与义务的统一。现代社会崇尚民主与平等的精神,法律面前人人平等已经是一个普遍的宪法原则。

我国奉行的是人民主权的宪法原则,守法不再只是某些人的义务,而是全体社会主体的共同的权利和义务。一切组织和个人都是守法的主体。我国现行《宪法》第5条载明:“一切国家机关和武装力量、各政党和社会团体、各企业事业组织都必须遵守宪法和法律。一切违反宪法和法律的行为,必须予以追究。任何组织和个人都不得有超越宪法和法律的特权。”第53条规定:“中华人民共和国公民必须遵守宪法和法律。”在我国不存在不受法律约束的社会主体,一切社会主体的活动都应纳入法律的轨道。自党的十八大以来,全民守法已经长期被视为依法治国的基础性工作。这不仅表明“全民”都是守法主体,而且表明了全民守法对社会主义法治的重要意义。全民守法既是社会主义法治的重要组成部分,也是全面依法治国的重要目标。具体来说,我国的守法主体包括以下几类:

1. 一切国家组织和武装力量。这方面的守法主体包括国家权力机关、行政机关、司法机关、军事机关和武装力量。国家机关代表人民行使国家权力,执行国家职能,对社会的政治、经济、文化、军事和外交等活动进行全面管理。国家机关的性质及其在国家生活中的地位,决定了国家机关在守法上的责任尤为重要。国家机关及其工作人员,尤其是国家领导人,必须时时处处自觉维护法制的尊严和权威,带头遵守和维护法律,严格依法办事。

2. 非国家组织。这方面的守法主体包括各政党、各社会团体、企事业单位。在这些组织的守法问题上,执政党的守法对于法律实施具有重要的意义。中国共产党是我国的执政党,在国家生活中处于领导地位,党的组织和党的工作人员,特别是处于领导岗位的领导人必须模范地遵守法律,为其他各社会组织和公民的守法树立榜样,带动各社会组织和公民严格守法。党的十八届四中全会强调:各级领导干部要对法律怀有敬畏之心,牢记法律红线不可逾越、法律底线不可触碰,带头遵守法律,带头依法办事,不得违法行使权力,更不能以言代法、以权压法、徇私枉法。十九大报告进一步要求各级党组织和全体党员要带头尊法学法守法用法,任何组织和个人都不得有超越宪法法律的特权,绝不允许以言代法、以权压法、逐利违法、徇私枉法。

3. 公民。这里的公民指的是“个体”意义上的公民,上至国家主席,下至普通老百姓。在我国,人民是国家的主人,也是法律的主人,国家法律体现的是人民的意志和利益,是人民自己的法律。全体公民在法律上具有平等的地位,守法是全体公民的权利,同时也是义务。

在我国领域内的外国组织、外国人和无国籍人,都是我国的守法主体。这是由我国法律效力的属地原则所决定的。

(二)守法的内容

法律是以规定权利义务为核心的行为规范,守法就是准确履行法律所规定的权利和义务。国家通过一系列的法律规范,把一切组织和个人的可为和不可为的事情,以权利义务的形式确定下来,使之成为人们必须遵守的行为准则;并通过这些准则去约束、指导、调整人们的行为和社会活动,并以国家强制力保证其得到遵守和执行,以建立和维护正常的社会关系和社会秩序。如果社会主体都能按照法律的要求去做,准确行使法律所赋予的权利、承担自己的义务,法律也就切实得到了遵守。所以说,法律遵守的内容实际上就是遵守法律所规定的内容,即享有权利并行使权利,承担义务并履行义务。

(三)守法的范围

守法的范围,指的是守法主体应该遵守的法律有哪些。当代中国法律遵守主要是遵守由特定的国家机关制定的规范性法律文件,包括宪法、法律、行政法规、军事法规、地方性法规、自治法规、经济特区法规、特别行政区法规,以及我国参加或同外国缔结的国际条约、协定和我国所承认的国际惯例。有关国家机关制定的符合宪法和法律的行政规章和地方性规章,有关组织和个人也必须遵守。此外,执法和司法机关所制定的非规范性法律文件,对有关组织和个人也具有法律效力,遵守这类法律文件也可视为守法。

三、守法义务的法理基础

为什么应当守法? 对于这一问题的回答,法理学上主要有三种学说:承诺论、公平论和功利论。

(一)承诺论

这一学说最早是由古典自然法学家针对“君权神授论”提出来的。其基本思想是:由于每个公民都是社会契约的当事人,所以都有守法的道德义务;这种守法义务乃是从公民已经参加了社会契约的客观事实中必然派生出来的。“社会契约论者”宣称:社会是由自觉自愿的人们根据共同达成的契约所组成的,政府由生而自由和平等的人们所建立,法律由人们同意的政府所制定,其本质乃是一种共同的约定。公民参加了约定,就已经同意了政府的权力,作出了服从法律的承诺,因此,就有了遵守法律的义务。由于政府是从人们的同意中获得其强制权力的,所以,只要政府是在公民赋予的权限内活动,公民就有义务服从。

另外还存在一种“默许论”的观点,实际上是从“承诺论”衍生来的。根据“默许论”,一个人只要居住在一个国家,不管他居住时间的长短,他只要享受到了法律的保护和随之而来的社会利益,就构成了对该社会法律约束力的默许,就意味着其有承担、服从法律的义务。

在承诺论者看来,促使人们服从的法律,是一种经人民同意的、并符合人民正义观的法律。他们较少注意政府的结构,只关心法律是否符合最低限度的正义标准,假如法律不正义,那么人民就没有了这种义务。

(二)公平论

公平论亦称“公平对待论”,是20世纪50年代英国法学家哈特首先提出,并由美国哲学家罗尔斯在60年代加以发展的一种守法义务论。这一学说的主要内容是:在一个基本公正的社会里,当其他成员都守法的情况下,一个社会成员可能从中获得极大的好处。这时,如果该社会成员违法,就必然会使守法者遭受损失,而这种结果显然是不公平的。所以,根据公平对待的道德原则,每个社会成员既然从别人的守法中获得了利益,他便有了服从政府和遵守法律的义务。他的守法将有益于别人,他的违法也将损害其他守法者的利益,人人守法才是公平的。

同公平论相近的观点是“感激论”。“感激论”认为，一般而言，当一个人从他人那里获得了好处时，他就应该对他人心存感激；同理，任何一个人，当他从政府那里获得了好处，他就应该感激他的政府，而守法正是表达对政府感激的最好方式。

在公平论者看来，促使人们服从的动力之源是正义的法律，但偶然也会出现不正义的法律，此时人们便无所适从。

（三）功利论

功利论即功利主义守法论。其主要观点是：公民之所以有遵守法律的道德义务，是因为稳定的法律秩序的存在，能够带来最大多数人的最大幸福；守法的道德基础就是由守法与不守法的比较结果来决定的，即由对最大多数人产生最大幸福这一标准来决定的。

功利论可以进一步区分为两种论证方式：行为功利主义主张把焦点对准个别行为。在特定的个别场合，衡量逆法而行与依法办事何者能够产生出合意的结果，从而思考守法的义务。在一种特定的境况下，个人应当考虑其行为可能产生的后果并做出选择，以使其行为产生最大可能的幸福。规则功利主义主张把焦点对准规则的选择。行为者不先考虑拟采取的行动会有什么可能的后果，而是先考虑一般的道德规则要求什么样的行为。只有按规则办事，使法律得到普遍的遵守，政府才能高效率地工作，社会福利才会增加。相反，社会就会陷入无秩序的混乱状态。

在功利论者看来，人的需要是至关重要的。它所要求人们服从的，仅仅是那些能够带来利益的法律。

第三节　法 律 执 行

一、法律执行释义

（一）法律执行的概念

法律执行简称执法，有广义和狭义两种理解。广义的执法建立在法律制定和执行的逻辑两分的基础上，仅与立法相对应，指国家行政机关、监察机关、司法机关和法律授权或委托的其他机关及其公职人员，依照法定的职权和程序，贯彻实施法的活动，既包括行政机关执行法律的活动，也包括司法机关适用法律的活动。狭义的执法，是指国家行政机关和法律委托的组织及其公职人员依照法定职权和程序行使行政管理权，贯彻实施立法机关所制定的法律的活动。

本章在狭义上使用执法这一概念，即仅指行政执法。

（二）执法与行政

行政的本来含义是指实施政策，管理国家事务和社会公共事务。这一概念起初与法毫不相干。行政活动，诸如维持社会治安、兴建公共设施、征收赋税、管理军队等以及为了实施这些活动而向人民发布命令、采取强制措施等，是随着国家的产生而产生的。在近代以前，行政领域里并非由法而是由人支配一切,专制君主把持行政,实施专断统治,无须以法律作为其行动依据。19世纪资产阶级革命胜利以后,资产阶级国家制定的宪法使长期以来不受限制的行政特权受到根本法以及人民代表机关所制定的法律的约束,使"行政"转变为"执法"。

从理论上讲,行政能够与执法相联系得益于民主法治理论、分权制衡制度以及由此决定的"依法行政"原理的确立。行政权力是一种超越于个人之上的公共力量,是一把"双刃剑",既可以成为维护公共利益的有效工具,又可能成为侵害公民权利的手段。要确保行政权力的设立和运作真正顺民心、合民意,保障民主实现,就需要用法律来规范和约束行政权力,真正做到依法"治"官、依法"治"权。民主政体取代君主政体的结果,是法律成为了国王。法治要求一切权力,包括行政权,都只能在法律许可的范围和限度内行使,依法行政原理也就因此得以产生。

由此可见,民主法治是价值追求,限权是原则,分权制衡是手段。近代行政的观念或者说行政执法的观念正是随着这种理论的发展而逐步确立和发展起来的。在现代民主法治国家,行政权必须根据转化为法律的全体国民的意志来实施,以执行法律、实现法律的价值目标为根本任务,而作为执掌行政权的政府其性质应该是法治政府。建成法治政府也是中国推进全面依法治国的一项重大任务,党的十八届四中全会指出:各级政府必须坚持在党的领导下、在法治轨道上开展工作,创新执法体制,完善执法程序,推进综合执法,严格执法责任,建立权责统一、权威高效的依法行政体制,加快建设职能科学、权责法定、执法严明、公开公正、廉洁高效、守法诚信的法治政府。党的十九大报告更是明确将法治政府作为基本实现现代化一个重要标志。

(三)执法的特征

执法的特征,是指执法主体的特定性和国家代表性。行政执法权是国家权力中极为重要的一种,只能赋予特定的主体。一般而言,一国能够享有执法权的主体只限于该国的国家行政机关和法律委托的组织及其公职人员,其他任何国家机关、社会团体及个人未经法律、法规授权不得行使执法权。各国还实行行政执法人员资格制度,没有取得执法资格的人员不得从事执法工作。

执法具有主动性和单方意志性。执法既是国家行政机关对社会进行全面组织和管理的一项权力,也是其所承担的职责,因此行政机关的执法活动一般都是依职权主动进行的,行政机关就是法律关系的一方当事人,行政法律关系的产生无须以行政相对人相应的意思表示为前提。在行政法律关系中,行政机关既是一方当事人,又是执法者,享有行政执法权,这就决定了行政法律关系不是平权型法律关系,而必然是隶属型法律关系,法律关系主体双方地位不平等。其中,行政机关处于命令和支配的地位,行政相对人则处于消极服从的地位。行政机关依照法律和职权作出决定,无须考虑行政相对人的意志。同时,执法的这一特点也体现在依行政相对人申请的执法行为中,如行政许可、行政给付等。虽然此类执法在程序启动上以行政相对人的申请为前提,但在决定实质内容时,即行政主体是否满足行政相对人的申请上,仍然是主动的,行政机关自主作出决定,不以相对人的意志为转移。

执法具有极大的自由裁量性。自由裁量性是当代行政的重要特点和趋势。自由裁量并非指行政主体有完全的行为自由，而是指行政主体获得立法给予的较大的裁量权，在无法律明确规定的情况下，行政执法主体可以依照法律的精神进行管理活动。有学者认为，"行政是创造性的，而司法是反应性的"〔7〕。

二、执法的功能

（一）实施法律

"徒法不足以自行。"〔8〕在法律实现中，执法具有非常重大的作用。根据我国《宪法》规定，国家行政机关是国家权力机关的执行机关，国家权力机关制定的法律，主要通过国家行政机关的日常职务活动来贯彻执行。从行政机关的职能来看，国家日常事务、社会公共生活的日常管理都是由行政机关负责的，并且它在管理这些日常事务时具有主动性、单方意志性的特点，这决定了在法律执行中，行政机关居于决定性的主导地位。正因为如此，从数量上看，占总数80%以上的法律是由国家行政机关直接贯彻执行的。

（二）实现政府管理职能

政府职能主要包括政治职能、经济职能和社会管理职能。行政主体进行自由裁量性执法时，一般无具体的约束，可以本着法律所体现的价值和精神进行创造性执法活动，甚至有时由于立法对某个领域尚无涉及，行政执法就只能以国家政策、政府目的作为执法依据。执法与司法之间有着明显差异。每一个个别、具体的司法行为，并不需要考虑相互间是否具有整体的内在一致性，法官的职责也仅仅在于实现法律；而行政执法在于实施政策、实现政府职能，这就决定了每一个具体行政行为必须保持相互间的一贯性、连续性，在整体上保持统一性。

（三）保障公民权利

近现代宪法统领下的法治国家是以权利为本位的国家，这就决定了包括行政权在内的一切公权力的行使要以为权利服务为目标，即使权利受到限制也是为了他人或者社会整体权利的实现。尽管行政执法的重要目的之一是维护公共利益，但与此同时，也要求行政执法权注意维护个体公民的合法权益，做到实现公共利益和公民合法权益的平衡，在执法过程中，应当依法保障当事人和利害关系人的知情权、参与权和救济权。在现代行政中，对国民提供服务活动的行政给付行为大量增加，说明了现代行政的服务性质，当前我国政府职能转变的一个重要内容就是要从管制行政走向服务行政。

三、执法的基本原则

（一）合法性原则

合法性原则也称依法行政原则，是指行政机关实施行政管理，要严格按照法定权限和

---

〔7〕［德］哈特穆特·毛雷尔：《行政法学总论》，高家伟译，法律出版社2000年版，第7页。

〔8〕《孟子·离娄上》。

程序行使权力、履行职责；未经法律许可，行政机关不得作出影响公民、法人和其他组织合法权益或者增加公民、法人和其他组织义务的决定。这一原则是法治国家对行政的第一要求，是防止行政权滥用的最重要的防线。党的十八届四中全会明确：完善行政组织和行政程序法律制度，推进机构、职能、权限、程序、责任法定化。行政机关要坚持法定职责必须为、法无授权不可为，勇于负责、敢于担当，坚决纠正不作为、乱作为，坚决克服懒政、怠政，坚决惩处失职、渎职。行政机关不得法外设定权力，没有法律法规依据不得作出减损公民、法人和其他组织合法权益或者增加其义务的决定。党的十九大强调：建设法治政府，推进依法行政，严格规范公正文明执法。

合法性原则具体要求：首先，执法主体的设立和执法职权的存在要合法。执法主体的设立要有法律依据，其职权来自法律的授予，执法主体只能在其法定的权限范围内行使职权，一切超越法定权限的行为都无效。即所谓"无授权即无行政""无法律即无行政""法未许可皆禁止"。其次，行政执法行为合法。这要求行政执法活动既要符合行政实体法的规定，也要符合行政程序法的规定，程序与实体同样重要。一切违反法律的行政行为均无效，如果因此给相对人造成了损害，行政机关要承担行政损害赔偿的法律责任。我国由于存在重实体、轻程序的传统，所以当前要强调的是在做到实体合法的同时，要加强程序合法的意识和实践。

(二)合理性原则

执法的合理性原则是对合法性原则的补充，是针对行政自由裁量权而确定的基本原则。行政管理范围的广泛性、内容的复杂性决定了自由裁量权必然成为行政执法一个极为显著的特点。但是，由于自由裁量权缺乏明确的规范指引，存在被滥用的可能。因此，为了对行政自由裁量权进行控制而产生的合理性原则，为行政自由裁量权的行使设定了一般要求。该原则是指行政主体在行使自由裁量权进行行政管理时，应当遵循公平、公正的原则，做到客观、必要、适当、合理。具体而言，即行政机关在实施行政管理活动中，平等对待行政管理相对人，不偏私、不歧视；行使自由裁量权时要以存在客观需要为前提，排除主观因素等不相关因素的干扰，在市场经济条件下，凡是公民、法人和其他组织能够自主解决的，市场竞争机制能够调节的，行业组织或者中介机构通过自律能够解决的事项，除法律另有规定的外，行政机关尽量不要主动介入；行使自由裁量权应当符合法律目的，所采取的措施和手段应当是必要的和适当的；行政机关实施行政管理可以采用多种方式，但手段的选择和运用要具有合理性，仅以达到目的为限，同时应当尽量避免采用损害当事人权益的方式。

(三)正当程序原则

该原则的目的是对行使行政权进行程序控制，以防止行政权的滥用，通过行政程序公正实现行政实体公正。该原则要求行政主体的执法活动程序要合乎正当性标准。执法的程序正当性标准主要有三：第一，行政主体严格按照法定程序行使权力、履行职责。第二，要保证相对人的听证权、辩论权、回避权、知情权等程序性权利在行政活动中得到承认和保护。例如，行政机关在作出对行政管理相对人、利害关系人不利的行政决定之前，应当告知行政管理相对人、利害关系人，并给予其陈述和申辩的机会；作出行政决定后，应当告知行政管理相对人依法享有申请行政复议或者提起行政诉讼的权利。对重大事项,行政管理相对人、利害关系人依法要求听证的,行政机关应当组织听证。行政机关行使自由裁量权的,应当在行政决定中说明理由。第三,行政程序公开。除涉及国家秘密、商业秘密或者个人隐私的事项依法不公开外,执法行为的进行应当对当事人、利害关系人和社会公开,应当向当事人、利害关系人提供与执法有关的事实和法律依据等信息。

正当程序原则与合法性原则有一定的交叉重叠关系,但与合法性原则不同的是,正当程序原则除了要求在有法律规定时严格执行行政程序法的规定外,在某些情况下,即使没有程序性法律规定,行政机关也应当在该原则的指导下制定执法的程序规范;如果行政机关自身也缺乏相应规定,在考察行政相对人对行政行为的异议时,可以以该原则作为行政行为程序和结果正当与否的判断标准。

(四)效率原则

执法效率原则包括两方面的含义:第一,该原则要求行政机关在执法中,对不同社会主体之间的利益、个人利益与公共利益进行权衡和取舍时,要考虑社会的总成本与总投入之间的关系,要尽可能地以最小的社会成本获得最大的社会经济效益。第二,行政机关进行执法活动时,也要考虑自身的执法成本与执法效益的比值问题,以最小的成本获得最大的收益。行政执法的效率原则要求是由行政活动本身的性质决定的。

执法效率原则要求执法主体从保护公民权利和国家利益出发对行政相对人的各项要求及时作出反应,克服部门保护主义;行政机关实施行政管理,应当遵守法定时限,积极履行法定职责,提高办事效率;行政机关要精简机构,降低管理成本,提高政府办事效率;积极探索建立对政府立法项目尤其是经济立法项目的成本效益分析制度,政府立法不仅要考虑立法过程成本,还要研究其实施后的执法成本和社会成本;行政机关制定的制度要公开透明,行政机关的信息资源应当尽量共享,这是提高行政效率的基础。

(五)诚实守信原则

诚实守信原则,是指行政机关进行执法活动时要讲诚实,守信用。具体而言,该原则要求:除涉及国家秘密和依法受到保护的商业秘密、个人隐私的事项外,行政机关应当公开政府信息;对公开的政府信息,公众有权查阅,行政机关应当为公众查阅政府信息提供便利条件;行政机关公布的信息必须全面、准确、真实;行政机关发布的政策和做出的决定要保持相对稳定,不能朝令夕改,确需改变的要尽可能给相对人合理的预期,由此造成相对人受损害的,行政机关要依法予以补偿,非因法定事由并经法定程序,行政机关不得撤销、变更已经生效的行政决定;因国家利益、公共利益或者其他法定事由需要撤回或者变更行政决定的,应当依照法定权限和程序进行,并对行政管理相对人因此而受到的财产损失依法予以补偿。执法的诚实守信原则在市场经济条件下可以起到化解风险、分散责任、保护市场主体合理利益、促进市场经济调控功能的有效作用。

(六)责任原则

责任原则,是指行政主体必须对自己的行政行为承担责任。随着现代行政权力的扩张化和复杂化,它与公民的权益关系更加密切,公民权益因行政活动而受到侵害的可能性也日益增大。因此,在现代国家,随着国家职能的转变,责任成为行政权的核心。这一原则要求在赋予行政机关必要行政权力的同时,必须规定其相应的责任,并以严密的程序制度和救济制度作保证。只有实施责任原则,才能真正规范和约束行政权力,确保权力与责任相统一,做到有权必有责。

行政责任的发生存在三种情形:一是违反法律的行政行为;二是行政不当损害相对人利益;三是行政行为事实上造成相对人权益的损害。对其中任何一种情形,行政主体均应承担行政责任。基于前面两种情形而产生的是行政损害赔偿责任,基于最后一种情形而产生的责任称为行政损失补偿责任。

在以上基本原则中,合法性原则是最根本、最重要的原则,其他原则都必须以合法性原则为基础,不能超越这一界限。合法性要求是一切行政执法活动的底线。

第四节 法 律 适 用

一、法律适用释义

(一)法律适用的广义和狭义

法律适用和法律执行一样,属于法律实施的重要形式。所谓法律适用,在广义上是指行政机关和司法机关执行法律的活动;但通常是在狭义上来使用的,专指国家司法机关依据法定职权和法定程序,具体运用法律处理案件的专门活动。狭义的法律适用在本质上是国家司法权的运行,故一般简称为"司法"。

(二)司法的特征

1. 主体的特殊性。司法是国家特定的专门机关及其公职人员按照法定权限实施法律的专门活动,不同于公民和其他社会团体实施法律的活动。司法是以国家名义行使司法权的活动,而司法权只能由司法机关来行使,其他任何组织和个人都不能行使此项权力。行使司法权的国家机关,在不同的社会和不同的法律体制下有所不同。在实行三权分立的国家里,司法权由法院来行使,法院便成为司法机关,也即法律适用的主体。在我国,按照现行法律体制和司法体制,司法权一般包括审判权和检察权,审判权由法院行使,检察权由检察院行使。因此,法院和检察院便是我国的司法机关,也即我国法律适用的主体。

2. 专业性。现代社会的司法是对国家权力进行监控的重要环节。随着社会发展的日益高速化、复杂化,适用法律的活动也日益成为一件十分复杂细致的工作,不是任何人都能胜任的。所以要求司法机关的公职人员必须具备丰富的专门知识,受过严格的训练。因此,司法具有很强的专业性。

3. 国家强制性。司法活动由专门的司法机关及其公职人员以国家的名义实施法律,具有正式的、官方的性质,它不以其所涉及的公民、社会团体或国家机关及其负责人的意志为转移,不受他们的干涉。法律适用以国家强制力为保证力量,所有的人都必须服从。

4. 程序法定性。司法是司法机关按照法定职权和法定程序所进行的专门活动,因此,程序性是法律适用中最重要、最显著的特点。目前我国法律适用有三大类法定诉讼法,它们是保证司法公正、公平的重要条件。离开了这些法定程序,就难以保障诉讼当事人的合法权益,也难以保证法律的正确适用。

5. 裁决权威性。司法是享有司法权的国家机关依靠国家强制力,以国家的名义运用法律于具体案件的专门活动,必须有表明法律适用结果的非规范性文件,如判决书、裁定书等。它所作出的裁决是具有法律效力的裁决,任何组织和个人都必须执行,不得擅自修改和违抗,因此,它具有很强的权威性。同时,司法判决本身必须是司法权严格依法运作的结果。没有法律依据的判决,应视为无效判决。

(三)司法权

司法过程实质上是司法权依照法律逻辑运作的过程。司法权是国家权力的重要组成部分,具体指国家特定的专门机关依法所享有的将法律适用于具体案件,并对案件作出裁判的权力。司法权是近代古典宪制最重要的权力类型。孟德斯鸠提出系统的立法权、行政权、司法权三权分立、制约平衡的理论,为西方民主政治提供了最重要的权力理论框架。现代各国的司法权首先表现为对形形色色的冲突纠纷作出法律上的判断,这种判断本身是蕴含在法律中的社会正义得以实现的重要途径,也是权力制约的重要表现。因此司法权实质上是通过判断,进行社会矫正、社会救济的权力。正是在此意义上,司法裁判也是社会主体接触、感受法律最直接的方式。为了进一步树立法律权威,提高人们对于法律的信心,在全面推进依法治国的重大战略部署中,司法改革成为了法治改革的突破口。

司法权具有终局性。人类社会的发展过程在一定程度上也是人类不断缓解、平抑冲突和矛盾的过程。实质上以诉讼的形式表现出来、由专门机关依照程序借助司法权进行社会控制的模式在人类历史兴起的时间并不算太长;但现代社会一般都肯定此种公权力控制的优越性,并认可司法权的终局性的特点。一方面,司法权的终局性是指在与立法权、行政权比较中,只有司法权作出的判断是最终意义上的,即对一个冲突或纠纷,立法权、行政权所作的判断的效力都可能是待定的,但如果司法权对之作出了判断,该判断的效力即既定的、终局的。例如,司法审查制是对立法权决策效力的再审查;行政诉讼是对行政权判断效力的再审查。另一方面,司法权的终局性体现在一旦法律上生效的司法判断作出,非依法律明确规定,不得启动对该案件的再审程序,即所谓的“司法的既判力”;另外,控辩双方的利益争端一旦由裁判者以生效裁判的形式加以解决,一般就不得将这一争端再一次纳入司法裁判的范围,即所谓的“一事不再理原则”。实质上,司法权的终局性是建立在假设其最利于实现“理性”的法律的基础上的,而要实现这一目标,司法权就必须是中立的。在具体案件的司法程序当中,司法权的终局性主要体现在法院的判决是最终的权威判决,任何人在法院作出判决之前都无权给当事人定罪量刑。

司法权具有中立性。这是指在解决纠纷、平抑社会矛盾的过程中,法官不能倒向争讼的任何一方,而只是“唯法律是从”。法官被预设为“良心的守护人”,是“权利的庇护者”,在整个诉讼过程中,法官必须秉持客观、中立的立场,不偏不倚,以法律和法理标准作判断。

司法权的中立性主要是对应行政权的倾向性而言的。通常来说,政府在行使行政权过程中往往要服务于主流的政治利益,具有明显的倾向性;而司法权的运作恰恰被要求只能按照法律的逻辑运行。唯其如此,司法权的终局性、权威性才有逻辑的落脚点。司法权的中立性在司法实践角度,往往通过正当程序设置来体现。

司法权具有独立性。司法权肩负制约、平衡、矫正立法权和行政权的重任,司法权的中立性是其终局权威性的内在保证;而司法权的独立性是其终局权威性的外在保证。马克思曾经这样论证:"法律是普遍的。应当根据法律来确定的案件是个别的。要把个别的现象归结为普遍的现象,就需要判断。判断是件棘手的事情。要执行法律就需要法官。如果法律可以自行运用,那么法院也就是多余的了……法官除了法律就没有别的上司。法官有义务在把法律运用于个别事件时,根据他在认真考察后的理解来解释法律……独立的法官既不属于我也不属于政府。"[9]

二、司法的基本原则

(一)司法公正

法律的正义价值在司法中的直接体现就是司法公正。公正是司法工作的灵魂、生命和永恒主题,是保障公民权利、维护社会正义的最后一道屏障和安全网,也是建设法治国家的一项必备条件。培根在专论司法问题时这样写道:"一次不公的判断比多次不平的举动为祸尤烈。因为这些不平的举动不过弄脏了水流,而不公的判断则把水源败坏了。"[10]

在我国,司法公正同样是司法工作的灵魂和生命。正反两方面的经验和教训说明,片面强调某一方面的公正,忽略其他的公正,会带来一些问题,只有坚持立体的司法公正观,才能最大限度实现司法公正。

所谓立体的司法公正观,主要包括以下内涵:

1. 实体公正与程序公正相统一。任何以实体公正为由排斥程序公正的做法,必须坚决予以纠正;任何以程序公正为由掩盖实体不公的裁判现象,必须予以有效遏制。对可能影响实体公正、严重缺乏正当性的程序问题,要依法启动再审程序。因程序性事由而启动再审程序的,还应特别关注自由裁量权的正当性问题,自由裁量明显不当的,应依法纠正。

2. 形式公正与实质公正相统一。形式公正解决的是司法活动的合法性问题,而实质公正解决的则是司法活动正当性、合理性问题。形式公正而实质不公,公正的形式就没有任何意义;实质公正但形式不公,公正的结果就不能被当事人所感知和认可,其社会效果也与不公正的结果大体相当。

3. 客观公正与主观公正相统一。主观公正是人们对某一司法活动的主观认识、主观评价或主观感觉,客观公正是某一司法活动在客观上或事实上是公正的。力争主观公正与客观公正的统一,要增强裁判文书的说理。针对当事人的争议焦点和诉讼请求,法官应全面

---

〔9〕 马克思:《关于新闻出版自由和公布省等级会议辩论情况的辩论》,载《马克思恩格斯全集》(第1卷),人民出版社1995年版,第181~182页。

〔10〕 [英]培根:《论司法》,载《培根论说文集》,水天同译,商务印书馆2011年版,第197~198页。

阐述裁判依据，将法律规范完整地附在后面，尽可能让当事人充分理解。

4. 司法公正和社会公正相统一。社会公正是人们追求的永恒目标和首要价值，司法公正必须体现社会公正，并为实现社会公正提供保障。司法工作人员和社会公众对公正的认知客观上存在差异，这要求我们尽量使用人民群众能够听得懂的语言，让社会能够理解。在案件的办理中也要更多地尊重社情民意和风俗习惯，获得人民群众的认同。同时要加强沟通和宣传，获得公众的支持。

5. 个案公正与普遍公正相统一。由于个案的差别，普遍公正标准的适用可能会产生个案的不公。在个案不公正的情况下，要求我们对个案的当事人多做一些法外的工作，使他们的利益能够大体上平衡。正如习近平总书记反复强调的：要努力让人民群众在每一个司法案件中都感受到公平正义。

（二）以事实为根据，以法律为准绳

在法律适用过程中，要严格依法司法，既要依实体法司法，也要依程序法司法，具体体现为“以事实为根据，以法律为准绳”的原则。

“以事实为根据”，是指适用法律时必须从案件的实际情况出发，把案件的审理和案件的判决建立在尊重客观事实的基础上，以此作为适用法律的前提，要求司法机关重证据，重调查研究，不能以任何主观想象、主观分析和判断作为处理案件的依据。

“以事实为根据”的核心则要求处理任何案件都必须重证据。如果没有足够的证据就不能认定事实，并且，任何证据都必须查证属实，才能作为定案的依据。我国的几部诉讼法都专章规定了证据问题。关于如何认定证据，在历史上和当今世界各国一般都有不同规定。我国法律要求，对证据要进行个别审查和综合审查，既要从证据本身进行审查，又要对全部证据进行综合审查，分析它们彼此之间是否存在矛盾。特别是在刑事诉讼中强调遵循“重证据，不轻信口供”的原则。当然实际工作中仍然存在各种各样的问题。

“以法律为准绳”，是指处理民事、刑事、行政诉讼案件都必须严格依照法律规定办事，以法律规定作为审理案件的唯一尺度。在司法活动中，法律是唯一的准绳。严格说来，裁判者虽然有适用法律的义务，却没有批评法律的权能，裁判者只能说出法律是怎样，却不能主张法律应该怎样。所以，立法的善、恶是裁判者无权来评判的。可见，严格地说，即使是恶法，适用者也只有适用的义务，而不得借口法律有缺陷就拒绝适用。

那么，如果法律本身违反了宪法，法官还有没有遵守的义务，这就是违宪审查权的问题。美国采用司法审查制，法院对于违宪的法律可以不予适用，但其最终的目的是遵守宪法。在我国，司法机关虽然没有实质上的审查权，却有形式上的审查权。法律的内容是否违宪，司法机关无权审查，至多只能向立法机关建议修改，在正式修改之前必须适用；但如果在制定法律时，立法程序上不符合宪法的规定，存在形式不完整，就是法律没有成立，当然没有遵守的义务。如对于正在讨论的法律草案，或者虽然已经通过但尚未正式公布的法律就可以不予适用。

强调审理案件要以事实为根据，以法律为准绳，必须处理好适用法律同适应形势的关系。既不能脱离形势、脱离实际、孤立办案，也不能片面强调服从形势，而不顾法律规定，不

按法律办事。同时也要注意,司法机关必须依法办事,但又不能拘泥于法律条文,而要从实践出发,根据立法精神,不断总结司法实践中的经验,切实体现社会效果、政治效果与法律效果三者的有机统一,切实实现司法公正这一司法的第一基本原则,并为法律体系的进一步发展和完善创造条件。

以事实为根据,以法律为准绳,二者是辩证的统一,是一个完整的原则。如果脱离了事实,或者所根据的事实是一个虚假的"事实",那么即使适用法律准确,也仍然难以避免错案。反之,如果事实清楚,但适用法律不当,则也不可能达到应有的法律效果,就难以保证法律的准确适用。

(三)司法平等原则

司法平等原则,是我国《宪法》上的"公民在法律面前人人平等"原则在司法上的体现。"公民在法律面前人人平等"既是我国《宪法》所规定的一项公民基本权利,也是法律适用的一个基本原则。我国《宪法》规定:"中华人民共和国公民在法律面前一律平等。"同时,《民事诉讼法》《刑事诉讼法》《行政诉讼法》等都有相应的具体规定。

在西方历史上,早在公元前500年至公元前449年的希腊波斯战争时期,就有这样的论述:"人民的统治的优点首先在于它的最美好的声名,那就是,在法律面前人人平等。"[11]

后来,在公元前431年至公元前404年的伯罗奔尼撒战争时期,伯利克里在雅典阵亡将士国葬典礼上的演说中歌颂雅典城邦的民主政体时又说:"解决私人争执的时候,每个人在法律上都是平等的。"[12]

当然,那时奴隶在法律上属于物,不被看作人,因此,这一原则主要适用于奴隶主之间,或者至多仅仅适用于自由民之间。把"法律面前人人平等"的原则作为一个鲜明的口号提出来与封建等级制抗衡,并把它规定到法律中的是资产阶级。著名的1789年法国《人权宣言》第6条规定:"法律是公共意志的表现。全国公民都有权亲自或经由其代表参与法律的制定。法律对于所有的人,无论是施行保护或处罚都是一样的。在法律面前所有的公民都是平等的,故他们都能平等地按其能力担任一切官职,公共职位和职务,除品德和才能上的差别外不得有其他差别。"以后,相继取得政权的西方资产阶级大多都在宪法中肯定了这项原则,这当然是一个历史的进步。

在我国,司法平等原则的主要含义是:

1. 司法机关依法行使司法权,法律统一适用于全体公民,而不以公民在民族、种族、性别、职业、社会出身、宗教信仰、财产状况等方面的任何差异而有所区别。

2. 司法的目标是实现公民依法享有的同等权利和承担同等的义务。对任何公民的合法权益,包括被依法剥夺了政治权利的公民的其他合法权益,都依法加以保护。对一切公民的违法犯罪行为,无论他们的社会地位、家庭出身、政治面貌、才能、业绩如何,都应秉公执法,一视同仁,依法论处。

---

〔11〕[古希腊]希罗多德:《历史》(上册),王以铸译,商务印书馆2011年版,第271页。

〔12〕[古希腊]修昔底德:《伯罗奔尼撒战争史》(上册),谢德风译,商务印书馆2011年版,第147页。

3. 在司法过程中，公民的诉讼权利平等。在程序意义上，不允许有不受程序法约束的特殊公民，不允许任何人有超越于程序法之上的任何特权。在司法程序上，必须一律平等地按照法律的规定办事，任何人都不得例外。需要强调说明一点，这里讲的是司法上的平等，不是指立法上的平等。

另外，需要注意两个问题：其一，司法平等原则在实践上并不排除在法律规定的范围内的区别对待。比如，都是盗窃罪，适用刑法的同一条文，但如果被告人的情节不同，则受到的刑罚可能就不一样，不能把"平等"理解为"整齐划一"。只有对具体案件的具体情况作具体分析，才能真正做到实事求是，处理得当，充分体现法律上的平等精神。其二，"公民在法律面前一律平等"，仅指实施法律上的平等，而不指制定法律上的平等。所谓"面前"，就是法律制定出来以后，面对既有的法律来讲平等。1954 年《宪法》规定的是"中华人民共和国公民在法律上一律平等"，容易产生歧义，1982 年《宪法》就改为"法律面前一律平等"。法律面前的平等仅仅是指对于同一法律条文，所有的人要平等地适用。因此，我们在讲立法的基本原则时，仅仅提到民主原则，而未提平等原则，不能把制定法律的原则和适用法律的原则混为一谈。

(四)司法机关依法独立行使职权原则

我国《宪法》明文规定：人民法院、人民检察院依照法律规定独立行使国家的审判权和检察权，不受行政机关、社会团体和个人的干涉。在现行三大诉讼法中，又进一步作了若干具体规定。这一原则的含义包括：(1)司法权只能由国家司法机关统一行使，其他任何组织和个人无权行使此项权力；(2)司法机关依法独立行使职权，不受其他行政机关、团体和个人的干涉；(3)司法机关处理案件，必须依照法律规定，准确地适用法律。为确保我国司法机关依法独立行使职权，党的十八届四中全会强调：完善确保依法独立公正行使审判权和检察权的制度。各级党政机关和领导干部要支持法院、检察院依法独立公正行使职权。建立领导干部干预司法活动、插手具体案件处理的记录、通报和责任追究制度。任何党政机关和领导干部都不得让司法机关做违反法定职责、有碍司法公正的事情，任何司法机关都不得执行党政机关和领导干部违法干预司法活动的要求。对干预司法机关办案的，给予党纪政纪处分；造成冤假错案或者其他严重后果的，依法追究刑事责任。

在我国，为什么法律适用中必须坚持司法机关独立行使职权原则？(1)这是由司法活动的特殊规律所决定的，有利于维护国家法制的统一。只有把司法权赋予特定的国家专门机关行使，才能保证国家权力的统一，才能有力保障公民的权利和自由。(2)严格执法和公正审判需要司法机关保持独立性。只有坚持司法权独立行使，才能准确发挥审判机关和检察机关的职能，保证审理案件的客观公正。司法机关的基本任务就是依照法律准确处理案件，只能对法律负责而不能听命于任何个人。如果司法机关不能独立行使自己的职权，其他任何机关、任何人都可以对它任意指挥，它就容易蜕变成为某些个人意志的工具，丧失其特质。(3)坚持司法机关依法独立行使职权原则，可以防止特权，排除外来的非法干扰，可以使一切公民在相同情况下，受到法律同样的对待。

司法机关依法独立行使职权，只具有相对的意义，并不是绝对的独立，因此，坚持这项原则,并不是说司法机关可以不受国家权力机关及上级司法机关的监督。要贯彻司法机关独立行使职权原则,必须准确认识我国司法机关和国家权力机关、行政机关的关系。

按照我国现行《宪法》的规定,各级人民法院和人民检察院都由同级人民代表大会产生,对它负责,受它监督,并向同级人民代表大会及其常务委员会报告工作。这是由国家一切权力属于人民这一根本特点决定的,人民代表大会是人民行使国家权力的机关,其他任何国家机关都不能与之平列,而是由它产生的。国家权力机关的主要职能是立法和监督其他国家机关的工作。司法机关依法独立行使职权,贯彻执行国家权力机关所制定的法律,也就是实现权力机关的领导。这是权力机关与司法机关相互关系的最基本方面。

为了保证司法机关的活动依法进行,同级权力机关要依法监督其活动,听取其工作报告,受理人民群众对司法机关及其工作人员的申诉和意见。但是,国家权力机关的所有这些活动,只是对司法机关的活动起监督和保证作用,而不是去代替司法机关的活动,不能由权力机关行使审判权和检察权。

行政机关、监察机关、审判机关、检察机关都是在国家权力机关的领导和监督下执行各自职能的国家机关,但在对国家权力机关的关系上它们有相同的地方。它们都由同级人民代表大会产生,并对其负责、向之报告工作。在行政机关与监察机关、审判机关、检察机关之间不存在领导与被领导的关系,司法机关依法独立行使职权不受行政机关的干涉。

至于司法机关的上下级关系,按照我国《宪法》的规定,人民法院的上下级之间是监督与被监督的关系,人民检察院的上级与下级是领导与被领导的关系。但是,这种监督与领导也必须依法进行,上级机关不得非法干涉下级机关的司法活动,而只能通过诉讼程序影响其决定。

总之,司法机关必须接受权力机关和上级司法机关对它的合法监督。但是,行政机关不应当干涉司法机关的工作,为此,必须做到司法机关在经济、人事上都独立于行政机关,实现司法经济独立和司法人事独立。

在审理案件过程中,人民群众对司法机关的批评和建议与干涉司法机关独立行使职权有本质的区别。群众路线是我们国家一切工作的基本路线,是社会主义民主的体现和保障。当前我国的司法体制为贯彻“群众路线”提供了部分制度支持,如《人民法院组织法》规定:人民法院审理第一审案件,由审判员和人民陪审员组成合议庭进行。人民陪审员制度是法院在审判过程中直接听取群众意见、贯彻群众路线的直接反映。但法学界对于如何处理司法的职业化与大众化的关系是存在争议的。

我国实行的司法机关依法独立行使职权原则与西方国家的司法独立原则存在重要区别。司法独立作为一项法制原则,来源于近现代权力分立与制约的民主理念,与三权分立的学说密不可分,同法律面前人人平等的原则一样,在人类历史进程中起到了历史的进步作用。

我国实行的司法机关依法独立行使职权原则,与西方国家的司法独立原则的主要区别表现在:(1)在国家体制上,我国不实行三权分立原则,而实行民主集中制原则,人民行使国家权力的机关是各级人民代表大会,司法机关由人民代表大会产生,对它负责、受它监督;

(2)在具体内容上,我国法院独立行使审判权,是指法院独立,不是指法官独立,是机关独立而不是个人独立,三权分立国家则比较强调法官独立。

司法不具有“超政治”“超党派”性。坚持中国共产党的领导,是我国长期坚持的基本原则之一,已经载入了《宪法》。坚持党的领导,最重要的一条就是切实保证法律的实施,切实保证司法机关依法独立行使职权,保证司法机关切实增强司法能力、提高司法公信力,而不能把坚持党的领导等同于党委包办代替司法机关的工作,具体审批案件。为了做到这一点,须贯彻“党必须在宪法和法律范围内活动”的原则,从中央到基层的一切党组织和所有党员,都要模范地遵守宪法和法律。

(五)司法责任原则

所谓司法责任原则,一般又称“有错必究原则”,是指司法机关和司法人员在行使司法权的过程中侵犯了公民、法人和其他社会组织的合法权益,造成严重后果而应承担责任的一种原则。

司法责任原则的根据,是国家机关的权力与责任相统一,体现了一种权力制约精神。司法机关和司法人员接受人民的委托行使国家司法权,握有重大的职权和权力。按照权力与责任相一致的原则,一方面对司法机关和司法人员行使国家司法权给予法律保障,另一方面对司法机关及其司法人员的违法和犯罪行为也要给予严惩。只有将司法权力与司法责任结合起来,才能更好地增强司法机关和司法人员的责任感,防止司法过程中的违法行为,从而更好地维护司法的威信和法律的权威与尊严。

在我国,已经颁布实施的《国家赔偿法》《法官法》《检察官法》等法律,对司法责任均作了明确规定。

三、中国特色社会主义司法制度

中国特色社会主义司法制度是以马克思主义法律观为指导,在充分考虑我国国情,总结我国社会主义司法实践成功经验,积极吸收人类法治文明优秀成果的基础上建立起来的,是人类法治发展史上的伟大创造,具有鲜明的中国特色。在司法制度的本质上,坚持党的领导、人民当家做主、依法治国的有机统一;在司法权的来源上,坚持司法权来自人民,属于人民;在司法权的配置上,坚持侦查权、检察权、审判权、执行权既互相制约,又互相配合;在司法权的行使上,坚持审判机关、检察机关既依法独立公正行使职权,又自觉接受党的监督、人大监督、政协监督、群众监督;在司法权的运行方式上,坚持专门机关工作与群众路线相结合等。这一司法制度,既继承了我国历史上法制文明的优秀成果,又吸收了国外法治的有益成分。新中国成立以来特别是改革开放以来的实践证明,这一司法制度符合我国国情,保障、促进了中国特色社会主义事业的发展进步。

根据国务院新闻办公室于2012年10月9日发表的《中国的司法改革》白皮书,中国司法改革始终要坚持从国情出发,既博采众长又不照抄照搬;既与时俱进又不盲目冒进;坚持群众路线,充分体现人民的意愿,着眼于解决民众不满意的问题,自觉接受人民的监督和检验,真正做到改革为了人民、依靠人民、惠及人民;坚持依法推进,以宪法和法律规定为依据,凡是与现行法律相冲突的,应在修改法律后实施;坚持统筹协调、总体规划、循序渐进、分步推进。近些年来,我国积极、稳妥、务实地推进司法体制和工作机制改革,以维护司法公正为目标,以优化司法职权配置、加强人权保障、提高司法能力、践行司法为民为重点,进一步完善中国特色社会主义司法制度,扩大司法民主,推行司法公开,保证司法公正,为中国经济发展和社会和谐稳定提供了有力的司法保障。2019 年 2 月 27 日最高人民法院发布的《中国法院的司法改革(2013—2018)》白皮书指出,2013 年以来,中国法院始终坚持立足中国国情,把握时代脉搏,以让人民群众在每一个司法案件中感受到公平正义为目标,坚定不移全面深化司法改革,人民法院审判执行工作全方位发展,司法效能、司法能力和司法公信全面提升,取得了丰硕成果。2020 年 11 月 16 日,习近平总书记在中央全面依法治国工作会议上指出,“要深化司法责任制综合配套改革,加强司法制约监督,健全社会公平正义法治保障制度,努力让人民群众在每一个司法案件中感受到公平正义。”〔13〕

1. 维护公正司法,提高司法效率。

司法机关承担着公正行使司法权的神圣使命,司法人员必须以维护实体公正、程序公正为神圣天职。党的十八大把“公正司法”与“科学立法、严格执法、全民守法”相并列,作为全面推进依法治国、坚持法律面前人人平等、保证有法必依、执法必严、违法必究的“新十六字方针”的重要内容。党的十八届四中全会强调:公正是法治的生命线。司法公正对社会公正具有重要引领作用,司法不公对社会公正具有致命破坏作用。公正是司法工作永恒的主题、任务和价值追求。公正司法体现了司法活动的内在品质,是人民群众对法治的期望和信心所在,也是树立司法权威的基础。如果没有公正司法,就无法实现法治所需要的公平正义。因此,党的十九大再一次强调“努力让人民群众在每一个司法案件中都感受到公平正义”。当然,推进公正司法,也需要全社会形成合力,共同努力。同时,还要处理好公正与效率这些人民群众最关心、最直接、最现实的利益问题。公正与效率是一个问题的两个方面,司法机关一方面必须努力实现司法公正,另一方面要不断提高司法效率,正确处理公正与效率的关系。

2. 树立司法权威,提高司法公信力。

司法权威和司法公信力是事关国家长远发展的战略性问题。建设公正、高效、权威的社会主义司法制度,应当以公正、高效、权威为价值目标。公正是灵魂,没有公正,司法将会徒具形式;高效是生命,没有高效,司法将会难以生存和发展;权威是品格,没有权威,司法将会失去应有的品行和性格。司法公正、司法效率和司法权威是相互作用的统一体,没有司法权威就很难实现司法公正和司法效率。党的十八大将“依法治国基本方略全面落实,法治政府基本建成,司法公信力不断提高,人权得到切实尊重和保障”作为人民民主不断扩大的具体内容,而在十八届四中全会关于全面推进依法治国的战略部署中,“保证公正司法,提高司法公信力”得以落到实处。司法公信力的核心,是司法机关在实现其职能的过程中,

---

〔13〕 习近平:《以科学理论指导全面依法治国各项工作(二〇二〇年十一月十六日)》,载《论坚持全面依法治国》,中央文献出版社 2020 年版,第 5 页。

公众对其工作绩效、信用及权威等方面的认可程度。司法公信力是社会公正的基础，是司法权威的具体体现。如果丧失了司法公信力，司法权威自然也就无从谈起。

课后作业

一、关键词解释

1. 法律实施

2. 法律适用

3. 司法公正

二、选择题

1. 司法公正体现在司法活动各个方面和对司法人员的要求上。下列哪一做法体现的不是司法公正的内涵？（　　）

A. 甲法院对社会关注的重大案件通过微博直播庭审过程

B. 乙法院将本院公开审理后作出的判决书在网上公布

C. 丙检察院为辩护人查阅、摘抄、复制案卷材料提供便利

D. 丁检察院为暴力犯罪的被害人提供医疗和物质救助

2. 2012年，潘桂花、李大响老夫妇处置房产时，发现房产证产权人由潘桂花变成其子李能。原来，早在七年前李能就利用其母不识字骗其母签订合同，将房屋作价过户到自己名下。二老怒将李能诉至法院。法院查明，潘桂花因精神障碍，被鉴定为限制民事行为能力人。据此，法院认定该合同无效。对此，下列哪一说法是不正确的？（　　）

A. 李能的行为违反了物权的取得应当遵守法律、尊重公德、不损害他人合法权益的法律规定

B. 从法理上看，法院主要根据“法律家长主义”原则（法律对于当事人“不真实反映其意志的危险选择”应进行限制，使之免于自我伤害）对李能的意志行为进行判断，从而否定了他的做法

C. 潘桂花被鉴定为限制民事行为能力人是对法律关系主体构成资格的一种认定

D. 从诉讼“争点”理论看，本案争执的焦点不在李能是否利用其母不识字骗其母签订合同，而在于合同转让的效力如何认定

3. 司法与行政都是国家权力的表现形式，但司法具有一系列区别于行政的特点。下列哪些选项体现了司法区别于行政的特点？（　　）

A. 甲法院审理一起民事案件，未按照上级法院的指示作出裁判

B. 乙法院审理一起刑事案件，发现被告人另有罪行并建议检察院补充起诉，在检察院补充起诉后对所有罪行一并作出判决

C. 丙法院邀请人大代表对其审判活动进行监督

D. 丁法院审理一起行政案件,经过多次开庭审理,在原告、被告及其他利害关系人充分举证、质证、辩论的基础上作出判决

4. 李法官在审理一起二审民事案件中的哪一种做法违反了“司法机关依法独立行使职权”的原则?(　　)

A. 某市领导电话暗示此案只能判原告胜诉,李法官表示理解,但未作任何承诺,事后也没有采纳这位领导的意见

B. 就案件中的一个疑难问题,李法官查阅了资料,但对其中几个概念不甚明了,于是就此向某大学教授请教

C. 本案一审法官张某来访,李法官予以接待并宴请,席间张某就此案发表了个人意见,李法官表示“可以考虑”,并在数日后制作判决书时打电话征求张某意见

D. 原告上书市人大对本案审理程序提出异议,市人大常委会向法院提出询问,李法官根据院长指示,向市人大提交了一份书面报告,就有关问题作出解释

5. 执法为民是社会主义法治的本质要求。对此,下列哪一选项是不正确的?(　　)

A. 执法为民要求尊重和保障人权,这是宪法规定的一项基本原则

B. 执法为民强调以人为本,这是科学发展观的核心

C. 执法为民表明执法机关存在的目的在于合法地行使人民赋予的权力

D. 执法为民说明执法活动以“及时”“高效”作为最根本的出发点

6. 关于法官在司法活动中如何理解司法效率,下列哪一说法是不正确的?(　　)

A. 司法效率包括司法的时间效率、资源利用效率和司法活动的成本效率

B. 在遵守审理期限义务上,对法官职业道德上的要求更加严格,应力求在审限内尽快完成职责

C. 法官采取程序性措施时,应严格依法并考虑效率方面的代价

D. 法官应恪守中立,不主动督促当事人或其代理人完成诉讼活动

7. 甲法官处理一起伤害赔偿案件,耐心向被告乙解释计算赔偿数额的法律依据,并将最高人民法院公报发布的已生效同类判决提供给乙参考。乙接受甲法官建议,在民事调解书上签字赔偿了原告损失。关于本案,下列哪一判断是正确的?(　　)

A. 法院已生效同类判决具有普遍约束力

B. 甲法官在该案调解时适用了判例法

C. 甲法官提供的指导性案例具有说服力

D. 民事调解书经乙签署后即具有行政强制执行力

8. 近年来,我国部分地区基层法院在民事审判中试点“小额速裁”,对法律关系单一、事实清楚、争议标的额不足1万元的民事案件,实行一审终审制度。关于该审判方式改革体现出的价值取向,下列哪些说法是正确的?(　　)

A. 节约司法成本　　　　B. 促进司法民主

C. 提高司法效率　　　　D. 推行司法公开

9. 关于司法、司法制度的特征和内容,下列哪一表述不能成立?(　　)

A. 中国特色社会主义司法制度包括司法规范体系、司法组织体系、司法制度体系、司法人

员管理体系

B. 法院已成为现代社会最主要的纠纷解决主体，表明司法的被动性特点已逐渐被普遍性特点所替代

C. 解决纠纷是司法的主要功能，它构成司法制度产生的基础、决定运作的主要内容和直接任务，也是其他功能发挥的先决条件

D. “分权学说”作为西方国家一项宪法原则，进入实践层面后，司法的概念逐步呈现技术性、程序性特征

10. 中国古代有“厌讼”传统，老百姓万不得已才打官司。但随着经济社会发展，我国司法领域却出现了诉讼案件激增的现象。对此，下列哪一说法是错误的？（　　）

A. 相比古代而言，法律在现代社会中对保障人们的权利具有更重要的作用

B. 从理论上讲，当诉讼成本高于诉讼可能带来的收益时，更易形成“厌讼”的传统

C. 案件激增从一个侧面说明人民群众已逐渐树立起遇事找法、解决问题靠法的观念

D. 在法治社会，诉讼是解决纠纷的唯一合法途径

11. 司法活动的公开性是体现司法公正的重要方面，要求司法程序的每一阶段和步骤都应以当事人和社会公众看得见的方式进行。据此，按照有关文件和规定精神，下列哪一说法是正确的？（　　）

A. 除依法不在互联网公布的裁判文书外，法院的生效裁判文书均应在互联网公布

B. 检察院应通过互联网、电话、邮件、检察窗口等方式向社会提供案件程序性信息查询服务

C. 监狱狱务因特殊需要不属于司法公开的范围

D. 律师作为诉讼活动的重要参与者，其制作的代理词、辩护词等法律文书应向社会公开

12. 某法院在网络、微信等平台上公布失信被执行人名单以督促其履行义务，不少失信被执行人迫于“面子”和舆论压力主动找到法院配合执行。对此，下列哪一理解是正确的？（　　）

A. 道德问题的有效解决总是必须依赖法律的强制手段

B. 公布失信被执行人名单有助于形成守法光荣、违法可耻的社会氛围

C. 法律的有效实施总是必须诉诸道德谴责和舆论压力

D. 法律与道德具有概念上的必然关系，法律其实就是道德

13. 中国特色社会主义司法制度是一个科学系统，既包括体制机制运行体系，也包括理念文化等丰富内容。关于我国司法制度的理解，下列哪一选项是正确的？（　　）

A. 我国司法制度主要由四个方面的体系构成：司法规范体系、司法组织体系、司法制度体系、司法文化体系

B. 司法组织体系主要包括审判组织体系、律师组织体系、公证组织体系

C. 人民调解制度和死刑复核制度是独具中国特色的司法制度，司法解释制度和案例指导制度是中外通行的司法制度

D. 各项司法制度既是司法机关职责分工、履行职能的依据和标准，也是监督和规范司法行为的基本规则

14. 某法院推行办案责任制后，直接由独任法官、合议庭裁判的案件比例达到99.9%，提

交审委会讨论的案件仅占0.1%。对此,下列说法正确的是(　　)。

A. 对提交审委会讨论的案件,法官、合议庭也可以不执行审委会的决定

B. 办案责任制体现了“让审理者裁判、让裁判者负责”的精神

C. 提交审委会讨论的案件应以审委会的名义发布裁判文书

D. 法庭审理对于查明事实和公正裁判具有决定性作用

三、材料论述题

(一)

公元前399年的一天,在太阳快落山的时候,一个雅典人在监狱里面喝下一杯毒酒,结束了自己的生命,这个人就是苏格拉底。

苏格拉底,古希腊伟大的哲学家。雅典公民大会以“渎神罪”(苏格拉底主张人在作出决断时,心灵中总有一个守护神告诉他该如何做,这就意味着他只相信自己的守护神而不尊重城邦的守护神)和“蛊惑青年罪”(蛊惑青年不尊重长辈,苏格拉底认为尊重长辈但不能盲从,需要判断是非对错,首先要遵从真理)判苏格拉底死刑。当时苏格拉底有两种途径免遭死刑:一是缴纳罚金,以罚代刑;二是按照他的学生设计的逃跑路线逃跑。但苏格拉底宣称:我是无罪的,所以谈不上“以罚代刑”;尽管评审团(500人组成,280人判有罪,220人判无罪)的判决是错误的,但作为公民我却没有理由不遵守它。因为法律给你利益时,你就遵从它;而法律要惩罚你时,你就回避它,这怎能配称为公民呢?最后,苏格拉底慷慨赴死。在执行死刑的那一天,傍晚时候,看守端来一碗用毒芹草熬制的毒酒,苏格拉底想洒点酒到地上祭奠神灵,但看守说这酒刚刚够致死的量,于是苏格拉底就平静地喝下了这杯酒。看守让他四处走动,以使药性慢慢发作。当他腰部以下已经没有知觉的时候,他对朋友克里同说:“我们应该还给阿斯庇俄斯(医疗之神)一只公鸡,记住这件事,千万别忘了!”克里同答应了,当问到他还有什么事的时候,他不再回答了,而此时他的身体已经冰凉了。苏格拉底就这样平静而安详地去了。

[**要求**]阅读材料,讨论公民守法的法理依据。

(二)

广受关注的于欢故意伤害案,近日在山东省高级人民法院公开宣判。相比一审以故意伤害罪判处于欢无期徒刑,二审虽然同样定为故意伤害罪,却依法判处有期徒刑5年。更重要的是,二审判决书中极为详细的事实还原,以及法庭对各方意见的一一回应,仿佛一场清凉的雨,终于让沸沸扬扬的舆论,客观全面地看待于欢的法律责任。

简单梳理判决书,法庭采纳的意见主要有五条:(1)原判认定于欢的行为不存在正当防卫的前提条件,应予以纠正,于欢行为具有防卫性质;(2)于欢行为不属于特殊防卫;(3)本案属于防卫过当;(4)于欢的行为不构成故意杀人罪;(5)于欢当时的表现,依法不构成自首。五条意见,条条击中要害,不仅抓住了影响法律量刑的重要情节,也与舆论所关注的焦点高度合拍。

同时,法院的判决书也如同一篇公正客观的报道。当前全国都在推行“谁执法,谁普法”,在具体语境下,这往往就体现在尽量详尽的案件还原,以及严格全面客观的依法判定。于欢是在人身安全面临现实威胁的情况下才持刀捅刺,且其捅刺对象都是在其警告后仍向前围逼的人,可以认定其行为是为了制止不法侵害;被害人捂着肚子说“没事没事,来真的了”,说明于欢所受的不法侵害并不紧迫和严重,但他却手持利刃连刺四人,其中一人是背后捅伤;杜志浩并非自行前往医院,选择去人民医院而未去更近的中医院,是因为前者是当地最好且距离也比较近的医院,侦查实验证明从现场分别前往两个医院,车程仅仅多约2分钟……经过反复调查的细节公布,与按照法律条款的判定同样有力量。

于欢案无疑是一堂生动的法治课。从一审判决引发的巨大争议,到二审判决微博直播,再一次提示:公开是最好的稳压器,也是最好的法治课。通过最大限度的司法公开,可以消弭误解、打消猜忌;通过恪守公正的司法纠偏,可以支持正义、驳斥谬误,让司法公信力回到正轨。其实,对于普通老百姓而言,司法正义乃至整个国家的公平正义,正是由我们关注的个案连缀支撑起来的。认定于欢行为属于防卫过当,构成故意伤害罪,既是严格司法的要求,也符合人民群众的公平正义观念。

判决书中有一句说得好:于欢及其母亲苏银霞的人身自由和人格尊严应当受到法律保护,但于欢的防卫行为超出法律所容许的限度,依法也应当承担刑事责任。法律人也是人,研判每一个案件都需要虑之于情,但同时又是刚性法律的执行者,作出任何一个决定都要依之于法。只有如此,发生在于欢和被他刺死刺伤的人身上的悲剧,才会超越个案的争议,深具启发后来者的法治意义。

[**材料来源**]《人民日报》2017年6月26日第5版

[**要求**]根据以上材料,讨论个案对于司法公正的意义以及中国特色社会主义司法制度的价值内涵。

课后参阅论文

1. 刘杨:《道德、法律、守法义务之间的系统性理论——自然法学说与法律实证主义关系透视》,载《法学研究》2010年第2期。
2. 付子堂:《行为法学视野下的法律体系与法律实施》,载《检察日报》2011年12月22日。
3. 张文显:《现代性与后现代性之间的中国司法——诉讼社会的中国法院》,载《现代法学》2014年第1期。
4. 龙宗智、袁坚:《深化改革背景下对司法行政化的遏制》,载《法学研究》2014年第1期。
5. 周强:《形成高效的法治实施体系》,载《求是》2014年第22期。
6. 王红霞:《论法律实施的一般特性与基本原则——基于法理思维和实践理性的分析》,载《法制与社会发展》2018年第4期。
7. 伍德志:《守法行为中的公平偏好:基于实验经济学的启示》,载《法制与社会发展》2019年第 6 期。
8. 江国华、刘新鹏:《法律制度实施效果第三方评估机制》,载《江汉论坛》2019 年第 8 期。
9. 黄文艺:《权力监督哲学与执法司法制约监督体系建设》,载《法律科学》2021 年第 2 期。
10. 雷磊:《司法裁判中的价值判断与后果考量》,载《浙江社会科学》2021 年第 2 期。

延伸阅读

《培根论说文集》中设置专门章节"论司法",对法官与诉讼者、辩护士、官吏以及君主或者国家的关系进行了论述。可参阅[英]培根:《培根论说文集》(水天同译,商务印书馆 2011 年版)第五十六章"论司法"。

第十六章 法 律 监 督

知识结构图

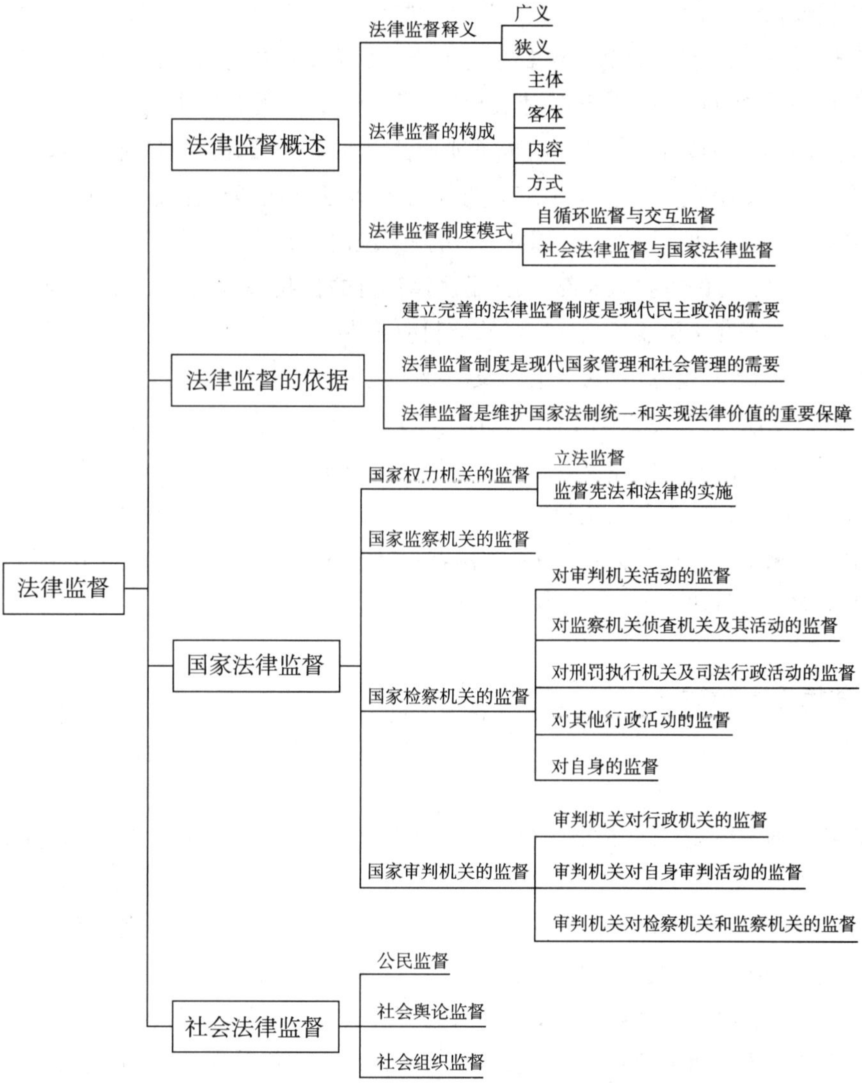

第一节 法律监督概述

一、法律监督释义

中国先秦时代的法家代表人物管仲曾经指出:“国皆有法,而无使法必行之法;无必行之法,是为无法。”[1]所谓“使法必行之法”,在一定意义上就是法律实施的“督责之法”,也就是法律监督问题。

在现代社会,法律监督是整个法制系统中的一个重要组成部分。法制运行系统是一个由法律创制、法律实施、法律监督、法律实现等多种要素构成的有机体。只有立法、执法和司法,并不能保证法律准确有效的实现,也不能使法制系统具备流畅的信息渠道以便不断向立法机关有效地反馈信息,使其作出反馈调节,从而使法律获得最佳效果,更难以在动态中求得法制系统的统一协调和健全。因此,在法制系统内部必须有法律监督来发挥作用。法律监督既是法律运行的重要组成部分,又是法律运行的自我保障机制。法律创制和实施以及法的实现都离不开法律监督这个重要的机制和环节。

在我国,法律监督也称“护法”,有广义与狭义之分。广义上的法律监督,指的是国家机关、各政党、社会团体、公民,对于法律运行的全过程,包括立法、执法、司法活动的程序及其结果是否合法所实施的评价和督导。狭义上的法律监督,专指有关国家机关依照法定职权和法定程序,对立法、执法和司法活动的合法性进行的监察和督促。在全面依法治国的战略部署中,“严密的法治监督体系”乃是中国特色社会主义法治体系的重要组成部分,对整个法治中国建设具有非常重要的作用。

二、法律监督的构成

任何一种法律监督关系都由四个特定要素构成,包括法律监督的主体、客体、内容和方式。

法律监督的主体,就是法律监督行为的实施者,即依法享有法律监督权的国家机关、社会组织和个人。

法律监督的客体就是法律监督的对象,即监督“谁”,也就是法律监督主体行使职权的范围。在当代中国,法律监督的客体主要包括进行各种法律活动的所有国家机关和武装力量、各政党和社会团体、各企业事业单位、全体公民。也就是说,任何人、任何组织都必须接受监督。其中对国家机关及其公职人员各种公务活动的监督尤为重要,是国家实现法治的重要条件。因为国家机关及其公职人员的公务活动是否合法,直接关系到法律的尊严、权威能否得到维护。

---

〔1〕《管子·七法》。

法律监督的内容非常广泛，它的范围应当同法律的覆盖面相适应，内容包括法律的制定、适用和遵守，即贯穿于法律运行的各个环节和整个过程。国家机关及其公职人员的各种职务活动及其行为的合法性是法律监督的主要内容。

法律监督的方式，即监督权的运行方式、方法、程序，等等。

其实，法律监督四要素即谁监督、监督谁、监督什么和怎样监督。它们相互依存、相互影响、相互统一，组成一个完整的法律监督体系。

三、法律监督制度模式

从不同的角度，法律监督可以被分为不同的模式：

（一）自循环监督与交互监督

所谓自循环监督，又称系统内监督，是指在某个确定的系统内实行纵向的、自上而下或自下而上的自我监督，监督的主体和客体一般都存在于同一系统内。

所谓交互监督，又称系统间监督，是指不同的子系统相互之间进行的交叉监督。

（二）社会法律监督与国家法律监督

社会法律监督是一种非国家性质的法律监督，指国家机关以外的各种社会力量对国家机关所实施的监督。其特点在于：(1)监督的主体是社会；(2)监督的内容是国家机关及其工作人员的法律活动；(3)监督的方式灵活多样；(4)监督主体的行为只代表本组织或者个人而不代表国家。

国家法律监督又称法定监督，是由国家机关或者国家机关授权的团体组织实施的具有特定的监督对象、内容和范围，使用法定的监督方式并产生必然的监督后果的法律监督形式，包括立法监督、监察监督、检察监督和审判监督。国家法律监督是国家依靠强制力而进行的监督，监督的主体和对象是国家机关。国家法律监督权是依法行使的，具有程序化和法律化的特点。

第二节　法律监督的依据

一、建立完善的法律监督制度是现代民主政治的需要

建立健全法律监督制度是廉洁政治的需要，法律监督可以对权力进行制约，防止权力滥用，任何不受制约的权力都有可能走向独裁和腐化。这是由国家权力本身的特点所决定的：

1. 国家权力存在被滥用的危险。由于国家本身是一个社会的管理机构，它是由相对固定和集中的、专门从事管理的人具体实施的对社会的管理，而这些直接管理人存在把他们自己的意志当成人民的意志，或者把他们自己的意志强加于人民的可能性。

2. 国家权力具有权威性。国家具有崇高的地位和权威，如果这种权力缺乏有效的约束

机制,它就可能走向极端,变成专制和独裁。

3. 国家权力具有强制性。统治者为了实现对社会的管理,掌握着暴力工具,包括警察、军队及监狱,等等。如果当权者可以不受任何约束地使用这些工具,那么,给社会和人民造成的损害将是巨大的。因此,健全法律监督制度是现代廉洁政治的需要,也是建立现代民主制度所不可或缺的。

在论述政府与政治共同体的关系时,启蒙思想家卢梭认为,政府对于整个共同体来说非常重要,因为有了政府,共同体的力量才有了代表者,政治共同体才能行动起来。但是,从政府的产生上来讲,政府仅仅是共同体附庸,政府的意志只应该是公意或法律,“只要他想使自己获得某种绝对的、独立的行为,整体的联系就会开始涣散”。更有甚者,如果政府要用自己的意志替代共同体的公意,用自己手中的公共力量来为自己的意志服务,“这时,社会的结合便会立即消灭,而政治体也便会立即解体”。[2] 可见,在民主政治下,人民得时时保持警惕,防止公共权力的滥用。

民主政治,从国家制度上说主要是指代议制民主,即由公民选举自己的代表和政府领导人来代表自己的利益,并使他们按自己的意志来行使国家权力。真正的民主制度,需要具备两个方面的条件:(1)完备的,能真正地实现民主的选举制度;(2)通过民意选举出来的人在行使权力的时候能够真正按照民意办事,并不得滥用人民赋予的权力和侵犯公民的合法权益。要实现第二个条件,就需要有监督制度。世界各国政治制度发展的历史表明,监督制度和现代民主制度的完善和发展休戚相关,在民主制度的大厦中,监督的地位越来越重要。因为,在代议制下,不可能每一个公民都直接参加国家每项事务的管理,多数事务只能靠选举产生的代表去管理,监督则保证少数管理者始终按照大多数不能直接参加管理的人的意志行事,从而保证社会的民主性质。法律监督被用于国家政治权力领域,是为了保证国家权力在其担负的职责的正常范围内和轨道上运行。一个国家对政治权力运用过程实行监督的完善程度,是衡量其民主程度的一个重要指标。因此,法律监督制度建立的依据应该是政治民主化的要求,其意义在于保证社会政治生活的民主化。

党的十八大将“健全权力运行制约和监督体系”作为政治体制改革的重要组成部分。党的十九大进一步健全了权力运行制约和监督体系的顶层设计,要求建构党统一指挥、全面覆盖、权威高效的监督体系,把党内监督同国家机关监督、民主监督、司法监督、群众监督、舆论监督贯通起来,增强监督合力。2018 年 3 月 20 日,第十三届全国人民代表大会第一次会议通过了《中华人民共和国监察法》。这部法律是党的意志转化为国家意志的重要体现,从整个国家权力架构出发,通过建立独立完善的监察权,形成全方位、全覆盖地对公权力进行监督的制度体系。

二、法律监督制度是现代国家管理和社会管理的需要

从依赖单一的行政命令、直接管理为主,转变为以法律宏观控制、间接管理为主,这是

---

〔2〕 [法]卢梭:《社会契约论》,何兆武译,商务印书馆 1980 年版,第 80 页。

现代国家管理和社会管理发展的趋势和特点。要实现宏观控制、间接管理，则离不开完善的监督制度。在现代社会，由于社会关系更加复杂、社会事务空前增多，传统的、集权式的国家和社会管理方式不再行得通。必须采用新的管理方式，即权力分工和监督。一方面，现代国家需要高效廉洁的政府管理；另一方面，国家和人民又需要扩大民主。要使现代社会庞大而复杂的国家机关能够正常高效地运转，各种矛盾能够得到协调，社会稳定健康地发展，只能通过法律的监督机制来对社会保持有效的控制，即要强化现代国家管理和社会管理的监督功能。

毋庸讳言，人性中不可避免地存在恶的一面，如贪婪、私欲、仇恨等。人性中有利己专断、滥用权力的成分，无论在何种政治制度下，单靠道德的说教而没有严格的约束机制，是不可能使人在握有权力之后又能够善用权力的，所谓“权力往往导致腐败，绝对的权力绝对导致腐败”就是这个道理。法治社会与人治社会的区别就在于：人治社会里，人们把建立美好社会的希望寄托在圣君良相的贤人政治之上；而法治社会则是通过完善的制度和有效的监督机制，使公共权力最大限度地为社会谋福利。在法治社会，法律监督既能在违法行为发生前起到预防作用，又能在违法行为发生后起到救济作用，它是一种法律活动合法运行的保障措施。它通过行使职权或权力使被监督主体的法律活动被约束在法律规定的范围内，从而预防违法活动的发生；而一旦发生违法活动，它又可以通过行使法律监督权，纠正失误、恢复被侵害的法律秩序。总之，法律监督是一种对违法行为的预防和救济措施。

三、法律监督是维护国家法制统一和实现法律价值的重要保障

法律监督是法治建设的重要内容，与立法、监察、行政、司法等活动相伴相生。法律监督在整个法律活动中都有重要的意义和作用，它贯穿于法律创制、法律实施和法律实现各法律活动的每个阶段中。法律监督在法律调整的整个过程中都起着保证依法办事的作用。如果说法治在法律调整机制中是把法律规范、法律关系和实现权利与义务的活动等法的现象聚合起来的重要手段，那么，法律监督则是使法治在法律调整各个阶段得到有力保证的重要措施和良好机制。一个国家如果没有严格、有力的法律监督，也就没有真正的法治。监督必须贯穿于整个法治过程当中，这一点在党的十八届四中全会通过的《中共中央关于全面推进依法治国若干重大问题的决定》中得到了完美体现，其中，“监督”一词用了 39 次之多。

法律监督在法律制定阶段，起着维护国家法制统一协调的作用。在立法上保证法律的内外和谐一致，这是保证国家法律统一性的基础。立法是法制运动的开端，法律规范是执法和守法的依据。从立法上保证法律的统一是一国法制的基本要求，只有统一的法制才能使整个法制运行进入统一的轨道，才能对各种社会关系作出行之有效的调整。每一个国家的各种规范性法律文件都是由不同的国家机关创制的，这些由不同国家机关制定的规范性法律文件具有不同的法律地位和效力。如何实现这些不同等级、不同种类的法律规范与宪法的统一和协调，以及它们之间的相互统一协调，是不能仅靠立法本身来解决的，还必须有专门的机制来维护国家法律的统一与协调，比如赋予全国人民代表大会及其常务委员会专

门的职权,监督宪法的实施以保证宪法的权威,使宪法在整个规范性法律文件体系中居于最高地位,其他任何法律、行政法规和地方性法规都不得与宪法相抵触。同时,通过法律监督机制保证国家权力机关制定的规范性法律文件的效力高于同级行政机关制定的规范性法律文件的效力,保证上级国家机关制定的规范性法律文件效力高于下级国家机关制定的规范性法律文件的效力,后者不得与前者相抵触,等等。

法律监督保证法律准确有效地实施,使各种法律关系的建立、各种法律问题的处理,都符合法律规范的要求。特别是对国家机关及其工作人员适用法律的活动,法律监督具有特殊的作用。通过法律监督,可以保证运用国家权力的活动在法律规定的范围内进行,使国家机关及其工作人员针对具体人、具体情况作出的个别性调整从属于规范性调整,使适用法律的文件符合规范性法律文件;还可以保证国家机关及其工作人员适用法律活动的合法性,避免或减少执法、司法人员的主观性、任意性,保护广大公民的合法权益不受侵犯,使违法犯罪分子依法受到追究和制裁。通过法律监督,可以及时排除各种复杂因素对法律实现的干扰和阻挠,保证做到有法必依、执法必严、违法必究。

法律监督保证各法律关系主体的权利和义务能够得到实现。通过法律监督,某些在正常情况和形势下遇到阻碍而未能实现的法律关系得以实现。例如,审计监督对国家财经制度的保障作用,物价监督对社会正常生活的保障作用,等等。同时,法律监督可以检验和评价法律实施的社会效果。法律通过实施便会产生一定的社会效果,它是法制内部系统和外部系统在社会环境中综合运行的结果,是立法者的理想目标与社会现实相结合的产物。它能够及时地验证法律是否符合客观实际,各项法律规范是否得当以及是否在一定的时空内达到了预期目标。这样,就便于针对法律现实中的不足之处,针对效果和目标之间的偏差的大小和性质,采取补救措施,或者及时纠正,使之符合或更接近理想目标;或者找出失误的原因,以防止重蹈覆辙,使法律能在预定的轨道内对社会关系进行最佳调整。

法律监督有利于实现法律信息的反馈。反馈,作为一种控制方法,其特点是根据过去的运动状况来调整未来的行为。法律信息反馈,不论对于制定法律还是实施法律,都极为重要。从法律制定上说,立法机关可以根据反馈的信息,决定下一步的行动。法律监督在法制运行的过程中,能够及时发现需要由立法部门作出反馈调整的环节。把法律监督中反馈的信息,进行去伪存真、去粗取精处理,及时地输送回立法机关,对于科学地制定或修改法律,准确地实现有法可依,进一步健全和完善法制,都有重要的意义。

由此可见,法律监督对于维护国家法制的统一和尊严,作用极其重大。一个国家的法制建设,从某种意义上说,就是通过立法和司法活动,将法的价值确定下来并予以落实。因而,法律监督能够保证法的价值的实现。立法活动是否体现了公众所追求的价值目标,法的实施是否体现了法的价值尺度,都需要通过法律监督来进行有效的检验。法律监督保证权力的合法运行,法律监督促使法律运行民主化和法治化,实现秩序、人权、正义等法的基本价值。在一定意义上,法律监督的目的就在于监察、督导被监督主体的法律活动,并促使各种权利主体在社会生活中的行为在内容和方式方面都合法。所以,只有法律监督主体的活动都在法律规定的范围内进行,法的价值才能很好地被实现。

必须强调,中国共产党在我国处于领导地位,对国家各方面的工作都起着监督作用。党在国家政治生活中的地位是任何其他组织所无法比拟的,党的监督是法律实施的根本保证。党的十九大报告指出:“坚持党对一切工作的领导。党政军民学,东西南北中,党是领导一切的。”2018 年 3 月 11 日对现行宪法的第五次修正案明确规定:“中国共产党领导是中国特色社会主义最本质的特征。”一方面,党组织通过行使政治领导权,督促国家机关、社会团体、企事业单位自觉守法、依法办事,教育广大群众遵纪守法。另一方面,通过党的纪律检查机关(各级纪律检查委员会)对自己的党员和党组织,特别是法律工作者与法律机关的活动实行全面监督,促使他们模范地执法、司法和守法。因此,党的十九大对新时代党的建设提出了更高的新要求。首先,必须坚持和加强党的全面领导,通过党的执政能力建设提升党的监督能力;其次,必须坚持党要管党,全面从严治党,强化党的自我监督,把党建设成为始终走在时代前列、人民衷心拥护的马克思主义执政党。

第三节 国家法律监督

国家法律监督是一种法定监督,即国家机关以国家名义进行的,由国家强制力保证实施的、具有法律效力的监督。国家法律监督在整个法律监督体系中占有特殊的地位,具有权威性和特殊性。国家机关作为法律监督的主体,一般指国家的权力机关、行政机关、监察机关、司法机关对法律活动的监督,包括各级人民代表大会及其常务委员会、各级人民政府及其所属的行政主管部门、各级监察机关,各级军事机关、审判机关和检察机关等。国家机关的法律监督的权限、监督范围、程序和效力由宪法和法律、法规作出明确规定。这种监督构成我国法律监督体系的核心。

一、国家权力机关的监督

国家权力机关的监督,是指国家权力机关依法对行政机关、监察机关、检察机关、审判机关、军事机关进行监察和督导的活动。这种监督在西方国家,多是按照三权分立原则或者按照议会至上原则设置的。《宪法》第 2 条规定:“中华人民共和国的一切权力属于人民。人民行使国家权力的机关是全国人民代表大会和地方各级人民代表大会。”国家权力机关既具有立法权又具有法律监督权;既是立法机关又是法律监督机关。我国权力机关的性质及其在国家体制中的地位,决定了它代表人民和国家实施法律监督,其监督权不仅限于对国家行政机关的监督,还包括对其他的所有国家机关及其工作人员进行监督。《宪法》第 3 条规定:“国家行政机关、监察机关、审判机关、检察机关都由人民代表大会产生,对它负责,受它监督。”当然,国家权力机关的监督必须按照宪法和法律规定的内容和范围进行,具有严格的形式和程序。

根据现行宪法和法律,我国国家权力机关的监督职能主要有两种:

(一)立法监督

立法监督是国家权力机关对制定规范性法律文件的权力的行使进行监察和督导的一种专门活动。

1. 对国务院制定的行政法规、决定和命令进行监督,凡同宪法和法律相抵触者均予以撤销。行政法规是对宪法和法律规定的具体实施。行政立法是现代社会非常重要的一个立法层次和类别,在社会中的地位和作用日渐突出,加强对行政法规的监督是国家立法机关立法监督的重要环节。

2. 对同外国缔结的条约和协定进行监督。我国同他国缔结的关于政治、经济、文化、军事、法律等方面的条约或协定,是我国法律的一种形式,构成国际法的渊源,对于国内的各国家机关及其工作人员均具有约束力。为了保证我国法律的统一和协调,全国人民代表大会常务委员会有权批准或废除我国同外国缔结的条约和协定,对其有效性实行监督。

3. 对省、直辖市国家机关制定的地方性法规进行监督。这些相应权力机关应将制定的地方性法规报全国人民代表大会常务委员会备案。如有同宪法、法律和行政法规相抵触者,全国人民代表大会常务委员会有权撤销。备案是一种事后监督制度,其目的不仅是要对法规予以登记立档以备查考,更重要的是进行合宪性审查,实施事后监控。

4. 对民族自治地方的人民代表大会制定的自治条例和单行条例进行监督。制定自治条例和单行条例,是民族自治权的一个重要内容。而自治权的行使须依照《宪法》、《民族区域自治法》和其他法律规定。为了保证法律的协调和统一,自治区的自治条例和单行条例须报全国人民代表大会常务委员会审查批准后才能生效。自治州、自治县的自治条例和单行条例,报省或自治区的人民代表大会常务委员会批准生效后,还须报人民代表大会常务委员会备案,以便监督。

5. 对授权立法进行监督。对授权立法的监督表现在:一是对授权国务院制定的暂行规定和条例的监督;二是对授权制定的经济特区的各项单行经济法规的监督。这些暂行规定和条例以及单行法规必须符合宪法,且不能与有关法律原则抵触,并报全国人大常委会备案,以便监督。

应当特别注意的是,第十届全国人大常委会于 2005 年 12 月 16 日完成了对《行政法规、地方性法规、自治条例和单行条例、经济特区法规备案审查工作程序》(以下简称《法规备案审查工作程序》)的修订,通过建立、健全法规备案审查制度,进一步加强立法监督工作、维护国家法制统一。

鉴于全国人大常委会已在法制工作委员会增设了法规备案审查机构,修订后的《法规备案审查工作程序》规定,国务院、中央军事委员会、最高人民法院、最高人民检察院和各省、自治区、直辖市的人大常委会认为法规同宪法或者法律相抵触,向全国人大常委会书面提出审查要求的,常委会办公厅有关部门接收登记后,报秘书长批转有关专门委员会会同法制工作委员会进行审查。上述机关以外的其他国家机关和社会团体、企业事业组织以及公民认为法规同宪法或者法律相抵触,向全国人大常委会书面提出审查建议的,由法制工作委员会负责接收、登记,并进行研究;必要时,报秘书长批准后,送有关专门委员会进行审查。专门委员会认为备案的法规同宪法或者法律相抵触的，可以主动进行审查，会同法制工作委员会提出书面审查意见；法制工作委员会认为备案的法规同宪法或者法律相抵触，需要主动进行审查的，可以提出书面建议，报秘书长同意后，送有关专门委员会进行审查。

关于同宪法或者法律相抵触的法规的纠正，修订后的《法规备案审查工作程序》规定了三个步骤：一是与制定机关进行沟通协商；二是通过有关专门委员会提出书面审查意见，要求制定机关纠正；三是经过上述工作，制定机关仍不纠正的，通过常委会审议决定，撤销同宪法或者法律相抵触的法规。

2014 年 10 月，党的十八届四中全会通过的《中共中央关于全面推进依法治国若干重大问题的决定》，对立法监督尤其是对备案审查提出了新的要求。为了贯彻该决定的精神，2015 年 3 月 15 日，第十二届全国人民代表大会第三次会议对《立法法》进行了修订，其中，“备案审查”乃是修订的重点，相关规定更为规范、更为详细。具体内容可参看本教材第十四章的相关内容。

（二）监督宪法和法律的实施

首先，按照《宪法》的规定，我国最高权力机关监督宪法和法律的实施。地方各级权力机关也有权监督法律、法规和规章的实施，监督的对象主要有行政机关、监察机关、司法等国家机关及其工作人员。监督的主要形式有：听取和审议“一府一委两院”实施法律情况的报告，并对其执法、守法行为提出质询和询问；组织视察和检查，特别是经常检查单行法律、法规的贯彻执行情况；受理人民群众的申诉、控告，包括对具体案件的申诉控告；听取代表对“一府一委两院”工作的意见和建议，及时纠正违宪和违法行为。

党的十八届四中全会强调：完善全国人大及其常委会宪法监督制度，健全宪法解释程序机制。加强备案审查制度和能力建设，把所有规范性文件纳入备案审查范围，依法撤销和纠正违宪违法的规范性文件，禁止地方制发带有立法性质的文件。2018 年 3 月 11 日通过的对现行《宪法》的第五次修正案，将全国人民代表大会原设立的“法律委员会”修改为“宪法和法律委员会”，正是落实党的十九大报告提出的“加强宪法实施和监督，推进合宪性审查工作，维护宪法权威”的一项重要举措。

其次，人民代表大会及其常务委员会对司法机关进行监督，既是我国宪法和法律确立的一项重要制度，又是司法机关依法独立公正行使司法权的根本保证。司法机关应当深刻认识和接受人民代表大会及其常务委员会监督的重要意义，采取多种形式，开辟多种渠道，自觉、主动地接受人民代表大会及其常务委员会的法律监督和工作监督，严格依法办事，维护司法公正，履行宪法和法律赋予的职责。

但是，人民代表大会及其常务委员会对司法机关进行监督，应当遵循司法活动的规律，顾及司法权不同于其他国家权力的特点，维护司法权的终局性、中立性和独立性，注重司法活动的专业性，因为这是确保司法公正和司法权威不可缺乏的基础。为此，对司法进行监督，应当以自律为主、他律为辅，并且对人与对事的监督要分离，以避免监督变成行政干预。对人大而言，其监督法院的正确方式是对人不对事，监督的目的是对有违法不检行为的司法人员进行弹劾罢免，而不是纠正个案；对在司法活动中发现的不够明确或不适当的法律进行修改,以保证正确适用法律。

二、国家监察机关的监督

国家监察机关的监督,是指国家监察机关依法对所有行使公权力的公职人员的工作效能、廉政、违纪、违法、犯罪等进行的全面监督与督查。国家监察机关的监督是党的十八大至十九大期间在反腐过程中逐渐探索的一个新型有效的监察机制。2018 年 3 月 11 日通过的《中华人民共和国宪法修正案》,确立了国家监察权,并专设监察机关,与行政机关、司法机关并列。同年 3 月 20 日又通过了《监察法》,这是中国特色监察法律体系基本形成的重要标志。

国家监察机关的监督意义,在于通过组织创新和制度创新,整合反腐资源,建立"集中统一、权威高效"的新的国家监察体制,构筑"不敢腐、不能腐、不想腐"的新的有效机制。具体而言,第一,遏制腐败。一方面,我国腐败问题日益严重;另一方面,原有的反腐败体制由于存在力量分散、权威不足、范围有效、手段不足等问题,难以应对腐败泛滥的现状。第二,提升执政能力,提高执政效能。国家监察机关的监督是坚持和完善党的领导,提高党的执政能力和领导水平,推进国家治理体系和治理能力现代化的必然手段。第三,形成监察合力,提升监察能力。在监察体制改革前,我国虽然构建了严密的法治监督体系,政府内部有行政监察和审计监督,外部有人大监督、民主监督、司法监督、舆论监督,检察机关作为《宪法》规定的法律监督机关还有专门的反贪污、反渎职、职务犯罪预防等力量。但这些监督过于分散,很难切实发挥反腐败的作用。成立监察委员会,形成对公职人员违法违纪行为全覆盖的监察制度,可以整合反腐败力量,建立集中统一、权威高效的反腐败体制。第四,体现依法治国的精神。我国的监察体系是全面深化改革、全面依法治国和全面从严治党的有机统一。监察法律体系的形成,可以使得监察机关与监察对象、监察范围、监察手段的法律化,也把党和国家的反腐败工作全面纳入法治化轨道。

为了实现国家监察全面覆盖,把党和国家的反腐败工作全面纳入法治化轨道,最为重要的就是对监察对象的全覆盖,并以此为基础建构"集中统一、权威高效"监察法律体系。根据《监察法》,国家监察机关的监督对象是所有行使公权力的公职人员,具体包括六类:第一,所有党政机关中的公务员及参公管理人员;第二,法律、法规授权或者受国家机关依法委托管理公共事务的组织中从事公务的人员;第三,国有企业管理人员;第四,公办的教育、科研、文化、医疗卫生、体育等单位中从事管理的人员;第五,基层群众性自治组织中从事管理的人员;第六,其他依法履行公职的人员。

准确理解监察对象,需要注意以下三点:首先,该规定在立法中首次提出并使用"公职人员"这一概念,而没有使用"国家公职人员"或"国家工作人员"的概念,把所有履行公职的人员都纳入监察范围,大大扩展了监察对象的内涵与外延。其次,明确将"中国共产党的机关、中国人民政治协商会议各级委员会机关、民主党派各级组织机关和各级工商业联合会机关"中的公务员列为监察对象,较好地解决了对《刑法》中国家工作人员认定的意见分歧。最后,明确监察的对象是"公职人员"而非公职人员所在的机关和单位。也就是说,监察的是公职人员行使公权力的职务行为,该公职人员所属的单位不是监察委员会的监察对象。

三、国家检察机关的监督

我国《宪法》和法律明文规定:人民检察院是国家法律监督机关,其主要职能就是法律监督。它通过行使检察权,对适用法律的行为进行监督。要推进"公正司法""司法公开",提高司法公信力,进一步深化司法体制改革,坚持和完善中国特色社会主义司法制度,确保审判机关、检察机关依法独立公正行使审判权、检察权。而所有这一切的顺利进行,都离不开国家检察机关的法律监督。检察机关对法律适用活动的监督是最广泛的监督形式。党的十八届四中全会指出:完善检察机关行使监督权的法律制度,加强对刑事诉讼、民事诉讼、行政诉讼的法律监督。目前,我国检察机关的法律监督主要包括:

1. 对审判机关活动的监督。

在刑事诉讼中,检察机关对审判活动的监督表现为:出庭的检察人员如果发现审判活动有违法情况,有权向法庭提出纠正意见;检察机关认为法院的裁判有错误时,可以向上级人民法院提出抗诉,而上级人民检察院对下级人民法院已经发生法律效力的判决,如发现确有错误,有权按照审判监督程序提出抗诉;可以派员到死刑执行现场临场监督,还可以对其他任何刑事判决裁定的执行实行监督。如发现有违法情况,有权通知执行机关纠正。

在民事诉讼中,检察机关有权对民事审判活动实行法律监督,有权对下级人民法院已经生效的裁判按照审判监督程序予以抗诉,各级人民检察院对同级人民法院的裁判可以提请上级检察院提出抗诉。

在行政诉讼中,检察机关有权实行法律监督,有权依审判监督程序提出抗诉。

2. 对监察机关、侦查机关及其活动的监督。

检察机关对监察机关、公安机关和国家安全部门的活动是否合法实行监督。检察机关可以通过批准逮捕对公安机关的活动进行监督,通过对监察机关移送的案件,审查批捕和起诉,对监察机关的活动进行监督。

3. 对刑罚执行机关及司法行政活动的监督。

检察机关有权对监狱、看守所的活动是否合法实行监督。发现有违法情况时,通知主管机关即司法行政机关予以纠正。

4. 对其他行政活动的监督。

只要在检察权的范围内,检察机关都可以通过行使检察权对任何国家机关的职责活动是否合法进行审查监督。

5. 对自身的监督。

检察机关对自身执法活动的监督,表现为《宪法》规定的上级检察机关领导下级检察机关的工作,纠正下级检察机关的违法行为。

四、国家审判机关的监督

所谓审判监督,是指审判机关对法律的适用过程进行的监督。

1. 审判机关对行政机关的监督。

审判机关对行政机关的监督,主要表现为通过行政诉讼的审判活动,对行政机关的法律适用过程进行监督。我国《行政诉讼法》的任务之一就在于,人民法院通过审理行政案件,对行政机关的具体行政行为是否合法进行审查,旨在维护和监督行政机关依法行政,保护人民的合法权利。我国普通审判机关通过审判程序对行政机关的执法行为有监督权。党的十八届四中全会明确强调:"健全行政机关依法出庭应诉、支持法院受理行政案件、尊重并执行法院生效裁判的制度。完善惩戒妨碍司法机关依法行使职权、拒不执行生效裁判和决定、藐视法庭权威等违法犯罪行为的法律规定。"

2. 审判机关对自身审判活动的监督。

现行的二审终审制、审判监督制、死刑复核制等都属于此种监督类型。加强审判机关的监督,是纠正裁判不公、确保司法公正的重要措施。

3. 审判机关对检察机关和监察机关的监督。

由于人民法院、人民检察院、公安机关三者之间是一种"分工负责、互相配合、互相制约"的关系,因此,人民法院对人民检察院的活动也可以进行监督。如对"主要事实不清,证据不足"的案件建议检察机关补充侦查,等等。

此外,根据《监察法》和修改后的《刑事诉讼法》,监察机关在办理职务违法和职务犯罪案件时,与审判机关既互相配合,又互相制约,实际上也是一种监督关系。

第四节 社会法律监督

社会法律监督,是指国家机关以外的社会组织、政治团体、人民群众等通过多种手段和途径对执法、司法和守法行为的督促。此种监督的目的,在于保证法律实施的合法性,其特点是不直接运用国家权力。社会法律监督乃是国家法律监督的基础。例如,党的十八届四中全会的决定在论及"加强对司法活动的监督"时指出:完善人民监督员制度,重点监督检察机关查办职务犯罪的立案、羁押、扣押冻结财物、起诉等环节的执法活动。司法机关要及时回应社会关切。

在我国,社会法律监督主要包括以下途径。

一、公民监督

公民可以通过行使民主权利,显示自己的力量,表达自己的意志和愿望,督促国家机关依法办事。在现代法治社会,奉行人民主权的法治原则,每一个公民都是政治权力的主体和国家的主人,都有资格成为监督主体。公民通过对国家机关和工作人员在工作中的缺点和错误提出批评意见,对违法失职的国家机关和工作人员的检举揭发,行使民主监督权利。公民监督具有广泛的群众性,是法律监督中的重要的普遍的力量,因而也可以称之为群众监督。公民监督作为一种社会监督，不具有法律效力，但它可以通过法定渠道，传输到国家机关的法律监督中去，并通过后者产生法律效力。国家机关和社会组织设立的人民来访接待站、信访组、监督电话等，也是公民行使监督权的途径。

二、舆论监督

舆论监督的重要任务是把各种违法乱纪行为予以“曝光”，对某些违法犯罪现象进行揭露和批评，形成众矢之的，支持和监督国家机关有法必依、执法必严、违法必究。舆论监督就像一面魔镜，它可以照出法律工作中的失误，照出腐败分子。舆论监督速度快、范围广、影响大，更具有特殊的威力。从某种意义上可以说，社会舆论是独立于立法权、行政权和司法权之外的“第四种权力”。特别是在当今信息时代，网络监督已经成为反腐斗争的一把“利剑”，群众越来越喜欢网络媒体自由、公正、快捷的低成本反腐方式。网民已成为推动社会主义民主政治建设的有生力量。不少违法行为尤其是腐败案件均是在网友举报、网络媒体的推动下被查处的。当然，社会舆论的监督，特别是传媒进行监督时，需要遵循一定的界限。习近平总书记指出：“网络空间不是‘法外之地’。网络空间是虚拟的，但运用网络空间的主体是现实的，大家都应该遵守法律，明确各方权利义务。”[3]绝不能把网络追索变成一些人以谋取私利为目的的报复工具；传媒对司法的监督，也应以不侵犯司法权的独立性为限度。网络上的发言正如在现实社会生活中一样，不能没有底线和约束；不该突破公序良俗，不能逾越法律界限。

三、社会组织监督

社会组织是一个通称，一般包括各民主党派、各政治团体、社会团体、群众组织和企业事业单位。社会组织的监督与国家机关的法律监督不同，它不具有法律上的直接效力，不是以国家名义所进行的监督，不具有国家强制性。但是，社会组织的监督也是整个法律监督体系中的重要力量，具有广泛的代表性和权威性。社会组织的监督可以通过法定渠道传输到国家的法律监督中去，再通过国家机关的法律监督来产生直接的法律效力和法律强制力。在我国，人民政协、民主党派、工会、共青团、妇联以及许多行业自治组织，通过提出批评、建议、协商对话等形式，监督法律的实施。

课后作业

一、关键词解释

1. 法律监督

---

〔3〕 习近平：《确保互联网在法治轨道上健康运行》，载《论坚持全面依法治国》，中央文献出版社 2020 年版，第 64 页。

2. 国家法律监督

3. 社会法律监督

二、选择题

1. 为了落实司法便民,检察院开设了网上举报、申诉和信息查询系统,法院实现网上预约立案和电子签章,公民对国家机关实行网上监督收效明显。关于网络技术在法治建设中的作用,下列哪一选项是不正确的?( )

A. 法治建设要与现代科学技术的发展相结合

B. 法治建设也体现于对网络依法进行管理

C. 司法机关是否贯彻社会主义法治理念,其衡量的根本指标即是否采用现代科技手段

D. 司法机关采用网络技术落实司法便民,是在工作中做到执法为民的具体表现

2. 某培训机构招聘教师时按星座设定招聘条件,称:"处女座、天蝎座不要,摩羯座、天秤座、双鱼座优先。"据招聘单位解释,因处女座和天蝎座的员工个性强势,容易跳槽,故不愿招聘,并认为按星座招录虽涉嫌就业歧视,但目前法律没有明文禁止。对此,应聘者向劳动监察部门投诉。劳动监察部门的下列哪一做法符合社会主义法治理念要求?( )

A. 将《劳动法》"劳动者就业,不因民族、种族、性别、宗教信仰不同而受歧视"的规定直接适用于本案,形成判例,弥补法律漏洞

B. 根据《劳动法》的平等就业原则,对招聘单位进行法治教育,促使其改变歧视性做法

C. 应聘者投诉缺乏法律根据,可对其批评教育或不予答复

D. 通知招聘方和应聘方参加听证,依据国外相关法律规定或案例,对招聘机构的行为作出行政处罚决定

3. 美国"马伯里诉麦迪逊"案所展现的是哪一种监督模式或监督类型?( )

A. 审判机关监督　　B. 社会舆论监督　　C. 交互监督　　D. 自循环监督

4. 类似"焦点访谈"这种被称为"第四种权力"的监督在监督体系中发挥越来越重要的作用,这种监督属于( )。

A. 国家机关监督　　B. 社会舆论监督　　C. 社会组织监督　　D. 人民政协监督

5. 从法理学的角度看,下列哪些表述不能成立?( )

A. "自己监督自己"也是一种重要的法律监督模式

B. 法律制裁是主动承担法律责任的一种方式

C. 立法是对社会资源、社会利益进行第一次分配的活动

D. 行政机关执行法律的过程同时是行使执法权的过程

6. 下列哪些可以成为广义上的法律监督主体?( )

A. 中国青年报　　B. 境外某人权组织

C. 中共中央纪律检查委员会　　D. 正在监狱服刑的王某

7. 下列哪些不属于我国的国家监督体系?( )

A. 中国人民政治协商会议对法律实施的合法性的监督

B. 国家审计机关对国家的财政金融机构的财务收支的监督

C. 全国人民代表大会对不符合宪法、法律的行政法规的监督

D. 各级人民法院对行政机关的监督

8. 在我国，社会法律监督包括(　　)。

A. 公民监督　　B. 社会舆论监督　　C. 社会组织监督　　D. 执政党的监督

9. 在我国，国家权力机关监督宪法和法律实施的形式主要有(　　)。

A. 听取和审议“一府一委两院”实施法律情况的报告，并对其执法、司法和守法行为提出质询和询问

B. 组织视察和检查，特别是经常检查单行法律、法规的贯彻执行情况

C. 受理人民群众的申诉、控告，包括对具体案件的申诉控告

D. 听取代表对“一府一委两院”工作的意见和建议，及时纠正违宪和违法行为

10. 法律监督的意义在于(　　)。

A. 在法律制定阶段，起着维护国家法制统一协调的作用

B. 保证法律准确有效地实施，使各种法律关系的建立、各种法律问题的处理，都符合法律规范的要求

C. 保证各法律关系主体的权利和义务能够得到实现

D. 有利于实现法律信息的反馈

11. 王某向市环保局提出信息公开申请，但未在法定期限内获得答复，遂诉至法院，法院判决环保局败诉。关于该案，下列哪些说法是正确的？(　　)

A. 王某申请信息公开属于守法行为

B. 判决环保局败诉体现了法的强制作用

C. 王某起诉环保局的行为属于社会监督

D. 王某的诉权属于绝对权利

12. 鹿某为引起政府对其利益诉求的重视，以生产、生活和科研需要为由，在两年内向十几个行政机关提起近百次与其实际利益诉求无关的政府信息公开申请，在接到公开答复后又反复提起行政复议和行政诉讼，向相关部门施加压力。对此，下列哪些说法是正确的？(　　)

A. 鹿某为向相关部门施压而恶意提起政府信息公开申请的做法不符合法治精神

B. 滥用知情权和诉权造成了行政和司法资源的浪费

C. 法治国家以权利为本位，公民行使权利时不受任何限制

D. 诉求即使合理合法，也应按照法律规定和程序寻求解决

三、材料论述题

近年，微博反腐可谓风生水起、格外耀眼。在众多的反腐案件中，均可以看到微博的身影。微博反腐，俨然已经成为一种最新的反腐方式。据统计，截至目前，仅在新浪微博上开通的以“反腐”为名或主题的微博就超过800个。

而本报记者盘点2011年微博反腐事件，发现除个人在微博上揭露身边腐败行为外，党政机关、公安司法机关也纷纷加入微博反腐的队伍。

个人微博轰轰烈烈，微博反腐形式五花八门

"微博在反腐倡廉方面发挥了重要作用。"11月25日,中南大学廉政与法治研究中心主任李满春教授告诉记者。

记者盘点发现,目前微博反腐主要有以下几种形式:

知情者故意爆料——一些腐败官员往往是被知情者通过微博揭发出来的,这些知情者中包括受到腐败伤害的民众、知情的网民甚至是官员的情妇或亲人。

4月13日,安徽省利辛县国土局干部周文彬为了举报所在单位的领导,选择了"自首式举报",在微博上直播了自首的过程,称自己与单位领导贪污行贿。此事迅速引起网友围观,亳州市纪委介入调查。周文彬因此被网友称为"中国微博反腐实名举报第一人"。

8月4日,浙江省开化县国土局副局长朱小红被免职,起因是妻子林菁微博举报其嫖娼养情人,衢州市国土局纪委对其立案调查。

亲人炫富引事端——鉴于网络搜索的强大压力,很多官员都"小心翼翼",然而,他们往往被自己亲人的炫富行为曝光,甚至有网友调侃准备办一个"官员亲属微博培训班"。

"微博盲"不慎暴露自己——某些贪官因为疏忽与无知,错把微博当成了类似QQ、MSN之类的私密聊天工具,"一失足便成了千古恨"。

6月20日,江苏省溧阳市卫生局局长误将微博当作私密聊天工具,在微博上与一名女子大肆调情的记录被网友截图并发到论坛上,引起无数人围观。溧阳市委常委会随后召开紧急会议,将这位"微博局长"停职检查,并取消其党代会代表资格。

个人信息外泄隐私曝光——当官员包养情妇的艳照或者个人信息无意泄露时,微博似乎成为曝光这些内容的最便捷渠道。

2011年7月31日,一条题为《捡到U盘,疑似昆明发改委官员艳照视频》的帖子,在微博上被疯狂转载。随后,昆明市发改委确认,"陷入多人性爱丑闻"的当事人正是昆明市发改委收费管理处副处长成建军。8月3日,昆明市纪委对成建军立案调查。

无独有偶,8月1日晚,一条在微博上热传的"艳帖"让河南省汝阳县一官员陷入"艳照门",发帖者正是艳照女主角。随后,调查组查实网帖中的当事人为汝阳县人大常委会党组成员田汉文,田汉文被停职。

公、检、法加入微博反腐,微博或承担收集举报线索功能

截至记者发稿时,统计显示,仅在新浪微博上经过认证的官方公安微博多达4462个、检察院微博53个、法院微博91个。从这些数据中可以发现,公检法的官方微博以公安机关为主,如"安徽公安在线"粉丝数达151万人;有的微博以个人职务命名,如"南乐县检察院职务犯罪预防局局长"等,但这样的个人职务微博经过认证的比较少。

据新浪微博内部人士介绍,目前在已认证的公检法机构用户中,暂时没有发现专门的反腐微博,"因为反腐可能只是账号的目的之一,政法系统的官方微博虽没有标明专门反腐,但承载着收集举报贪官线索的功能"。

2010年6月,北京某高校在读学生小王将家乡干部利用宅基地管理的职务之便贪污公款的举报信息,反映给正义网上的"临朐检察"微博,山东省临朐县检察院对这条线索进行了调查。据临朐县检察院有关负责人介绍,他们在微博中收到举报线索后立即转给举报中心,由举报中心进行统一统计、分流,初查,并将初查情况及时向举报人反馈。

据悉,全国首个官方"防腐微博"——重庆市丰都县检察院的微博自去年10月开通以来,通过粉丝在微博的跟帖评论中的信息获取一条线索,成功挖出当地一家医院包括一名副院长在内的两名贪腐官员。

微博反腐存在弊端,专家认为需要建立明确规范

中央党校政法教研部教授林喆坦言,微博在某种程度上成为反腐倡廉助推器,这是积极的,但微博问政也存在无序发展的问题。群众通过个人微博举报贪官,一方面容易"打草惊蛇",另一方面也给自己人身安全带来了一些问题。

"微博反腐必须增强法律意识,因为弄得不好可能会侵犯别人的合法权益,容易犯法,有的时候会导致自己的行为是非法的,或者是违法的。"林喆说,"我还是赞同公众通过正常渠道去反映官员腐败问题"。

"微博是一种新型反映民意的载体,但未来的发展情况还不明确,不能过分夸大微博的作用。"广东省深圳市检察院有关负责人在接受记者采访时表示。

记者了解到,虽然公检法机关纷纷开通微博,但是对微博中提供的反腐线索并没有统一的整合平台,由线索到实现真正立案侦查的案件比较少。

目前,微博反腐还远没有进入法制化轨道,没有形成系统的规则。

李满春建议,一方面,有关部门需要把微博反映的情况进行多平台整合,从而扩大微博反腐的影响力,以实质性的效果来取信于民。另一方面,在制度层面需要设立明确有效的微博反腐制度规范,起到启发引导群众,推动国家政务公开和廉政建设的作用;在法律层面,将一些弹性的规则变成硬性成文的微博反腐法律法规,从法律上对个人和政府微博进行规制,防止出现一些滥用微博打击报复的现象,同时防止一些职能部门工作人员在面对微博线索的时候,不当行使自由裁量权。

受访专家还认为,司法机关在利用微博反腐的时候,需要建立一个规范的反腐流程,收到任何关于反腐方面的举报线索,首先要核实它的真实性,初步判断它可能造成的社会影响,尤其是对涉及公共利益的问题,需要加大侦查力度,公检法官方微博及时将掌握的线索报给相关部门,从而将个人微博反腐上升为正常官方渠道的反腐。

[**材料来源**]《检察日报》2011年11月29日,第5、7版

[**要求**]阅读上述材料,请从法律监督的角度,讨论"网络反腐"现象。

课后参阅论文

1. 张智辉:《法律监督三辨析》,载《中国法学》2003年第5期。
2. 陈正云:《法律监督与检察职能改革》,载《法学研究》2008年第2期。
3. 陈云生:《法律监督的价值与功能》,载《法学杂志》2009年第10期。
4. 田宏杰、温长军:《守望法治:法律监督的价值分析与机制变革》,载《政法论坛》2012年第3期。

5. 田夫:《什么是法律监督机关》,载《政法论坛》2012 年第 3 期。
6. 曹建明:《形成严密法治监督体系:保证宪法法律有效实施》,载《求是》2014 年第 24 期。
7. 郑智航:《中国特色社会主义法律监督理论的主旨与内核》,载《法制与社会发展》2014 年第 6 期。
8. 秦前红、石泽华:《新时代法律监督理念:逻辑展开与内涵阐释》,载《国家检察官学院学报》2019 年第 6 期。
9. 张智辉:《论法律监督》,载《法学评论》2020 年第 3 期。
10. 黄明涛:《法律监督机关——宪法上人民检察院性质条款的规范意义》,载《法学评论》2020 年第 4 期。

延伸阅读

在民主政治下,人民得时时保持警惕,防止公共权力的滥用。英国政治思想家洛克在《政府论》(下篇)中率先提出对不同权力机构进行权力限制的设想,即立法权、执行权和对外权三部分权力分立的思想。参见[英]洛克:《政府论》(下篇)(叶启芳、瞿菊农译,商务印书馆 1996 年版)第十二章。法国政治思想家孟德斯鸠进一步完善权力分立思想,不仅将三项权力完善为立法权、行政权和司法权,而且还使分开之后的三种权力彼此之间相互牵制,达到权力的平衡,即分权制衡。参见[法]孟德斯鸠:《论法的精神》(张雁深译,商务印书馆 1995 年版)第十一章。关于联邦制集中在第九章的前三节。孟德斯鸠的这些制度设计深刻地影响了汉密尔顿等联邦党人,并具体的反映在美国的宪法上。可以从三个方面来理解《联邦党人文集》提到的分权制衡模式,即联邦政府与州政府的分权制衡(集中在第一篇至第二十二篇)、政府内部的三权分立(集中在第四十七篇至第五十一篇)和国会参、众两院的分权制衡(集中第五二十篇至第六十六篇)。[美]汉密尔顿、麦迪逊等:《联邦党人文集》(程逢如、在汉、舒逊译,商务印书馆 1995 年版)。

第十七章　法 律 职 业

知识结构图

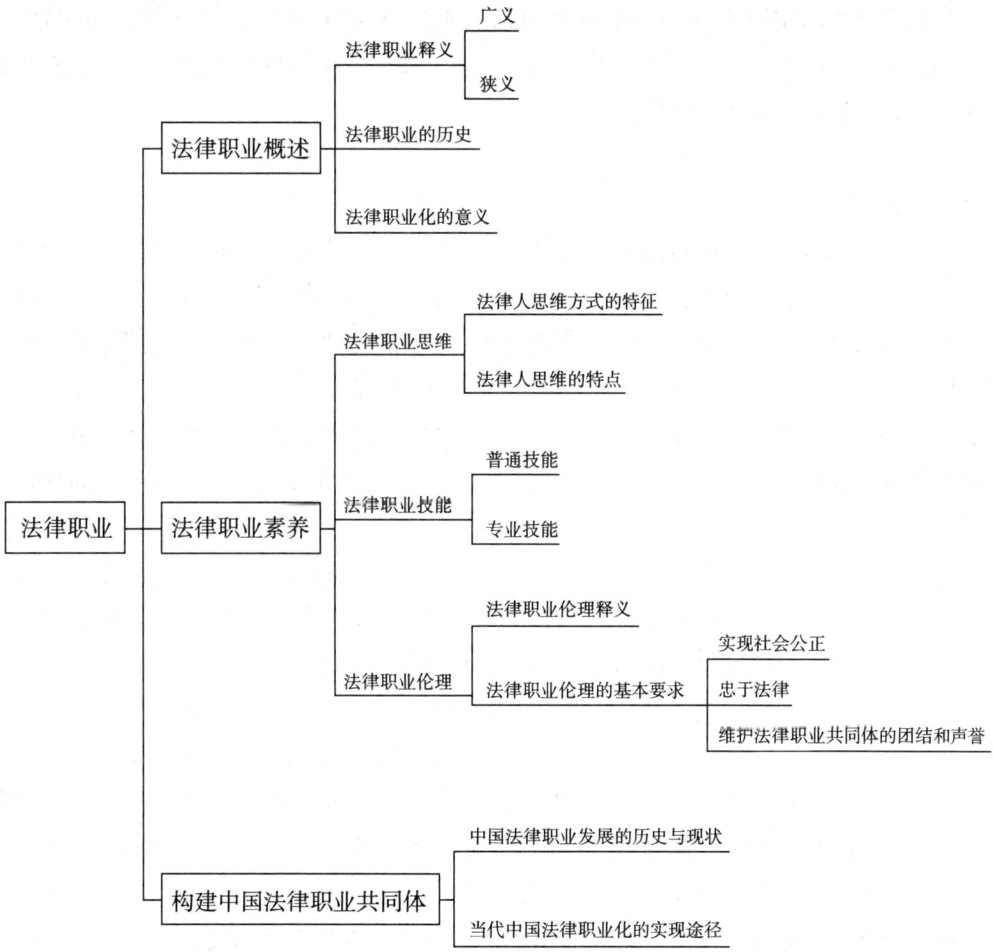

第一节　法律职业概述

对法律职业的研究,是随着法治秩序建构中人的要素的作用凸显而逐步兴起的。现代法律制度无论如何先进,其完善和运行都离不开法律职业人的参与,"法的形成和适用是一种艺术,这种法的艺术表现为什么样式,取决于谁是'艺术家'"。[1] 当今世界,法律职业化已成为全球趋势,中国法律教育界比任何时候都更加重视培养学生"像法律人那样思考"(thinking like a lawyer),法律实务界也更加注重将法律职业与法律教育联结,推进法律工作职业化已成为学术界和社会的共识。

一、法律职业释义

汉语"法律职业"概念源自西方。要界定"法律职业",首先必须了解"职业"的特定含义。在传统社会,"职业"(profession)与"工作"(occupation)并未有太大区分,但随着现代社会分工的细化和深化,这两个语词却在内涵上逐步产生了明显差异。"职业"更多指偏重需要接受高深教育及特殊训练的专门工作,例如法律、建筑、医学、会计;而"工作"则指某种营业、买卖等,永久的或作为嗜好而占据某人时间的谋生手段。现代社会通常所说的职业化就是指对从事某种特殊工作的人进行专业教育和训练,从而完成该职业从传统向现代的转型。

与此相对应,"法律职业"一词有两种含义:一是在广义的、传统层面上,法律职业被等同于人们所从事的与法律相关的各种工作;二是在狭义的、现代层面上,法律职业指受过专门的法律理论训练,具有娴熟的法律技能和高尚法律职业伦理的人才能从事的工作。在现代社会,从事法律职业的人被称为"法律人"(lawyer),他们是一群受过良好法律专业训练、精通法律专门知识、具有高尚职业伦理、能实际操作和运用法律的人。由法律人所构成的团体被称为法律职业共同体,这是一个特殊的群体,如同科学家或医生,他们受过专门的职业训练,拥有共同的知识、语言、思维、精神信仰和价值追求。法国思想家托克维尔曾指出:"法学家在研究法律当中获得的专门知识,使他们在社会中独辟一个行业,在知识界中形成一个特权阶级……他们还自然而然地形成一个团体。这不是说他们彼此已经相互了解和打算同心协力奔向同一目标,而是说犹如利益能把他们的意愿联合起来一样,他们的专业相同和方法一致使他们在思想上互相结合起来。"[2]简言之,法律职业共同体的组成成员具有同质性。

法律职业具体范围在各国不尽一致,概括起来,有广义和狭义之分。在广义上,从事法

---

[1] 德国法学家莱因斯坦语,转引自[日]大木雅夫:《比较法》,范愉译,法律出版社1999年版,第264页。

[2] [法]托克维尔:《论美国的民主》(上卷),董果良译,商务印书馆1989年版,第303页。

律职业的人一般有三种:应用型,主要指法官、律师和检察官,有的国家还包括仲裁人员和公证员;学术型,主要指法律教师和法学研究人员;法律辅助技术型,主要职责是辅助法官、律师、检察官和其他法律人工作,如法律书记员、律师助理、法律文秘、司法警察等。在狭义上,法律职业主要指法官、律师和检察官。在一个国家,是否形成法律职业有如下标准:(1)规范法律教育机制的建立。接受规范的法律教育是成为法律人的前提条件。(2)法律职业人具有相当大的独立自主性。(3)具有统一的职业伦理,并以此维系这一共同体成员及共同体的社会地位和声誉。(4)法律职业具有严格的准入标准、完善的考核制度。

二、法律职业的历史

虽然与法律相关的工作历史久远,但作为特殊工作的法律职业及其共同体则完全是近现代社会的产物,不过两者之间有着密切的历史传承关系。

法律职业最早起源于古罗马。爱尔兰学者凯利(J. M. Kelly)认为,罗马早在与希腊思想接触以前,就已经存在法律职业,而这种职业不曾存在于希腊。[3] 对于这一结论也许可以作这样的解释:古希腊的司法民主制度和国家与社会的重叠,决定了当时人人都知法、懂法,人人都可以参与法律事务,因此,在当时,没有组织一个专业法律职业集团的需要。古罗马的征战和城市化运动推动了简单商品经济的发展,社会分工更加细化,这促进了古罗马法学的繁荣和法律职业的出现。在古罗马,存在一群专门解答法律问题、传授法律技巧、研究法律原则的人士,被称为法律顾问或法学家,凯利对这种职业的状况做了如下描述:"在罗马,这一职业是由出于公共义务和责任感而主持公共事务的上层阶级实践的,以追求某种标准为依归;它是一种完全世俗的职业,但其渊源可能部分地可追溯到久远时代的罗马神职人员的职能……我们所知道的公元前2世纪中期以后的法学家,承担的是完全世俗而实践性的任务:解释法律规则,制定有关法律活动的准则,担任官员、诉讼当事人和法官的顾问。他们也向将传承其事业的学生们教授法律科学,并出版自己的著作:法律释义、专著、意见汇编、面向学生的介绍性教材。"[4]虽然在古罗马时期出现了法学家集团,但是在当时由于司法权与立法权、行政权没有严格区分,帝政时期,罗马皇帝甚至完全控制了审判权,"国王的决定具有法律效力",[5]因此,在这种状况下,不可能出现专门化程度都很高的法院和法官,也无法形成现代意义上的法律职业。日耳曼人的入侵导致了罗马帝国的崩溃,整个西欧进入了漫长的中世纪。在中世纪,除教会外还存在各种世俗权力:王室、封建领主及自治的城市政府,这些多元权力一直在相互斗争,却又经常并存共处,维持某种均势。多元的社会关系催生了多元的法制,教会法、王室法、封建法、罗马法、商人法等不同的法律体系并存,共同支配着世俗社会,以及世俗社会与国家、教会的关系。统一法制的缺失,使现代法律职业无法生成。

12世纪,罗马法开始复兴,有关罗马法的教学与研究活动得以开展,为现代法律职业的

[3] [爱尔兰]J. M. 凯利:《西方法律思想简史》,王笑红译,法律出版社2002年版,第47页。
[4] [爱尔兰]J. M. 凯利:《西方法律思想简史》,王笑红译,法律出版社2002年版,第47页。
[5] [爱尔兰]J. M. 凯利:《西方法律思想简史》,王笑红译,法律出版社2002年版,第93页。

形成奠定了知识基础。13 世纪末,几乎所有较大型的国家都有法科大学,主要教授罗马法,如此,在大学法律教育的推动下,罗马法成为欧洲的"普通法"。同样的法律文献、法学知识、职业技能训练、学术语言,使法律人无论受教于何国、供职于何处,都成为具有相同素养的职业群体。

按照德国著名社会学家韦伯(Max Weber)的说法,现代法律职业的初步形成应当是在 16 世纪。"战争技术的发展呼唤着专家和专业化的官吏,司法程序的细密化也要求有训练有素的法律专家。16 世纪时,在较先进的国家,专业官吏在战争、财政和法律这三个领域取得了明确的胜利。就在君主专制主义凌驾于身份等级制度之上的同时,君主大权独揽的统治也逐步让位于专业官吏体制。"〔6〕法律人对法律事务的垄断终于使法律职业及其共同体发展成熟。

通过上述历史线索的梳理可以得出结论,法律职业共同体的产生是社会政治、经济和文化发展的产物,它的形成与特定社会条件的出现紧密联系:第一是经济条件,即商品经济或市场经济得到充分发展,成熟壮大的世俗社会要求商业活动和利益的可预见性。第二是政治条件,即法治理想。只有法治理想才使法律自治成为可能,而这又与法律职业及其共同体的形成具有互动关系。第三是文化条件,即法治观念和相应的法律文化水平的发展。这就要求社会主体普遍具有法治意识,把法律看成自己的行为规则和自己的权利义务,特别是权利受到侵犯时寻求救济的途径。〔7〕

三、法律职业化的意义

法律职业化是实现法律形式合理性的条件。法律的形式合理性是法律现代化的基本要求之一,是与法律实质合理性相对应的概念,可以将其简单地理解为一整套完善的法律制度、规范的法律操作方式和合格的职业规范操作者,三者缺一不可,共同构成法律形式合理性。而只有通过法律职业化,形成法律职业共同体,才能产生合格的法律人。

法律职业化是维护法律的自治性、实现法律正义的前提。法律职业共同体的同质性决定了其组成成员因为具有共同的受教育背景而拥有共同的知识、语言、思维,除此之外,尤为重要的是,他们有共同的精神信仰和价值追求,这使法律人对法律有虔诚的信仰,以实现法律正义为使命。法律职业共同体的缺失,会使法律从业者缺乏必要的职业知识、职业能力、职业信仰和职业伦理,法律从业人会仅仅将其从事的职业作为谋生的手段而非可以为之献身的事业,变得唯利是从。

法律职业化是民主法治实现的推进力量和保障。韦伯在《经济与社会》一书中有这样的论述:"倚仗虔敬支撑的权威的权力,神权政治也好,世袭王公也好,尤其往往会创造无形式的法……因为特殊的法的形式主义会使法的机构像一台技术上合理的机器那样运作……它把法律过程看作是和平解决利益斗争的一种特殊形式,它让利益斗争受固定的、

---

〔6〕[德]马克斯·韦伯:《学术与政治:韦伯的两篇演说》,冯克利译,三联书店 1998 年版,第 68 页。

〔7〕本章对条件的总结在一定程度上参考了"法律职业共同体学术研讨会"的成果。参见张文显等主编:《司法改革报告:法律职业共同体研究》,法律出版社 2003 年版,第 11 页。

信守不渝的‘游戏规则’的约束。”因此，专制权威们“都感觉到在他们的道路上，存在法逻辑的抽象的形式主义和通过法来满足实质要求的需要之间无法避免的矛盾”。[8] 因此，纵观西方政治法律发展史，其民主与法治的实现从来都不是君主们自觉主动推行的。相反，在西方走上民主与法治道路的过程中，法律人及其职业共同体起到了重要的作用，1608 年英国著名法官柯克（Sir Edward Coke）和“英国的全部法官和理财法院的男爵们”与英王詹姆士一世之间的对抗就是明显的例证。[9]

法律的权威是法治社会的根本标志，职业法律人的威信是法律权威的真正基础。民众对法律的认识在很大程度上是在与法律人打交道的过程中形成的，法律职业者给人什么印象，法律在人们心目中就是什么形象。而法律人社会声誉的获得，有赖于法律职业共同体的形成，因此，法律职业化在推进民主法治实现的同时也保障着民主法治。

第二节　法律职业素养

法律职业素养主要包括法律职业思维、法律职业技能和法律职业伦理。现代法律职业及其共同体的形成，意味着法律职业素养的统一。

一、法律职业思维

法律人素质之高下，与法治实现的程度有实质性的联系。而衡量法律人素质高下之标准，并不仅仅在于其法律知识的多寡，更在于法律人独特的思维方式与优良的思维品质。从法律人在法律认知活动中的指向性特征来看，典型的法律人的思维方式具有三个特征，即“独立性”“保守性”“崇法性”。

法律人思维的独立性。它意味着法律人在法律活动中应当服从宪法与法律，相对独立于其他社会机构和成员，自觉抵制其他个体或国家机关、社会团体的非法干预。从一定意义上讲，法律人主体自觉的独立性，直接影响着其法律认知活动的科学性，因为法律是一种人为理性（artificial reason），只有经过长期训练的法律人，才能够从事法律职业活动以确保法律得到正确的适用。因此，法律人思维的独立性是法律自治所必需，亦为法律公平之必要。

法律人思维的保守性。它是指法律人在变革法律时不能过于激烈，而应采取适应社会发展进程的渐变方式；法律人在分析处理法律问题时应当尽可能地依照遵循先例的原则解释和适用法律，以保证法律的稳定性和可预见性，而不能任意改变法律规则与法律原则。虽然法律人思维的保守性在某些时候可能会阻碍社会制度的变革，但是大多数民众和其他

---

〔8〕［德］马克斯·韦伯：《经济与社会》（下卷），林荣远译，商务印书馆 1997 年版，第 140 页。
〔9〕［美］爱德华·S. 考文：《美国宪法的“高级法”背景》，强世功译，三联书店 1996 年版，第 34 页。

学者对此却应保持一种理解乃至尊重的态度。其原因在于:法律是人类秩序的象征,也是古今各国社会治理与国家治理经验积累的结晶,崇尚经验、崇尚传统而排斥标新立异的思维方式,已经成为法律人的传统。在法律活动中,“同案同判”也符合人们的公平正义观念。特别是在绝对的法律正义不可能实现时,保守地遵循先例则代表着一种相对的公平。

法律人思维的崇法性。它具体体现为法律人在法律认知活动过程中唯法是从的“法律权威意识”。这包括如下几层内涵:首先,法律对于法律人而言具有至高无上的威严,它不仅是法律人判断一切个人、社会团体与国家机关的行为合法与否的准则,也是他们评价一切个人、社会团体与国家机关的行为的价值标准。其次,在法律人看来,法律具有神圣不可侵犯的地位,任何个人或组织的任何违反法律的行为都应当承担相应的法律责任。再次,在法律人看来,法律是不可替代、至关重要的社会控制手段,是维系现代社会正常运作的纽带,法律相对于其他社会控制手段,如道德、宗教而言具有更为重要的作用。最后,法律人对法律的真诚信仰。法律是人类理性的升华,是人类文明的结晶。尽管任何具体的法律制度都不可避免地具有一定缺陷,但法律本身代表着正义与公平。

就法律职业思维的内容而言,法律人的思维具有以下特点:

一是注重理性。法律人思维的理性特征由法律应该具有人为理性所决定。法律人对正义的追求只能通过法律的途径,运用合乎法律程序的方式去实现。例如,法官在审理案件时,必须理性地保持客观立场,充分听取参与诉讼的各方当事人的意见,不能受任何情绪或主观判断的影响;给出司法判决时,在充分考虑社会现实需求的基础上,应当对判决结果做出逻辑论证。可以说,法律推理是一个合格法律人所不可缺少的基本功。

二是注重程序的意义。现代社会价值多元,实体问题往往转化为程序争议,程序法标志着人类在从事一种制度安排时必须面对的局限性困境,在调整社会关系时不得不做出的难以完美的选择。在正义标准多元的情况下,必须维护程序本身的严格性。例如,超过诉讼时效的权利主张只能驳回,执法人员通过非法手段获取的证据不具有证明效力,等等。正是程序法的重要性决定了法律人思维的这一特点。[10]

三是以追求法律“真”为终极目标。法律的“真”是逻辑“真”而非本体“真”,本体“真”也是法律人的追求之一,但当它与法律“真”相冲突时,法律人只能选择法律“真”。例如,法官在审理案件时应当注重自然事实与法律事实的区分,只有经过具有证明效力的证据证明的事实才能够成为判决的依据。反之,即使法官可以凭借其他方式知晓案情真相,例如由于证据获取的方式违法而导致其证明力的丧失,法官也不能够改变根据合法证据进行逻辑推理而应该获得的结果。[11]

二、法律职业技能

技能是指人们通过练习而形成的某种动作方式、动作系统或智力活动方式,包括技术

---

〔10〕 可参见本书第十三章“法律程序”。

〔11〕 最为典型的是1995年发生在美国的橄榄球明星辛普森涉嫌杀人案,具体案情参见[美]托马斯·帕克主编:《开庭——改变人类进程的115件世纪大案》,海潮出版社2000年版,第485页。

和能力。一定的技能是以相关的知识为基础的，如没有相应的法律知识，法律技能的形成便无从谈起。对技术的掌握通常比能力的发展要更迅速一些，而得到良好发展的能力比掌握一定范围内的知识、技术具有更广泛的迁移作用。一定的知识技术只能解决具体的相关问题，而能力则可把对知识技术的运用迁移到其他的相关问题上，从而解决未遇到过的新问题。知识、技术、能力三者之间的关系是：一定的能力是掌握知识、技术的必要条件，而掌握知识、技术的过程又是能力得以形成和发展的过程，不通过对具体知识、技术的掌握就不能提高能力。法律职业技能主要包括以下两个方面：

（一）普通技能

普通技能是从事包括法律职业在内的各类现代社会职业普遍需要掌握的基础性技能，包括运用本国语、外国语进行表达及交流的能力，计算机操作能力，社会交往、社会适应及协作的能力，自我提高及创新的能力，组织管理能力，信息处理能力等。无论从事何种法律职业，通过口头或文字形式清晰准确地表达自己的主张、思想，并说服他人，都是必备的素质，检察官、律师甚至还须具备雄辩的口才。诸如法律文书写作、交谈、沟通、谈判、审讯、辩论等的能力，都是从事法律职业的必备语言能力。在世界经济日益全球化的今天，特别是以加入 WTO 为标志的我国经济的日益开放，各类涉外案件的迅速增加，使法律职业者运用外语进行表达、交流及利用外语获取域外知识信息的能力日显重要。法律职业者要与社会上各色人等打交道，因此，必须具有丰富的社会知识及很强的社会适应能力和社会交际能力。同时，由于法律工作往往非常复杂，牵涉方方面面的社会关系，因此，还需要法律职业者具备良好的协作能力。在法律工作中，运用电脑及互联网获取并处理各类信息，进行通讯、办公及管理等，也正在成为普遍的途径。熟练的计算机操作技能已成为现代社会各类职业都应具备的应用技能。

（二）专业技能

在法律职业技能中，处于核心地位的是专业技能，主要包括：法律识别技能（包括对法律规则的识别技能和对案件事实、证据的识别技能）、法律解释技能（对法律文本的意思进行理解和说明的技能）、法律推理技能（从一个或几个已知的法律前提，如法律事实或法律规范、法律原则、判例等法律资料，推导出某种法律结论的技能）、证据操作技能（包括调查证据、审查认定证据和运用证据等相互关联的几项技能）、法律程序技能（法律程序的组织、展开和运用的技能）、法律论辩技能（法官、律师等在职业活动中，运用专业理论知识、职业语言和思维，根据案件事实进行论证、辩驳以说服相对方的技能）、法律文本制作技能（法律职业者制作裁判文书、代理词、辩护词、诉状及其他各类法律文书的技能）、驾驭运用法律资源的技能（查找和运用所需法律资料、信息的技能）等。

三、法律职业伦理

（一）法律职业伦理释义

自古以来，伦理道德就是社会文明的主要内容。在中国古代，“伦”是指人们之间有条理的关系，“理”指道理和规则，“伦理”即处理人们之间相互关系应当遵循的道理和规则。

在西方,所谓“伦理”,就是指一个民族特有的生活惯例、风尚、习俗、品格、德性等,伦理学(Ethics)即研究人们德行的科学,以道德为研究对象,分为元伦理学和规范伦理学。

职业伦理是与大众伦理相对应的概念,它同人们的职业活动紧密相连,是一种具有自身职业特征的道德准则和规范的总和,是社会生产力及社会分工发展的结果。与古代社会以大众伦理为主不同,现代社会分工的高度发达及各专业之间的相对隔离,决定了各种职业伦理成为社会伦理的中心,职业成为个体与社会联结的切入点。职业伦理就其本质而言是一种责任伦理。正如迪尔凯姆(也译涂尔干)所说:“……这类道德要比以往的道德显露出更加奇特的性质:我们从中看到了中心化的趋势。舆论是共同道德的基础,它散布于社会各处,用不着我们去甄别它究竟处于何方,而职业伦理则不同,每一种职业伦理都落于一个被限定的区域。所以说,道德生活的核心尽管是统合起来的,却也各自有别,功能的分化与道德的多态性是相应的。”[12]尽管现代社会职业伦理成为社会伦理的中心,但并非每一种一般意义上的职业,都有其职业伦理。

根据职业伦理的理论,法律职业伦理(legal ethics)也是一种责任伦理,它是指从事法律职业的人在法律活动中必须遵循的伦理规范和伦理原则。由其职业特征所决定,法律职业所遵循的伦理是法律内的伦理,与大众所崇尚的伦理有所区别,正因如此,法律人的某些合乎其职业伦理的行为不能为大众所理解,甚至会受到社会舆论的谴责,例如,律师为社会公敌辩护,法官对违反程序收集到的有利于被害方的证据不予采信等。

加强法律职业伦理建设,是推进法治进程的道德基础。因为法律权威建立在职业法律人的威信基础之上,先有法律职业的威严,然后才有法制的威严,而法律人的社会声誉与其职业伦理道德品质紧密相关,因此,现代法治社会要求法律职业主体必须具有良好的职业道德品质,建立良好的职业道德规范,养成良好的职业道德习惯。近年来,我国法律职业伦理越来越受到重视,教育部 2018 年发布《普通高校法学本科专业教学质量国家标准》,其中规定:法学专业核心课程采取“10+X”分类设置,法律职业伦理成为十门专业必修课之一。

(二)法律职业伦理的基本要求

1. 实现正义法律最根本的价值不是效率而是公正,这就决定了法律职业的根本价值取向是正义。法律职业的这一本质属性决定了整个法律职业共同体都必须以追求和实现社会正义作为共同的、根本的使命。法官、检察官、律师都是为着追求和实现正义而存在的,只不过他们的角度和方式有所不同:双方律师之间或律师与检察官之间竭力对抗、充分交涉,使法官兼听则明;法官则站在中立的立场上,做出理性、公正的裁断。公正,是整个法律职业伦理规范体系的基石,是确立一切法律职业伦理规范的根本依据。正是因为存在这一伦理要求,律师的活动尽管具有商业营利性质,但必须在追求个人私利与追求社会正义之间保持适当的张力,追求个人私利只能在社会正义与法律许可的范围内进行。例如,律师不能教唆当事人钻法律漏洞,不能帮助当事人串供;检察官尽管承担着维护国家和政府利益的职能,但在向法庭进行控诉时,应当同时提供自己所掌握的有利于被告的情况及证据,

---

〔12〕[法]爱弥尔·涂尔干:《职业伦理与公民道德》,梁敬东、付德根译,上海人民出版社 2001 年版,第 9 页。

等等。

2. 忠于法律。法律职业所追求的公正,是通过法律职业者严格遵循和实施法律的专业活动实现的。法律职业者的基本使命就是准确贯彻法律,因此,忠诚于法律、忠实地理解和实施法律就成为所有法律职业者都应遵循的基本伦理准则。法律职业者的职业行为必须合乎法律并且必须是为了有效地实施法律。

3. 维护声誉。构筑一个合格的法律职业共同体,是法治的内在要求,是法治的主体条件和保障。因此,每一个法律职业者都负有维护法律职业共同体团结和声誉的不可推卸的道德义务。对内,法律职业者彼此之间应当相互理解和尊重,在分工的基础上进行良好的功能性协作;对外,应严格依照法律和职业伦理的要求进行活动,不做有损于法律职业形象的行为。

第三节　构建中国法律职业共同体

构建中国法律职业共同体的过程,就是中国法律职业化的过程。分析、研究和正确地评估我国法律职业的现状,探索我国法律职业化的实现途径,促进法律制度建设中诸要素的协调发展,是最终实现我国法律现代化和社会现代化的需要。党的十八届四中全会明确将"加强法治工作队伍建设"作为全面推进依法治国的重大任务之一。习近平总书记指出:"全面推进依法治国,建设一支德才兼备的高素质法治队伍至关重要。"[13]可见以法律人为基础的法律职业共同体对于建设法治中国的重要意义。

一、中国法律职业发展的历史与现状

源远流长的中国法律制度并未催生出现代意义的法律职业,也因此未能出现法律职业共同体,这与中国传统法律文化密切相关。

中国无论是官方还是民间,都有历史悠久的厌讼文化传统。春秋时期的法家代表人物邓析被视为"滋讼""好讼"者。北宋王安石变法时,为培养司法专门人才,曾设明法科(相当于现在的法学考试),却招致司马光的鞭挞。在这种氛围中,历代父母官无不以自己治理的地方"历久无讼""刑措不用"来标榜政绩的优良;也正是在这种氛围中,大家族常以本宗族"十年无诉""百年无诉"为无上荣光。因此,中国虽有成文法传统,却未孕育出法律职业共同体,最终未能使法律职业与政治分离,实现自治化、职业化和专门化。

20世纪20年代初期,国民政府为使中国法律"现代化",开始研究西方的法律,出版了许多西方法学著作,派员到日本、德国等国研习法律,并在国内建立了法律院校,培养了一

〔13〕 习近平:《加快建设社会主义法治国家》,载习近平:《论坚持全面依法治国》,中央文献出版社2020年版,第115页。

批法律家充实到依照德国模式建立的法律机构中。但是这种带有明显西化色彩的法律移植，遭遇了深厚的中国传统文化壁垒，东西方传统文明的冲突使这种努力从整体上看是失败的。

习近平总书记指出："我们党历来重视法治建设。在新民主主义革命时期，我们党就制定了《中华苏维埃共和国宪法大纲》以及大量法律法令，创造了'马锡五审判方式'。新中国成立后，在社会主义革命、社会主义建设时期，我们党领导人民制定了'五四宪法'和国家机构组织法、选举法、婚姻法等一系列重要法律法规，建立起社会主义法制框架体系，确立了社会主义司法制度。"[14] 但是，法律职业的产生以及法律职业共同体的建设是进入改革开放历史新时期以后的事情。

1977 年高等教育考试制度恢复，开始从考生中选取自愿从事法律职业的优秀青年进入大学，经过专门训练，毕业后进入法律职业领域。与此相对应，1980 年 5 月出台的《中华人民共和国律师暂行条例》（以下简称《律师暂行条例》）规定：在高等院校法律专业毕业，并且做过两年以上司法工作、法学教学工作或法学研究工作的，经考核合格，可担任律师。这从一定意义上把法律训练与法律职业在制度上连接起来。不仅如此，随着法律职业化的不断拓展，1984 年对《律师暂行条例》做了补充规定。从 1986 年起，律师资格需经统一考试取得，原定每两年举行一次全国性的统考，从 1992 年起改为每年举行一次。同样，法官、检察官制度的改革也向职业化方向迈进，1995 年《法官法》和《检察官法》的颁布，标志着法官与检察官职业制度化的开端。1996 年《律师法》正式颁布。所有这些都表明，人们在价值上已认同法律职业化的取向。2001 年 6 月 10 日修改后的《法官法》和《检察官法》规定：初任法官、检察官采用严格考核的办法，按照德才兼备的标准，通过国家统一司法考试取得资格；同年 12 月 29 日修改后的《律师法》规定取得律师资格应当经过国家统一司法考试。至此，我国的国家统一司法考试制度正式建立，这一制度的确立对我国法律职业共同体构建可以说是最关键的一步。

2015 年 12 月，中共中央办公厅、国务院办公厅印发了《关于完善国家统一法律职业资格制度的意见》。2017 年 9 月 1 日，第十二届全国人民代表大会常务委员会第二十九次会议通过《关于修改〈中华人民共和国法官法〉等八部法律的决定》。为落实上述意见与决定，2018 年 2 月，司法部发布《国家统一法律职业资格考试实施办法》，明确将国家统一司法考试更名为国家统一法律职业资格考试，要求初任法官、初任检察官，申请律师执业和担任公证员，初次担任法律顾问和仲裁员（法律类），以及行政机关中初次从事行政处罚决定审核、行政复议、行政裁决的公务员，应当通过国家统一法律职业资格考试，取得法律职业资格。

国家统一法律职业资格考试制度作为法律职业的统一准入制度，有利于共同提高包括法官、检察官和律师在内的法律职业人员的专业素质和标准，使其成为一支具有共同的法律知识水准、法律素质、法治信仰的法律职业队伍。但是，我国目前距离法律职业化的确还

---

〔14〕 习近平：《坚定不移走中国特色社会主义法治道路　为全面建设社会主义现代化国家提供有力法治保障》，载《求是》2021 年第 5 期。

有较大的距离。

二、当代中国法律职业化的实现途径

法律职业化发展的取向，并无统一的全球战略。法律职业在某种意义上讲也是一种地方性知识，法律对职业事实的描述，只有通过有组织的努力，才能把所发生的本地认识与可能发生的本地联想结合在一起，这种认识和联想的结合，构成了本地的法律意识(legal sensibility)。法律职业化将促进法律职业共同体的形成，这有助于法律的创制、适用和发展完善，有效化解社会矛盾，抵御外来的不当干预，从而推动社会主义法治国家的建设。党的十八届四中全会强调，推进法治专门队伍正规化、专业化、职业化，提高职业素养和专业水平。完善法律职业准入制度，健全国家统一法律职业资格考试制度，建立法律职业人员统一职前培训制度。建立从符合条件的律师、法学专家中招录立法工作者、法官、检察官制度，畅通具备条件的军队转业干部进入法治专门队伍的通道，健全从政法专业毕业生中招录人才的规范便捷机制。2020 年 11 月 16 日至 17 日，首次中央全面依法治国工作会议召开，习近平总书记发表重要讲话，对当前和今后一个时期推进全面依法治国要重点抓好"十一个坚持"，第十个坚持即"要坚持建设德才兼备的高素质法治工作队伍"。习近平总书记指出，"全面推进依法治国，首先要把专门队伍建设好。要加强理想信念教育，深入开展社会主义核心价值观和社会主义法治理念教育，推进法治专门队伍革命化、正规化、专业化、职业化，确保做到忠于党、忠于国家、忠于人民、忠于法律"。[15] 要实现这样的目标，须从如下几个方面着手：

第一，法律职业化的实现必须依赖于法律制度改革，并继而推动制度改革。要通过改革建立符合司法规律的有关法律职业者的教育、选拔、考核、培训、提升、免职、降级等制度，以提高法律人的整体素质。统一法律职业资格考试主要解决了法律职业者在从事法律职业方面的准入标准问题，有助于推进法官、检察员等的遴选、培养、考核和升迁等制度的完善，提高律师素质；也有助于法律职业者彼此之间的相互理解，形成共同的知识背景和职业背景，增强法律职业的神圣性；确保法律职业者具有抵御外界干预的勇气和能力，对引导、培养整个社会的法律意识和法治精神起到示范作用。

第二，法律职业化要求法律职业的专业化。首先要完善确保依法独立公正行使审判权和检察权的制度，优化司法职权配置。法律职业化要求法律职业人员从一般的行政人员中分离出来，对其实行专业化的管理。我国之所以要制定《法官法》和《检察官法》，就是要将法官、检察官与一般公务员的管理分开，建立符合司法规律的管理制度。为了做到独立审判、公正司法，必须要强化法官和检察官管理制度的专业性，减少行政性。

第三，通过建立统一的职业道德规范和法律职业者相互间的监督制约机制，形成良好的法律职业伦理。法律职业者既然从事特殊的职业，就应当有特殊的职业道德的要求，而

---

〔15〕 习近平：《坚定不移走中国特色社会主义法治道路　为全面建设社会主义现代化国家提供有力法治保障》，载《求是》2021 年第 5 期。

不能只是受党纪国法的约束。

第四,坚定不移地走法律人的精英之路。法律职业者应当少而精,在少而精的基础上,努力提高和强化其政治、经济等各个方面的待遇和保障制度,为法律公正的实现建立物质基础。因为依照社会学中对资源的掌握程度决定着控制能力这一命题,欲唤起公众对法律职业的尊重和向往,必须确立法律职业者对社会资源控制的合法性。同时,还应建立一套公正合理的符合司法规律的惩贪制度。

课后作业

一、关键词解释

1. 法律职业

2. 法律职业共同体

3. 法律职业素养

二、选择题

1. 下列哪些行为体现了依法独立行使审判权原则?(　　)

A. 法官在审理案件的过程中,应当避免受到新闻媒体和公众舆论的不当影响

B. 法官应当尊重其他法官对审判职权的独立行使

C. 法官在履行职责时,应当忠实于宪法和法律,不受任何行政机关、社会团体和个人的干涉,不受来自法律规定之外的影响

D. 法官在审判过程中可以用适当方式向双方当事人表明自己对案件审理结果的观点或态度

2. 法官王某的下列哪些行为违反了法官职业道德规范?(　　)

A. 根据领导批条办案,谁的官大就按谁的批示办理

B. 同学朋友问案,总能仗义地告知案件审理和合议情况

C. 对双方律师宣称:该吃可以吃、该喝可以喝,案子该怎么办还怎么办

D. 一方托情相约,在承诺保密的情况下,同意私下单独接触

3. 关于法律职业伦理的表述哪一项是不正确的?(　　)

A. 法律职业伦理是法律职业人员所应遵循的行为规范的总和

B. 法律职业伦理是社会道德体系的重要组成部分,与一般社会伦理相比具有职业特殊性

C. 法律职业伦理具有规范作用和法律上的普遍强制作用

D. 法律职业伦理在一定层面上可以表现为特定的法律规范

4. 下列有关法律职业思维的表述哪些是不正确的?(　　)

A. 法律家的使命除了追求法律正义外,更应该追求自然正义。因此,为了达到这一目的,有时可以抛开法律程序

B. 分清案件事实是法官判案的基础，因此，自然事实与法律事实是紧密相连的，法官无须对它们进行严格区分

C. 法官在适用法律条文时，为了保持司法标准的统一性，必须适用行为发生时的法律

D. 超过诉讼时效的权利请求只能驳回

5. 以下有关法律职业的观点表述正确的是哪几项？（　　）

A. 法律职业共同体的形成需要法律职业共同体成员具有共同的受教育背景

B. 法律职业共同体的成员应该有共同的政治信仰

C. 法律职业共同体的形成需要法律职业共同体成员相互之间具有强烈的认同感

D. 法律职业与其他工作一样，只是法律职业者谋生的手段

6. 当代中国如何实现法律职业化？（　　）

A. 法律职业化的实现必须依赖于法律制度改革，并继而推动制度改革

B. 法律职业化要求法律职业的独立和垄断

C. 通过建立统一的职业道德规范和法律职业者相互间的监督制约机制，形成良好的法律职业伦理

D. 坚定不移地走法律人的精英之路

7. 法律职业伦理的要求包括（　　）。

A. 所有法律职业者都需要实现社会公正、忠于法律、维护法律职业共同体的团结和声誉

B. 在审判当中，法官必须保持中立

C. 检察官必须忠于国家和政府的利益

D. 律师职业伦理的核心是最大限度地维护其当事人的合法权益

8. 法律职业技能有哪些？（　　）

A. 运用本国语、外国语进行表达及交流的能力　　B. 社会交往、社会适应及协作的能力

C. 法律推理技能　　D. 法律论辩技能

9. 法律人的思维具有何种特征？（　　）

A. 注重理性　　B. 注重程序

C. “独立性”“保守性”“崇法性”　　D. 以追求法律“真”为终极目标

10. 法律职业化的意义何在？（　　）

A. 法律职业化是实现法律形式合理性的条件

B. 法律职业化是维护法律的自治性、实现法律正义的前提

C. 法律职业化是民主法治实现的推进力量和保障

D. 法律职业化能够形成一个职业共同体，进而起到平衡民主中多数人力量的作用

11. 根据法官、检察官纪律处分有关规定，下列哪一说法是正确的？（　　）

A. 张法官参与迷信活动，在社会中造成了不良影响，可予提醒劝阻，其不应受到纪律处分

B. 李法官乘车时对正在实施的盗窃行为视而不见，小偷威胁失主仍不出面制止，其应受到纪律处分

C. 何检察官在讯问犯罪嫌疑人时，反复提醒犯罪嫌疑人注意其聘请的律师执业不足2年，其行为未违反有关规定

D. 刘检察官接访时,让来访人前往国土局信访室举报他人骗取宅基地使用权证的问题,其做法是恰当的

12. 某检察院改革内部管理体制,将原有的多个内设处(室)统一整合,消除内部职能行政化、碎片化的弊端。关于上述改革,下列说法正确的是(　　)。

A. 完善内部管理体制有利于保证司法公正,提高检察机关公信力

B. 检察官独立行使检察权不应受任何组织和个人的监督

C. 将检察官等同于一般公务员的管理体制不利于提高检察官的专业素质和办案质量

D. 内部管理体制改革为完善检察官职业保障体系创造了条件

13. 某市律师协会与法院签订协议,选派 10 名实习律师到法院从事审判辅助工作 6 个月,法院为他们分别指定 1 名资深法官担任导师。对此,下列哪一说法是正确的?(　　)

A. 法官与律师具有完全相同的职业理想和职业道德

B. 是对法院审判活动进行监督的一种新途径

C. 有助于加深律师和法官相互的了解和信任

D. 是从律师中招录法官、充实法官队伍的一种方式

14. 张法官与所承办案件当事人的代理律师系某业务培训班同学,偶有来往,为此张法官向院长申请回避,经综合考虑院长未予批准。张法官办案中与该律师依法沟通,该回避事项虽被对方代理人质疑,但审判过程和结果受到一致肯定。对照《法官职业道德基本准则》,张法官的行为直接体现了下列哪一要求?(　　)

A. 严格遵守审限

B. 约束业外活动

C. 坚持司法便民

D. 保持中立地位

三、材料论述题

罗马名人祠

梁治平

古代罗马法学家是一个文化史上的奇迹,一个至今让人困惑和惊异的历史之谜。我们在所有的古代文明里面都看到有法律,法律的制度和理论、应用与阐释。但只有在罗马,一个所谓法学家阶层平地而起,卓然独立。正是这些人,代表了古代罗马的最高智慧。奇怪的是,现在一般的知识者,知道加图、普林尼、奥古斯都、维吉尔、卢克莱修和爱比克泰德,听到斯凯沃拉、盖乌斯或伯比尼安努斯的大名却是完全地陌生。或者,他们可以举出一个叫作西塞罗的人来充法学家,但是严格说起来,西塞罗做哲学家、政治家或著作家显然更称职些。他的思想和言论确曾对罗马法产生过深刻的影响,但是把他放在这一组法学家的群像里面,别人的光辉会遮蔽住他。

法律是世上最实际的事物之一,因为法律总是要求实行的(并不要求实行而只是用来装点门面的法律也有。此种情形自古即有,于今为烈。其中原因极为复杂,暂可不论),而法律实行得怎样,又总有一半取决于人们对法律所作的解释。在人类较早的某一个时期,法律可能表现为神命。神命的传达者便是最早的法律解人。法律在含义模糊的时候需要解释,此可

以不论;最明白确凿的律条如“摩西十诫”,也可能需要解释才可以适用于繁复多变的实际生活,否则,也就没有犹太法律学家这一种人了。由此可以知道,法律的解释乃是法律的伴生物,二者相须,不可分离。不过,就这里谈论的事情而言,法学家虽然以法律的阐释为己任,其与法律解释者到底是两个不同的概念。在罗马历史上,法学家是在著名的《十二表法》颁行之后很久方始出现,而他一旦出现,立即为历史开辟出一个新的天地。我们现代人,虽然有了航天飞机和电子计算机,大体还是生活在这样一个天地里面。

在很长的一段时间里面,罗马的法律是贵族的独占物。按照维柯的说法,这是他所谓“贵族政体”的题中应有之义。这种“贵族政体”的特征之一是“对制度的保卫”,其中包括对法律和解释法律的科学的保卫。当时有关法律的知识皆被视为神圣,而由专门的社会阶层小心地加以保护,就是因为这个缘故。(《新科学》第十二部分,第三章)纪元前5世纪中叶,著名的《十二表法》完成了。在罗马法律史上,这是一件划时代的大事件。罗马人受一部公开的法典的统治始于《十二表法》。虽然,《十二表法》颁布之后一百年间,法律的解释权仍由身为贵族的祭司们独掌,但是“法律的保卫”既已不存,法律解释的垄断或迟或早也一定会被破除。归根结底,造成这些变化的政治的、社会的和文化的原因是一样的。

公元前312年,阿庇乌斯·克劳狄乌斯·凯库斯(A. C. Caecus)被选为监察官,他担任这个职务达5年之久,而他在任内的所做所为,其影响更要久远得多。凯库斯曾利用职权,一反罗马的传统,使许多出身低微的人进入元老院,从而使平民有可能担任祭司职务。这实际是意味着贵族独占法律解释权这样一个时代的终结。当时,担任凯库斯助手的奈乌斯·弗拉维乌斯(G. Flavius)把所有关于“法律诉讼”(这正是当日诉讼的关键)的知识公示于众,就是一个有力的证据。大约50年之后,提贝里乌斯·柯隆加尼乌斯(T. Coruncanius)被选为大祭司(时在公元前253年),这是罗马历史上平民第一次担任这个重要职务。这位平民出身的大祭司就有关“法律诉讼”的问题提供公开解答,在罗马法律史上亦属首次。此时,罗马的版图在扩大,罗马的权力在增长,罗马人对法律的兴趣也日益高涨。大约在公元前200年,S. A. P. 卡图斯(Catus)出版了据说是西方历史上第一部法律学著作:《三部法》(*Tripertita*,又名 *Jus Aelianum*)。自那以后,著述之风日盛。罗马人的智力受了这样的刺激,又摆脱了早先在制度和习俗诸方面的束缚,便大大地发展起来。一个世俗的法学家群体,连同法律学这样一种法学家的创造物,于是就出现了。

早先由祭司职务分化出来的法学家,多是罗马社会中显贵家族的成员。他们研习法律,为公众提供法律服务,主要是为了博取声望,取得政治活动的资本。这些人因为是活动家,所以最关注实际问题的解决。另外,他们既然不曾为日常的出庭诸琐事所烦扰,又能够专心致志地思考法律的发展之道。现时从事于法律职业者,久已将道、术分裂为二。罗马法学家则不然,他们以一身兼二任。这正是古罗马人智慧的特别之处。

据西塞罗的记载,当时法学家的活动大别有三:一是公开提供法律解答,其对象不仅为诉讼当事人,而且包括罗马的行政长官和法官;二是参与诉讼活动,就具体诉讼事项提供指导(出庭之职由辩护士承担。西塞罗就曾以他在法庭上的演说而闻名);三是帮助完成各类法律事务,如起草和准备法律文件等。也许是因为所处时代较早的缘故,西塞罗没有谈到法学家另外两种重要职能,即法律著述和法律教育。

古代罗马的法律学实始于法学家的著述。古典时期的法学家大多著作等身。这些著作类别多样,内容宏富。有专供初学者入门的教科书和手册;有讨论具体法律原则的专题论著;有关于案例的收集、整理和论述;也有对某一种法律或某一法学家著作的系统评注。此外还有大量不便归类的杂著。公元6世纪编纂完成的《学说汇纂》,有选择地摘编了这些著作中极小的一部分,历来被奉为罗马法律学的范本。

那时,有志于学习法律的青年从《法学阶梯》一类教本入手去了解罗马法,这是很容易想见的事情。不过,共和时代的法律教育并不采用现代人习见的课堂讲授的方式,也是可以肯定的。当时的学生跟老师待在一起,直接从实际里面学习法律,那种情形同爱德华一世时代英国人学习法律的方式最为相似。这种师徒式的教育方式大概由早期法学家们务实的品格中产生,而它发展的结果是形成教育的统绪。日后罗马法学家分为萨宾努斯派和普罗库鲁斯派,正与此有关。

[**材料来源**]《法律史的视界:梁治平自选集》,广西师范大学出版社2013年版。材料有节选。

[**要求**]阅读上述材料,谈谈你对法律职业的认识。

课后参阅论文

1. 朱景文:《中国法律工作者的职业化分析》,载《法学研究》2008年第5期。
2. 付子堂:《法律职业伦理与法官基本形象塑造》,载《人民法院报》2009年2月10日。
3. 王健:《构建以法律职业为目标导向的法律人才培养模式——中国法律教育改革与发展研究报告》,载《法学家》2010年第5期。
4. 李学尧:《转型社会与道德真空:司法改革中的法律职业蓝图》,载《中国法学》2012年第3期。
5. 张燕:《论法律职业伦理道德责任的价值基础》,载《法学》2018年第1期。
6. 吴洪淇:《司法改革与法律职业激励环境的变化》,载《中国法学》2019年第4期。
7. 贾一锋、马长山:《法律职业伦理重建与法治底线支撑》,载《学习与探索》2020年第12期。
8. 陈景辉:《法律的"职业"伦理——一个补强论证》,载《浙江社会科学》2021年第1期。
9. 陆幸福:《我国法官责任豁免制度之改进——从错案责任到司法裁判行为》,载《浙江社会科学》2021年第1期。
10. 廉玲维:《试论我国法律职业资格考试准入制度的发展与完善》,载《中国法律评论》2021年第2期。

延伸阅读

法律人因为其独特的性质，在现代民主社会中有着非常重要的作用，19世纪早期，当民主制度在美国兴起的时候，法国思想家托克维尔就近距离地观察了美国的民主，并指出法律人对于现代民主具有重要意义。参见[法]托克维尔：《论美国的民主》（董果良译，商务印书馆2019年版）第八章第二节“美国的法学家精神及其如何成为平衡民主的力量”。

推荐阅读书目

（以本书编章为序）

1. [古罗马]盖尤斯:《盖尤斯法学阶梯》,黄风译,中国政法大学出版社 2008 年版。
2. [古罗马]查士丁尼:《法学总论:法学阶梯》,张企泰译,商务印书馆 2009 年版。
3. 邓正来:《中国法学向何处去》,商务印书馆 2006 年版。
4. [美]E. 博登海默:《法理学:法律哲学与法律方法》,邓正来译,中国政法大学出版社 2017 年版。
5. [美]博登海默:《博登海默法理学》,潘汉典译,法律出版社 2015 年版。
6. 张文显主编:《法理复兴之端》,法律出版社 2018 年版。
7. 付子堂:《马克思主义法律思想研究》,高等教育出版社 2008 年版。
8. 付子堂主编:《法理学高阶》(第三版),高等教育出版社 2020 年版。
9. 付子堂主编:《法理学讲演录》(第九卷),法律出版社 2013 年版。
10. 付子堂主编:《法治理想国》,广西师范大学出版社 2018 年版。
11. 陈弘毅:《法理学的世界》,中国政法大学出版社 2013 年版。
12. 夏勇主编:《法理讲义:关于法律的道理与学问》,北京大学出版社 2010 年版。
13. 郭道晖、李步云、郝铁川:《中国当代法学争鸣实录》,湖南人民出版社 1998 年版。
14. 李　达:《法理学大纲》,法律出版社 1983 年版。
15. 李步云:《法理探索》,湖南人民出版社 2003 年版。
16. 喻　中:《像法学家一样思考》,陕西人民出版社 2012 年版。
17. [奥]凯尔森:《法与国家的一般理论》,沈宗灵译,商务印书馆 2013 年版。
18. 周尚君:《法学观念史论稿》,法律出版社 2014 年版。
19. 何勤华:《中国法学史》(三卷本),法律出版社 2006 年版。
20. 何勤华编:《律学考》,商务印书馆 2004 年版。
21. 沈宗灵:《现代西方法理学》,北京大学出版社 1992 年版。
22. 舒国滢:《法学的知识谱系》,商务印书馆 2020 年版。
23. [英]休・柯林斯:《马克思主义与法律》,邱昭继译,法律出版社 2012 年版。
24. 刘　星:《法学知识如何实践》,北京大学出版社 2011 年版。
25. 李振宇:《边缘法学探索》,中国检察出版社 2004 年版。
26. 刘剑文等:《领域法学》,北京大学出版社 2019 年版。
27. [英]雷蒙德・瓦克斯:《读懂法理学》,杨天江译,广西师范大学出版社 2016 年版。
28. 霍宪丹主编:《中国法学教育的发展与转型(1978～1998)》,法律出版社 2004 年版。
29. 刘颖:《法概念的跨语际实践》,法律出版社 2011 年版。
30. 曾宪义、张文显:《中国法学专业教育教学改革与发展战略研究》,高等教育出版社 2002 年版。

31. 王健:《以法为教》,高等教育出版社 2018 年版。
32. 梁治平:《法辨:中国法的过去、现在与未来》,中国政法大学出版社 2002 年版。
33. 张永和:《法义》,中国检察出版社 2006 年版。
34. 严存生:《法的“一体”和“多元”》,商务印书馆 2008 年版。
35. [英]哈特:《法律的概念》,张文显等译,中国大百科全书出版社 1996 年版。
36. 刘星:《一种历史实践——近现代中西法概念理论比较研究》,法律出版社 2007 年版。
37. [德]罗伯特·阿列克西:《法:作为理性的制度化》,雷磊编译,中国法制出版社 2012 年版。
38. [德]赫尔曼·康特洛维茨:《法的定义》,雷磊译,中国法制出版社 2011 年版。
39. 张文显:《法的概念》,法律出版社 2011 年版。
40. [日]矶谷幸次郎、[日]美浓部达吉:《〈法学通论〉与〈法之本质〉》,王国维、林纪东译,中国政法大学出版社 2006 年版。
41. [日]长谷部恭男:《法律是什么? 法哲学的思辨旅程》,郭怡青译,中国政法大学出版社 2015 年版。
42. 刘　星:《法律是什么:20 世纪英美法理学批判阅读》(增订版),广西师范大学出版社 2019 年版。
43. 刘　星:《法律的隐喻》,广西师范大学出版社 2019 年版。
44. [美]迈克尔·D. 贝勒斯:《法律的原则:一个规范的分析》,张文显译,中国大百科全书出版社 1996 年版。
45. 季金华:《当代中国法律本质理论的历史逻辑》,法律出版社 2008 年版。
46. [德]罗伯特·阿列克西:《法概念与法效力》,王鹏翔译,商务印书馆 2015 年版。
47. [意]阿奎那:《论法律》,杨天江译,商务印书馆 2017 年版。
48. 吴彦、杨天江主编:《自然法:古今之变》,华东师范大学出版社 2018 年版。
49. 梁晓俭:《凯尔森法律效力论研究》,山东人民出版社 2005 年版。
50. [美]约翰·奇普曼·格雷:《法律的性质与渊源》,马驰译,中国政法大学出版社 2012 年版。
51. 杨登峰:《新旧法的适用原理与规则》,法律出版社 2008 年版。
52. 孙晓红:《法的溯及力问题研究》,中国法制出版社 2008 年版。
53. 范进学:《法的观念与现代化》,山东大学出版社 2002 年版。
54. 公丕祥:《法制现代化的理论逻辑》,中国政法大学出版社 1999 年版。
55. 刘敏主编:《中国部门法制现代化》,法律出版社 2008 年版。
56. 刘旺洪:《法律意识论》,法律出版社 2001 年版。
57. 谢邦宇等:《行为法学》,法律出版社 1993 年版。
58. 黎国智、马宝善主编:《行为法学在中国的崛起》,法律出版社 1993 年版。
59. 宋炳庸:《法律行为基础理论研究》,法律出版社 2008 年版。
60. 杨建军:《法律事实的解释》,山东人民出版社 2007 年版。
61. [日]穗积陈重:《法律进化论》,黄尊三等译,中国政法大学出版社 1997 年版。
62. 周长龄:《法律的起源》,中国人民公安大学出版社 1997 年版。
63. 张冠梓:《论法的成长》,社会科学文献出版社 2000 年版。
64. [美]P. 艾伯·邦茨·辛普森主编:《第三世界的法律与发展》,洪范翻译小组译,法律出版社 2006 年版。
65. 周　静:《法律规范的结构》,知识产权出版社 2010 年版。
66. 刘兆兴:《比较法学》,社会科学文献出版社 2004 年版。

67.［美］约翰·H.威格摩尔:《世界法系概览》(上、下),何勤华等译,上海人民出版社2004年版。
68.［德］茨威格特、克茨:《比较法总论》,潘汉典等译,法律出版社2003年版。
69.［法］勒内·达维德:《当代主要法律体系》,漆竹生译,上海译文出版社1984年版。
70.［美］罗斯科·庞德:《普通法的精神》,唐前宏等译,法律出版社2010年版。
71.［美］梅利曼编著:《大陆法系》(第二版),顾培东、禄正平译,法律出版社2004年版。
72.李步云:《论法治》,社会科学文献出版社2008年版。
73.卓泽渊:《法治通识课》,中共中央党校出版社2021年版。
74.李龙主编:《依法治国方略实施问题研究》,武汉大学出版社2002年版。
75.赵树坤:《法治秩序两重性》,法律出版社2014年版。
76.陆幸福:《迈向法治主义》,法律出版社2014年版。
77.张文显:《法治与法治国家》,法律出版社2011年版。
78.李林:《中国的法治道路》,中国社会科学出版社2016年版。
79.［英］丹宁勋爵:《法律的正当程序》,李克强、杨百揆、刘庸安译,法律出版社2011年版。
80.张永和主编:《立法学》,法律出版社2009年版。
81.付子堂、周祖成、周尚君主编:《地方立法蓝皮书:中国地方立法报告(2020)》,社会科学文献出版社2021年版。
82.李　林:《立法理论与制度》,中国法制出版社2005年版。
83.王爱声:《立法过程:制度选择的进路》,中国人民大学出版社2009年版。
84.苗连营:《立法程序论》,中国检察出版社2001年版。
85.青锋主编:《法律编纂研究》,中国法制出版社2005年版。
86.杨　斐:《法律修改研究:原则　模式　技术》,法律出版社2008年版。
87.邓世豹:《授权立法的法理思考》,中国人民公安大学出版社2002年版。
88.张志铭:《法律解释操作分析》,中国政法大学出版社1998年版。
89.黄建武:《法的实现:法的一种社会学分析》,中国人民大学出版社1997年版。
90.崔永东:《司法学原理》,人民出版社2011年版。
91.［美］卡多佐:《司法过程的性质》,苏力译,商务印书馆1998年版。
92.［意］莫诺·卡佩莱蒂:《比较法视野中的司法程序》,徐昕、王奕译,清华大学出版社2005年版。
93.季金华:《司法权威论》,山东人民出版社2004年版。
94.汪习根主编:《司法权论》,武汉大学出版社2006年版。
95.廖　奕:《司法均衡论——法理本体与中国实践的双重建构》,武汉大学出版社2008年版。
96.徐汉明:《转型社会的法律监督理念、制度与方法》,知识产权出版社2013年版。
97.霍宪丹:《法律教育:从社会人到法律人的中国实践》,中国政法大学出版社2010年版。
98.中共中央宣传部理论局:《法治热点面对面》,学习出版社、人民出版社2015年版。
99.王新清:《法律职业伦理》,法律出版社2021年版。
100.孙笑侠等:《法律人之治:法律职业的中国思考》,中国政法大学出版社2005年版。

后　　记

西南政法大学法学理论学科于 1979 年经国务院学位委员会批准获得硕士学位授予权，属于全国最早一批设立硕士学位授予点的二级学科。本学科于 1992 年被确定为校级重点学科，2000 年被重庆市确定为市级重点学科，2003 年被批准为博士学位授权点，2004 年开始招收博士研究生，2007 年开始招收博士后。本科专业课程《法理学》于 2006 年被评为重庆市精品课程，2007 年 10 月被教育部评为国家级精品课程；2008 年 1 月，教育部批准《法理学进阶》入选国家级规划教材。2020 年，《法理学》慕课（MOOC，massive open online courses，即大型开放式网络课程）获批重庆市精品在线开放课程，并被教育部认定为首批国家一流本科课程。2021 年，《法理学》本科课程被重庆市教育委员会认定为重庆市级"课程思政"示范课程，《法理学专题研究》研究生课程被教育部认定为国家级"课程思政"示范课程，《法理学高阶》获首届全国优秀教材二等奖。

西南政法大学历来重视基础学科建设的学术积累与学术传承。我校的法理学科点在黎国智教授、卢云教授、王明三教授、薛伦倬教授、钮传诚教授、王方仲教授、李权教授、吴光辉教授和文正邦教授等老一辈学者以及王威教授、杜万华教授、卓泽渊教授等中坚学者的创建、经营、带动、培养和努力下，师承相继，薪火相传，生生不息。经过数十载的积极奋斗和辛勤劳作，本学科点造就了一批又一批优秀教学科研人才，持续保持着一支年龄结构合理、理论功底扎实、具有探索精神的学术梯队，在现代法理学、马克思主义法律思想研究、法哲学、法律社会学、立法学和西方法理学等学术领域做出了重要贡献。

作为法学理论学科的核心，法理学一直是我校重点发展的学术领域之一。本学科点对一些重大的法学理论和法治实践问题进行了卓有成效的研究，并且十分重视课程改革和教材建设。长期以来，本学科教材建设一直是国内法理学课程改革的代表性范例之一。早在 20 世纪 80 年代初，西南政法学院就曾将《国家与法的理论》课程设置率先改革为《法学基础理论》。1981 ~ 1982 年，受司法部委托，西南政法学院承办了全国法学基础理论师资培训班，该培训班上的许多学员现在已是全国法理学界的知名学者。1992 年，在改革《法学基础理论》教材的基础上，我校在全国较早地推出了《法理学》教材（卢云教授主编）。从 1997 年开始，我校又对法学专业本科的法学基础理论课程设置进行了大幅度改革，实行在大学本科一年级开设《法学导论》，在大学本科三年级开设《法理学》的课程设置模式；1998 年，出版了由本学科点教师编写的两部一套的同名教材（卓泽渊教授主编）。这种新的课程设置模式和教材模式在国内颇具前瞻性，该项课程改革于 2001 年获得了由重庆市人民政府颁发的优秀教学成果一等奖。

为适应新世纪新时代的新要求,本学科点在长期学术积淀的基础上,于2005年正式推出了《法理学初阶》和《法理学进阶》,后经多次修订,现为第六版。同时,《法理学高阶》已推出三版。2017年,我们以《法理学初阶》和《法理学进阶》教材为基础,录制了《法理学》慕课,2018年正式在“中国大学慕课”上线,迄今共开课6期,每期选课学生均超过2万人。近年来,学习者经常通过慕课平台反馈各种意见,这些宝贵意见成为我们不断推陈出新的强大动力。

党的十八大以来,以习近平同志为核心的党中央将全面依法治国纳入“四个全面”战略布局,作出一系列重大决策部署。党的十八届三中全会明确提出建设法治中国,党的十八届四中全会审议通过《中共中央关于全面推进依法治国若干重大问题的决定》。党的十九大描绘了2035年基本建成法治国家、法治政府、法治社会的宏伟蓝图。党的十九届三中全会正式组建中央全面依法治国委员会,加强党对全面依法治国的统一领导、统一部署、统筹推进。党的十九届四中全会对坚持和完善中国特色社会主义法治体系,提高党依法治国、依法执政能力进一步作出专门部署。党的十九届五中全会强调,有效发挥法治固根本、稳预期、利长远的保障作用。2020年11月召开的中央全面依法治国工作会议,明确了习近平法治思想在全面依法治国中的指导地位。2021年7月1日,庆祝中国共产党成立100周年大会在天安门广场隆重举行,习近平总书记发表重要讲话,回顾中国共产党百年奋斗的光辉历程,展望中华民族伟大复兴的光明前景。新的征程上,理论界尤其是法学界必须及时予以回应,本书修订推出第六版正是基于这样的考虑。

此次修订在体例方面有两个比较大的变动:一是以“知识结构图”取代之前版本的“课前提示”,目的是让学生在进入某章的学习之前,对整章的知识结构和逻辑线索有一个初步把握;二是增加“延伸阅读”部分,试图通过教材的纵深拓展,引导学生针对法理学问题进一步关注和阅读相关法学经典,逐步接受经典训练。在教材内容方面,进一步打磨语言表达,力求准确、精练、富于逻辑;订正教材所引文献,力求使用新的权威版本;更新教材所用数据,力求使用最新的权威资料;修正教材中的部分专用术语,确保与最新的国家大政方针保持一致。在课后作业方面,增加了选择题数量,力图更多地吸收国家司法考试(国家统一法律职业资格考试)涉及到的问题;根据知识性和可读性,替换了材料分析题的部分阅读材料。在“课后参阅论文”“推荐阅读书目”方面,根据近年法理学界的最新研究成果,更新或增加了部分篇目和书目。

参加本套教学用书编写的,主要是西南政法大学法理学学科组的教学与研究人员。本书的撰写分工为(以撰写章节先后为序):付子堂:导论,第一章第三节,第十五章第二、四节,第九、十二、十四、十六、十七章(合作);李为颖:第一章第一、二节;胡兴建:第二、十一、十三、十七章(合作);张永和:第二章(合作);郭忠:第三、七章,第十三章(合作);周祖成:第四、九章(合作);周尚君:第五、十二章(合作);庄晓华:第六章,第十五章第三节,第十七章(合作);刘文会:第八章第一节、第十章第一节;赵树坤:第八章第二节,第十章第二节,第十五章第一节,第十四章(合作);刘颖:第十一章(合作);张善根:第十六章(合作)。朱颖对目录进行了英文翻译,卢东凌主要负责参阅文献的资料索引工作,林波儿组织本科同学参与本版知识结构图的制作。尤其是，胡兴建对本版修订工作付出了更多辛劳。

在本书原版本写作及历次修订过程中，文正邦教授、郑传坤教授、陈锐教授、薛佐文教授及熊毅军博士、谢宝红博士等参加了有关讨论，贡献了非常宝贵的意见；赵明教授、喻中教授、王恒博士等撰写过本书原版本的相关章节；历届博士研究生和硕士研究生同学做了大量校订工作，提出过许多有益的建议，积极参与资料收集整理工作；徐娟、王拯民曾经专门搜集提供了不少有价值的法考材料。本书自2005年初版以来，全国各地许多细心的读者持续不断通过各种方式，提出了许多问题和修订建议；尤其是，杨天江博士和杨执涵同学提出了许多极有价值的独到意见，帮助完善本书。特此对以上关心、爱护、支持和帮助本书编写事业的各位同学、各位同道一并致谢！

在本教材的编写过程中，我们参考了国内外各种同类教科书以及法理学方面的大量论文及著作，谨向给我们以启发的各位作者衷心致谢！

教育就是让受教育者接受正确的理念，法理学的教材设计必须与法理学的基本使命相适应。只有这样，才能既有利于学生对基本知识和基本原理的理解和把握，也有利于提升学生学习和思考的主动性、积极性。因此，本教材注重进一步适应大学本科低年级学生对法学、法律、法治基本知识的需求，进一步结合中国社会现实尤其是新时代法治实践发展的最新情况，力求把对社会现实的合理解读纳入教材，力图反映法理学界近年来的最新研究动态，使成熟的研究成果尽快转化为教学内容，同时让有学术研究能力的同学能够进行更加深入的阅读和思考。但由于本教材力求在多个方面进行改革尝试，加之各位参编者在学术风格和语言风格上不尽一致，因而难免存在疏漏与不当之处，我们真诚欢迎并衷心感谢各位同道中人尤其是广大同学批判指正！

付子堂

2021年夏于重庆宝圣湖畔